邪馬台国への径

『魏志東夷伝』から「邪馬台国」を読み解こう

榊原英夫

海鳥社

はしがき

三世紀の日本列島に「邪馬台国《やまたいこく》」という国がありました。そして「邪馬台国」を解明するために、これまでに多くの人々が絶え間なく情熱を傾けてきました。

なぜでしょうか？

単純に未知の歴史を知りたいという願望だけではないようです。「邪馬台国」を如実に解明できれば、わが国の建国に関わる時代や背景に迫ることができるからだと思います。

私たちの「日本国」は〝いつ〟〝どこで〟〝どのようにして〟生まれたのでしょうか？

この設問は、私たち日本人が共通して懐く切実な想いであると言えましょう。

糸島市立伊都国歴史博物館の裏庭（旧館表玄関横）には、一篇の詩を刻んだ石碑があります。「糸島」を謳ったこの詩は、昭和六十一（一九八六）年十月三十日に同館を訪れた元中国社会科学院考古研究所長王仲殊《おうちゅうしゅ》氏から贈られたものですが、地域の豊かな自然と悠久の歴史が相俟って、人々の生活が心豊かに成り立っていることに改めて思いを致します。

私は王仲殊氏の詩篇に触れながら、人々の心を豊かに織り成す「歴史」について、殊にわが「国家」の成り立ちについてしっかり考えてみる必要性を痛感しました。

伊都懐古　　王仲殊

玄海軽波漾夕暉
雷山松柏含翠微
伊都世々有王者
怡土年々無饉饑
倭国使人頻北去
漢家書檄忽南飛
驚看両尺青銅鏡
閲尽滄桑涙沾衣

玄海の軽波《けいは》は夕暉《せっき》に漾《ただよ》い
雷山の松柏《しょうはく》は翠微《すいび》を含む
伊都《いと》世々王者あり
怡土《いと》年々饉饑《きんき》なし
倭国の使人は頻《しき》りに北去し
漢家の書檄《しょげき》は忽《たちまち》に南飛す
驚き看るは両尺の青銅鏡
閲《み》るに滄桑《そうそう》を尽《つまびらか》にして涙衣を沾《うるお》す

玄界灘の穏やかな波は夕日にキラキラと耀き
早朝の雷山では松柏が緑の靄からゆっくり姿をあらわす
古代の伊都国には代々王者がいたという
名前のように美しい怡土の地域は穀物が実って豊かだったろう
倭国の使人は頻繁に中国に派遣されていたし
中国の使節も応援の文書などを携えて直ちに倭国に遣って来ていた
ここでは両尺（漢尺は二三cm／尺）にも及ぶ青銅鏡を見学して本当に驚いた
移り変わる悠久の歴史を想うとき万感迫って涙せずにはおれない

（釈文と意訳は榊原による）

さて、弥生時代といわれる時代（紀元前五世紀頃～紀元三世紀頃）から八世紀の律令政治が行われるようになるまでの優に千年を超える時の流れは、まさにわが国が「国家」への萌芽を迎えてから確立されるまでの、かけがえのない時空であると言えます。

しかし、現今にあっても、わが国の草創にかかる「歴史」が必ずしも十分に解明されているという状況ではありません。

なぜでしょうか?

私には、「邪馬台国」問題が解き明かされていないことに最大の原因が潜んでいるのではないかと思われます。北部九州地域において先駆的に展開した弥生文化の系譜がどのようにわが国の草創に関わるのかなど、十分な説明がなされているとは思われません。


この「邪馬台国への径」と題する試論は、私が糸島市立伊都国歴史博物館において「館長講話」として講じた資料に若干の修正を加えたものであり、およそ専門的な見地からは遠く対極にあるものであるかもしれません。しかし、先学諸賢の成果をしっかり参酌させていただきながらも既成の意見に必ずしも捉われることなく、また、私的思惑に枉《ま》げられることのないよう細心の注意を払いながら考察した結果でもあります。

本書は副題を『魏志東夷伝』から『邪馬台国』を読み解こう」としているように、『魏志倭人伝』からだけでは読み取り難い「倭」「倭国」「邪馬台国」の姿を『魏志東夷伝』の全体から甦らせることができるよう意を注ぎました。「径」は小さな道ではありますが、真摯に一直線を貫く真直ぐな道でもあります。

できれば多くの皆さんに読んでいただき、今一度わが国の歴史に「興味」という熱い視線を送っていただきたいと思います。本試論をとおして、わが国が国家として形成される歴史の一端を共に考え、更なる歴史の扉を叩いていただきたいと願っています。

最後になりましたが、本書の執筆に当たっては先学諸賢の様々な著書・論文を参考にさせていただき、多くのご教示をいただきました。心から厚くお礼申し上げます。

また、「館長講話」を長期にわたって聴講いただいた皆様には、多くの叱咤激励をいただきました。併せて深く感謝申し上げます。

なお、本文中での敬称などは省略させていただいておりますのでご寛容ください。

邪馬台国への径◉目次

第Ⅵ章　世王有り。皆、女王國を統属す　特別な国・伊都国――217

序章

「邪馬臺國」を考えるにあたって

私たちが「日本の始まり」を考える場合、どこから入って行けばよいのかと思いを巡らします。もちろん、石器時代から縄文時代を経て弥生時代へと順次検討を進めることによって「日本人の起源」を含めて理解することは重要です。大陸と日本列島との位置関係や地球環境の変動などが大きく関わっており、大陸の片隅に「島」という形状で与えられた「地域」の特殊性に「人」と「時間」が相俟って、いわゆる「日本」が形成されたと考えられるからです。

しかし、「はしがき」で触れた理由から、本書ではあえて「日本国の始まり」に焦点を当てて検討したいと思います。そのために、弥生時代中期（紀元前二世紀〜紀元前一世紀頃）に至って「国家」の萌芽が生じ、弥生時代後期（紀元一世紀〜三世紀頃）になると漢や魏という中国王朝へ遣使できる「国家」が形成されてきますので、これらの時代につき検討を進めたいと考えます。『漢書』地理志にその存在が確認される頃から、「漢委奴国王《かんのわのなのこくおう》」や「親魏倭王《しんぎわおう》」の金印で人口に膾炙《かいしゃ》される「倭奴国《わのなのくに》」や「邪馬台国《やまたいこく》」に至る時代です。

私たちは今回改めて「邪馬台国」について考究しようとしていますが、「邪馬台国」のことは、わが国最古の歴史書の一つである『日本書紀』にしても、神功皇后《じんぐうこうごう》の巻に『三国志』魏書／烏丸鮮卑東夷伝《うがんせんびとういでん》／倭人の条（以下、

『魏志倭人伝《ぎしわじんでん》』という）の一部が割注として記されているに過ぎません。

三十九年。是年《ことし》、太歳己未《つちのとのひつじ》。

魏志に云はく、明帝の景初三（二三九）年（『魏志』は景初二年とするが、己未は景初三年であり、朝鮮半島の状況から景初三年が正しいと考えられる）六月、倭の女王（卑弥呼）、大夫難斗米（『魏志』は難升米）等を遣わして、郡（帯方郡）に詣りて、天子（天子のいる洛陽）に詣らむことを求めて朝献す。太守鄧夏（『魏志』は劉夏）、吏を遣して将て送りて、京都に詣らしむ。

四十年。

魏志に云はく、正始元（二四〇）年、建忠校尉梯携（『魏志』は建中校尉梯儁）等を遣わして、詔書印綬を奉りて、倭國に詣らしむ。

四十三年。

魏志に云はく、正始四（二四三）年、倭王、復た使大夫伊聲者掖耶約（『魏志』は伊聲耆掖邪狗）等八人を遣わして上献す。

他方、「邪馬台国」のことは三世紀の中国晋王朝（二六五～三一六年）時代に撰述された『三国志』、殊に『魏志倭人伝』に極めて詳細に記されています。否、『魏志倭人伝』に記されていたからこそ「邪馬台国」の存在が明らかになったと言えます。

さて「邪馬台国」については、江戸時代の新井白石《あらいはくせき》（一六五七～一七二五年）や本居宣長《もとおりのりなが》（一七三〇～一八〇一年）を始めとする多くの人々によって、今日までおよそ三百年にわたって研究が続けられてきました。多くの人々が「邪馬台国」に関心を寄せる所以は、ちょうど「邪馬台国」の存在した時代（二世紀末～三世紀頃）に相前後して畿内大和に「大和王権《やまとおうけん》」が誕生したと考えられており、双方の時代が重なるからであろうと思われます。

つまり、「邪馬台国」と「大和王権」の関連性を明らかにすることは、わが国の建国草創期の姿を甦らせ、わの「東夷伝」であり、以下『魏志東夷伝』という。『魏志倭人伝』はその最後の部分に記される）の全体をとおして読者を「海東の理想国家」へと誘《いざな》うことだったのですから――。「邪馬台国」を理解するための重要な〝暗号〟は『魏志東夷伝』の全編にわたって巧みに組み込まれているのです。

この際、『魏志東夷伝』を順次読み進めながらもう一度「邪馬台国」に挑戦してみましょう。ここから「邪馬台国」へ通じる新しい道が開けてくるかもしれません。

2 予断と偏見から決別する

史書に問題がないのに真実に辿りつけない――これはある種の錯覚がもたらした結果だと思います。「こうあるべきだ」との予断を持って読めば、その予断に矛盾する記述については「間違い」「不正確」「転載誤記」などとして排除しながら辻褄を合わせることになり、この場合には必ず矛盾の連鎖が生じます。「自分の考えに間違いはない」という絶対的な自信があれば、このような傾向は一段と強くなるかもしれません。それでは多くの人々を納得させ得る結果を期待することはできないでしょう。

私たちが陥りがちな「予断」として、大きく三つの方向があると思います。

一つは「権威」に呑み込まれて生ずる「予断」です。定説に対して、それらを十分吟味することなく、当然の前提として受け入れてしまう場合があります。定説は多くの人々の賛意を得て形成されますから、その時点では比較正論であると言えますが、将来にわたっても絶対正論であり続けるとは限りません。定説などの「権威」に対しても思考を停止することなく、常に自らの理性に照らして検証しなければなりません。

二つは「現在」を絶対視することから生ずる「予断」です。科学技術の発展には目を見張るものがありますが、全てにわたって現代社会の事象を最高到達点であるかのごとく捉え、歴史文献や考古資料に必ずしも正当な評価を与えない場合があります。文献批判や資料分析はもちろん絶対不可欠で重要ですが、現代の常識から理解できない事象にあっても、「あり得ない」「考えられない」として安易に排除すべきではありません。

三つは「自縄自縛」による「予断」です。自らが提唱する結論を導くために、歴史文献を都合の良いように釈文し、考古資料を都合の良いように判断する場合があります。意識的に歴史事象を歪曲させることはないにしても、知らず知らずのうちに結論が先行し、その理由づけのために歴史文献や考古資料が一面的な見方で歪曲されているかもしれません。「歴史」という学問分野が「仮説」と「証明」から成り立っている部分もある以上、このような事態が往々にして生ずる可能性を常に自省しなければなりません。

私たちは、ややもすれば陥りやすい「予断」という死角といつも隣り合わせにいることを認識し、この死角に陥らないよう常に細心の注意を払わなければなりませんし、自らの判断に間違いが見つかった場合には、直ちに修正できる英断が必要です。

また、ある種の偏見から決別することも重要です。中国の王朝は自らが世界の中心にあると自任しており、周辺の小国は中国皇帝の徳によって中華へ収斂されるべき蛮夷・夷狄であると認識されていた――これは確かに一般的な理解であり一定の真実であろうと思います。しかし、『三国志』を含めた「中国正史」の全てが例外なく東夷の彼方にある「倭人」「倭国」を蔑視していたのでしょうか。

さらに、各「中国正史」の「東夷伝」などの中で常に最後尾に配される「倭人」「倭国」や「日本国」は、前に叙述されている諸国・地域に比して政治的・文化的な劣位にあり、中国から一段と蔑視されるべき国として認識されていたのでしょうか。

実はそのようなことはありません。少なくとも『魏志倭人伝』は、「倭人」「倭国」を尊敬すべき理想の人々や国として描いており、蔑視すべき社会として描いているということはありません。『魏志倭人伝』が倭地域や倭国の固有名詞（官職名・国名・人名）を表記するために多用する「邪」「卑」「奴」「馬」「鬼」などをいわゆる「卑字」であるとし、これを以って「中国正史」は中華思想の立場から「倭人」「倭国」を蔑視しているとする所論を散見しますが、これなどは全く的外れで自虐的理解であると言わざるを得ません（本章3節「『魏志倭人伝』の漢字音を紐解く」で詳述する）。

私たちは、このような「予断」や「偏見」から逸早く決別し、もう一度原点に立ち返って『魏志倭人伝』を検証すべきだと思います。何と言っても『魏志倭人伝』はわが国の建国当時の状況を知り得る「同時性」に優れた唯一無二の第一級史料なのですから――。

その場合、私たちは『三国志』の撰者・陳寿が心を砕いた読者への思いを忘れてはなりません。その意味で、読者（本来の読者は晋朝皇帝、司馬氏一族を始めとする晋朝の貴族・顕官・官吏たち）を「倭」地域や「倭国」に誘導する仕掛けが施されている『魏志東夷伝』の冒頭から、晋朝の読者と同じ目線に立って順次読み進める必要があると思います。

その上で、陳寿が『三国志』を撰述するに当たって遭遇したであろう個人的立場や周辺の政治的環境を十分理解し、『魏志倭人伝』に書き込んだ「邪馬台国」の真実を地道に探求すべきであると考えます。

2 『魏志倭人伝』の距離観とその背景

さて、「邪馬台国」の謎に迫るための基本的で、かつ重要な視点を挙げておかなくてはなりません。『魏志東夷伝』を撰述するに当たって、『三国志』の撰者・陳寿には常に西域諸地域のことが念頭にあったということです。西域諸地域のことには無関心を装いながら、実は大きな関心を寄せていたのです。陳寿による『魏志倭人伝』の特異な「距離観」もそこから発想されたものだと考えられます。

1 『魏略』西戎伝の国々

第Ⅰ章2節で詳述しますが、『魏志倭人伝』を含む『三国志』魏書の「烏《う》丸《がん》鮮《せん》卑《ぴ》東《とう》夷《い》伝《でん》」は「魏書列伝」の一部として付置された『三国志』唯一の外国伝（夷蛮伝）です。

ところが、「烏丸鮮卑東夷伝」の最後に「評に曰く」として次の記述があります。

評に曰《いわ》く[*1]、史（史記）、漢（漢書）は朝鮮・両越を著《しる》し、東京（後漢書）は西羌《せいきよう》を撰録す。魏世（魏の時代）は匈奴《きようど》が遂に衰え、更《かわ》りて烏丸《うがん》・鮮卑《せんぴ》有り。爰《ここ》に東夷《とうい》に及び使譯は時に通ず。記述は随時なり、豈《あ》に常也哉。

＊1　『三国志』の各巻の終わりには「評曰」によって始まる撰者・陳寿の寸評が加えられている。

『三国志』の撰者・陳寿は、南蛮《なんばん》伝や西戎《せいじゆう》伝（「評に曰く」では両越《りようえつ》や西羌《せいきよう》の伝とされる）などを省いて「烏丸鮮卑東夷伝」のみとした理由を、「記述随時、豈常也哉（記述は随時なり、豈《あ》に常なるかな）」とわずか八文字で釈明しています。意味するところは「歴史の記述は、それぞれの時代に起こったことを記録するもので、扱う対象が必ずしも常に定まっているというものではない」ということでしょう。この八文字から、陳寿の夷蛮伝に係る編集方針と「烏丸鮮卑東夷伝」に賭ける並々ならぬ決意を窺うことができ、そうせざるを得ない複雑な心境を読み取ることができます。

この陳寿の短い「評に曰く」に対して、裴松之《はいしようし》（三七二〜四五一年、東晋末〜宋初の政治家・歴史家、元嘉六〔四二九〕年に宋文帝の命で『三国志』の「注」を作る）の「注」は『魏略』西戎伝《せいじゆうでん》（魚豢《ぎよかん》撰）から長大な文章を引用しており、概ね次のことについて記しています。

①氐《てい》（西戎の一部）や貲虜《しりよ》（匈奴の一部）のこと。

②敦煌《とんこう》から西域諸国へ連なる羌《きよう》（西戎の一部）のこと。

③西域諸国（漢初には三十六国、後に五十国となり、現在〔魏の時代〕は二十国）のこと。なお、敦煌《とんこう》・玉《ぎよく》門関《もんかん》から西域へは三つの筋道（南道・中道・新道）があるとする。

㋐南道を西に進むと、鄯善《ぜんぜん》、于寘《うてん》、大月氏《だいげつし》の支配を受ける小国群十二か国がある。また、臨児国《りんじ》（仏陀の生地、天竺の中央)、車離《しやり》国(天竺の東南三千里)、盤越《ばんえつ》国(天竺の東南数千里、益州に近い)がある。

㋑中道を西に進むと、焉耆《えんき》、亀茲《きじ》、疎勒《そろく》の支配を受ける小国群十八か国がある。また、それより西に連なる大宛《だいえん》国・安息《あんそく》国・条支《じようし》国・烏弋《うよく》国がある。さらに、安息と条支の西には大秦《たいしん》国(安息国から大海を渡ること、順風二か月・弱風一年・無風三年で至る)がある。

㋒北の新道を西に進むと、車師《しやし》後部の支配を受ける小国群六か国があり、魏は車師後部王に「守魏侍中」の官職や「大都尉」の称号を賜い、印授を与えている。また、西北には烏孫《うそん》・康居《こうきよ》があり、北烏伊別《ういべつ》国などが大秦国まで続いている。その他にも、呼得《ことく》国・堅昆《けんこん》国・丁令《ていれい》国などの国々がある。

魚豢《ぎよかん》が撰した『魏略』は晋の太康年間(二八〇~八九年)に成立したとされ、『三国志』と同時代の史書です[1]。この『魏略』に仏陀の生地「臨児《りんじ》国」やローマ帝国を指す「大秦《たいしん》国」などが記述されているのですから、当然ながら陳寿もこれらの国々を含む西域諸地域のことは十分承知していたに違いありません。すでに一世紀の終盤(九七年)には、西域都護班超《はんちよう》の部下である甘英《かんえい》が絹貿易の実情を探るためにローマ帝国領のシリアまで遣わされていますし、二世紀の中頃(一六六年)には、ローマ皇帝マルクス=アウレリウス=アントニウス(在位一六一~八〇年、大秦王安敦《あんとん》)の使節が中国に派遣され、海路で日南郡(現在のベトナム中部)に到達しているのです(『後漢書』西域伝)。

しかし、『三国志』は「西域伝」を設けていません。『魏略』西戎伝と同じような西域伝を『三国志』に設けたならば、相対的に「烏丸鮮卑東夷伝」の魅力が大幅に凋落することは間違いありません。『魏志倭人伝』の如きは小さく色褪《いろあ》せ、読者貴顕の興味の対象としては程遠いものになったかもしれません。

陳寿による「記述は随時なり、豈に常なるかな」の記載は、このように西域諸地域への関心が深まる中にあって、あえて「西域伝」を設けないための言い訳に聞こえます。

それでも、陳寿は西域の広がりがいささか気になっていたようです。これに対抗するかのような記事をわずかではあるものの『魏志倭人伝』の中にさりげなく用意しています。

又、裸《ら》國・黒歯《こくし》國有り、復《ま》た其の東南に在り。船行一年にして至る可《べ》し。

この短い不思議な文章は、方位や到達日数から実際にはハワイ諸島を想定しているものと思われますが、古く『淮南子《えなんじ》』や『山海経《せんがいきょう》』などが記す「裸国」や「黒歯国」を引き合いに出すことによって、知識人の理解と共感を得ようとしているもののようです。

裸國、南方に在り。（『淮南子』巻一、原道訓注）
西は沃民を教え、東は黒歯に至る。（『淮南子』巻十九、脩務訓）
黒歯國は其（青北國）の北に在り。人は黒と為し、稲を食し蛇を啖《く》う。（『山海経』第九、海外東経）

＊淮南子▽前漢武帝の頃、淮南王劉安が学者に編纂させた思想・哲学書。道家思想を基本に周末以降の諸家の説を採り入れ、治乱興亡や逸事などを体系的に記述する。
＊山海経▽中国最古の地理書とされ、記載内容は山川の地理・動植鉱物・祭祀・辺境の国々や異形の民など多岐にわたる。戦国時代から秦・漢代にかけて徐々に書き加えられたとされる。

陳寿がこの短文を挿入した本来の趣旨は、『魏略』西戎伝がローマ帝国（大秦国）への道として記す世界観の広がりを意識した結果であると思います。次に掲げる『魏略』西戎伝逸文と比較すれば、到達日数などがよく対応しています。

大秦國（ローマ帝国）は（略）、安息《あんそく》（パルティア〔紀元前二四八〜紀元二二六年〕＝アルケサス朝ペルシ

■表序－1　魏に朝貢する東西辺境地域の最遠国

地　域	最遠国	朝貢を促した功績者	初めての朝貢	魏が賜った称号
西域辺境地域（西戎）	大月氏国	曹真（魏の王族、曹爽の父）	太和3（229）年	親魏大月氏王
東北辺境地域（東夷）	倭　　国	司馬懿（晋朝建国の功労者）	景初3（239）年	親魏倭王

ヤ）界の安谷《あんや》城（アンティオキア＝現トルコ領内でシリアの北部）より乗船し、直截《ちょくせつ》（真直ぐ）海西し、風利に遇えば二月で到り、風遅ければ或いは一歳、風無ければ或いは三歳なり。

（『魏略』西戎伝逸文〔『魏志』烏丸鮮卑東夷伝の「評に曰く」注所収〕）

2 大月氏国と倭国

これも第Ⅰ章で詳述しますが、『三国志』の撰者・陳寿は晋王朝を創始した司馬氏の功績を高く評価しており、そのための大きな啓蒙装置が『三国志』であり、就中《なかんずく》『魏志倭人伝』を含む『魏志東夷伝』です。『魏志東夷伝』の目的は、「司馬懿《しばい》〔対〕曹真《そうしん》・曹爽《そうそう》父子」という魏王朝を支える二大勢力が、東西に分かれた辺境地域での活躍を以って相互に比較評価されるという中にあって、晋王朝の事実上の創始者・司馬懿に係る東北辺境地域での活躍を称揚することにありました。

陳寿は曹真・曹爽に比して司馬懿の評価を集《たか》らしめ、司馬氏（晋朝）が曹氏（魏朝）から王朝の禅譲を受けるに至った正当性を顕彰すべき立場にあったのです。

さて、辺境地域からの朝貢は、遠方からの遣使であればそれだけ相対的な評価が高くなります。どれほど遠くから天子の徳を慕って朝貢してきたかということが重要なのです。

岡田英弘の所論を参考にしつつ、魏都洛陽から「大月氏国」及び「倭国」の首都までの距離を比較してみましょう（岡田英弘『倭国　東アジア世界の中で』）。

『魏志倭人伝』は「郡（帯方郡）より女王国（倭国の首都・邪馬台国）に至る万二千余里」と記しています。また、表序－2のとおり各都市・地域間の距離も『後漢書』西

■表序－2　各地域（都市）間距離比較

大月氏国首都藍氏城（カーピシー）――16,370里――洛陽（A）　（『後漢書』西域伝）

洛陽――5,000里――楽浪郡（B）　（『後漢書』郡国志、司馬彪『続漢書』）

洛陽――4,000里――遼東郡　（『魏志』明帝紀）

洛陽――2,000里――幽州（薊《けい》・北京）　（応劭『漢官』）

幽州――3,000里――楽浪郡

幽州――4,000里――馬韓　（『晋書』張華列伝）

楽浪郡――1,000里――馬韓

遼東郡――1,000里――楽浪郡

韓方4,000里　（『魏志』韓伝）

帯方郡――12,000里――倭国（女王国）（C）

（『魏志倭人伝』）

域伝や郡国志などで明確にされています。魏都洛陽～大月氏国（A）は「一万六三七〇里」である[2]のに対して、洛陽～倭国（B＋C）は「一万七〇〇〇里」であり、洛陽からの距離は倭国が大月氏国よりやや遠くなっています（楽浪郡～帯方郡間は捨象するが、本来は若干の距離〔一五〇里、六〇km程度〕が洛陽～倭国に加わる）。

　これに対応する実際の距離を計測すると、洛陽～大月氏国（大月氏国の夏の都は藍氏城〔カーピシー〕または薄提城〔バクトラ〕で現在のアフガニスタン国バルフ〔Balh〕、冬の都はプルシャプラで現在のパキスタン国ペシャワール〔Peshawar〕に置かれた）は約「六〇〇〇km」であるのに対して、洛陽～倭国（北部九州）は約「三〇〇〇km」であり、逆に洛陽から倭国までの距離は、洛陽から大月氏国までの距離に比べて大幅に短い（二分の一）のです。陳寿は何としてもこの歴然とした大差を大逆転させ、倭国を大月氏国より遠くに位置付けなければならなかったのです。

　魏晋朝における距離の計測単位は「四三四m／里」であるとされます。表序－3によると、帯方郡～倭国（北部九州）を除く各地域・各国間の距離は魏晋朝の標準距離単位である「四三四m／里」を基準に計測されていることが分かります。洛陽～藍氏城（カーピシー）間は二〇％程度水

■表序－３　各地域（都市）間距離と距離観

発（着）	着（発）	文献距離	実測距離	距離観	摘　要
洛　陽	藍氏城（カーピシー）	16,370里	約6,000km	約370m／里	洛陽～西安～蘭州～玉門～トルファン～ウルムチ～タシケント～カーピシー（バルフ）
	幽　州	2,000里	約　800km	約400m／里	洛陽～幽州（北京）
	遼東郡	4,000里	約1,600km		洛陽～北京～瀋陽～遼陽
幽　州	楽浪郡	3,000里	約1,200km		幽州～遼陽～平壌
遼東郡	楽浪郡	1,000里	約　400km		遼陽～平壌
楽浪郡	馬　韓	1,000里	約　400km		平壌～全州 *1
帯方郡	倭　国	12,000里	約1,000km	約　80m／里	沙里院～金海～倭国（北部九州）*2
洛　陽	倭　国	17,000里	約3,000km	―	洛陽～幽州～楽浪（帯方）～倭国

＊１　幽州～馬韓間4,000里は、張華による282～87年の遠征により得られた距離である。ただし、陳寿が『三国志』魏書を著したのは、わずかではあるがこれより以前であった可能性がある。

＊２　帯方郡～倭国（女王国）間の累積実測距離（表Ⅴ－７）は972kmとなるが、上表では概数として1,000kmとしている。

＊３　上表における実距離は、地図上における直線的な概数である。実際は数％ほど延伸されるべきであり、１里当たりの長さも幾分延びるであろう。

増しされていますが、これは遠き国よりの朝貢を歓迎する諸般の状況から理解できる範囲内であろうと考えられます。

　それに対して、帯方郡～倭国（北部九州）の計測に当たっては「八〇ｍ／里」と極端に短い距離単位が用いられています。一里当たりの実距離は魏晋朝の標準距離単位に比してわずかに「五分の一」なのです。

　それでは、陳寿はどのようにしてこの「大差」を操作したのでしょうか。

　これについては、第Ⅳ章「南は倭と接し、方四千里可り」及び第Ⅴ章「郡より女王國に至る、萬二千餘里」において論じますが、『三国志』が撰述される以前から中国の人々に十分周知されている地域については、陳寿も公式距離単位である「四三四ｍ／里」に基づいて記述せざるを得ません。このため、未だ周知不十分な地域における距離単位についてのみ

「八〇m／里」と大幅に増幅させて調整したものと考えられます。

その既周知と未周知の地域の線引きは、正始五（二四四）年及び同六（二四五）年に魏の幽州《ゆうしゅう》刺史《しし》毌丘倹《かんきゅうけん》等が遠征・討伐した東夷諸国を目安にしたものと考えられます。つまり、東夷の地域にあっても毌丘倹等の率いる中央政府軍が踏み込んでいない地域、即ち、「濊《わい》」を緩衝地帯としながら、「韓」及び「倭」を距離増幅の対象地域としているのです。

『魏志東夷伝』が「韓伝」及び「倭人伝」において特異な距離観である「八〇m／里」を用いることとなった経緯は、概ね次の①～⑥のとおりに整理できます。

しかし、『魏志倭人伝』を正確に読み解き、帯方郡から倭国（邪馬台国連合）の首都・邪馬台国までの路程を正しく理解するためには、『魏志韓伝』及び『魏志倭人伝』の距離観が「八〇m／里」であることを踏まえた上で、『魏志東夷伝』の全体から陳寿の意図を読み取り、陳寿がどのような方法によって「八〇m／里」という距離観を導き出したのか、また、その「八〇m／里」という距離観をどのようにして読者貴顕に了知せしめたのか（読者貴顕は、標準的距離観と大きく異なる距離観を、なぜ疑問を抱かず受け入れたのか）についてしっかり検証しなければなりません。

①『三国志』の撰述に当たり、撰者・陳寿は、魏朝から禅譲を受けた当代晋朝の実質的な創始者である司馬懿《しばい》（仲達）の活躍を顕彰する必要があった。

②晋朝の始祖である司馬懿は、遼東及び東北辺境地域を重要基盤の一つとして勢力を醸成し、ライバルの曹爽《そうそう》（曹真《そうしん》の嗣子）を排除して権力を得た。

③曹真は西域辺境の経営で重きをなし、大月氏国《だいげつしこく》を朝貢させている。司馬懿の栄光は曹真のそれより大きなものでなければならず、その意味で東北辺境の最遠国である倭国は大月氏国より遠方の大国でなければならなかった。

④洛陽から大月氏国までの距離は既に明らかである。倭国を大月氏国より遠くに見せかけるため、洛陽・倭国間距離の増幅操作が必要となった。

＊大月氏国▽洛陽を去る一万六三七〇余里（実距離六〇〇〇km）。戸十万、口四十万、勝兵十余万。

＊倭国▽洛陽を去る一万七〇〇〇余里（実距離三〇〇〇km）。戸十五万。

⑤中央政府軍による東北辺境地域における遠征討伐は、高句麗及び東沃沮《とうよくそ》以北で展開されており、濊《わい》以南には及んでいない。濊及び韓を臣従させた討伐軍は楽浪・帯方両郡が興した地域限定軍であった。

⑥陳寿は『魏志東夷伝』独自の対応として、楽浪・帯方両郡及び東沃沮以北の地域と濊及び韓以南の地域とを概ね臨津江《イムジンガン》に沿って線引きし、それ以南の「韓」「倭」地域では「八〇m／里」と、通常「四三四m／里」のおよそ「五倍」に拡大した距離観とした。

◆

（1）通説に従えば、『魏志東夷伝』は『魏略』に基づいて撰述されたとされるが、これは内藤虎次郎が「三国志の文は、魚豢の魏略によりて、略ぼ点竄を加へたる者なるが如し」（「卑弥呼考」（『芸文』一九一〇））と断じたことが嚆矢であろう。しかし、『魏略』と『魏志』の関係が問題にされたのは『翰苑』残巻（太宰府天満宮蔵・国宝）が発見された以降であり、両書の内容が酷似しているからに過ぎない。井上幹夫は、『魏略』成立を太康年間（二八〇～八九年）とする伊藤徳男の考証、及び『魏志』の成立を太康年間それも二八〇～八四年までとする宮川尚志の論証はいずれも説得力があるとし、『魏略』『魏志』はいずれが先に成立したか不明であり、ほぼ同時期に成立したとするのが適切であろうとする。また、井上は『魏略』『魏志』が王沈の『魏書』を共通の原資料にしたとする意見に対し、『魏志東夷伝』には『魏書』の注が全く見当たらないことなどを理由にこれを退けている（井上幹夫「三国志魏書の東夷伝成立と倭人伝の校注」（月刊『歴史手帖』一九七六年））。

（2）『後漢書』西域伝は、洛陽と大月氏国の藍氏城（『漢書』は「監氏」につくる）間の距離を一万六三七〇里とする。

大月氏國〔氏音支、下竝同〕居藍氏城〔前書、藍氏作監氏〕。西接安息四十九日行、東去長吏所居六千五百三十七里、去洛陽萬六千三百七十里。戸十萬・口四十萬・勝兵十餘萬人。

3　『魏志倭人伝』の漢字音を紐解く

前節に続いて、「邪馬台国」の謎に迫るために基本的かつ重要な視点がもう一つあります。戦乱に明け暮れる二世紀後半頃から三世紀頃にかけての中国において、中国語の音韻体系に変動が生じていたということです。それまで使われてきた「上古音」と言われる音韻系から「中古音」と言われる音韻系へと変化しており、『三国志』が撰述された頃は既に「中古音」の時代であったと考えられるのです。『魏志倭人伝』に記される「倭」や「倭国」に係る固有名詞をどのように判読すべきかは『魏志倭人伝』を解釈する上でも極めて重要な課題です。しかし、邪馬台国研究者の中には自らの説に都合の良い読み方をしながら所論を展開している場合があり、一抹の危うさを感じさせられます。漢字の音韻を原点から解明することは大変困難な作業であると思われますが、幸いにして近年ではこの分野の学問も進展しており、松中祐二「倭人伝の漢字音」（越境の会編『越境としての古代』〔七〕所収。本節もこの所論に負うところが大きい）などの分かりやすい解説を目にすることができます。

1 呉音は漢音に先行する

古代中国の漢字の字音を推定する場合、概ね四つの要素が議論されます。第一に「呉音」と「漢音」の問題であり、第二に「上古音」と「中古音」の問題です。

①呉音

わが国への漢字の伝来は五～六世紀頃であったと考えられる。(1) この時代の漢字は「呉音」と言われる江南の南朝宋（四二〇～七九年）式発音が百済語風の歪みを受けた上で伝えられており、この「呉音」は「漢音」が伝わる以前に既に日本に定着していた漢字音であるとされる。

●応神四十一（四〇五）年、百済から王仁《わに》が来朝し、論語・千字文をもたらす。（応神十六〔二八五〕年）
●履中　四（四三三）年、諸国に国史《ふみひと》を置き、四方《よも》の志《ふみ》を届けさせる。（四〇三年）
●継体　七（五一三）年、百済が五経博士段楊爾《だんように》を奉る。
＊応神・履中の年号は榊原修正紀年であり、『日本書紀』年号を文末に（ ）で記す。なお、榊原修正紀年の詳細は、榊原英夫『景行天皇と巡る西海道歴史紀行』巻末年表を参照されたい。ちなみに『日本書紀』は、応神紀で実年代より二運（一二〇年）、履中紀で〇・五運（三十年）、それぞれ遡及させている。

②漢音

八～九世紀、奈良時代後期から平安時代の初め頃までに伝えられた漢字音で、唐代中葉・唐都長安地方の音韻体系を多く反映しているとされる。唐の時代になると中国語に「非鼻音化現象」という音韻上の大きな変化が起こっており、この「非鼻音」が「漢音」の特徴である。

わが国における「漢音」は、唐代の音を遣唐使や留学生・学問僧が苦労して伝えたことから、この漢字音が正しく従来の音を誤りと考えるようになり、そこで以前から流布していた発音を「呉音」と呼んで蔑み、「漢音」の採用を主張したのである。

「非鼻音化」とは、鼻音の /m/ /n/ がそれぞれ /mb/ /nd/ などに変化することで、呉音で鼻音のマ行ナ行は、漢音では非鼻音化してバ行ダ行などになる。

例えば、

呉音マ行 ➡ 漢音バ行
/m/ /mb/
マイ＝（米）＝ベイ
メ ＝（馬）＝バ

呉音ナ行 ⬇ 漢音ダ行
/n/ /nd/
ヌ ＝（奴）＝ド
ナム＝（男）＝ダム

呉音ニ・ネ ⬇ 漢音ジ・ゼ
/ni//ne/ /ri//re/
ニン ＝ （人） ＝ジン
ネン ＝ （然） ＝ゼン

以上を表面的に見ると「呉音＝南方音」「漢音＝北方音」と理解できそうに思われることから、これを以って魏の首都・洛陽は北方に位置するので『魏志倭人伝』の字音は「漢音」で解釈すべきであるとする所論を見受けることがあります。しかし、これは誤った捉え方です。

確実なことは「呉音」が古く、「漢音」が新しいということです。「呉音」と「漢音」に係る最も特徴的で重要な相違点は「非鼻音化現象」です。これらの音韻変化は唐代の長安を中心に起こっており、唐の首都である長安に暮らす人々は、長安の言語を正音と考え、南朝式の言語を「呉音」と称したのです。そして、「漢」は中国を代表する呼び名であることから、唐代長安語音を「漢音」と称するようになります。

つまり、単純に「呉音＝南方音」と考えるべきではありません。そもそも、「漢音」の最も特徴的な「非鼻音化」は唐代（六一八〜九〇七年）に起こったものであり、三世紀（〜二九七年）に成った『三国志』が「漢音」に基づいて記述されることはありません。『魏志倭人伝』の固有名詞は、中国南北共通語に近い「呉音」で読まれることはあっても、「漢音」で読むことはできないのです。

2 上古音と中古音の狭間

さて、『魏志倭人伝』の固有名詞を「漢音」で読むことは不適当であるとして、それでは「呉音」であればよいのかということになります。これは『魏志倭人伝』の固有名詞がどのような手段で書き留められたかということに関わります。

もし、倭人が自らの言葉を記すために自ら漢字を選択し、それを魏使に示し、それがそのまま『魏志倭人伝』に採録されたのであれば、その固有名詞は「万葉仮名」などから遡って当時の倭人自身の発音を推定できる可能性があり、それは呉音に近いものであったかもしれません。しかし、倭人から聞き取った発音を、魏使がそれに近い漢字に当て字（音写）したのであれば、その固有名詞は魏使の発音、つまり当時の中国音から推定しなければなりません。

それでは、『魏志倭人伝』の固有名詞は倭人が漢字化して魏使に伝えたのでしょうか、それとも魏使が倭人の発音を聞いて漢字化したのでしょうか。

次の㋐及び㋑から、『魏志倭人伝』の固有名詞は倭人が自ら漢字を選択して魏使に示したのではなく、魏使が倭人の発音に近い漢字を探して音写したものであると理解できます。そこで、中国人による漢字音としての「上古音」と「中古音」の問題が浮上します。

㋐『魏志倭人伝』には卑・奴・邪・鬼・馬・烏・牛・狗などの「卑字」と言われる文字が多く使われている。倭人による漢字表記であれば、「卑字」と言われる文字は極力使用しなかったであろう。

㋑中古音の韻書『広韻』では発音が全く同じ漢字のグループは「小韻」としてまとめられており、「小韻」の中で代表される文字が「首字」である。『魏志倭人伝』では中国人にとって表音的に音写しやすく、それ故に表音文字として使用する頻度の高い「首字」が多用されている。倭人による漢字表記であれば、外国人（倭人）にとって困難であろう表音文字としての漢字表記を避け、表意文字としての漢字を多用したであろうと考えられる。

ところで、『魏志倭人伝』に記される固有名詞（中国関係を除く）の漢字音は表序－4のとおりであり、発音が全く同じ小韻の中で代表文字とされる首字が全七十四字中五十八字（七八％）を占めていることが分かります。

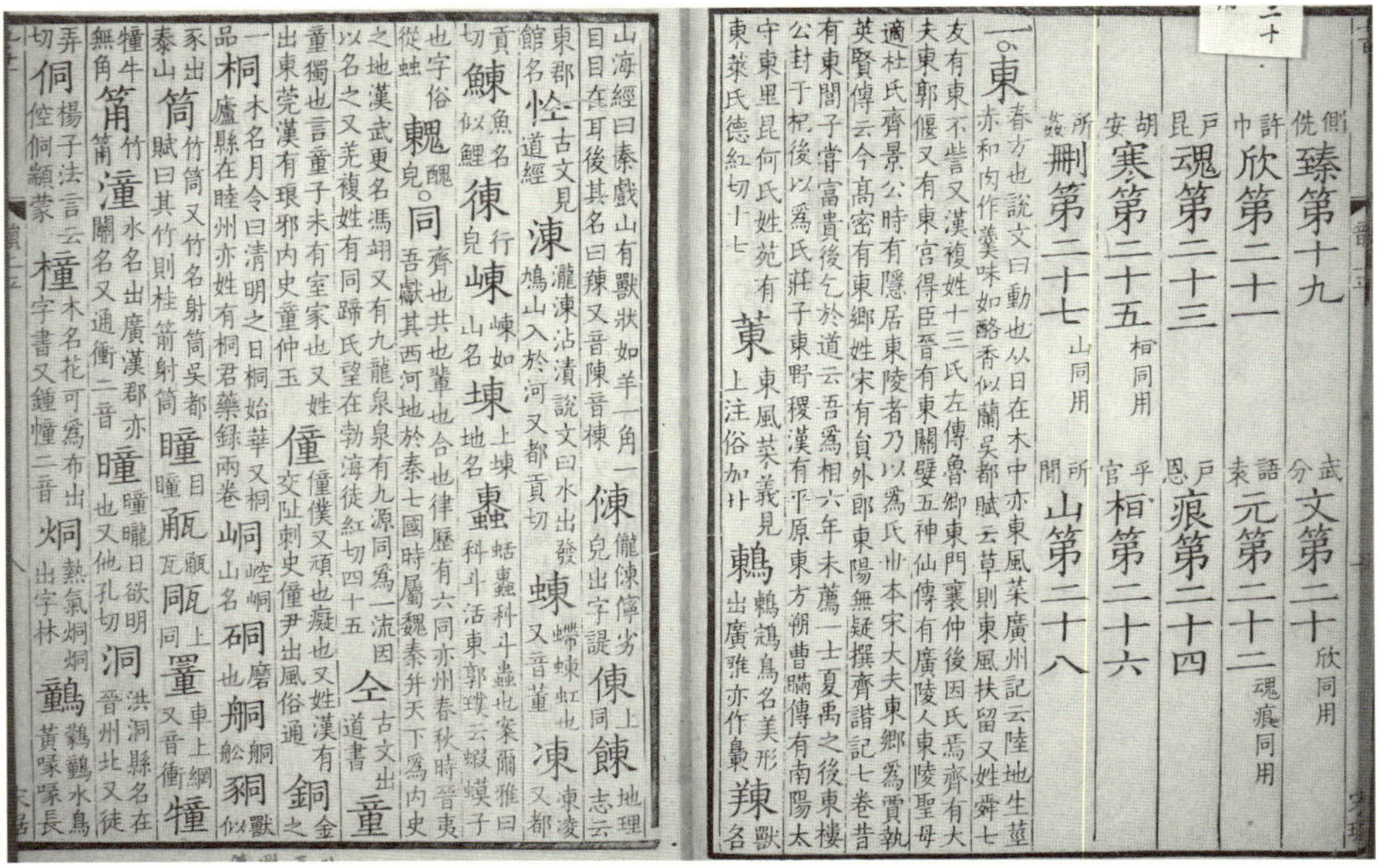

臻第十九　欣第二十一許斤　魂第二十三戶昆　寒第二十五胡安 桓同用　刪第二十七所姦 山同用
文第二十武分 欣同用　元第二十二語袁 魂痕同用　痕第二十四戶恩　桓第二十六胡官　山第二十八所閒

一○東 春方也說文曰動也从日在木中亦東風菜廣州記云陸地生莖赤和肉作羹味如酪香似蘭吳都賦云草則東風扶留又姓舜七友有東不訾又漢複姓十三氏左傳魯卿東門襄仲後因氏焉齊有大夫東郭偃又有東宮得臣晉有東關嬖五神仙傳有廣陵人東陵聖母適杜氏齊景公時有隱居東陵者乃以爲氏世本宋大夫東鄉爲賈執英賢傳云今高密有東鄉姓宋有員外郎東陽無疑撰齊諧記七卷昔有東閭子嘗富貴後乞於道云吾爲相六年未薦一士夏禹之後東樓公封于杞後以爲氏莊子東野稷漢有平原東方朔曹瞞傳有南陽太守東里昆何氏姓苑有東萊氏德紅切十七 菄 東風菜義見上注俗加艹 鶇 鶇鵍鳥名美形出廣雅亦作鶇 辣 獸名

『広韻』巻１・第１韻目の冒頭部分（早稲田大学図書館蔵）

中古音の韻書「広韻」では、漢字を押韻可能グループごとに整理しており、発音が全く同じ漢字のグループは「小韻」としてまとめられている。この「小韻」で最初に記載される文字が「首字」であり、その同一発音群における代表的文字である。

＊１　「東」は第１韻目の小韻（声母・韻母とも同音）の首字（小韻を代表する第１字目で、○をつけて示す）である。

＊２　「春方也」以下の割注は「東」字の注釈である。

＊３　小韻首字割注末尾の「徳紅切」は本節３項で説明する「反切」であり、その字音を示す。また「十七」はこの小韻に属する文字数を示す。

このことは、『魏志倭人伝』で使用されている固有名詞を表す漢字は、倭人を貶《おとし》めるために殊更「卑字」を用いているのではなく、魏使が聞き取った倭人の発音を読者に正確に伝えるために、中国で字音を表す場合に専ら使われている利用頻度の高い漢字を選んで使用していることになります。この事実は、逆説的ですが陳寿が倭人や倭国を蔑《さげす》んでいないことを端的に示しています。つまり、陳寿は倭人や倭国について、礼節を重んじ秩序ある人々や国であると理解しているのであって、『魏志倭人伝』においても決して卑下すべき人々や国として描いているのではありません。この点は『魏志倭人伝』を理解するための基本とされるべき視点である

■表序－4　『魏志倭人伝』固有名詞の『広韻』小韻順

（早稲田大学「古典籍総合データベース」にて調査）

（1）小韻首字の58文字（［　］は首字を含む複数韻目があるもの）

對・海・卑・奴・母	一・末・盧・伊・都	爾・支・柄・渠・兕
馬・彌・多・模・利	升・獲・佳・斯・古	呼・姐・蘇・邑・鬼
為・巴・惟・烏・智	儒・裸・黒・齒・米	牛・聲・弓
［倭］［邪］［離］［大］［不］	［那］［好］［華］［吾］［率］	［難］［越］［市］［載］［與］

（2）小韻順2位以降の16文字（○は小韻の記載順位を示す）

②韓　③狗・投・壹・躬・侏・耆　④百　⑤鞮

⑥泄　⑦謨・巳　⑪瀚・觚・臣　⑭掖

＊1　中国関係の固有名詞は含まない。

＊2　邪馬臺国の「臺」は小韻首字、応答の言葉「噫」は首字を含む複数韻目がある。

＊3　一部に表意文字かと思われる次の文字を含む。

對海国・瀚海・一大国・一大率・都市牛利・侏儒国・裸国・黒齒国

と考えます。

このように、『魏志倭人伝』の固有名詞を表す漢字が倭人の発音を聞き取った魏使によって漢字化されたものであれば、その根幹を成す「上古音」及び「中古音」とはいかなるものでしょうか。

①上古音

周から漢代頃の中国語及び漢字音の音韻体系をいう。中古音を基本にしながら遡り、『詩経』（周代の詩集）・『楚辞』（戦国時代楚地方の詩集）の押韻や諧声文字などから推定される。

＊諧声文字▽意義を表す記号（意号）と発音を表す記号（音符）を組み合わせて作られた文字で、漢字の八〇％以上が諧声文字と言われる。例えば、江・河は水偏（サンズイ）が意義を示し、工・可がそれぞれの字音を示す。同じ音符から成っている諧声文字は同じか近似した発音であるとされる。

②中古音

南北朝期から隋・唐・五代・宋初にかけて使用された音韻体系で、『切韻』に代表される。韻書や韻図、現代中国語の諸方言、周辺諸国の漢字音の研究から推定される。
＊切韻▽隋文帝仁寿元（六〇一）年に陸法言が著した現存最古の韻書で、中国語字音が一九三の韻目にまとめられている。中古音字音の集大成とされ、中古音はこれらの韻書から推定される。なお、唐代に『唐韻』、宋代に『広韻』『集韻』として増補修訂され、宋代には簡略版『韻略』も作られ、その後にも様々な韻書が作られている。

それでは、魏使が倭国に遣って来た三世紀当時における中国語の漢字音は「上古音」なのでしょうか、それとも「中古音」なのでしょうか。

既に説明したように、中古音は『切韻』を中心に推定できますが、上古音は中古音に基づきながら詩の押韻などから遡って推定するしか復元する方法がありません。

ところが、三世紀は上古音と中古音の端境期であるとされ、いかなる発音であったのか、学会でも未だに定説を見ていないのが現状のようです。

ちなみに、松中祐二は著名な学者が三世紀の音韻を上古音であったと考えるか、中古音であったと考えるかについて分類しています（松中祐二、前掲書）。

［魏晋代は上古音］

・藤堂明保　『上古漢語の音韻』一九六七年
　　　　　　『学研大漢和字典』一九七八年（ただし、三国・六朝代は過渡期とする）
・B.Karlgren（一八八九～一九七八年）『中国語音韻論』一九八〇年
・H.Maspero（一八八三～一九四五年）

［魏晋代は中古音］

・香坂順一『中国語学の基礎知識』一九七一年
・唐作藩『漢語音韻学常識』一九七九年
・坂井健一『魏晋南北朝字音研究序説』一九八一年
・太田辰夫『中国語史通考』一九八八年
・頼惟勤『中国音韻論集』一九八九年
・戸川芳郎監修『全訳漢辞海』二〇〇〇年
・金正彬『唇音に於ける日本呉音について』二〇〇五年
・方一新／王雲路『中古漢語読本』一九九三年
・劉堅『近代漢語読本』一九九五年

3 三世紀は中古音の時代

前項で示したとおり、『魏志倭人伝』が撰述された魏晋代（三世紀頃）の音韻は上古音ではなく中古音であったとする研究者が圧倒的に多く、近年の論文などは専ら「三世紀の漢字音は中古音である」とするものばかりです。

なぜ、中古音なのでしょうか。

坂井健一は、次の㋐〜㋒のとおり陸徳明（五六〇〜六三〇年頃）の文字音義書『経典釈文《けいてんしやくもん》』を通して魏晋南北朝の字音を解明しています。

㋐『経典釈文』は五八〇〜九〇年代に成立し、反切《はんせつ》による資料が集録され、『切韻』に先行する現存唯一の反切史料であること。

＊反切▽いわゆる発音記号の代用であり、魏の孫炎が創始した。漢字の音を別の漢字二字で表す方法で、Aの漢字をB、Cで表す場合BC切とする（唐代まではBC反とされ、宋代以降BC切とされたことから「反切」という）。例えば、『広韻』では「東（A）」は「徳紅切（BC切）」となっている。「東」の声母（頭子音）は反切上字「徳」/tək/の声母/t/と同じで、韻母（頭子音を除いた残りの部分）・声調（アクセントのことで、平声《ひょうしょう》・上声《じょうしょう》・去声《きょしょう》・入声《にっしょう》の四声《しせい》がある）は反切下字「紅」/ɦuŋ/の韻母/uŋ/と同じで声調「平声」も同じである。従って、「東」の字音は/tuŋ/「平声」となる。

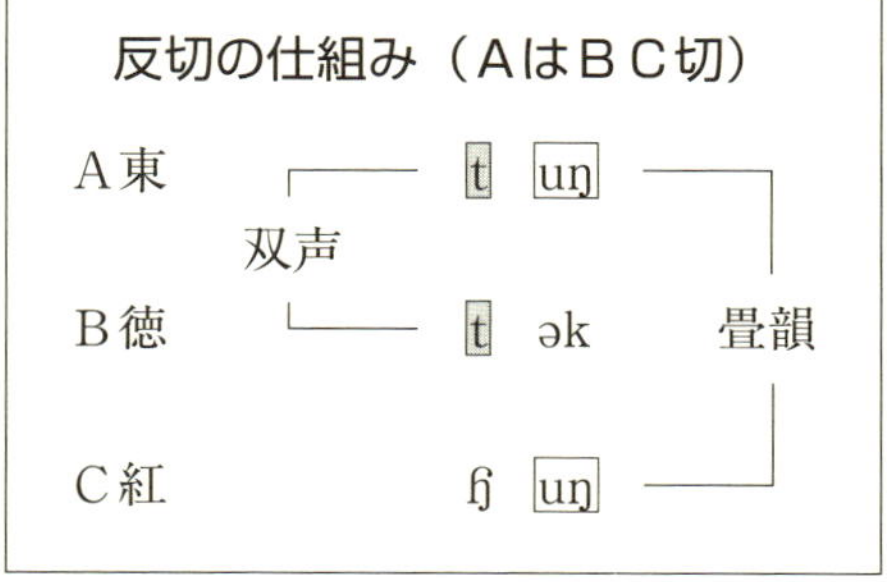

ⓘ中古音体系を示す『切韻』序に「古今の音を参考にし、南北方言を折衷した」とあること。また、『切韻』は六〇一年当時の音だけでなく、それ以前の字音資料も参考にし、方言音も採録参考にして基準となる字音を決定していること。従って、『切韻』は『経典釈文』などにも引用されている多くの音韻家の音注類や南北朝各音韻家の韻書類が参閲されたと思われること。

ⓤ『経典釈文』には魏晋南北朝音韻家の音注が多数引用されている。これらの音韻家は、二〜六世紀の魏晋南北朝期全般にわたっており、出身地も華北平原から長江流域まで偏《かたよ》りがない。時代性と地域性の二つの条件を満たしていること。

・鄭玄　山東省（一二七〜二〇〇）
・孫炎　河南省（二二〇〜二六五）
・呂静　山東省（二六五〜三一六）
・崔譔　河北省（二六五〜三一六）
・李軌　湖北省（三一七〜四二〇）
・向秀　河南省（三七〇〜　？　）
・韋昭　江蘇省（二〇四〜二七三）
・呂忱　山東省（二六〇〜三一〇）
・郭象　河南省（　？　〜三一二）
・徐邈　江蘇省（三三四〜三九七）
・劉昌宗　？　（三一七〜四二〇）
・沈旋　浙江省（四六〇〜五三〇）

・何胤　安徽省（四四六～五三一）　・夏侯該　安徽省（五〇三～五五七）
・沈重　浙江省（五〇〇～五八二）　・王元規　山西省（五一五～五八九）
・戚哀　浙江省（五一九～五八一）　・顧野王　江蘇省（五一九～五八一）
・陸徳明　江蘇省（五五六～六二七）　・陽休之　河北省（五五〇～五八一）
・李季節　河北省（五五〇～五八一）　・杜臺卿　河北省（五五〇～五八一）

結局、坂井健一は『経典釈文』を精査した結果として、次の諸点から魏晋南北朝期の字音体系は「中古音」であるとしています。

①『経典釈文』所引音義の声類（声母）は『切韻』音声類と殆んど一致すること。

②『経典釈文』の韻類（韻母）は『切韻』と大様が一致する。七〇％程度が完全に一致し、残りも反切字の常用字が違うだけであること。

③『経典釈文』所引音義二十家の声類・韻類・声調は、中古音の体系『切韻』と基本的に一致すること。

中国音韻を研究する場合、中国語音韻史研究の嚆矢であるB.Karlgrenやわが国における中国語学の大家である藤堂明保を抜きにしては語れません。両者は「三世紀の漢字音は上古音である」との立場を採っていますから、『魏志倭人伝』を研究する多くの人々が三世紀当時の漢字音は「上古音」であると理解したとしても已むを得ません(2)。

しかし、現在では研究が進み、「三世紀の漢字音は中古音である」とする説が有力です。最近では、中古音が後漢の時代まで遡るとする研究も多いとされます。音韻研究は極めて困難な分野であり、中国古代の音韻研究は未だ不安定のようですが、『魏志倭人伝』を理解するためにはまずは「中古音」を用いて読むことが肝要であり、次いで「上古音」を参考にすべきであろうと考えます。

以上のことから、本書では『魏志倭人伝』の固有名詞を読解するに当たって、第一義的には「中古音」を用いることとし、これに疑義がある場合に限って「上古音」を含めて検討することとします。

おって、巻末に「魏志倭人伝の固有名詞表」（藤堂明保『学研漢和大字典』より）を掲載していますので参考にしてください。

◆

（1）これ以前にも、銘文を伴う多数の前漢鏡や後漢鏡、後漢光武帝から賜った「漢委奴国王」金印（五七年）、後漢献帝から賜ったであろう中平紀年銘大刀（一八九年）、魏少帝曹芳から賜った各種の詔書や「親魏倭王」金印を始めとする多くの印綬（二三九～四七年）、仲哀天皇及び神功皇后が新羅に送った国書（三四五年）、百済近肖古王がもたらした銘文を伴う七枝刀（三七二年）など、わが国へ漢字がもたらされた痕跡は頗る多い。

（2）本節で「三世紀は中古音の時代」と論じたが、「三世紀は上古音の時代」とする考え方もある（長田夏樹『邪馬台国の言語』ほか）。その概要を略述し、併せていくつかの疑義を提起する。

これら「三世紀は上古音の時代」とする論旨は、①の『魏志倭人伝』が記す「盧・奴・都」の音価を「ラ・ナ・タ」とし、これを②の翻訳仏典の音価によって証明しようとする。

①『魏志倭人伝』が記す「末盧（国）・奴（国）・伊都（国）」につき、邪馬台国の畿内説と九州説とを問わずその地名比定は一致しており、『古事記』『日本書紀』『和名類聚抄』は「末羅・松浦／那・儺／伊斗・伊覩・怡土」などとし、それぞれ「マツラ・ナ・イト」と読ませている。従って「盧・奴・都」の音価はそれぞれ「ラ・ナ・ト」である。

一方、これら三音は中国音韻学では同一音韻系（『韻鏡』では内転第十二開合平声一等「模」韻の字）であり、「盧・奴」が「ラ・ナ」であれば「都」は「タ」であり、「都」が「ト」であれば「盧・奴」は「ロ・ノ」でなければならない。

②中国語の音韻は仏典（サンスクリット）など漢訳された元の言語が分かる場合はそこから比定でき、安息国王子安世高（後漢建和二（一四八）年から建寧四（一七一）年頃まで洛陽に滞在した）の訳とされる『仏説十八泥犁経《にらやきょう》』及び『魏志』烏丸鮮卑東夷伝「評に曰く」注が引用する『魏略』西戎伝臨児国条にその根拠が求められる。

前者は十八の泥犁（niraya／地獄）を説明したものであり、居盧倅略（第二地獄）はサンスクリットの kālasūtra を、

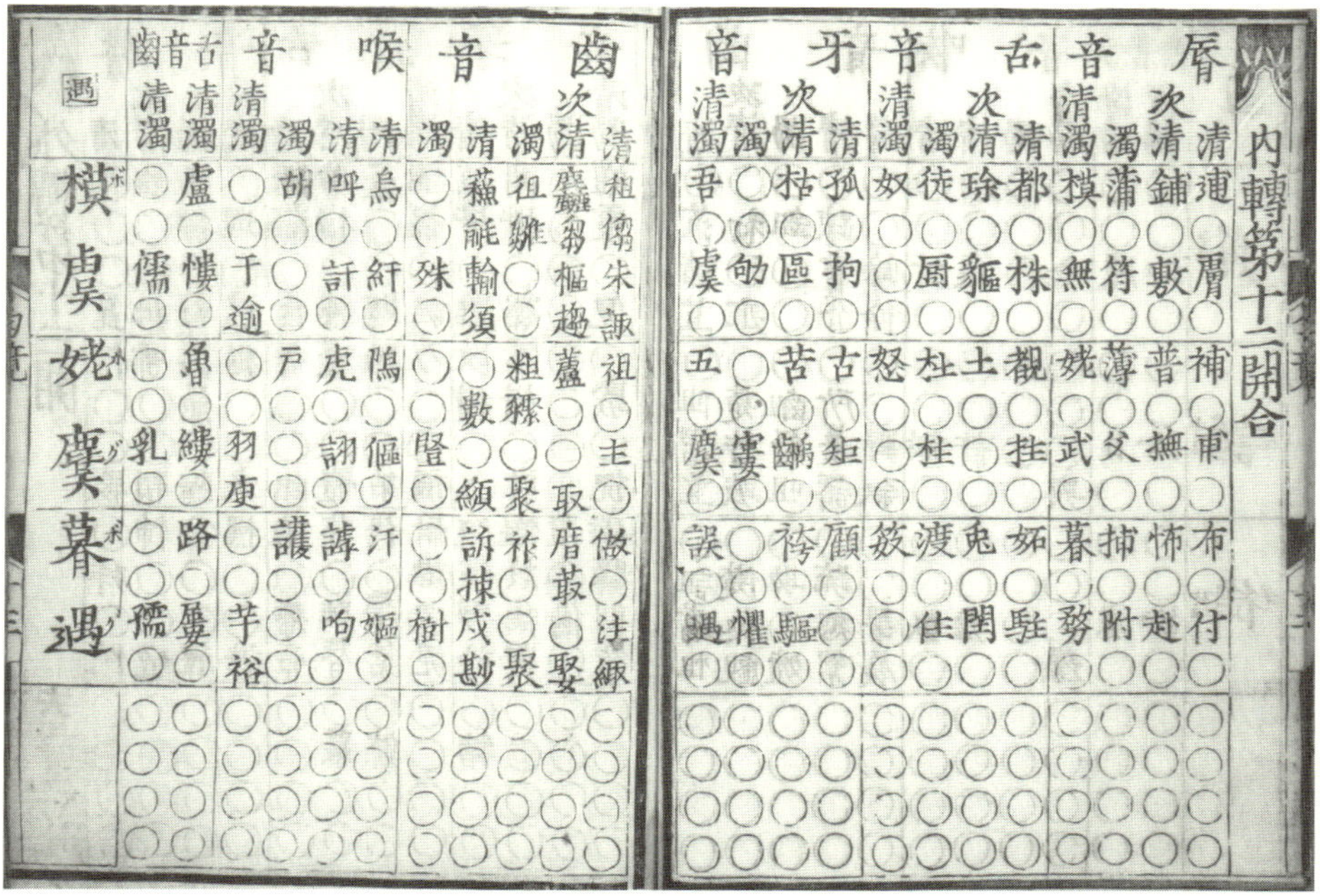

『韻鏡』内転第十二開合（早稲田大学図書館蔵）

『韻鏡』は『切韻』の体系を受け継ぎ、『広韻』の206韻を整理･分類して43枚の図表に収めた、今日に伝わる最も古い中古音の韻図である。韻図は唐代に登場した韻の体系を表す図表で、音節を声母と韻母に分け、同一声母を縦行に、同一韻母を横列に並べ、縦と横の図表で全ての音節を体系的に捉えようとする「音節表」である。

桑居都（第三地獄）は saṅgāta を、不盧都般呼（第八地獄）は pratāpana を音訳しており、「盧」の音価は /la//ra/、「都」の音価は /ta//tā/ である。

　後者は『魏略』西戎伝に「浮屠経に云わく、其の国王、浮屠を生む。浮屠は太子なり。父は屑頭邪と曰い、母は莫邪と曰う」と記されるもので、浮屠はサンスクリットの buddha の音訳で仏陀のこと、莫邪は māyā の音訳で摩耶夫人のことである。浮屠の「屠」は /dha/、莫邪の「莫」は /mā/ であり、これを『韻鏡』に当て嵌めると「盧・奴・都」と同じ内転第十二開合一等に属する。よって「盧・奴・都」の音価はそれぞれ /la//na//ta/ である。

　以上の①及び②から、『魏志倭人伝』の「盧・奴・都」は上古音の体系に則って発音されており、それぞれ「ラ・ナ・タ」と読まれなくてはならないとする。

　しかし、これらの所論にはいくつかの疑義がある。

　その①は、「盧・奴・都」の音価を評価するに際してはるかに後代のわが国の文献（『古事記』『日本書紀』『和名類聚抄』）から推定される漢字音をもって『魏志倭人伝』の音価の前提としていることである。『魏志倭人伝』に記される倭人の「音」を漢訳する場合、倭人が自ら漢字化したのであれば、わが国の文献から遡る方法論は有効であるかもしれない。しかし、本節2項で論じたように、『魏志倭人伝』の漢字音は倭人の言葉を聞いた魏使によって漢字化されたと考えられる。この場合、中国人である魏使が漢字化した「音」は元々どのような「音」であったかを検証すべきであって、それは中国語の音韻体系の中で論じられなければならない。

その②は、中古音の体系を示す『韻鏡』をそのまま上古音の体系として置き換えていることである。中古音の韻図である『韻鏡』を以って直ちに上古音の音韻体系と見做すことは（音韻には一部の母音が変化すると同母音のほとんどの字音に同一の変化が及ぶという規則的な側面があるとしても）短絡的に過ぎ、また、これらの方法論が適正か否かについて必ずしも証明されていない。

その③は、中国語の音韻を漢訳仏典によって論じるが、その漢訳された時代が考慮されていないことである。『仏説十八泥犂経』を漢訳するに際し、サンスクリットの /la//ra/ を「盧」に、/ta//tā/ を「都」に音訳していることから「盧・都」はそれぞれ上古音の「ラ・タ」であるとするが、これは『仏説十八泥犂経』が漢訳された後漢の桓帝・霊帝の時代（安息国王子安世高は一四八～七一年の二十三年間洛陽に滞在する）に上古音が使われていたという説明にはなるものの、『三国志』が撰述された魏晋朝時代（二二〇～三一六年）にも引き続き上古音が使われていたという証拠にはならない。

これと同じことは『魏略』西戎伝所載の『浮屠経』についても言える。『魏略』は『三国志』と同時代の撰述であるから『浮屠経』の音価も魏晋朝時代のものであると思われるかもしれない。しかし、『浮屠経』は前漢哀帝の元寿元（紀元前二）年には大月氏王の使者・伊存から口授されており（『魏略』西戎伝臨児国条）、遅くとも後漢の桓帝・霊帝の頃（二世紀）までには漢訳されていたと推定される。その漢訳過程で /dha/ には「屠」が、/mā/ には「莫」が用いられたのであって、『魏略』西戎伝はその漢訳された『浮屠経』から翻訳漢字をそのまま援用したに過ぎない。つまり、『浮屠経』が漢訳された頃には上古音が使われていたとしても、これを以って魏晋朝時代に上古音が使われていたという証拠にはならない。

第Ⅰ章 『三國志』とその時代

1 『三国志』の特異性

『三国志』については、他の中国正史と比較していくつかの特殊な事情があることを理解しておかなければなりません。その特殊事情が『三国志』の史料的価値を高め、また、その問題点をも顕在化させることになるからです。

1 『三国志』はどのようにして成立したのか

本節2項に一覧表（表Ⅰ－1）を掲げていますが、中国には「正史」とされる一連の歴史書があります。上古の黄帝から前漢の武帝までの通史である『史記』は別として、前漢以降を記す「正史」は原則として王朝ごとに区切られた歴史（断代史）について、後の王朝が撰述することとされています。ところが、一部を除いて国家事業として修史されるようになるのは唐（六一八～九〇七年）になってからのことで、それまでは個人が撰述したものを後に国家が「正史」として採択していました。

当然ながら、晋（西晋朝、二六五～三一六年）の時代に撰述された『三国志』もこの例外ではありません。『三国志』の撰者・陳寿《ちんじゅ》は晋の著作郎（修史官）ではありましたが、『三国志』は陳寿が個人の資格で撰述したものを後に晋が「正史」として採択したものでした。

『三国志』を撰述した陳寿は、魏（曹魏）の敵国であった蜀（蜀漢）の出身であり、蜀の官職に就いていましたが、蜀では概して不遇を託《かこ》っていました。蜀の滅亡後はかつての同僚であった羅憲《らけん》（?～二七〇年、蜀の武人。蜀滅亡後は魏及び晋に仕え、晋の武帝司馬炎の求めに応じて陳寿ら蜀の旧臣を推挙する）の推薦を得て晋に仕えることになります。

晋では『益州耆旧伝《えきしゅうききゅうでん》』などの益州地方史や諸葛亮《しょかつりょう》孔明（?～二三四年）の文書集『諸葛亮集』などを編纂したことから高く評価され、殊に張華《ちょうか》（二三二～三〇〇年）の知遇を得て晋の佐著作郎、次いで著作郎に抜擢され、『三国志』を著すことになります。

張華は、魏にあっては著作郎の経験を持ち、朝鮮半島の開拓にも力を入れ、また、晋にあっては呉を征伐するに際して主導的役割を果たすなどその功績は著しく、名声は高まって幾度となく三公（司徒《しと》・司空《しくう》・太尉《たいい》）の地位を嘱望されますが、権臣の賈充《かじゅう》（二一七～八二年）や荀勗《じゅんきょく》（?～二八九年）などの中傷や讒言でその都度挫折を繰り返しています。

なお、張華は最終的には司空まで進みますが、賈后《かこう》（二五七～三〇〇年、恵帝皇后、賈充女《むすめ》）への諫言で免職となり、その賈后を廃した趙王司馬倫《しばりん》（?～三〇一年、司馬懿第九子、かつて張華から顕官への登用を反対された）によって三族皆殺しの憂き目に遭っています。

陳寿としては、自らを抜擢してくれた張華に大恩があります。権謀術数が渦巻く晋の朝廷にあって、張華に恩返しができるようにと願ったでしょうし、少なくとも張華に迷惑が掛からないような処世を心掛けたに違いありません。このことこそ、陳寿が『三国志』を撰述するに当たって最も気を配った点であったと考えられます。

実際に、張華と陳寿は特別な関係にあると見られていたようです。張華は『三国志』を高く評価し「当に晋書を以って相付くるのみ（晋書をこの書に続けて書くべきだ）」（『晋書』陳寿伝）と称讃していますが、一方で張華の政敵であった荀勗は、陳寿の歴史家としての能力を認めながらも「張華、将に寿（陳寿）を挙げて中書郎になさんとす。荀勗、華（張華）を忌《い》みて寿を疾《にく》む。遂に吏部に諷《ふう》し（仄めかす）、寿を遷して長広太守となす」（『晋書』陳寿伝）であったり、あるいは「華（張華）表して中書郎を兼ねしむ。而るに寿（陳寿）の魏志は勗（荀勗）の意を失することとあり。勗、其の処内（陳寿が宮廷内にいること）を欲せず、表して長広太守となす」（『華陽国志』陳寿伝）として陳寿の左遷を画策しています。この時の陳寿は、母が老いていることを理由に長広太守への就任を固辞し、この事情を察した司隷校尉（大臣等を監察する職務）の杜預《とよ》（二二二〜二八四年）の仲介によって治書侍御史（検察官）という官職に就きますが、宮廷内の権力闘争は想象を絶するものであるようです。

陳寿の『三国志』は、「質直さにおいて司馬《しば》相如《しょうじょ》（紀元前一七九〜紀元前一一七年、前漢時代の文章家）を超える」（『晋書』陳寿伝の范頵《はんきん》の上表）であるとか「人物評価に見るべきものがあり、記事は公正正確なものが多い」（『三国志』序文に附された「三国志注を上《たてまつ》る表」での裴松之《はいしょうし》の意見）など高い評価を受けており、また、『三国志』を読んだ夏侯湛《かこうたん》（二四三〜九一年）は、自らが執筆中であった『魏書』を破り捨てたという逸話すらあります（『晋書』陳寿伝）。

その反面において、『三国志』が取り扱う魏・蜀・呉のうち魏のみを正統な王朝として扱っていることや、私怨や賄賂による曲筆を疑う話が伝わっていることなどから様々な非難を浴びていることも事実です。

陳寿の生きた時代は魏から晋にかけてであり（二三三〜九七年）、陳寿が『三国志』を撰述したのは晋の時代です。晋は魏から禅譲を受けた王朝ですから、魏を否定することはできません。魏を比定することは晋を否定することになるからです。陳寿が『三国志』の中で魏を正統王朝としたことは、時代状況から考えれば当然のことだと思われます。却って、陳寿の故国である蜀を称揚したことや、標題を『魏志』ではなく『三国志』としたことなどは、むしろ張華や陳寿にとって極めて危険な対応であったかもしれません。

また、私怨などによる曲筆についても、伝えられている通りであるとは限りません。例えば、陳寿の父と諸葛亮孔明との私怨で「亮の軍略は臨機応変ではなかった」と諸葛亮伝に記したことや、かつての魏の高官丁儀《ていぎ》（？～二二〇年）一族の子供に対して「当人の伝記を高く評価して書くので、米千斛（石）をいただきたい」と賄賂を要求したこと（いずれも『晋書』陳寿伝）についても、そのまま信じることはできません。陳寿の諸葛亮に対する総合的評価はむしろ「絶賛」と言えるものであり、丁儀一族は曹丕に全て抹殺されており、元々子供の存在さえ疑わしいとも言われています。

ともかく、『三国志』は極めて厳しい政治的環境の中での撰述を余儀なくされたことは間違いありません。そして陳寿の没後に至って尚書郎の范頵《はんきん》等が採録を上表し、晋朝第②代皇帝恵帝によって「正史」に加えられたのでした。

> 梁州大中正・尚書郎の范頵《はんきん》等は上表して曰く、「昔、漢の武帝は詔して曰く、『司馬《しば》相如《しょうじょ》は病甚し。悉くその書を取らしむべし』と。（略）臣等案ずるに、故《もと》の治書侍御史の陳寿は『三國志』を作り、辭には勸誡《かんかい》（勧め戒めること）多く、得失に明らかなれば、風化（感化）に益あり。文艶は相如《しょうじょ》に若《し》かずと雖も、而して質直はこれに過ぐ。願はくは採録を垂れんことを」と。是に於いて詔して河南尹・洛陽令に下し、家に就《ゆ》きその書を寫さしむ。
>
> （『晋書』陳寿伝）

2『三国志』は晋朝の現代史である

中国には「正史」とされる一連の歴史書があります。「正史」とは一般に、司馬遷《しばせん》（生没年不詳、ただし紀元前一四五／一三五～紀元前八七／八六年か）が撰した「史記」に始まって清の張廷玉《ちょうていぎょく》（一六七二～一七五五年）撰の「明史」までの二十四史を数えます。これら二十四史のうちわが国の伝を載せるものは十四史です（表I－1）。

■表Ⅰ－1　中国24正史一覧

	書名とその撰述対象王朝		編纂王朝とその撰者		わが国の伝
	書　名	撰述対象王朝（王朝の期間）	時代（成立年）	撰者（生没年）	
1	史　記	～前漢武帝（～前88）	前漢（前90頃）	司馬遷（　?　）	
2	漢　書	前漢／新（前206～後24）	後漢（～84頃）	班固（32～92）	
3	後漢書	後漢（25～220）	南朝宋（432）	范曄（398～445）	倭
4	三国志	魏／蜀／呉（220～280）	西晋（～297）	陳寿（233～297）	倭人
5	晋　書	晋（265～420）	唐（648）	房玄齢（578～648）他	倭人
6	宋　書	宋（420～479）	南朝斉（488）	沈約（441～513）	倭国
7	南斉書	南斉（479～502）	南朝梁（～537）	蕭子顕（489～537）	倭国
8	梁　書	梁（502～557）	唐（636）	姚思廉（?～637）他	倭
9	陳　書	陳（557～589）	唐（636）	姚思廉（?～637）他	
10	後魏書	北魏（534～556）	北斉（554）	魏収（506～572）他	
11	北斉書	北斉（550～577）	唐（636）	李百薬（656～648）他	
12	周　書	西魏／北周（557～581）	唐（636）	令狐徳棻（583～666）他	
13	隋　書	隋（581～618）	唐（636）	魏徴（580～643）他	倭国
14	南　史	宋／斉／梁／陳（439～589）	唐（659）	李延寿（　?　）他	倭国
15	北　史	魏／斉／周／隋（439～589）	唐（659）	李延寿（　?　）他	倭国
16	旧唐書	唐（618～907）	五代晋（945）	劉昫（887～946）他	倭国日本
17	新唐書	唐（618～907）	宋（1060）	宋祁（998～1061）他	日本
18	旧五代史	梁／唐／晋／漢／周（907～960）	宋（974）	薛居正（912～981）他	
19	新五代史	同上	宋（1053）	欧陽脩（1007～1072）	
20	宋　史	宋（960～1279）	元（1345）	脱々（1314～1355）他	日本国
21	遼　史	遼（906～1125）	元（1345）	脱々（1314～1355）他	
22	金　史	金（1115～1234）	元（1345）	脱々（1314～1355）他	
23	元　史	元（1206～1367）	明（1370）	宋濂（1310～1381）他	日本国
24	明　史	明（1368～1662）	清（1735）	張廷玉（1672～1755）他	日本

＊柯劭忞撰の『新元史』と趙爾巽撰の『清史稿』を加えて26史、さらに王鴻緒撰の『明史稿』と張其昀撰の『清史』を加えて28史とする場合がある。

■表Ⅰ－2　対象王朝と編纂王朝が近接する中国正史（わが国の伝を含むもの）

正　史	対象朝	編纂朝	左の差	編纂王朝と対象王朝との関係
三国志	魏蜀呉	西　晋	約17年	魏の元帝から西晋の武帝へ禅譲する。『三国志』は陳寿の私撰。のち、晋の恵帝が採録させる。
宋　書	南朝宋	南朝斉	約９年	南朝宋の順帝から南斉の高帝へ禅譲する。『宋書』は斉の武帝の命で沈約が撰述する。
隋　書	隋	唐	約18年	唐高祖は隋を滅ぼして建国する。
元　史	元	明	約３年	明洪武帝は江南で建国し、元に大都（北京）を放棄させる。

なお、本書において中国正史にかかるわが国の伝を記す場合、『後漢書倭伝』のように、『書名』と「伝」を組み合わせて表記することとします。

表Ⅰ－1において、わが国の伝を載せる「正史」の撰述対象王朝とその編纂された時期を比較すれば、この両者が近接しているものとして『三国志』『宋書』『隋書』『元史』を挙げることができます。史料としての重要な要素は「現地性」と「同時性」がいかに確保されているかということです。その「同時性」という観点からは、撰述対象王朝とその編纂時期が近接していることは、それだけ信頼度が高いということになります。

中でも『三国志』は国家の修史事業として組織的に編纂されたものではなく、しかも、撰者・陳寿が編纂対象王朝（蜀及び魏の系譜を引継ぐ晋）の臣下であったという特殊な状況にあります。国家の修史事業ではありませんから、幾多の厳しい政治的環境に配慮する必要はあるにしても、型に嵌《は》められた官撰修史という訳ではなく、比較的自由な修史環境が確保できたであろうと思います。また、陳寿自身が編纂対象王朝の臣下であったことは、優れて客観的な観察眼を堅持できさえすれば、歴史をより正確に、現実に即して叙述することができます。このようなことが、『三国志』の史料価値を高めていると言えます。

『三国志』は言うまでもなく晋の時代に撰述された魏・蜀・呉の歴史書ですが、晋の現代史であるとも言えます。晋は、魏の最後の皇帝である元帝（曹奐《そうかん》、在位二六〇～六五年）から禅譲を受けた武帝（司馬炎《しばえん》、在位二

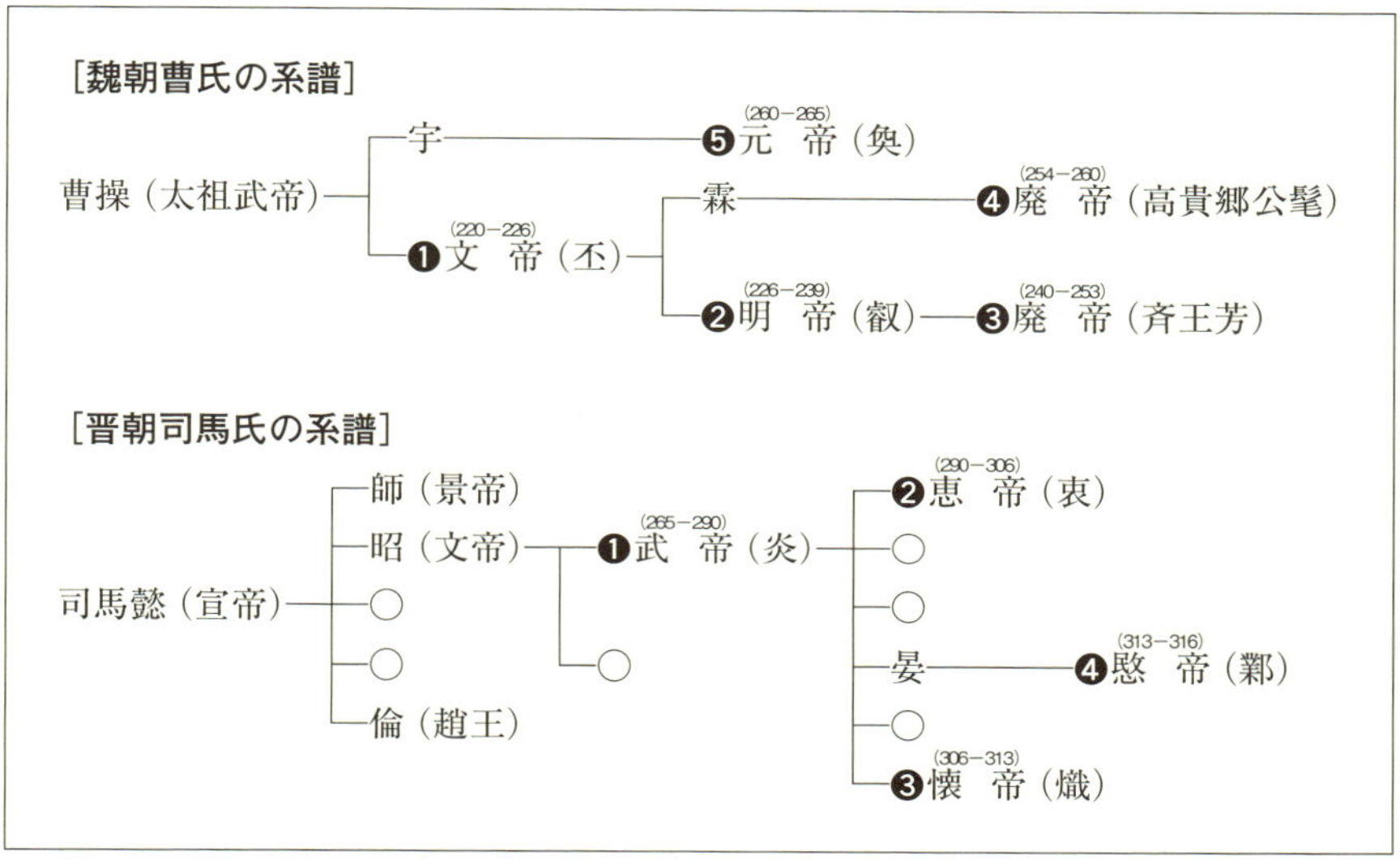

六五～九〇年）によって泰始元（二六五）年に開かれた王朝ではありますが、その実質的な全権は既に司馬懿《しばい》（武帝司馬炎の祖父）が嘉平元（正始十、二四九）年のクーデター（司馬懿が斉王曹芳《そうほう》の後見人曹爽《そうそう》と太祖曹操《そうそう》の女婿何晏《かあん》を殺害して全権を掌握する）によって手中にしていたのです。『三国志』は司馬氏が魏にあって次第に栄達を遂げ、延《ひ》いては晋王朝を創始するに至る栄光の歴史でもあります。このようなことから『三国志』は晋朝の成立史であり、晋朝の現代史であるとも言えるのです。

2 『魏志東夷伝』の特異性

嘉平元（正始十、二四九）年に発生した司馬懿《しばい》（仲達）によるクーデターは晋朝の事実上の建国でした。しかし、その前提として魏の明帝（曹叡《そうえい》）崩御後に即位した少帝斉王（曹芳、八歳）の後見人となり、魏の朝廷において主導的立場に立つことが必須条件でした。

1「烏丸鮮卑東夷伝」は『三国志』唯一の外国伝である

『三国志』は魏書三十巻（一～三十巻）・蜀書十五巻（三十一～四十五巻）・呉書二十巻（四十六～六十五巻）で成り立

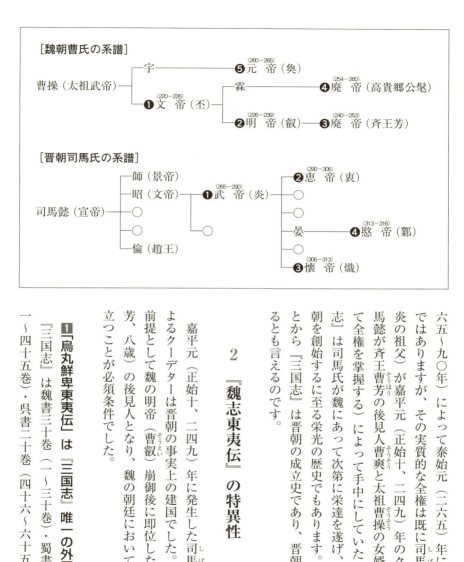

■表Ⅰ－3　主な中国正史が立巻する外国伝（新唐書まで）

	列伝に付置される「夷蛮伝」として立巻掲載する外国伝			
	東　夷	南　蛮	西　戎	北　狄
史　記	朝鮮伝	南越伝・東越伝・西南夷伝	大宛伝	匈奴伝
漢　書	西南夷両粤《りようえつ》朝鮮伝		西域伝	匈奴伝
後漢書	東夷伝・烏桓鮮卑伝	南蛮西南夷伝	西羌《せいきよう》伝・西域伝	南匈奴伝
三国志	烏丸鮮卑東夷伝	（なし）		
晋　書	四夷伝			
宋　書	夷蛮伝・吐谷渾《つよくごん》伝			索虜（北魏）伝
隋　書	東夷伝	南蛮伝	西域伝	北狄伝
旧唐書	東夷伝	南蛮西南蛮伝	西戎伝	北狄伝
新唐書	東夷伝	南蛮伝	西域伝	北狄伝

っていますが、その構成上の特徴は、魏書にのみ本紀（武帝紀・文帝紀・明帝紀・三少帝紀）を設けていること、及び唯一の外国伝「烏丸鮮卑東夷伝《うがんせんびとういでん》」を魏書列伝に付置させていることでしょう。それは『三国志』が魏朝のみを正統王朝として扱っているからに他なりません。

それにしても、『三国志』の外国伝が「烏丸鮮卑東夷伝」のみとはいかにも不思議です。中国では「四夷」、つまり「東夷《とうい》・南蛮《なんばん》・西戎《せいじゆう》・北狄《ほくてき》」として四方に目配せをするのが一般的なのですから――。

魏の西南方には蜀があり、南方には呉があります。『三国志』は蜀や呉を正統王朝として扱っていませんから、蜀や呉よりさらに西南方や南方にある地域を対象とする「西南夷伝」や「南蛮伝」を立巻できなかったという理由は理解できます。しかし、魏が積極的な入朝工作を展開した西方諸地域の状況をなぜ「西域伝」「西戎伝」などとして立巻していないのでしょうか。

先に触れたように、武帝（司馬炎）が魏の元帝（曹《そう》奐《かん》）の禅譲を受けて晋朝を建国したのは泰始元（二六五）年のことですが、晋朝の事実上の建国は武帝の祖父にあたる司馬懿《しばい》が生起させた嘉平元（正始十、二四九）年のクーデターでした。

■魏に朝貢する東西辺境地域の最遠国（再掲）

地域	最遠国	朝貢を促した功績者	初めての朝貢	魏が賜った称号
西域辺境地域 （西戎）	大月氏国	曹真 （魏の王族、曹爽の父）	太和3（229）年	親魏大月氏王
東北辺境地域 （東夷）	倭　　国	司馬懿 （晋朝建国の功労者）	景初3（239）年	親魏倭王

しかし、司馬懿がこのクーデターを実現できた前提として、魏の第②代皇帝明帝（曹叡）崩御後において、第③代皇帝斉王曹芳（八歳）の後見人となることが必須条件でした。

斉王曹芳の後見人としての第一人者は曹真《そうしん》の嗣子である曹爽《そうそう》（?～二四九年）ですが、これは魏朝の宮廷人であれば誰でも納得できる人選だったことでしょう。曹爽に対する第②代皇帝明帝（曹叡）の寵愛と信頼が頗る深かったからですが、それらの源泉の多くは曹爽の父曹真に由来しているのです。

曹真は、武帝（追贈）曹操によって初代皇帝文帝曹丕《そうひ》と兄弟同様に育てられたという事情がありますし、黄初元（二二〇）年に曹丕が後漢の献帝を廃して自ら文帝となって魏を創業すると、折しも西北辺境を護っていた曹真は多くの西域諸国から朝貢使を派遣させて魏の面目を弥《いや》が上《うえ》にも高めています。

また、明帝（曹叡）の太和三（二二九）年には大月《だいげつ》氏《し》国王《こくおう》波調《はちょう》の朝貢を実現させています。大国である大月氏国からの朝貢を大いに喜び感激した明帝（曹叡）は、波調に「親魏大月氏王」の称号を贈ることになるのです。

なお、大月氏国とは中央アジアのガンダーラ地方を中心に栄えたクシャーナ朝（一～三世紀）のことで、二世紀中頃のカニシカ王の時代（在位一四三～七三年）に全盛期を迎え、東西トルキスタン・アフガニスタン・パキスタン・北インドに跨る大帝国を形成しています。クシャーナ朝は交通の要衝にあって国際経済活動を活発に行い、大乗仏教（菩薩信仰）を広め、仏像を生み出し、ガンダーラ美術の隆盛を招いた国として知られています。カニシカ王の二代後が波調（ヴァースデーヴァ王）ですが、魏へ使者を送ったきり（使者は二二九年に魏都洛陽に到達する）、二二五年頃にはササン朝ペルシャ

（二二四〜六五一年）に屈服してしまいます。

曹爽が斉王曹芳の後見人として指名された最大の理由は、父曹真の西域辺境地域での実績でした。同様に司馬懿が魏において軍事権を手中にし、朝廷で重きをなし、延いては斉王曹芳の後見人となり得たのは遼東及び東北辺境地域での絶大な功績でした。

司馬懿は、景初二（二三八）年に遼東の公孫淵《こうそんえん》を討伐するという輝かしい功績を挙げています。また、司馬懿の人脈に繋がる田丘倹《かんきゆうけん》が行った東北辺境地域の領土拡大や懐柔政策の成功もあります。これらの最大の成果として、景初三（二三九）年六月に東北辺境地域の最遠国であり、中国人にとっては古くから憧れの理想郷でもあった「倭国」から朝貢の使節がやってきたのです。これらの実績はいくら強調しても過ぎるということはありません。どれほど遠くの国から天子の徳を慕って朝貢してきたかということが重要だからです。大月氏国王波調《はちよう》に「親魏大月氏王」の称号を贈ったのと同様に、魏が倭国女王卑弥呼《ひみこ》に「親魏倭王」の称号と金印紫綬を贈った理由はここにあります。司馬懿はここに至って曹真の功績に並び、斉王曹芳の後見人となる条件を確保できたのです。

嘉平元（正始十、二四九）年のクーデターそのものは、斉王曹芳の後見人として司馬懿と権力を二分する曹爽が、司馬懿の政治的弱体化を画策したことが発端でした。司馬懿は雌伏し、一方で権力を握った曹爽の陣営は政治を壟断《ろうだん》して混乱を招きます。司馬懿はその政治的混乱を回復させることを名目に、曹爽が斉王曹芳に随伴して宮廷を離れた（墓参）間に、郭皇后（明帝皇后）の承認を得て軍隊を動員し、政治的実権を確保します。

晋は魏の禅譲を受け、魏を継承した王朝です。そこで、その正当性を主張するためにも晋を創始した司馬氏の功績は最大限に強調されなければなりません。殊に司馬懿がクーデターで陥れた曹爽は魏王室の血脈に連なる人物であり、また、西域辺境地域を恭順させた大功労者曹真の嗣子でもあるのです。

『三国志』は晋朝に正史として採り上げられることを期待した歴史書です。晋朝の実質的創始者である司馬懿の功績は最大限に強調され、曹真と曹爽父子の事績は最小限に留められなくてはなりません。『三国志』が魏書の列伝として「烏丸鮮卑東夷伝」を設定し、殊更にその中の『魏志韓伝』と『魏志倭人伝』に多くの国々を列挙し、多くの戸数を連ねてその強盛を強調し、「倭国」までの距離や日程を掲載してその極遠なる地からの朝貢を称揚した背景にはこのような理由があったのです。司馬懿のライバルである曹真の功績や、司馬懿が殲滅《せんめつ》せしめた曹爽を想起させるであろう「西域伝」「西戎伝」が設定されなかったのも当然だと言えましょう。

2『魏志東夷伝』に隠された秘密の扉を探る

『魏志東夷伝』には二つの秘密が隠されています。この二つの秘密こそ『魏志倭人伝』を理解するに当たって極めて重要なポイントになると考えられます。なお、「烏丸鮮卑東夷伝」の「烏丸」及び「鮮卑」の部分は『魏志倭人伝』との関連が希薄であることから、以降は専ら『魏志東夷伝』について論じます。

その①『三国志』の撰者・陳寿は『魏志東夷伝』の記述を通して、読者を『魏志倭人伝』の世界に誘導しています。読者は『魏志東夷伝』を読み進む中で〝これは何のことだろうか〟〝何か新しい発見がありそうだ〟と、これから明らかにされるであろう未知の世界に胸をときめかせながら惹《ひ》き込まれてゆきます。

陳寿はなぜこのような仕掛けを施したのでしょうか。もちろん、『魏志東夷伝』の最後に記される『魏志倭人伝』を、読者（最初でかつ最大の読者は、晋朝皇帝や司馬氏をはじめとする晋朝の貴族顕官たちであろう）に最大の期待を込めて読んでもらいたいからに他なりません。『魏志倭人伝』が記す極遠の「倭国」から女王「卑弥呼」が朝貢し魏に臣従したという事実は、晋朝の実質的創始者である司馬懿が顕彰されるべき最大の功績の一つであり、魏朝を継承した晋朝の正当性を示すためにも特筆すべき事項なのですから――。

これら「倭国への誘導」については、第Ⅱ章「異面の人、日の出《いづ》る所の近くに有り」及び第Ⅲ章「海東に復《ま》た人有りや不《いな》や」で詳述します。

その②『魏志倭人伝』を解読する場合、立ちはだかる難問は「距離」です。『魏志倭人伝』に記される帯方郡から倭国までの距離観は、魏晋朝で使われた距離観とは明らかに相違するものです。この点を解明することは倭

■図Ⅰ－１　三国時代の東北アジア

人伝問題の解決に絶対不可欠なのですが、現状では殆んど行き詰まりの状態であると言わざるを得ません。多くの場合、記述された距離と実際の距離の乖離《かいり》から様々な考え方を披瀝しながら自説に都合の良い辻褄合わせを行っているように見受けられます。中には、魏晋朝では「長里（標準里）」と「短里」という二通りの計測基準があったとする意見すら提起されています。この問題は『魏志倭人伝』のみをいくら深読みしても納得できる結論は得られないでしょう。

ところが、『魏志東夷伝』の中には解読の糸口が見えているのです。

これら「『魏志倭人伝』の距離観」については、第Ⅳ章「南は倭と接し、方四千里可《ばか》り」及び第Ⅴ章「郡より女王國に至る、萬二千餘里」などで詳述します。

■表Ⅰ－4　魏志東夷伝に記される各国・地域の四囲

順序	伝	各国・地域の四囲〔面積〕
①	夫　余	夫余は長城の北に在り、玄菟を去ること千里、南は高句麗と、東は挹婁と、西は鮮卑に接し、北に弱水有り。〔方二千里可り〕
②	高句麗	高句麗は遼東の東千里に在り、南は朝鮮（楽浪・帯方）・濊貊と、東は沃沮と、北は夫余と接す。〔方二千里可り〕
③	東沃沮	東沃沮は高句麗の蓋馬大山の東に在り、大海に浜して居む。〔その地形は東北に狭く、西南に長く、千里可りなり〕北は挹婁・夫余と、南は濊貊と接す。
④	挹　婁	挹婁は夫余の東北千余里に在り、大海に浜し、南は北沃沮に接し、未だその北の極まる所を知らず。
⑤	濊	濊は、南は辰韓と、北は高句麗・沃沮と接し、東は大海に窮まる。今の朝鮮（楽浪・帯方）の東は、皆その地なり。
⑥	韓	韓は帯方の南に在り、東西は海を以って限りとなし、南は倭に接す。〔方四千里可り〕
⑦	倭　人	倭人は帯方の東南、大海の中に在り。

3　『魏志倭人伝』の特異性

『魏志東夷伝』の中で、最後に記述される『魏志倭人伝』は特異な存在です。多くの人々が指摘することは、『魏志東夷伝』中に占める『魏志倭人伝』の文字数が極端に多いということです。また、あまり重視されてはいませんが、『魏志倭人伝』が『魏志東夷伝』の最後に記されていること自体にも重要な意味があると思われます。

1 「倭」及び「倭国」が『魏志東夷伝』の最終目的地である

『魏志東夷伝』を読むと、登載される国や地域は、地理的位置に則して順を追って記述されています。これは当たり前のようですが、実は『魏志東夷伝』に組み込まれた重要な解読装置なのです。中国に近接する「夫余《ふよ》」や「高句麗」は玄菟《げんと》郡や遼東《りょうとう》郡を起点として記し、高句麗を起点として「東沃沮《とうよくそ》」を、夫余を起点として「挹婁《ゆうろう》」を、高句麗と東沃沮を起点にして「濊《わい》」を記し、さらに帯方《たいほう》郡を起点として「韓」と

■図Ⅰ－2　東夷伝の各国・地域の四囲模式図

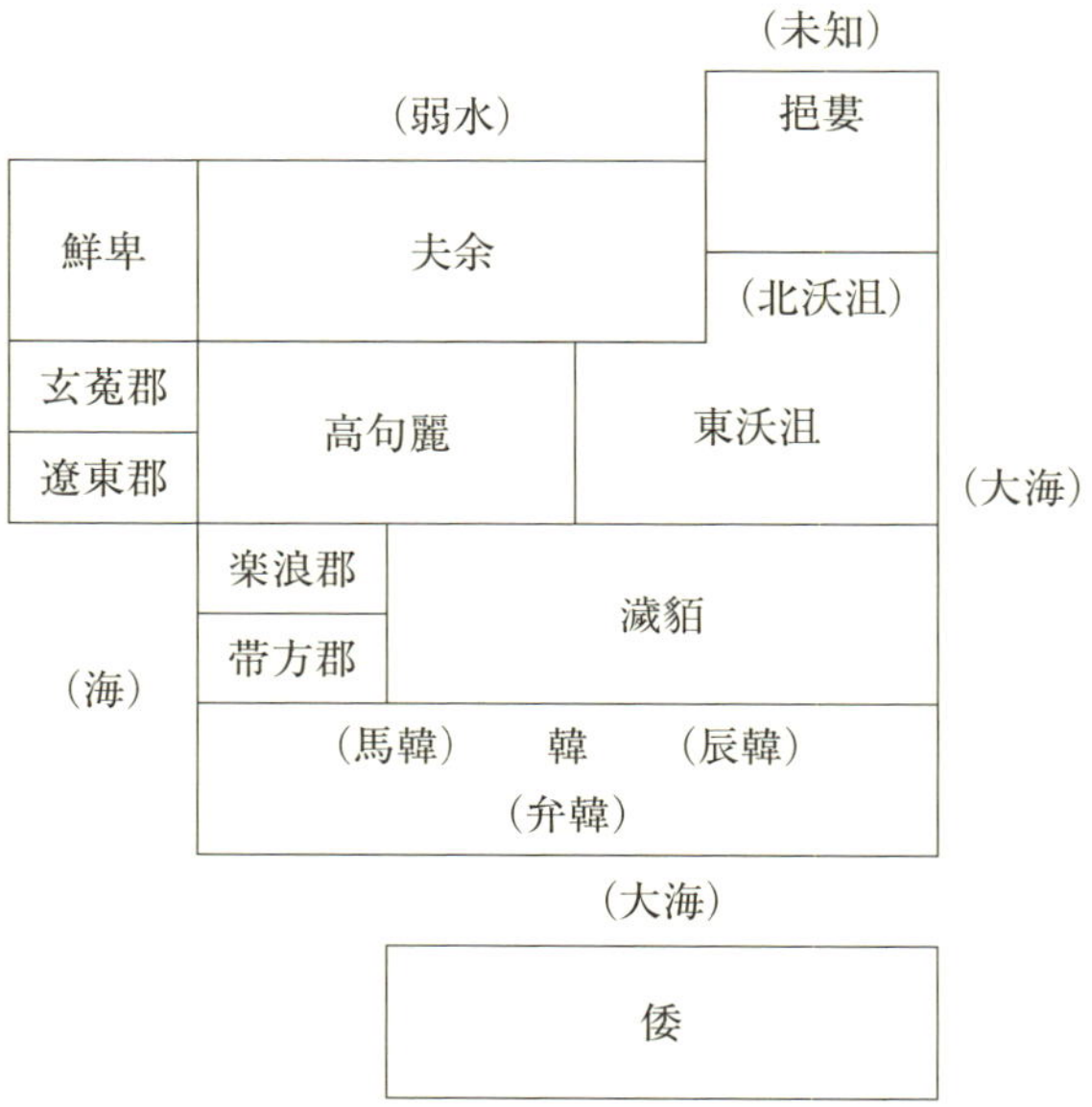

＊本図は『東夷伝』に記される各国・地域の四囲関係のみを示すものであり、『東夷伝』に記される面積と図上の面積とは関連しない。

＊本図は『東夷伝』の記述通りに四囲図としたものであり、『東夷伝』の読者が理解した地理関係は本図のようなものであったと思われる。

「倭」を記しています。

『魏志東夷伝』に記される国や地域の状況を見ると、文明的に高度な地域から劣位な地域へと順に登載されているのではありません。あくまでも地理的な位置に準拠しながら、中国から「倭」に向かって順次登載されています。『魏志東夷伝』は中華文明の真っ只中にある読者貴顕を、文明尽きる最果ての地へと誘導しているのではありません。

陳寿は『魏志東夷伝』によって、「倭」や「倭国」がいかに文明的な地域であり国であって、それ故に魏にとっていかに重要であるかを、他の東夷伝諸国や地域と比較させることで強調しているのです。その意味で「倭」や「倭国」は、『魏志東夷伝』が記述すべき最終目的地であり、しかも、そこは中国の人々にとって憧れの地域や国でもあったのです。それであればこそ『魏志倭人伝』では大幅に紙数を割き、可能な限り詳細かつ正確な情報を登載する必要があったのです。

2『魏志倭人伝』はなぜ「倭伝」や「倭国伝」ではなく「倭人伝」なのか

『魏志倭人伝』の冒頭は「倭人は帯方の東南大海の中にあり、……」（倭人在帯方東南大海之中）で始まります。

■表Ⅰ－5　『魏志東夷伝』に見る各国・地域伝の比較
（数字で表わされるものを中心に）

	夫余	高句麗	東沃沮	挹婁	濊	韓	倭人
文字数 （字）	715	1,353	670	276	475	1,537	1,986
国　数 （国）	1	1	—	—	—	馬韓　55 辰韓／弁韓 24	倭　30 （倭国29／狗奴国）
戸　数 （戸）	80,000	30,000	5,000	—	20,000	馬韓 100,000 辰韓／弁韓 4～50,000	倭国（対馬国～邪馬台国）8国のみ 150,000
君王の有無	有	有	無	無	無	有（臣智）	有
現地の個人名 （官名ではない）	尉《い》仇《きゅう》台《だい》 簡《かん》位《い》居《きょ》 麻《ま》　余《よ》 位《い》　居《きょ》 依《い》　慮《りょ》 （5名）	駒《とう》 宮《きゅう》 伯《はく》　固《こ》 優《ゆう》　居《きょ》 然《ぜん》　人《じん》 抜《ばつ》　奇《き》 伊《い》夷《い》模《も》 駮《はく》位《い》居《きょ》 位《い》　宮《きゅう》 （9名）	なし	なし	なし	なし	卑《ひ》弥《み》呼《こ》（倭王） 難《な》升《し》米《め》（大夫） 牛《ご》　利《り》（都市） 伊《い》声《せ》耆《き》（大夫） 掖《えき》邪《や》狗《こ》（大夫） 卑《ひ》弥《み》弓《く》呼《こ》 （狗奴国王） 烏《を》　越《えつ》（載斯） 壱《いち》　与《よ》（倭王） （8名）

＊文字数は講談社学術文庫「倭国伝」による（中華書局版を底本とし、割注は含まない）。
なお、倭人伝の字数は紹熙本慶元版では2,004字とされている。中華書局版の1,986字は紹熙慶元本から魏略引用文（20字「魏略曰其俗不知正歳四節但計春耕秋収為年紀」）を除き、「一大率検察諸国畏憚之」部分を「一大卒検察諸国諸国畏憚之」と2字追加修正しているものである。

＊倭人伝の倭国（対馬国～邪馬台国）8か国の戸数は総計150,000（うち伊都国1,000）であるが、『翰苑』所載の『魏略』では伊都国の戸数を戸万余（10,000）とする。
なお、都市牛利の都市、及び載斯烏越の載斯（大使）は官職名と見做す。

そのため、南宋紹熙刊本慶元版では「倭人伝」という小見出しまで付けています。中国二十四正史一覧（表Ⅰ－1）に掲げたように、中国正史の中でわが国の伝を「倭人」から始めるものは『三国志』と『晋書』に限られます。『晋書倭人伝』の当該部分の冒頭は「倭人在帯方東南大海中」であり、『魏志倭人伝』に比して「大海之中」の「之」が一字少ないのみです。『晋書倭人伝』の当該部分は『魏志倭人伝』をそのまま踏襲したものと思われます。翻って他の正史におけるわが国の伝は全て「倭」「倭国」や「日本」「日本国」で始まっています。

また、『魏志東夷伝』に登載されている国や地域も「夫余」「高句麗」「東沃沮」「挹婁」「濊」「韓」であり、「〇〇人」とされるものは「倭人伝」の他にはありません。

この「倭人」にはどのような意味が込められているのでしょうか。

表Ⅰ－6に示すように、『魏志倭人伝』は東夷の最遠地域、つまり〃日本列島〃（当時は列島とは理解されていないが……）を重層的に捉えていると考えられます。

まず、魏と通交があり、魏に最も身近な地域として「倭」地域の存在が記されます。倭地域は〃北部九州〃に拡がる同一文化圏域であり、そこには「倭国」と「狗奴国」が併存していることが窺えます。倭国は二十九か国の小国家群から成る連合国家（代表国は邪馬台国）であり、狗奴国もいくつかの小国家群を束ねる連邦国家の盟主国であると推定できます。

次に、倭地域の外縁に倭地域の住人である「倭人」と同一人種、つまり「倭種」の存在が記されます。女王国（邪馬台国）の東千余里に倭国とは異なる別の国の存在を示し、更に遠方となる女王（国）を去る四千余里に侏《しゅ》儒《じゅ》国の存在を明らかにしています。

女王國の東、海を渡る千餘里、復《ま》た國有り、皆倭種なり。又、侏儒國有りて其の南に在り。人の長《たけ》三、四尺、女王を去る四千餘里。

（『魏志倭人伝』）

■表Ⅰ－6　『魏志倭人伝』が描く「倭人」「倭」「倭国」の概念

［倭人＝日本列島］

（1）いわゆる“日本列島”は「倭」地域のほかにも拡がりがあり、また、「倭国」「狗奴国」の他にも“倭種”つまり「倭人」の国が存在する。

①女王国（邪馬台国）の東、海を渡る千余里に国があり、皆倭種である。

②①の南、女王（倭国）から四千余里に侏儒国がある。……など

［倭＝北部九州］

（2）文化的に近似する「倭」地域に、魏に朝貢する2国（倭国〔29の小国で構成される〕及び狗奴国で、これら30国が魏に朝貢する「使訳通ずる所三十国」であろう）が存在する。

①倭国	**②狗奴国**
邪馬台国女王を共立する連合国家 ㋐海洋漁労国家群（盟主：伊都国） ＊対馬・壱岐及び玄界灘沿岸地域の小国群で構成される。 ㋑農業国家群（盟主：邪馬台国） ＊福岡平野の小国群で構成される。	㋒農産漁業国家群（盟主：狗奴国） ＊佐賀平野に東西に連なるいくつかの小国群で構成される。

＊（1）－②に続いて、「更に東南方向に船行一年で裸国・黒歯国に至る」とある。現在の日本列島からは明らかに逸脱しており、方位及び船行1年という距離からハワイ諸島を指していると思われるが、『淮南子』や『山海経』の記録のみでなく、倭人の中にも「更に極遠の地に国がある」との情報が存在したのかもしれない。

詳細は序章2節「『魏志倭人伝』の距離観とその背景」及び第Ⅷ章「周旋五千餘里可《ばか》り」に譲りますが、『魏志倭人伝』は「倭人伝」でなければならず、「倭伝」や「倭国伝」では陳寿の意を尽くせなかったのです。『魏志倭人伝』は当然ながら「倭」という地域やそこに住む人々、また、「倭国」という政治的枠組みの世界を説明することに主眼を置いています。しかし、陳寿が殊更に「倭人伝」とした理由は、「倭」や「倭国」が存在する〝日本列島〟には他にも同じ倭種の人々、つまり「倭人」が住んでおり、「倭」や「倭国」とは別の地域や国が存在することを伝えているのであろうと考えられます。

つまり、『魏志倭人伝』は、

〃日本列島〃には「倭」という地域の他にも人々の住む地域があり、「倭国」及び「狗奴国」という国の他にも異なる国々が存在することを特記しているのです。

『魏志東夷伝（倭人伝を除く）』読み下し

〔　〕は読解補助として筆者が追加補足した語句である。
（　）は直前の語句などにかかる補助説明である。
＊は当該語句などにかかる注釈であり、下欄に記す。
なお、原典には中華書局『三國志』を用い、講談社学術文庫『倭国伝』などを参考にする。

東夷伝序

書[＊1]は「東は海に漸《そそ》ぎ、西は流沙に被《おお》わる」と稱す。其の九服の制[＊2]、得て言う可《べ》し。然《しかる》に荒域の外、重譯して至る。足跡車軌の及ぶ所に非ずして、未だ其の國俗・殊方《しゆほう》を知る者有らず。虞《ぐ》（舜の姓）より周に曁《いた》り、西戎《せいじゆう》に白環の獻[＊3]有り、東夷《とうい》に肅愼《しゆくしん》の貢[＊4]有り。皆世を曠《むな》しうして至り、其の遐遠《かえん》なるや此《かく》の如し。漢氏に及び張騫《ちようけん》[＊5]を遣わして西域に使し、河源を窮《きわ》め、諸國を徑歷し、遂に都護《とご》を置き[＊6]、以て之を總領す。然る後、西域の事具《つぶさ》に存し、故に史官詳載すること

＊1　四書（論語・大学・中庸・孟子）五経（易経・書経・詩経・礼記・春秋）の一で『書経』のこと。古くは『書』『尚書』と呼ばれた。「東は海に漸ぎ、西は流沙に被わる」は夏帝禹《う》の治績を締め括る「禹貢篇」の句である。堯《ぎよう》・舜《しゆん》に続く夏帝禹は夷蛮が天子に朝貢する基準を定めたとされる。

＊2　中国の教化が及ぶ地域のこと。王畿千里四方を中心に、外に向かって五百里毎に候・甸《でん》・男・釆・衛・蛮・夷・鎮・藩の九服とした（『周礼』夏官・職方氏）。

＊3　黄帝及び虞舜の時、西王母が白環を献じたとされ、「昔虞舜天徳を以って堯を嗣ぐ、（略）西王母来りて其の白琯《はつかん》を献ず」（『大戴礼記』）、「黄帝時、西王母白鹿に乗り来りて白環を献ず」（『瑞応図』）とある。

＊4　周の武王が殷の紂《ちゆう》王を滅ぼすと、粛慎が楛矢《こし》と石砮《せきど》を貢じた（『後漢書』東夷伝など）。

＊5　匈奴挟撃のため前漢武帝から大月氏国に派遣された。途中匈奴に十有余年にわたって抑留されるも大月氏国に至る。結果として目的は達せられなかったが、西域経営への関心が誘発された。

＊6　漢は神爵三（紀元前五九）年、初めて西域都護を設置し、安遠侯鄭吉を担当させた。

を得る。

魏興り、西域盡《ことごと》く至ること能《あたわ》ずと雖《いえど》も、其の大國亀茲《きじ》・于寘《うてん》・康居《こうきょ》・烏孫《うそん》・疎勒《そろく》・月氏《げっし》・鄯善《ぜんぜん》・車《しゃ》師《し》の屬[*7]、朝貢を奉ぜざる歳無きこと略《ほぼ》漢氏の故事の如し。而《しか》るに公孫淵《こうそんえん》の父祖三世[*8]遼東に有り。天子其を絶域と為し、海外の事を以って委ぬるに、遂に東夷を隔斷し、諸夏（中国）に通ずるを得ず。景初中[*9]、大いに師旅を興して淵を誅す。又軍を潜ませて海に浮かび、樂浪・帯方の郡を収む。而して後、海表謐《ひっ》然《ぜん》（静寂）として東夷屈服す。

其の後、高句麗背叛し、又偏師を遣わして致討す。窮追すること極遠にして、烏丸《うがん》・骨都《こつと》を踰《こ》え、沃沮《よくそ》を過ぎ、粛慎《しゅくしん》の庭を踐《ふ》み[*10]、東に大海を臨む。長老説くに「異面の人、日の出《いづ》る所の近くに有り」と。遂に諸國を周觀し、其の法俗、小大區別を采《と》る。各《おのおの》に名號有り、詳紀するを得可し。夷狄《いてき》の邦と雖《いえど》も、而《しか》るに俎豆《そとう》（高杯《たかつき》・祭器、転じて礼法）の象存《あ》り。中國禮を失し、之を四夷[*11]に求むるに、猶《なお》信あり。故に其の國を撰次し、其の同異を列し、以て前史の

*7 天山北道　康居（カザフスタン南東部・ウズベキスタン東部）・烏孫（カザフスタン南東部）・車師後部（ジュンガル盆地）。
西域北道　亀茲（タリム盆地北部中央）・疏勒（タリム盆地北西部）。
西域南道　于寘（タリム盆地南西部）・月氏（東西トルキスタン・アフガニスタン・パキスタン）・鄯善（タリム盆地南東部）。

*8 公孫度・公孫康・（公孫恭）・公孫淵の三世。康は帯方郡を設置し韓や倭を影響下に置くが、二三八年に至って淵が魏に叛旗を掲げ、魏の司馬懿仲達の討伐を受けて滅亡する。

*9 魏の明帝の年号で、二三七〜三九年。

*10 烏丸　烏桓とも。中国北方のアルタイ語系民族で古くは東胡と呼ばれた。東胡が匈奴によって二分され、北方シラムレン川流域（遼河水系）を根拠にしたのが鮮卑、南部ラオハ川流域（同）を根拠にしたのが烏丸と呼ばれた。いずれも内モンゴル自治区南東部地域とされる。
骨都　匈奴の骨都候が統括した地域であろうが不明。文脈から烏丸と沃沮の中間地域であろう。
沃沮　東沃沮とも。朝鮮半島北部の日本海沿岸に住んだ民族、及びその民族が住んだ地域。
粛慎　満州及びロシア沿海地方に住んだとされるツングース系狩猟民族、及びその民族が住んだ地域。

*11 中国（華夏）を囲む辺境の野蛮民族、即ち東夷・南蛮・西戎・北狄のこと。

未だ備わらざる所を接ぐ。

夫餘伝

夫餘《ふよ》は長城の北、玄菟《げんと》*1を去ること千里に在り。南は高句麗と、東は挹婁《ゆうろう》と、西は鮮卑《せんび》と接し、北に弱水*2有り。方二千里可《ばか》り。戸は八萬。其の民土著《どちゃく》して、宮室・倉庫・牢獄有り。山陵・廣澤多く、東夷の域に於いて最も平敞《へいしょう》（平坦な地域）なり。土地は五穀《ごこく》*3に宜《よろ》しけれど、五果《ごか》*4を生ぜず。

其の人麤大《そだい》（体が大柄で厳《いか》つい）、性は彊勇《きょうゆう》（勇猛）にして謹厚、寇鈔《こうしょう》（略奪強盗）せず。國に君王有り、皆六畜《りくちく》を以って官を名づけ、馬加《ばか》・牛加《ぎゅうか》・豬加《ちょか》・狗加《くか》・大使・大使者・使者有り。邑落《ゆうらく》に豪民有り、下戸《げこ》を名づけて皆奴僕《どぼく》と為す。諸加*5の別主は四出し（東西南北に分出する）、道の大なる者は數千家を主《つかさど》り、小なる者も數百家なり。

食飲には皆俎豆《そとう》（高杯）を用い、會同・拜爵《はいしゃく》・洗爵《せんしゃく》には揖讓《ゆうじょう》*6して升降す。殷の正月*7を以って天を祭り、國中大會して、連日飲食歌舞し、名づけて迎鼓《げいこ》と曰

*1 漢の玄菟郡（遼寧省瀋陽市付近）。

*2 黒竜江支流の松花江。

*3 稲・黍《きび》・稷《たかきび》・麦・菽《まめ》

*4 桃・李《すもも》・杏《あんず》・栗・棗《なつめ》

*5 諸々の貴族のこと。諸加とあるので、馬加・牛加・豬加・狗加までが貴族層であろう。

*6 拝爵は爵《さかづき》を受け取り、洗爵は爵を洗って返すことであり、揖譲は手を前に組んで挨拶すること。総じて人々の集会・会合での礼儀の状況であり、中国古代の礼式が行われていること。

*7 殷の正月は北斗七星の柄が日没直後に丑の方角を指す月（夏暦の十二月）とした。第Ⅸ章2節・注6を参照のこと。

う。是の時に於いて刑獄を斷じ、囚徒を解く。

國に在りて、衣は白を尚《たっと》*8び、白布大袂《はくふたいへい》・袍《ほう》・袴《こ》、革鞜《かくとう》を履《は》く。國を出でては、則ち繒《そう》・繡《しゅう》・錦《きん》・罽《けい》を尚び、大人は狐狸《こり》・狖《ゆう》白・黒貂の裘《ちょうかわごろも》を加え*9、金銀を以って帽を飾る。譯人辭を傳うるに、皆跪《ひざまず》きて、手を地に據《きょ》して竊《ひそ》やかに語る。

刑を用うること嚴急にして、人を殺したる者は死せしめ、其の家人を沒して奴婢と為す。一を竊盗《せっとう》せるは責むること十二。男女の淫、婦人の妒《と》（嫉妬）、皆之を殺す。尤も妒を憎み、已《すで》に殺したるうえ、之を國の南の山上に尸《つら》ね（曝《さら》す）、腐爛に至らしむ。女の家〔その死体を〕得んと欲せば、牛馬を輸《ゆ》（贖う）して乃《すなわ》ち之を与う。兄死すれば嫂《そう》（兄嫁）を妻《めと》るは、匈奴と同俗なり。

其の國、善く牲《せい》（家畜）を養い、名馬・赤玉・貂狖《ちょうゆう》・美珠を出だす。珠の大なるは酸棗《さんそう》（なつめの実）の如し。弓・矢・刀・矛を以って兵《いくさ》（武器）と為し、家家に自ずから鎧仗《がいじょう》有り。國の耆老《きろう》（老人）自ら古《いにしえ》の亡人《ぼうじん》と説《い》*10う。城柵を作るに皆員《まる》く（円形）、牢獄に似たる有り。道を行くに、晝夜、老幼と無く皆歌いて、通日、聲絶えず。

*8　殷の風習であるという。

*9　大袂は大袖、袍は内掛け、袴はズボン、革踏は革靴、繒は綾絹、繡は縫い取りのある絹織物、錦は錦織物、罽は毛織物で、また、狐狸はきつね、狖は尾長猿、貂はてんのこと。

*10　他所から亡命してきたもの。下文に関連の記述が見える。

軍事有るときも亦《また》天を祭り、牛を殺し蹄《ひづめ》を観《み》て以って吉凶を占い、蹄の解けたるは凶と為し、合いたるは吉と為す。敵有れば、諸加自ら戦い、下戸は倶《とも》に糧《かて》を擔《にな》いて之に飲食せしむ。其の死するときは、夏月には皆氷を用う。人を殺して徇葬（殉葬）せしめ、多きは百もて數う。厚葬*11にして、槨《かく》（外郭）有れども棺《かん》（内棺）無し。

夫餘は本玄菟《もとげんと》に屬す。漢の末、公孫度《こうそんたく》*12、海東に雄張し、外夷を威服す。夫餘王の尉仇台《いきゅうだい》、更《あらた》めて遼東*13に屬す。時に句麗（高句麗）・鮮卑は彊《つよ》し。度（公孫度）は、夫餘の二虜の間（高句麗と鮮卑）に在るを以って、〔尉仇台に〕妻《めあわ》すに宗女を以ってす。尉仇台死して簡位居《かんいきょ》立つ。適（嫡）子無く、孽子《げっし》（妾腹の子）麻余《まよ》なるもの有り。位居（簡位居）死せしとき、諸加共に麻余を立つ。

牛加《ぎゅうか》の兄の子、名は位居《いきょ》なるものが大使と為《な》り、財を輕んじ善く施す、國人之に附《つ》く。歳歳《さいさい》使いを遣わして京都《けいと》（魏都洛陽）に詣《いた》り貢獻す。

正始中*14、幽州《ゆうしゅう》*15の刺史毌丘儉《かんきゅうけん》、句麗を討つ。玄菟の太守王頎《おうき》を遣わして夫餘に詣《いた》らしむ。位居、大加

*11 停喪五か月。その期間の長いことを名誉とした（『魏略』）。

*12 後漢末の武将（?～二〇四年）。一八九年に遼東太守となり、高句麗・烏丸を討ち、中国東北地方南部から山東半島に勢力を拡大した。公孫康（生没年不詳）・公孫淵（?～二三八年）と公孫氏の遼東支配がおよそ五十年続いている。

*13 漢の遼東郡（遼寧省遼陽市）。

*14 魏の斉王曹芳の年号で、二四〇～四八年。

*15 河北省北部・遼寧省南部・朝鮮北部の諸郡を統括した行政区画。州治は北京市。

（高位の貴族）を遣わして郊迎《こうげい》し（都の外まで出迎える）、軍糧を供す。季父（末の叔父）の牛加、〔魏に対して〕二心有り。位居、季父父子を殺し、財物を籍没し、使を遣わして簿斂《ぼれん》して官に送らしむ。

　舊《もと》夫餘の俗は、水旱《すいかん》調せずして五穀熟さざれば、輒《すなわ》ち咎《とが》を王に歸し、或いは當に易《か》うべしと言い、或いは當に殺すべしと言う。麻余死し、其の子依慮《いりよ》、年は六歳、立てて以って王と為す。

　漢の時、夫餘王の葬《ほうむり》には玉匣《ぎょくこう》（玉の函）を用い、常に豫《あらかじ》め以って玄菟郡に付す。王死せば、則《すなわ》ち迎え取りて以って葬《ほうむ》る。公孫淵《こうそんえん》*16、誅《ちゅう》に伏せしとき、玄菟の庫に猶お玉匣一具（一揃い）有り。今夫餘の庫に玉璧《ぎょくへき》・珪《けい》・瓚《さん》*17、數代の物有り。世に傳えて以って寶と為し、耆老、先代の賜りし所なりと言う。其の印文に言う、「濊王《わいおう》之印」と。國に故城の濊城と名づくるもの有り。蓋《けだ》し本濊貊《もとわいばく》の地にして、夫餘は其の中に王たり。自ら「亡人」と謂えるは、抑以《そもそもゆえ》有るなり。

*16　魏の武将（?～二三八年）、父は公孫康。叔父の公孫恭を廃して遼東太守を継いだ。魏の景初元（二三七）年に自立し燕王と称す。景初二（二三八）年、魏の司馬懿によって滅ぼされる。

*17　珪は五角形の玉器、瓚は玉の柄杓のこと。

高句麗伝

高句麗は遼東＊1の東千里に在り、南は朝鮮（楽浪郡及び帯方郡）・濊貊《わいばく》と、東は沃沮《よくそ》と、北は夫餘《ふよ》と接す。丸都《がんと》＊2の下《ふもと》に都し、方二千里可《ばか》り、戸は三萬。大山・深谷多く、原澤無し。山谷に随《したが》いて以って居を為し、澗水《かんすい》（谷川の水）を食す。良田無く、佃《でん》作に力《つと》むと雖《いえど》も、以って口腹を實《みた》すに足らず。

其の俗、食を節し（倹約する）、好んで宮室を治む。居所の左右に大屋を立て、鬼神を祭り、又、靈《れい》星《せい》・社稷《しゃしょく》＊3を祀る。其の人、性は凶急（荒々しい）にして、寇鈔《こうしょう》（略奪強盗）を喜《この》む。其の國に王有り、其の官に相加《そうか》・對盧《たいろ》・沛者《はいしゃ》・古雛加《こすか》・主簿《しゅぼ》・優《ゆう》台《だい》・丞《じょう》・使者《ししゃ》・皁衣《そうい》・先人《せんじん》有り＊4、尊卑各《おのおの》等級有り。東夷の舊語（古い言い伝え）は、以って夫餘の別種と為す＊5。言語・諸事は、多く夫餘と同じなれど、其の性氣（気性）・衣服は異なること有り。

本《もと》五族有り。涓奴部《けんぬぶ》・絶奴部《ぜつぬぶ》・順奴部《じゅんぬぶ》・灌奴部《かんぬぶ》・桂婁部《けいろうぶ》有り＊6。本《もと》、涓奴部が王と為るも、稍《しだい》に微弱

＊1 遼東郡。秦の時代から置かれている郡で、郡治は遼寧省遼陽市。

＊2 丸都山に山城を築き、麓に国内城を置く。吉林省集安市。

＊3 霊星は農業を司る星の名、社稷は土地・穀物の神。

＊4 高句麗の官位は中国史籍に見るほかなく、「優台」と「丞」及び「皁衣」と「先人」の四官を「優台丞」及び「皁衣先人」として二官とする見解がある。『冊府元亀』は後漢時代の高句麗の官として、相加・対盧・沛者・古鄒大加・主簿・優台・使者・皂衣・先人があるとする。『後漢書』『梁書』は『魏志』の記載をほぼ継承するが、『隋書』などに見えるその後の変化は著しい。ただし、対盧・主簿・使者・先人などは痕跡を留める。なお、『三国史記』には主簿・大相・位頭大兄・従大相・小相・狄相・小兄・諸兄・先人・自位の十位が見える。なお、高句麗官位に係る各出典比較表は、岩波書店『日本書紀』の付表6にある。

＊5 夫余の建国神話は『魏志夫余伝』の割注『魏略曰』に見え、高句麗の建国神話は『三国史記』高句麗本紀及び「高句麗広開土王碑」碑文に見えるが、いずれも殆んど同様の粗筋である。高句麗が夫余の別種（同類）であることが肯ける。

＊6 『後漢書』注は、西部（右部）・北部（後部）・東部（左部）・南部（前部）・内部（黄部）とする。

となり、今、桂婁部が之に代わる。漢の時、鼓吹《こすい》の技人《わざひと》を賜い、常に玄菟郡[*7]に従《よ》りて朝服衣幘《いさく》（礼服と上部が平らな頭巾）を受け、高句麗の令（地方官）、其の名籍を主《つかさど》る。後に稍《しだい》に驕恣《きょうし》（傲慢）となり、復《ま》た郡に詣《いた》らず、東界に小城を築き、朝服衣幘を其の中に置き、歳時に來りて之を取る。今、胡《こ》（異民族）猶《なお》此の城を名づけて幘溝漊《さくこうろう》と為す。溝漊は句麗で城を名づけり。

其の官を置くに、對盧《たいろ》有るは則ち沛者《はいしゃ》は置かず、沛者有るは則ち對盧を置かず。王の宗族、其の大加《たいか》（貴族）は皆古雛加《こすか》を稱す。涓奴部は本《もと》國王たり。今は王に為さずと雖《いえど》も、統に適《かな》う大人《たいじん》は古雛加と稱すを得る。亦、宗廟を立て、靈星・社稷を祠《まつ》るを得る。絶奴部は世（代々）王と婚し[*8]、古雛〔加〕の號を加う。諸《もろもろ》の大加は亦た自ら使者・皁衣・先人を置き、名は皆王に達すこと、卿大夫の家臣の如し。〔陪臣は〕會同坐起するに、王家の使者・皁衣・先人と同列なることを得ず。其の國中の大家（豪族）は佃作せず、坐食する者（労働をしない者）萬餘口。下戸は遠く米糧・魚鹽を擔《にな》いて之に供給す。

＊7　遼寧省新賓付近。

＊8　王家と結婚する氏族が決まっており、匈奴の風習と同じという。

其の民は歌舞を喜び、國中の邑落、暮夜（夕暮れから夜にかけて）男女羣聚して、相就《つ》きて（一緒になって）歌戯す。大いなる倉庫無く、家家自ら小倉有り、之を名づけて桴京《ふけい》と為す。其の人絜清（清潔）を自ら喜《この》む。善く藏釀す（酒を醸す）。跪拝《きはい》（体をかがめた挨拶）は一脚を申《のば》すこと夫餘と異なり、行歩は皆走る。十月を以って天を祭り、國中大いに會す。名づけて東盟《とうめい》と曰《い》う。其の公に會するに、衣服は皆錦繍《きんしゅう》金銀を以って自ら飾る。大加・主簿（上級貴族・大官）は頭に幘《さく》（頭巾）を著《つ》け、幘[*9]の如くして餘《かざり》無く、其の小加（下級貴族・小官）は折《せつ》風《ぶう》を著ける。形は弁《べん》[*10]の如し。其の國の東に大穴有り、隧穴《ずいけつ》と名づく。十月、國中大いに會し、隧神を迎えて國の東に還り、之を上祭す。木隧（穀神の木像か）を神坐《かみくら》に置く。

牢獄無し。罪有るは諸加評議して便《すなわ》ち之を殺し、妻子を没入して奴婢と為す。其の俗、婚姻を作《な》すに、言語（婚約）已《すで》に定まるや、女家は大屋の後ろに小屋を作り、壻屋《せいおく》と名づく。壻《むこ》は暮れに女家の戸外に至り、自ら名のり跪拝して、女《むすめ》の宿に就き得るを乞

＊9　幘は、上部の平らな頭巾の一種。漢代以来、身分の上下を通じて盛んに用いられた。

＊10　弁は、先の尖った冠の一種。中国では、弁が幘よりも由緒正しいとされる。

う。是《かく》の如きこと再三にして、女の父母乃《すなわ》ち聴《ゆる》して小屋の中に就き宿らしめ、傍《かたわら》に銭帛を頓《つ》む。子を生みて已《すで》に長大に至らば、乃《すなわ》ち婦を将《ひき》いて家に歸る。

其の俗、淫なり（度が過ぎる）。男女已《すで》に嫁娶《かしゅ》するや、便《すなわ》ち稍《しだい》に送終の衣（死別の葬衣）を作る。厚葬にして、金銀財幣、死を送るに盡くす。石を積みて封（塚）と為し、松柏を列種す。

其の馬皆小さく、登山に便なり。國人は氣力有り、戰闘に習《な》れ、沃沮《よくそ》・東濊《とうわい》皆焉《これ》（高句麗）に屬す。又小《しょう》水貊《すいばく》有り。句麗、國を作《な》すに、大水[*11]に依りて居す。西安平縣[*12]の北に小水[*13]有り、南流して海（黄海）に入る。句麗の別種は小水に依りて國を作す、因って之を名づけて小水貊と為す。好弓を出し、所謂貊《ばく》弓《きゅう》是なり。

王莽《おうもう》[*14]の初め、高句麗兵を發し以って胡（匈奴）を伐つも、〔高句麗は〕行くを欲せず。彊迫（強迫）して之を遣《や》るに、皆塞《とりで》を亡出（逃亡）して寇盗《こうとう》と為る。遼西[*15]の大尹《だいいん》[*16]田譚《でんたん》、之を追撃し殺す所と為る（田譚が殺される）。州・郡・県、咎《とが》を句麗候騊《とう》[*17]に歸す。嚴尤《げんゆう》（王莽の将軍）奏して言うに「貊人法を

＊11　大河。鴨緑江か。

＊12　遼寧省丹東市付近。

＊13　小河。鴨緑江の支流か。

＊14　新の王莽（在位八～二三年）は、漢元帝の皇后となった伯母王政君の縁故で列候に封じられ、後に大司馬に至り、次いで帝位を簒奪する。匈奴政策に失敗し、山東や南陽の反乱によって瓦解する。本文の「王莽の初め」は高句麗②代瑠璃明王三十一（一二）年のことであり（『三国史記』高句麗本紀）、本文の原典は『漢書』王莽伝始建国四（一二）年の条による。

＊15　遼西郡。遼寧省義県。

＊16　郡の太守で、新の王莽の時に用いられた官職名。

＊17　高句麗王騶《すう》ともいう。『三国史記』高句麗本紀には、高句麗王（瑠璃明王）が殺害された記録はなく、将軍延丕《えんひ》が誘い出されて斬られたとする。ただし、『漢書』『後漢書』などでは「句麗候騶を誘いだし、これを斬った」とする。

犯せりも、罪は駒《とう》より起こらず、且《しばら》く宜しく安慰すべし。今、猥《みだり》に之に大罪を被《かぶ》するは、其の遂に反せんことを恐る」と。莽《もう》（王莽）聴かず。尤《ゆう》（厳尤）に詔して之を撃たしむ。尤（厳尤）句麗候駒《とう》を誘期し（誘い出す）、至るに之を斬り、其の首を傳送して長安に詣《いた》らしむ。莽（王莽）大いに悦び、天下に布告して、高句麗を更名して下句麗《かくり》と為す。當《まさ》に此の時*18に候國と為る。漢（後漢）の光武帝八年（建武八〔三二〕年）、高句麗王、使を遣わして朝貢し、始めて見《まみ》えて王と稱す。

殤《しょう》・安《あん》の間*19に至り、句麗王宮《きゅう》*20、數《しばしば》遼東を寇《こう》し、更《あらた》めて玄菟に屬す*21。遼東の太守蔡風《さいふう》・玄菟の太守姚《よう》光《こう》、宮を以って二郡の害と為し、師（軍隊）を興して之を伐つ。宮、詐降《さこう》（偽りの降伏）して和を請い、〔それが足枷となって〕二郡（遼東と玄菟の軍）進まず。宮《きゅう》、密《ひそ》かに軍を遣わして玄菟を攻め、候城（砦）を焚焼《ふんしょう》し、遼隧《りようずい》*22に入り、吏民を殺す。後、宮復《ま》た遼東を犯す。蔡風輕《かるがる》しく吏士を將《ひき》いて之を追討せしも、軍は敗れて〔蔡風は〕没（戦死）せり。宮死して子の伯固《はくこ》*23立つ。順《じゅん》・桓《かん》の間*24、復《ま》た遼東

*18 王莽の始建国四（一二）年。

*19 後漢の殤帝（在位一〇五～〇六年）と安帝（在位一〇六～一二五年）の間（一〇五～一二五年）。

*20 高句麗⑥代大祖大王（在位五三～一四六年）。

*21 大祖大王五十七（一〇九）年、高句麗は後漢に遣使して安帝の元服を祝し（『三国史記』高句麗本紀、原本は『後漢書』安帝本紀）、また、同大王五十九（一一一）年、高句麗は後漢に遣使して玄菟郡への帰属を求めている（『三国史記』高句麗本紀、原本は『後漢書』高句麗伝）。一方、『資治通鑑』では永初五（一一一）年三月、高句麗王宮が濊貊と共に玄菟郡を寇したとする。

*22 遼隧県、遼寧省海城市。

*23 高句麗⑧代新大王。『三国史記』高句麗本紀は伯固（新大王）を大祖大王の末弟（在位一六五～七九年）とする。

*24 順帝（在位一二五～四四年）と桓帝（在位一四六～六七年）の間。両帝の間に冲帝及び質帝あり。

を犯し、新安《しんあん》・居郷《きよごう》（不詳）を寇し、又西安平《せいあんぺい》を攻め、道上にて帯方令を殺し、樂浪太守の妻子を略得す。*25

霊帝《れいてい》の建寧二（一六九）年、玄菟の太守耿臨《こうりん》之（高句麗）を討ち、首虜（敵の首）を斬ること數百級なり。伯固降《くだ》り、遼東に屬す。熹平《きへい》中*26、伯固《はくこ》、玄菟に屬さんことを乞う。

公孫度《こうそんたく》*27の海東*28に雄たるや、伯固、大加の優居《ゆうきょ》・主簿の然人《ぜんじん》等を遣わして度（公孫度）を助けて富山《ふざん》（不祥）の賊を撃ち、之を破る。伯固死して二子有り。長子は抜奇《ばつき》、小子は伊夷模《いいも》*29なり。抜奇は不肖にして、國人便《すなわ》ち共に伊夷模を立てて王と為す。伯固の時より數《しばしば》遼東を寇し、又亡胡の五百餘家（匈奴から逃亡した者）を受く。

建安中*30、公孫康*31は軍を出して之（伊夷模）を撃ち、其の國（高句麗）を破り、邑落を焚焼《ふんしょう》す。抜奇、兄に為《し》て立ち得ざるを怨み、涓奴《けんぬ》の加と各《おのおの》の下戸三萬餘口を将《ひき》いて康（公孫康）に詣《いた》りて降《くだ》り、還りて沸《ふっ》流水《りゅうすい》（鴨緑江の上流）に住す。降胡（投降していた胡族）も亦た伊夷模に叛き、伊夷模は更《あらた》めて新し

*25 『後漢書』高句麗伝では、質・桓の間（一四五～六七年）に高句麗が遼東郡の西安平県（遼寧省丹東市付近）で帯方県令を殺害し楽浪太守の妻子を捕らえたとする。『魏志高句麗伝』及び『後漢書』高句麗伝の記述から、楽浪郡が当時、遼東郡西安平県方面に移っていたのではないかと考えられる。つまり、二世紀にあっては、夫余・高句麗が遼東平原に進出を図った時期であり、玄菟・楽浪両郡は名目的には存在しているが、実質的には遼東郡に吸収されていたらしい。なお、『三国史記』高句麗本紀は大祖大王九十四（一四六）年のこととしている。

*26 後漢の霊帝の年号で、一七二～七七年。

*27 後漢末の武将で、遼東太守となる（?～二〇四年）。

*28 遼寧省から朝鮮半島北部にかけての地域。

*29 高句麗⑨代故国川王（在位一七九～九七年）。

*30 後漢の献帝の年号で、一九六～二一九年。

*31 後漢末・魏初の武将（?～二二一年）で公孫度の子。魏の曹操から襄平候に封ぜられ、左将軍となる。

き國を作る。今日在る所是なり。抜奇遂に遼東に往き、子の有るは句麗國に留まる。今、古雛加の駮位《はくい》居《きよ》是なり。其の後、復《ま》た玄菟を撃つ。玄菟は遼東と合して撃ち、大いに之（高句麗）を破る。

伊夷模、子無し。灌奴部に淫して子を生み、位宮《いきゅう》と名づく。伊夷模死して、立てて以って王と為す。今の句麗王 宮《きゅう》*32 是なり。其の曾祖の名は宮（大祖大王）なり、生れて能《よ》く目を開きて視る。其の國人之を悪《にく》む。長大に及び、果たして凶虐にして、數《しばしば》寇鈔し、國の殘破するを見る。今の王生まれて地に墮《お》ち、亦た能く目を開きて人を視る。句麗は相似たるを呼びて位と為す。其の祖に似たり、故に之を名づけて位宮と為す。位宮、力勇《りきゆう》有り、鞍馬《あんば》に便《なら》い（習熟する）、獵射《りようしや》（狩での射撃）を善《よ》くす。

景初二（二三八）年、太尉の司馬宣王《しばせんおう》*33、衆を率いて公孫淵*34を討つ。宮、主簿・大加を遣わし數千人を将《ひき》いて（魏）軍を助く。正始三（二四二）年、宮、西安平《せいあんぺい》を寇し、其の五（二四四）年、幽州刺史《ゆうしゆうしし》の毌丘儉《かんきゆうけん》が破る所と為る。語は儉傳*35に在り。

*32 高句麗⑩代山上王延優（位宮とも、在位一九七〜二二七年）、あるいは⑪代東川王優位居（在位二二七〜四八年）。『三国史記』高句麗本紀は、山上王を故国川王の弟、東川王を山上王の子とする。

*33 後に晋の宣帝として追号された司馬懿仲達（一七九〜二五一年）で、西晋王朝の基礎を築いた。

*34 三国時代の武将（?〜二三八年）で公孫康の子。一時、燕王を称したが司馬懿に誅され敗死する。

*35 『三国志』魏書第二十八（王毌丘諸葛鄧鍾伝）のうち毌丘倹伝。正始年間、毌丘倹は度々侵攻する高句麗を討伐し、正始五（二四四）年に丸都城を破壊する。翌正始六（二四五）年の再征では、買溝（不詳）へ逃げた高句麗王位宮を玄菟太守王頎に追撃させる。詳細は第Ⅲ章2節・注2を参照のこと。

東沃沮伝

東沃沮《とうよくそ》*1は高句麗の蓋馬《がいま》大山*2の東に在り、大海（日本海）に濱《そ》いて居す。其の地形は東北に狭く、西南に長く、千里可《ばか》りなり。北は挹婁《ゆうろう》・夫餘《ふよ》と、南は濊《わい》貊《ばく》と接す。戸は五千、大なる君王無く、世世邑落ありて、各《おのおの》長帥《ちょうすい》有り。其の言語は句麗（高句麗）と大同なれど、時時小異あり。

漢の初め、燕《えん》の亡人衛満《えいまん》*3朝鮮に王たりし時、沃沮皆焉《これ》に屬す。漢の武帝は元封二（前一〇九）年、朝鮮を伐ち、満の孫右渠《うきょ》を殺し、其の地を分けて四郡*4と為す。沃沮城*5を以って玄菟郡と為す。後、夷貊《いばく》（濊貊）の侵す所と為り、郡は句麗の西北に徙《うつ》る。今の所謂玄菟の故府*6是なり。沃沮還《かえ》りて樂浪に屬す。漢は（楽浪郡の）土地廣遠を以って、單單大領《たんたんたいれい》（狼林山脈か、領は嶺）の東に在っては東部都尉《とうぶとい》*7を分置し、不耐城《ふたいじょう》*8に治し、別に領（嶺）東七縣*9を主《つかさど》る。時に沃沮は亦皆縣と為る。

漢（後漢）の建武六（三〇）年、邊郡を省く。

*1 北朝鮮平壌市（旧平安南道）貞柏里の、前漢から後漢の時期に比定される墓の中から「夫租薉君」銘の銅印が出土している。この夫租が沃沮に、薉が濊貊の濊の字に当たると考えられている。

*2 現在の中朝国境から北朝鮮北部にかけて、二〇〇〇m級の山地が連なる。狼林山脈、長白山脈、咸鏡山脈などである。

*3 秦の動乱による燕からの亡命武将。前漢高祖十二（紀元前一九五）年、燕王盧綰が匈奴に亡命した際に千人を率いて朝鮮に逃れ、紀元前一九四年に箕準を排除して「衛氏朝鮮」を興したとされる。

*4 楽浪・真番・玄菟・臨屯の各郡。

*5 北朝鮮咸鏡南道咸興市。

*6 遼寧省新賓県付近（撫順と集安の中間）。

*7 紀元前八二年に真番・臨屯両郡が廃止された際、臨屯郡の北部六県及び郡治を西部に移した玄菟郡の一県（嶺東七県）が楽浪郡に編入され、これを管轄するために置かれた。

*8 北朝鮮江原道安辺付近。

*9 東暆・不而（不耐）・蠶台・華麗・邪頭昧・前莫・夫租（沃沮）の七県。

〔東部〕都尉は此の由で罷《や》む。其の後、皆其の縣中の渠帥を以って縣候と為す。不耐・華麗《かれい》・沃沮の諸縣は皆候國と為る。夷狄《いてき》更《こもごも》相攻伐するも、唯不耐《ふたい》濊候《わいこう》のみは今に至るまで猶お功曹《こうそう》・主簿《しゅぼ》の諸曹[10]を置き、皆濊民之と作《な》る。沃沮の諸邑落の渠帥は、皆自《みずか》ら三老《さんろう》[11]と稱す。則《すなわ》ち故《もと》の縣・國の制《さだめ》なり。國小さく、大國の間に迫られ、遂に句麗に臣屬す。句麗復《ま》た其の中の大人《たいじん》を置きて使者と為し、相主領せしめ、又、大加をして其の租税を統責《とうせき》せしむ。貊布《ばくふ》・魚鹽・海中の食物は、千里を擔負《たんぷ》して之（高句麗）に致し、又、其の美女を送り、以って婢妾《ひしょう》と為す。之を遇すること奴僕《どぼく》の如し。

其の土地は肥美にして、山を背に海に向かい、五穀に宜しく田種（畑作）に善《よ》し。人の性《さが》は質直彊《きょう》勇《ゆう》（強勇）にして、牛馬少なく、便《すなわ》ち矛を持ちて歩戰す。食飲居處、衣服禮節は、句麗に似たること有り[12]。其の葬《ほうむ》るには大なる木槨《もつかく》を作る、長さ十餘丈[13]、一頭（片方の端）を開けて戸（出入り口）を作る。新たに死する者は、皆假に之を埋め、才《わず》かに形を覆わしむ。皮肉盡《つ》きれば、乃《すなわ》ち骨を取りて槨中に置く。

＊10　功曹は戸籍収税を扱う役人、主簿は書紀をいう。

＊11　三老は、漢代にそれぞれの郷から選ばれて地方の教化に当たった長老。中央集権的な政治体制の中にあって、共同体的原理に則った特殊な官である。

＊12　『魏略』曰くとして、彼らの婚姻方法は、娘が十歳になると婚約を行い、婿の家が迎えとって養い、成長したあと婦（妻）とする。成人すると、もう一度女の家に帰され、女の家の方から男の家に対して結納金を求め、結納金が完全に支払われると、再び婿のもとに返される。

＊13　魏代の一丈は約二・四m。十余丈は二五m程になる。一族の共同施設であろうが極端に大きい。

家を擧《あ》げて皆一槨を共にし、木を刻みて生きたる形《すがた》の如くし、死者に随いて數を為す。又瓦䥶《がれき》あり、米を其の中に置き、編して（紐をつける）之を槨戸の邊《ほとり》に縣《か》ける。*14

毌丘儉《かんきゅうけん》*15、句麗を討ち、句麗王の宮《きゅう》（位宮）は沃沮に奔る。遂に師（軍隊）を進めて之を撃つ。沃沮の邑落は（毌丘倹が）皆之を破り、首虜を斬獲《ざんかく》すること三千餘級、宮は北沃沮に奔《はし》る。北沃沮*16は一名置溝婁《ちこうろう》と言い、南沃沮を去ること八百餘里、其の俗は南北皆同じ。挹婁*17と接す。挹婁は喜《この》んで船に乗りて寇鈔《こうしょう》（略奪強盗）す。北沃沮は之を畏れ、夏月には恒に山巖深穴の中に在りて守備を為し、冬月には氷凍して船道通ぜず、乃《すなわ》ち下りて村落に居す。

王頎《おうき》*18、別に遣されて宮を追討し、其の東界を盡《つく》す。其の耆老《きろう》に問う、「海東に復《ま》た人有りや不《いな》や」と。耆老言うに「國人、嘗て船に乗りて魚を捕らう。風に遭い吹くを見ること數十日、東に一島を得たり。〔島の〕上に人有り、言語相曉《さと》らず。其の俗、常に七月を以って童女を取りて海に沈む」と。又言う、「一國有りて亦た海中に在り、純女（女ばかり）に

＊14　中国の葬礼でも行われ、粥を鬲《れき》（鼎）に入れてぶら下げ、魂の依代とする。瓦䥶は素焼きの三足の器のこと。

＊15　魏の将軍。父の爵位を継承して順調に昇進し、明帝が遼東征討を企てると幽州刺史に転任し、景初二（二三八）年の公孫淵征討では司馬宣王（懿）の下で功績を挙げ、安邑侯に任ぜられる。後、正元二（二五五）年、司馬景王（師）の政治壟断に反発して文欽らと反乱を起こし処断される。

＊16　北朝鮮咸鏡北道からロシアのウスリー河口にいた先住民。

＊17　ロシアの沿海州からアムール河口にいた先住民。

＊18　玄菟太守。後に帯方太守となって『魏志倭人伝』にも登場する。

して男無し」と。又説《い》う、「一布衣を得たり、海中従《よ》り浮き出す。其の身《みごろ》は中人の衣の如く、其の両袖は長さ三丈なり。又一破船を得たる、波に随《したが》いて海岸の邊《ほとり》に出在し、一人有りて項中《こうちゅう》（うなじ）に復《ま》た面（顔）有り。之を生得し、與《とも》に語るも相通ぜず、食せずして死す」と。其の域は皆沃沮の東、大海の中に在り。

挹婁伝

挹婁《ゆうろう》は夫餘の東北千餘里に在り、大海（日本海）に濱《ひん》し、南は北沃沮と接し、未だ其の北の極まる所を知らず。其の土地は山險多し。其の人、形《すがた》は夫餘に似るも、言語は夫餘・句麗（高句麗）と同じからず。五穀・牛・馬・麻布有り。人、勇力多し。大いなる君長は無く、邑落に各《おのおの》大人《たいじん》有り。山林の間に處《お》り、常に穴居し、大家の深さは九梯《てい》[*1]、多を以って好と為す。土氣の寒きこと、夫餘より劇《はげ》し。其の俗、好んで豬《ちょ》（豚）を養い、其の肉を食し、其の皮を衣《き》る。冬は豬の膏《あぶら》を以って身に塗ること厚さ数分[*2]、以って風寒を禦《ふせ》ぐ。夏は則《すなわ》ち裸袒《らたん》（はだか）にして、

＊1　地下に掘り住んでいるものと思われる。

＊2　一尺は約二四cm、一分はその百分の一である。

尺布を以って其の前後を隠し、以って形體を蔽う。其の人不絜（不潔）にして、溷《こん》（便所兼豚小屋）を作るに中央に在り、人、其の表（外側）を圍《かこ》みて居す。其の弓は長さ四尺、力は弩《ど》（いしゆみ）の如し。矢は楛《こ》（やまえの木）を用い、長さは尺八寸、青石を鏃《やじり》と為す。古《いにしえ》の肅愼《しゆくしん》*3氏の國なり。射を善くし、人を射るに皆目に入る。矢は毒を施し、人に中《あた》れば皆死す。赤玉・好貂《こうちょう》（てん）を出す、今の所謂挹《ゆう》婁貂《ろうちょう》是なり。

漢より已來、夫餘に臣屬す。夫餘は其の租賦を責むること重く、黄初中*4を以って之に叛す。夫餘數《しばしば》之を伐つ。其の人、衆（民衆または兵員）少なしと雖《いえど》も、所は山險に在り、隣國の人は其の弓矢を畏《おそ》れ、卒《つい》に服すること能わず。其の國、便《すなわ》ち船に乗りて寇盗し、隣國之を患う。東夷の飲食は類して皆俎《そ》豆《とう》を用うも、唯挹婁はしからず。法俗（社会習慣）最も綱紀無し。

＊3　春秋戦国時代から文献に見える塞外民族で、三世紀以降、挹婁が粛慎と考えられた。靺鞨・女真とも同系の民族と考えられる。

＊4　魏の文帝の年号で、二二〇〜二二六年。

濊伝

濊《わい》は南を辰韓《しんかん》（後の新羅）と、北を高句麗・沃沮と接し、東は大海（日本海）に窮《きわ》まる。今、朝鮮（楽浪・帯方の両郡）の東は皆其の地なり。戸は二萬。昔、箕子《きし》*1、既に朝鮮に適《ゆ》き、八條の教え*2を作り、以って之に教う。門戸の閉ずること無くして、民は盗を為さず。其の後四十餘世、朝鮮候の準《じゅん》*3は僭號《せんごう》して王と稱す。陳勝《ちんしょう》*4等起《た》ち、天下、秦《しん》に叛す。燕《えん》・齋《せい》・趙《ちょう》の民、地を朝鮮に避《さ》くること数萬口たり。燕人衛満《えいまん》*5、魋結夷服《ついけついふく》*6し、復《ま》た來りて之に王たり。漢の武帝、伐ちて朝鮮を滅ぼし、其の地を分かちて四郡*7と為す。是より後、胡・漢、稍《やや》別る。

大なる君長無く、漢より已來、其の官に候邑君《こうゆうくん》・三老《さんろう》*8有りて下戸《げこ》（庶民）を統主す。其の耆老《きろう》、舊《もと》、自ら句麗（高句麗）と同種なりと謂《い》う。其の人、性は愿慤《げんかく》（真面目）にして、嗜欲《しよく》（欲望）少なく、廉《れん》恥《ち》有りて請匂《せいかい》（物乞い）せず。言語法俗、大抵は句麗と同じなれど、衣服は異なること有り。男女の衣《ころも》

＊1　殷の貴族。殷滅亡時に朝鮮に逃れ、周の武王から朝鮮侯に封じられたとされ、八条の教えで朝鮮の民を導き、理想的な国（箕子朝鮮）を作ったとされる（伝説）。

＊2　『漢書』地理志燕地条に見えるいわゆる「犯禁八條」である。三か条のみ伝わっており、①相殺以當時償殺、②相傷以穀償、③相盗者男没入為其家奴、女子為婢、欲自贖者、人五十萬――とある。

＊3　箕子朝鮮最後の「朝鮮候」とされる人物で、「王」を称したとされる。

＊4　陳勝・呉広の乱。秦の始皇帝没後、二世皇帝胡亥《こがい》は山陵や阿房宮の造営、首都防衛軍の増強などの財源を得るために過酷な収奪を行った。これらが直接の原因となり、紀元前二〇九年、貧農出身の陳勝（渉）は呉広その他と農民反乱を起こした。乱は鎮圧されたが、秦滅亡の口火となった。

＊5　衛氏朝鮮の創始者。『魏志東沃沮伝』＊3を参照のこと。

＊6　さいづち髷を結い、東夷の服を着る。

＊7　元封三（一〇八）年、漢の武帝は衛氏朝鮮を滅ぼして四郡（楽浪・玄菟・真番・臨屯）を設置し、朝鮮を漢の郡県支配に組み込んだ。

＊8　候邑君は首長に与えられた候君・邑君の称号。三老は『魏志東沃沮伝』＊11を参照のこと。

は皆曲領《きょくれい》（丸襟）を著《つ》け、男子は銀花の廣さ數寸なるを繫ぎて、以って飾と為す。

單單大山領[*9]より以西は樂浪に屬し、領より以東の七縣[*10]は都尉之を主《つかさど》る。皆濊を以って民と為す。後[*11]、都尉を省き、其の渠帥（首長）を封じて候（不耐候）と為す。今の不耐濊は皆其の種なり。漢末、更《あらた》めて句麗に屬す。

其の俗、山川を重んじ、山川には各《おのおの》部分（縄張り）有りて、妄《みだり》に相渉入《しょうにゅう》するを得ず。同姓は婚せず。忌諱《きき》（忌みごと）多く、疾病・死亡せば輒《すなわ》ち舊宅《きゅうたく》を捐棄《えんき》し、更《あらた》めて新居を作る。麻布有り、蠶桑《さんそう》（養蚕）して緜《べん》（絹糸・真綿）を作る。曉《あかつき》に星宿を候《うかが》い、豫《あらかじ》め年歳・豊約を知る。珠玉を以って寶と為さず。常に十月の節を用《も》って天を祭り、晝夜、飲酒歌舞し、之を名づけて舞天《ぶてん》と為す、又、虎を祭り、以って神と為す。

其の邑落相侵犯するや、輒《すなわ》ち相罰して生口・牛馬を責《もと》む。之を名づけて責禍《せきか》と為す。人を殺す者は死をもって償う。寇盗少なし。矛の長さ三丈なるもの

＊9　単単大領（嶺）に同じ。朝鮮北部を南北に走る狼林山脈か。
＊10　朝鮮東部東海岸沿いに置かれた漢の七県。『魏志東沃沮伝』＊9参照のこと。
＊11　後漢光武帝の建武六（三〇）年のこと。

を作り、或いは數人が共に之を持ち、歩戦を能《よ》くす。樂浪の檀弓《だんきゅう》其の地に出づ。其の海は班魚《はんぎょ》*12の皮を出だす。土地には文豹《ぶんぴょう》が饒《ゆたか》にして、又、果下馬《かかば》*13有り、漢桓*14の時、之を獻ず。

正始六（二四五）年、樂浪太守劉《りゅう》茂《も》・帯方太守弓遵《きゅうじゅん》、領東（単単大嶺の東）の濊、句麗に屬せしを以って、師を興して之を伐つ。不耐候等、邑を擧げて降る。

其の八（二四七）年、闕《けつ》（都の王城門、洛陽）に詣《いた》りて朝貢す。詔して更《あらため》めて不耐濊王《ふたいわいおう》を拝《め》す。〔不耐濊王の〕居む處は雑《まじ》わりて民間に在り。四時《しじ》、郡（楽浪郡・帯方郡）に詣りて朝謁《ちょうえつ》す。二郡（楽浪・帯方両郡）に軍征・賦調有らば、役使を供給し、〔二郡が〕之を遇すること民の如し。

韓伝

韓は帯方（帯方郡）の南に在り、東西は海を以って限りと為し、南は倭と接し、方四千里可《ばか》り。三種有り、一を馬韓《ばかん》と曰い、二を辰韓《しんかん》と曰い、三を弁韓《べんかん》

＊12　班魚は斑模様の魚のこと。
＊13　文豹は毛皮に模様のある豹、果下馬は背の低い馬のこと。
＊14　後漢の桓帝（在位一四六〜六七年）のこと。

と曰う。辰韓とは古《いにしえ》の辰國なり。

〔馬韓〕

馬韓は西に在り。其の民は土著し、種植《しゅしょく》（農耕）し、蠶桑《さんそう》（養蚕）を知り、緜布《べんぷ》（絹布）を作る。各《おのおの》長帥（権力者）有り、大なるは自ら名づけて臣《しん》智《ち》と為し、其の次は邑借《ゆうしゃく》と為す。〔国々は〕山海の間に散在し、城郭無し。

　爰襄《えんじょう》國、牟水《むすい》國、桑外《そうがい》國、小石索《しょうせきさく》國、大石索《だいせきさく》國、優休牟涿《ゆうきゆうむたく》國、臣濆沽《しんふんこ》國、伯濟《はくさい》國、速盧不斯《そくろふし》國、日《にっ》華《か》國、古誕者《こたんしゃ》國、古離《こり》國、怒藍《どらん》國、月支《げつし》國、咨離牟《しりむ》盧《ろ》國、素謂乾《そいかん》國、古爰《こえん》國、莫盧《ばくろ》國、卑離《ひり》國、占離卑《せんりひ》國、臣釁《しんきん》國、支侵《ししん》國、狗盧《くろ》國、卑彌《ひみ》國、藍奚卑離《かんけいひり》國、古蒲《こほ》國、致利鞠《ちりきく》國、冉路《ぜんろ》國、兒林《じりん》國、駟盧《しろ》國、内卑《ないひ》離《り》國、感奚《かんけい》國、萬盧《ばんろ》國、辟卑離《へきひり》國、臼斯烏旦《きゅうしうたん》國、一離《いちり》國、不彌《ふみ》國、支半《しはん》國、狗素《くそ》國、捷盧《しょうろ》國、牟盧《むろ》卑《ひ》離《り》國、臣蘇塗《しんそと》國、莫盧《ばくろ》國、古臘《ころう》國、臨素半《りんそはん》國、臣《しん》雲新《うんしん》國、如來卑離《にょらいひり》國、楚山塗卑離《そさんとひり》國、一難《いちなん》國、狗奚《くけい》國、不雲《ふうん》國、不斯濆邪《ふしふんや》國、爰池《えんち》國、乾馬《かんば》國、楚離《そり》國有り、凡そ五十餘國。

大國は萬餘家、小國は數千家、總じて十萬餘戸。

＊1　辰王は辰韓を統べる王であろうが、「辰王は月支国に治し」とは下文から馬韓の月支国王が辰王を兼ねている意であろう。⬇下文とは「部従事呉林～二郡遂に韓を滅ぼす」及び「其の十二國は辰王に屬す～辰王は自立して王と為ることを得ず」の段落をいう。

＊2　二字ずつに区切っているが、必ずしも定かではない。国名と比較して、その各国における王（共通の名称は臣智）の別称であったかと推測するのみである。例えば次表のとおりである。

辰王は月支國に治す[*1]。臣智は或いは優呼《ゆうこ》・臣雲《しんうん》・遣《けん》支《し》・報安《ほうあん》・邪踧《やしゆく》・支濆《しふん》・臣離《しんり》・兒不《じふ》・例拘《れいく》・邪秦《やしん》・支廉《しれん》の號を加う[*2]。其の官には魏の率善邑君《そつぜんゆうくん》・歸義候《ききこう》・中郎将《ちゆうろうしよう》・都尉《とい》・伯長《はくちよう》有り。

候準《じゆん》[*3]既に僣號して王を稱し、燕の亡人衛満《えいまん》[*4]が攻奪する所と為る。〔候準は〕其の左右の宮人を将《ひき》いて走り海に入り、韓地に居して自ら韓王と號す。其の後絶滅するも、今の韓人、猶、其の祭祀を奉ずる者有り。漢の時、樂浪郡に屬し、四時《しじ》朝謁《ちようえつ》す。

桓・靈[*5]の末、韓・濊彊盛《きようせい》にして郡縣制すること能わず、民多く韓國に流入す。建安中[*6]、公孫康、屯《とん》有《ゆう》縣[*7]以南の荒地を分けて帯方郡と為し、公孫《こうそん》模《も》・張敞《ちようしよう》[*8]等を遣わして〔漢の〕遺民を収集し、兵を興して韓・濊を伐つ。舊民〔韓より〕稍《ようや》く出で、是の後、倭・韓は遂に帯方に屬す。

景初中[*9]、明帝は密かに帯方太守劉昕《りゆうきん》・樂浪太守鮮于嗣《せんうし》を遣わし、海を越えて二郡（帯方と楽浪）を定め、諸韓國の臣智には邑君の印綬を加賜し、其の次には邑長〔の印綬〕を與《あた》う。其の俗、幘《さく》[*10]を衣《き》るを好み、下戸の郡に詣《いた》りて朝謁《ちようえつ》するに、皆、假に幘

臣智の別称	国名
優呼	優休牟涿国
臣雲	臣雲新国、不雲国
遣支・支廉	月支国、支侵国、支半国
報安	如来卑離国
邪踧・邪秦	不斯濆邪国
支濆	臣濆沽国
臣離	古離国、咨離牟盧国、卑離国、占離卑国、藍奚卑離国、内卑離国、辟卑離国、一離国、牟盧卑離国、楚山卑離国、楚離国
兒不	兒林国
例狗	狗盧国、狗素国、狗奚国

＊3 朝鮮候箕準。『魏志濊伝』＊3を参照のこと。

＊4 衛氏朝鮮の創始者。『魏志東沃沮伝』＊3を参照のこと。

＊5 後漢の桓帝（在位一四六～一六七年）と霊帝（在位一六七～一八九年）のこと。

＊6 後漢の献帝の年号で、一九六～二一九年。

＊7 黄海北道黄州付近にあったとされる楽浪郡内の一県で、その南が帯方郡となる。『晋書』地理志に楽浪郡六県の一として屯有県が見えることから、屯有県「以南」が屯有県を含むか否か定かではないにしても、帯方郡設置後も屯有県は楽浪郡に留まっていたと考えられる。

＊8 公孫氏の官吏または武将であろうが詳細は不明である。

＊9 魏の明帝の年号で、二三七～三九年。

＊10 幘は上部が平らな頭巾。『魏志高句麗伝』＊9を参照のこと。

を衣る。自ら印綬を服し幘を衣るもの千有餘人。部從事《ぶじゅうじ》（役職）の呉林《ごりん》、樂浪は本《もと》韓國を統《す》ぶるを以って、辰韓の八國を分割し、以って樂浪に與《あた》う。吏譯《りやく》轉じて（誤訳して）異同有り、〔馬韓の〕臣智は韓を檄《げき》して忿《いか》らしめ、帯方郡の崎離営《きりえい》（不詳）を攻む。時に〔帯方〕太守弓遵《きゅうじゅん》・樂浪太守劉茂《りゅうも》、兵を興して之を伐つ。遵（弓遵）戰死するも、二郡は遂に韓を滅ぼす。

其の俗は綱紀少なく、國邑《こくゆう》に主帥《しゅすい》有りと雖も、邑落に雜居し、善く相制御する能《あた》わず。跪拜《きはい》の禮無し。居處は草屋の土室を作り、形は冢《ちょう》（塚）の如し。其の戸（出入り口）は上に在り、家を擧げて共に中に在り。長幼男女の別無し。其の葬は槨《かく》有りて棺《かん》無し。牛馬に乘るを知らず、牛馬は死を送るに盡す。瓔珠《えいしゅ》（珠玉を繋いだもの）を以って財寶と為し、或いは衣に綴り、或いは頸に縣け耳に垂すを以って飾と為す。金銀錦繡を以って珍と為さず。

　其の人、性は彊勇《きょうゆう》（強勇）にして、魁頭露紒《かいとうろけい》（頭に何もかぶらない）して炅兵《けいへい》（狼煙を扱う兵）の如く、布袍《ふほう》を衣《き》て、足には革の蹻蹋《きょうとう》*11を履《は》く。其の國

＊11　布袍は麻布の上着、蹻蹋は底の厚い草履のこと。「布衣韋

中に為す所有り、及び官家の城郭を築かしむるには、諸《もろもろ》の年少の勇健なる者は、皆脊皮《せきひ》を鑿《うが》ち、大縄《おおなわ》を以って之を貫き、又〔二〕丈許《ばか》りなる木を以って之に鍤《そう》し（差込み）、通日嚾《かん》呼《こ》力作《りきさく》し、以って痛みと為さず。既に以って勸作《かんさく》し、且つ以って健《けん》と為す。*12

常に五月の下種（種まき）が訖《お》わるを以って鬼神を祭り、羣聚（群衆）の歌舞飲酒すること晝夜休み無し。其の舞、數十人の倶《とも》に起《た》ちて相隨い、低く昂《たか》く地を踏み、手足は節奏《せつそう》（リズム）に相應じ、鐸舞（中国の鈴を持って舞う雑舞）に似たる有り。十月、農功（農作業）を畢《お》え、亦た復た之《かく》の如し。鬼神を信じ、國邑は各《おのおの》一人を立てて天神を主祭させ、之を天君《てんくん》と名づく。又、諸國に各別邑《おのおのべつゆう》有り、之を名づけて蘇塗《そと》と為す。大木を立て、鈴鼓を縣（懸）け、鬼神に事《つか》う。諸亡《もろもろのぼう》（逃亡者）、逃げて其の中に至らば、皆之を還さず、好みて賊を作《な》す。其の蘇塗を立つるの義は浮屠（仏塔）に似たる有るも、而るに善悪を行う所は異なる有り。其の北方の郡（帯方郡）に近き諸國は差禮俗《ややれいぞく》を曉《さと》るも、其の遠き處は直《た》だ囚徒《しゅうと》・奴婢《ぬひ》の相聚《あつ》まるれるが如し。他に珍寶無し。禽獣《きんじゅう》草木は略《ほぼ》中國と同じ。大栗《だいりつ》を出《いだ》し、大きなる

帯之士」（『漢書』）は、布の衣を着て、なめし皮の帯を締めた貧賤の士をいう。

*12 「其の国中に〜健と為す」は、背中の皮に孔をあける通過儀礼の苦行的行事とする意見もあるが、公的労働に若者が出仕させられている描写であり、これに参加すること自体が共同体への参画儀礼とする習俗であろう。前半は朝鮮特有の背負子に重荷用背当てをつけた描写であり、後半は長柄（二・四m）の天秤棒でモッコを担う描写であろう。

こと梨の如し。又、細尾鶏《さいびけい》（尾長鳥）を出《いだ》し、其の尾は皆長さ五尺餘（一尺は約二四㎝）なり。其の男子は時時文身《ぶんしん》（体の刺青）有り。

又、州胡《しゅうこ》有りて馬韓の西海中の大島（済州島《チェジュ》）の上に在り。其の人差《やや》短小にして、言語は韓と同じからず、皆髠頭《こんとう》（坊主頭）して鮮卑の如し。但し、韋《い》（革）を衣《き》て、牛及び豬を養うを好む。其の衣は上有りて下無く、略《ほぼ》裸《ら》勢《せい》の如し。船に乗りて往來し、韓中にて市買《しばい》（貿易）す。

〔辰韓と弁辰〕

辰韓は馬韓の東に在り。其の耆老《きろう》、世〔々〕に傳えて自ら言うに、「古《いにしえ》の亡人、秦の役《えき》を避けて韓國に來適《らいてき》し、馬韓は其の東界の地を割きて之に與う」と。城柵有り。其の言語は馬韓と同じからずして、國を名づけて邦《ほう》と為し、弓を弧《こ》と為し、賊を寇《こう》と為し、行酒を行觴《こうしょう》と為し、相呼びて皆を徒《と》と為すは秦人に似たる有り、但《た》だ燕《えん》・齋《せい》の物に名づくるに非《あ》らず。樂浪の人を名づけて阿殘《あざん》と為す。東方の人、我を名づけて阿《あ》と為し、樂浪人は本《もと》其の殘餘の人と謂う。今、之を名づけて秦韓《しんかん》と為す者有り。

〔辰韓は〕始め六國有り、稍《しだい》に分かれて十二國と為る[*13]。弁辰も亦た十二國。

又〔辰韓と弁辰には〕諸《もろもろ》の小別邑有りて、各《おのおの》に渠帥有り。大は臣智《しんち》と名づけ、其の次に險側《けんそく》有り、次に樊濊《はんわい》有り、次に殺奚《さつけい》有り、次に邑借《ゆうしやく》有り。

已柢《いてい》國、不斯《ふし》國、弁辰彌離彌凍《みりみとう》國、弁辰接塗《せつと》國、勤耆《きんき》國、難彌離彌凍《なんみりみとう》國、弁辰古資彌凍《こしみとう》國、弁辰古《こ》淳是《じゅんぜ》國、冉奚《ぜんけい》國、弁辰半路《はんろ》國、弁辰楽奴《らくの》國、軍彌《ぐんみ》國、弁〔辰〕軍彌《ぐんみ》國（＝軍彌國と重複か）、弁辰彌《み》烏邪馬《うやま》國、如湛《じょたん》國、弁辰甘路《かんろ》國、戸路《とろ》國、州鮮《しゅうせん》國、馬延《ばえん》國、弁辰狗邪《こや》國、弁辰走漕馬《そうそうま》國、弁辰安邪《あんや》國、馬延《ばえん》國（＝同名の馬延國と重複か）、弁辰瀆盧《とくろ》國、斯盧《しろ》國、優由《ゆうゆ》國有り。弁・辰韓合わせて二十四國[*14]、大國は四・五千家、小國は六・七百家、總じて四・五萬戸。

〔辰韓〕

其〔辰韓〕の十二國は辰王に屬す。辰王は常に馬韓人を用いて之と作《な》し、世世相繼ぐ。辰王は自立して王と為ることを得ず。

土地は肥美にして、五穀及び稲を種えるに宜しく、

*13 一般的にはここまでを「辰韓」の段落とし、以降を「弁辰」の段落とする。講談社学術文庫『倭国伝』及びちくま学芸文庫『正史三国志』もここで段落を区切っている。ただし、本書はこれによらず、本段落を「辰韓と弁辰」の共通段落とする。

*14 辰韓十二国、弁辰十二国であれば、弁（辰）軍彌国は軍彌国（辰韓）の重複であり、二回記される馬延国（辰韓）も重複であろう。

蠶桑《さんそう》（養蚕）を曉《さと》り、縑布《けんぷ》[15]を作り、牛馬に乗駕す。嫁娶《かしゅ》の禮俗、男女別有り。大鳥の羽を以って死を送り、其の意は死者を飛揚せしめんと欲す。

國は鐵を出《いだ》し、韓・濊・倭は皆從いて之を取る。諸《もろもろ》の市買《しばい》に皆鐵を用うこと、中國の錢を用うが如く、又以って二郡（帯方・楽浪）に供給す。

俗は歌舞飲食を喜ぶ。瑟《しつ》（大琴）有り、其の形は筑[16]に似る、之を彈じ亦音曲有り。兒の生まれるや、便《すなわ》ち石を以って其の頭を壓《あつ》し、其の褊《へん》（平ら）なるを欲す。今、辰韓の人皆褊頭《へんとう》なり。男女の倭に近きは、亦文身《ぶんしん》（体の刺青）す。便《すなわ》ち歩戰して、兵仗は馬韓と同じ。

其の俗、行く者相逢うに、皆住《とど》まりて路を讓る。[17]

〔弁辰〕

弁辰は辰韓と雜居し、亦城郭あり。衣服居處は辰韓と同じ。言語法俗は相似たるも、鬼神を祠祭するに異なる有り、竈《そう》（竈《かまど》）を施すに皆戸の西に在り。其の瀆盧國《とくろこく》は倭と界を接す。十二國亦王有り、其の人形皆大なり。衣服は絜清（清潔）にして髮長し。亦、廣幅細布を作る。法俗は特に嚴峻なり。

*15 二本合わせた糸で細かく織った絹布。

*16 筝（琴）に似た楽器、竹を以って撃ち鳴らす。

*17 講談社学術文庫『倭国伝』は「其の十二国は辰王に属す……」を「辰韓十二国は辰王に服属している……」と現代語訳しているが、これに続く「土地は肥美にして……」、「国は鉄を出し……」、「俗は歌舞飲食を喜ぶ……」及び「其の俗、行く者相逢うに……」の現代語訳を、それぞれ「弁辰の土地は肥沃で……」、「弁辰の国々は鉄を産出し……」、「弁辰の風俗としては、歌舞や飲食を好む……」及び「弁辰の習慣では、道に行き会えば……」としている。本書はこの一群の文章全てを辰韓の説明であると見る。

第Ⅱ章

異面の人、日の出る所の近くに有り

倭国への誘い（1）

1　魏志東夷伝序

1 海東の理想郷と日本列島

孔子《こうし》（紀元前五五二〜四七九年、魯国の人。中国春秋時代の思想家。儒家の始祖。名は孔、諱《いみな》は丘、字《あざな》は仲尼、孔子は尊称）がある時、いっそのこと九夷《きゅうい》の地に住みたいと洩らしたことがあります。

「そんな野蛮な地に住めるものですか」

と反対した人に、

「君子の住む場所が、いつまでも野蛮であるはずがない」

と答えています。

また、孔子はある別の日に、

「中国にあって、理想は実現しそうもない。いっそのこと筏《いかだ》に乗って海に出たい」

と慨嘆しています。

子《し》、九夷に居《お》らんと欲《ほっ》す。或ひと曰《いわ》く、「陋《ろう》なり。これをいかん」。子曰く、「君子これに居らば、なんの陋《ろう》かこれあらん」と。

（『論語』子罕《しかん》篇）

子曰《しいは》く、「道行われず、桴《いかだ》に乗りて海に浮かばん（略）」と。

（『論語』公冶長《こうやちょう》篇）

九夷とは「東夷」、すなわち東方異民族の総称です。中国文明の及ばない東方の未開で野蛮な地域のことです。古くは中国の山東省や江蘇省北部辺りを指していましたが、春秋戦国時代（紀元前七七〇～紀元前二二一年）になって斉国や魯国などがこの地域まで漢民族の国家を拡大させると、「東夷」はさらに東の辺境である中国東北部や朝鮮半島及び日本列島を指すようになります。

二回にわたる孔子の心情吐露は、孔子の隠棲願望の表れであり、道を行おうとして奮闘努力したにも拘わらず、道徳による政治が一向に実現しないことに対する絶望であり、諦めでもあったようです。

そして、中国から見て「九夷」即ち「東夷」であると同時に「海に浮かんで辿り着く」地域とは、「日本列島」に他なりません。

中国の政治に絶望した孔子は「日本列島」に住みたいと渇望し、「日本列島」への移住を夢見たのです。東の海の彼方にあると云われる国（＝日本列島、ただし、当時にあっては列島であるか否か不明であった）は、未開の地ではあるものの「徳」によって政治が行われている、孔子にとっては正に理想の地域と映ったのでしょう。

孔子の言葉にもあるように、中国にあっては、古くから東の海の彼方に理想の国があると信じられてきました。『漢書』地理志燕地条には、「夫《そ》れ楽浪海中に倭人あり、分かれて百余国となる、歳時を以って来り献見すという」という有名な一節がありますが、その直前には次のような記述があります。

玄菟《げんと》・樂浪《らくろう》*1は武帝の時に置く。皆、朝鮮・濊貉《わいばく》・句驪《くり》（高句麗）は蠻夷なり。殷《いん》の道衰え、箕子《きし》*2は朝鮮に去り、その民に禮義を以って田蠶《でんさん》・織作《しょくさく》*3を教う。樂浪・朝鮮、民の禁を犯すもの八條のみ。（略）是を以ってその民は終《つい》に相盗まず、門戸の閉ざされることなく、婦人は貞信にして淫辟《いんへき》せず。（略）郡（玄菟・樂浪）は初め遼東に吏（官吏）を取り、吏は民の閉臧《へいぞう》（物をしまい込む）無きを見、及び賈人《かじん》（商人）の往《ゆ》く者は夜に則ち盗を為し、俗は稍《ようや》く益薄し。今では禁を犯すもの浸《ようや》く多く、六十餘條に至る。貴ぶ可き哉《かな》、仁賢の化を。然《しか》るに東夷は天性従順にして三方*4の外に異なる。故《いにしえ》に孔子は道の行われざるを悼《いた》み、浮（桴＝いかだ）を海に設けて九夷*5に居らんと欲す。以《ゆえ》有る也。

（『漢書』地理志燕地条）

*1　前漢の武帝が紀元前一〇八年に衛氏朝鮮を平定し、玄菟・楽浪・真番・臨屯の四郡を置いた。

*2　殷の王族箕子は暴君紂王を諌めたが聞き入れられず、紀元前十二世紀頃、紂を討伐した周の武王から朝鮮に封じられた。紀元前一九〇年頃、箕氏朝鮮は燕の亡命者である衛満（衛氏朝鮮）に奪われる。

*3　田畑の耕作と養蚕及び機織のこと。

*4　中華思想では、華夏を中心に四方の異民族を北狄《ほくてき》・西戎《せいじゅう》・南蛮《なんばん》・東夷《とうい》とした。三方とは東夷を除く北狄・西戎・南蛮のこと。

*5　古くは山東省・江蘇省北部辺りに住む人々に対する呼び名であった（畎・于・方・黄・白・赤・玄・風・陽の九夷）が、これらの地域に斉・魯などの漢民族系の国が建国されると、以降は更に東方の朝鮮半島・日本列島に住む異民族を指すようになった（『後漢書』東夷伝序）。

東夷の天性は三方（北狄《ほくてき》・西戎《せいじゅう》・南蛮《なんばん》）とは違って従順であったとされます。しかし、それ故に、漢の武帝（前漢第⑦代皇帝、在位紀元前一四一～紀元前八七年）の時、即ち紀元前一〇八年以降になりますが、玄菟郡や楽浪郡が置かれて朝鮮半島に遼東郡から官吏や商人が入ってくるようになると、これらの地域に根付いていた仁賢の道徳が次第に乱されるようになったのです。ところが、海を隔てた日本列島では幸いなことに道徳が行われている。遠い昔に、孔子が日本列島への渡海を夢見たのも理解できる……と。

東夷の国々の中でも特に日本列島に存在する国々、百余国にも分かれた国々に居住する人々、つまり「倭人」の世界は中国の人々にとって理想の道徳的世界として認識されていたことが分かります。「倭人」の住む地域、即ち「倭」や「倭国」が、少なくとも孔子の時代（紀元前五〜六世紀）から、中国の人々の心に「理想郷」あるいは「理想国家」として憧れ夢想されてきたという事実は、『魏志倭人伝』を読み解く場合の基本認識として極めて重要であると考えます。

ここで明確に認識すべきことは、『三国志』の撰者・陳寿が「倭」や「倭国」のことを『魏志倭人伝』に登載するに当たって、極めて丁寧かつ大切に取り扱っているということです。日本列島の「倭人」が住む地域やそこに存在する「倭国」は、中国の人々にとっては「理想郷」であり「理想国家」なのです。それ故に「倭」や「倭国」を表す場合、意識的に「卑字」を使用し、殊更に「貶める」内容にしたとは到底考えられません（序章3節「『魏志倭人伝』の漢字音を紐解く」を参照のこと）。

そのようなことをしても、誰も喜ぶ者はいません。『三国志』の読者である中国晋朝皇帝や晋朝貴顕の心を満足させることもできません。却って読者の夢を破り、東方経営に当たった人々やその関係者の自尊心を逆撫でることになり、大きな顰蹙《ひんしゅく》を買うことになるでしょう。第I章で検討した『三国志』が撰進された背景及び『魏志東夷伝』の特異性を想起すれば、容易に理解できると思います。

2『魏志東夷伝』の国々

中国大陸の人々と「日本列島」にいた倭人との間に接触を生ぜしめるためには、朝鮮半島の存在が絶対不可欠でした。そして、秦・漢・魏など中国王朝にとっての朝鮮半島は、東方を経略するために疎かにできない極めて重要な地域でもありました。

朝鮮半島には、旧石器時代以降の遺跡が全域にわたって分布していますので、数万年あるいは数十万年以上の昔から人々が住み着いていたと思われますが、神話の世界に始まって歴史の時代へと移行する古朝鮮（檀君《だんくん》朝鮮・箕子《きし》朝鮮・衛氏《えいし》朝鮮）は、紀元前八〇〇年頃の青銅器時代から実在したとされています（ただし、日本では否定的な説がある）。

朝鮮半島における古朝鮮の時代は衛氏朝鮮の滅亡で終焉を迎えます。中国燕国からの亡命者（前漢の高祖十二〔紀元前一九五〕年、燕王盧綰《ろかん》が匈奴に亡命した際、衛満は千人を率いて朝鮮に亡命する）である衛満が創始した衛氏朝鮮は中国王朝との良好な関係（衛満は遼東太守の外臣となる）を背景にしながら次第に勢力を拡大しますが、衛満の孫・衛右渠《えいうきょ》の頃には自立性を強め、漢へ朝貢する周辺諸国の動きを妨げるほどになります。

これから両者の関係は悪化の方向を辿り、元封二（紀元前一〇九）年、漢の武帝劉徹《りゅうてつ》はついに衛氏朝鮮への軍事攻撃を開始します。漢軍の陸上部隊は遼東半島から、水上部隊は山東半島から渤海湾を渡って、総数五万の大軍で衛氏の王険城《おうけんじょう》に攻め込みますが、水陸両軍の足並みが揃わず漢軍は衛右渠のために緒戦で撃退させられます。ところが朝鮮側も漢の硬柔両面作戦の下で主戦派と帰順派に分裂し、帰順を承知しない衛右渠が帰順派大臣の尼谿相参《にけいそうさん》に殺害されるに至って遂に王険城は落城します。

このような経緯を経て漢は衛氏朝鮮の版図を引継ぎ、元封三～四（紀元前一〇八～一〇七）年、朝鮮半島に真《しん》番《ばん》・臨屯《りんとん》・楽浪《らくろう》・玄菟《げんと》の四郡を置くことになります。

もっとも、この四郡のうち真番・臨屯の二郡は始元五（紀元前八二）年に廃止されて楽浪・玄菟二郡に吸収され（この時、玄菟郡治が咸興から高句麗県〔現在の吉林省集安市通溝〕に後退する）、さらに玄菟郡も元鳳六（紀元前七五）年には遼東郡に吸収されて名目のみが高句麗西北の玄菟城（現在の遼寧省撫順市老城・興京付近）に残されます。朝鮮半島では楽浪郡のみが西晋の建興元（三一三）年に至るまで長く残って中国による朝鮮支配の根拠地となります。

紀元一世紀　後漢の時代になると専ら楽浪郡が中国による朝鮮支配の拠点となりますが、光武帝（後漢初代皇帝、

■表Ⅱ－1　1世紀における後漢と東夷諸地域の動向

年号（西暦）		事　項	備　考
建武	20（44）年	秋、東夷の韓国人、衆を率いて楽浪に詣り内附する。	『後漢書』 光武本紀 東夷伝 南匈奴伝 烏桓鮮卑伝 など
	21（45）年	秋、鮮卑と匈奴が遼東を寇し、祭肜がこれを撃破する。	
	23（47）年	10月、高句麗が種人を率いて楽浪に詣り内属する。	
	25（49）年	1月、遼東徼外の貊人、右北平等を寇し、祭肜がこれを降す。	
		1月、烏桓（烏丸）の大人が来朝する。	
		10月、夫余王が遣使奉献する。	
	26（50）年	1月、南匈奴単于に璽綬を授け、雲中郡に入居させる。	
	30（54）年	1月、鮮卑の大人が種人を率いて闕に詣り朝貢内属する。	
中元	2（57）年	1月、東夷の倭奴国王が遣使奉献する。	
永平	2（59）年	1月、百蛮貢職する。烏桓・濊貊、咸来りて助祭する。	

■図Ⅱ－1　1～2世紀の朝鮮

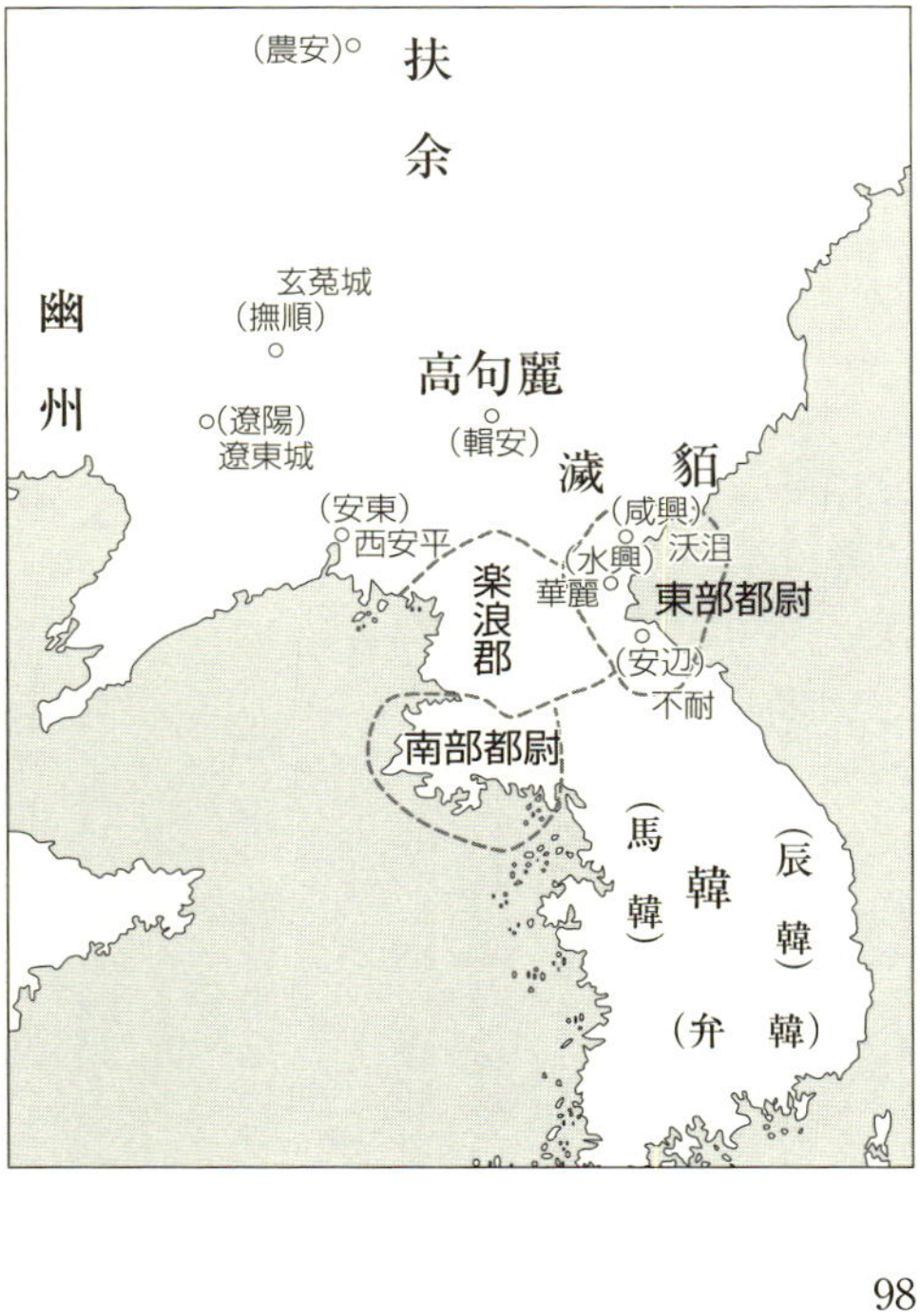

紀元前108年に設置された楽浪郡の郡治は朝鮮県（平壌）に置かれたが、郡南部を管轄するために南部都尉が置かれた。また、紀元前82年に真番・臨屯両郡が廃止された際、臨屯郡北部6県と玄菟郡1県が楽浪郡に編入され、これを管轄するために東部都尉が置かれた。

（井上秀雄『古代朝鮮』を参考に作成）

■表Ⅱ－2　2世紀における後漢と東夷諸地域の動向

年号（西暦）		事項（後漢書）
元興	1（105）年	高句麗は遼東郡の6県を奪うが、遼東太守に撃退される。（和帝紀）
永初	1（107）年	10月、倭国が遣使奉献する。（安帝紀、倭伝）
	3（109）年	1月、高句麗が遣使貢献する。（安帝紀）
	5（111）年	3月、夫余が楽浪郡を攻める。（安帝紀）
元初	5（118）年	6月、高句麗と濊貊が玄菟郡を攻める。（安帝紀）
永寧	1（120）年	是歳、夫余王、子（尉仇台）を遣して闕に詣り貢献する。（安帝紀）
建光1（121）年～延光1（122）年		高句麗が馬韓・濊貊諸種族とともに遼東郡の玄菟城を攻める。なお、この時、夫余王は遼東郡に尉仇台を派遣し、これらを撃破し貢献させる。（安帝紀）
永和	1（136）年	1月、夫余王来朝する。（順帝紀）
永嘉1（145）年～永康1（167）年		質・桓の間（質帝と桓帝の間）、高句麗が遼東郡の西安平県（遼寧省安東市付近）で楽浪太守の妻子を捕らえ、帯方県令を殺害する。（高句麗伝）
延熹	4（161）年	12月、夫余王、遣使来献する。（桓帝紀）
永康	1（167）年	1月、夫余王は2万の大軍で玄菟郡を襲うが太守公孫域に敗れる。（桓帝紀）
建寧	1（168）年	12月、鮮卑族や濊貊族が幽州・并州（現在の河北・山西両省北部・内蒙古南部）に侵入する。（霊帝紀）
	2（169）年	度遼将軍橋玄の支援を受けた玄菟太守耿臨によって高句麗は敗れ、再び玄菟郡（遼東郡）に従属する。（高句麗伝）
熹平	3（174）年	1月、夫余国、使を遣して貢献する。（霊帝紀）

在位二五～五七年）劉秀《りゅうしゅう》は外征や政治的混乱で疲弊した国力を回復させることを目的に内政を重視し、対外的軍備を縮小して植民地政策を大きく転換させます。もちろん、東北辺境地域も例外ではありません。建武六（三〇）年には楽浪郡の中国系在地豪族王調《おうちょう》が叛乱を起こし、半年以上にわたって楽浪郡を占拠したことなどの影響もあって、後漢は地方豪族を県侯とし、一部の郡県を侯国として自治を認めることになります。

　このようなことが相俟って東夷諸族の政治的関心は急速に高まり、併せて建武十七（四一）年に遼東太守に任じられた祭彤《さいとう》の対東北地方経略（懐柔政策）が大きな成果を挙げたこともあり、建武二十（四四）年になると国家形成が進んだ朝鮮南部から楽浪郡に朝貢する者が現われます。ただし、それは後漢の武力の脅威に対応した朝貢ではなく、後漢の懐柔政策ないしは自立促進政策に応じた朝貢貿易であったと理解しなければなりません。それ以降、南匈奴・烏丸《うがん》（烏桓）・鮮卑・高句麗・夫余など東北の諸族が後漢に帰属することとなり、次いで建武中元二（五七）年に至って日本列島から倭奴国（倭の奴国）が朝貢します。

紀元二世紀　一世紀にあっては、後漢の懐柔政策が成果を挙げており、東夷諸族と後漢との間に特筆すべき対立はありませんが、二世紀になると、遼東郡と高句麗・夫余との対立が再燃します。

夫余と高句麗は互いに牽制しながら共に豊かな穀倉地帯の確保を目指して遼東平原への進出を図りますが、この時期は、まさに遼東郡の太守を中心とする漢の郡県勢力と夫余及び高句麗が三つ巴《どもえ》で遼東平原の争奪戦を繰り広げていたと言えます。なお、この頃の玄菟・楽浪両郡は名目的には存在していましたが、実質的には遼東郡に吸収されていたのではないかと考えられます[1]。

紀元一～二世紀の日本列島　一～二世紀の日本列島にあっても、東夷諸地域の一廓として中国東北地域や朝鮮半島諸地域と連動した政治的・社会的動きを見ることができます。建武中元二（五七）年の倭奴国の遣使にしても、倭奴国が東夷諸国・地域の政治的動向とは無関係に、突然中国の後漢に使いを出したのではありません。

古くには、後漢の班固（三二～九二年）が撰述した『漢書』地理志燕地の条に、「夫れ楽浪海中に倭人あり、分かれて百余国となる、歳時を以って来り献見すという」と記されていますが、これにしても、前漢武帝の朝鮮侵攻と楽浪郡の設置（紀元前一〇八年）が倭人の前漢王朝への朝貢を促したものと考えられ、朝鮮半島情勢に密接に連動する「日本列島」の姿が垣間見えます。

一～二世紀における中国大陸と日本列島との交流については、わが国で発見された二つの文字史料が具体的な証拠として当時の状況を物語っています。その一つが天明四（一七八四）年に筑前国那珂郡志賀島（福岡市東区志賀島）で発見された「漢委奴国王《かんのわのなのこくおう》」の金印であり、その二つが昭和三十七（一九六二）年に奈良県天理市東大寺山古墳から出土した「中平紀年銘」の金象嵌大刀です。

国宝「漢委奴国王」金印（福岡市博物館蔵）
江戸時代の天明4（1784）年、福岡市東区志賀島叶崎から出土した

漢委奴国王の金印

『後漢書』光武帝紀に、「(建武中元）二（五七）年春正月辛未《かのとひつじ》、東夷の倭奴国王、使を遣わして奉献す」とあります。この一文は、韓・濊《わい》・高句麗・夫余《ふよ》・烏桓《うがん》（烏丸）・鮮卑《せんぴ》などの遣使奉献と同じ流れの中で記されていますし、次に掲げるように『後漢書倭伝』にも同一の記事を見ることができます。

後漢による東夷諸国・地域に対する支配意欲が緩慢になったことにより、「倭」の地域にあっても自立を促されて政治的熟度が急速に高まったものと思われます。

後漢の光武帝は「韓」地域の蘇馬諟《そまし》を「漢廉斯邑君《かんのれんしのゆうくん》」に封じていますが、同様に「倭」地域の盟主である奴国王を「漢倭（委）奴国王」に封じることによって自治を認め、自立を促しています。

> 建武の初め、復《ま》た来りて朝貢す。時に遼東太守祭肜《さいとう》、威は北方に讋《ふる》い、聲は海表に行なわる。ここにおいて濊貊《わいばく》・倭・韓、萬里朝獻す。
>
> （『後漢書』東夷伝序）

> 建武中元二（五七）年、倭奴國、奉貢朝賀す。使人自ら大夫と稱す。倭國の極南界なり。光武、賜うに印綬を以ってす。
>
> 安帝の永初元（一〇七）年、倭國王帥升等、生口百六十人を獻じ、請見を願う。
>
> （『後漢書倭伝』）

また、安帝の永初元（一〇七）年冬十月には倭国王の帥升《すいしょう》が遣使奉献しています。二世紀になると「倭」地域の政治的支配態様が一層成長拡大し、地域の盟主が「倭の奴国王」から「倭国王」へと脱皮しています。

この倭国王帥升の貢献は、第⑥代安帝《あんてい》（在位一〇六～一二五年）の即位を奉祝するためのものと考えられますので、倭国の成立は第④代和帝《わてい》（在位八八～一〇五年）が即位した章和二（八八）年から永初元（一〇七）年までの間であったと思われます。もし、倭国の成立が和帝即位以前であったならば、倭国は和帝即位時に奉祝の使節を派遣したはずであり、その旨が『後漢書』に登載されたであろう蓋然性が高いからです（第⑤代殤帝《しょうてい》は在位一〇五年十二月～一〇六年八月で夭折している）。これらのことから「倭国」は西暦八八年以降、一〇七年までのおよそ二十年の間に成立したと考えられます。

この時代の「倭国王」は、井原鑓溝《いわらやりみぞ》遺跡（福岡県糸島市井原。江戸時代の天明年間〔一七八一～八八年〕に発見された遺跡で、銅鏡二十一面・巴形銅器などが副葬されており、弥生後期の王墓とされる）に埋葬された「伊都国王」ではなかったかと推測されます。

中平紀年銘の金象嵌大刀　全長一三〇mを計る四世紀半ばの前方後円墳（東大寺山古墳／奈良県天理市）から多量の腕輪型石製品や刀剣類などと共に出土した中平紀年銘大刀は、金象嵌された二十四文字を刻み、花形飾環頭を付けた長さ一〇三cm程の内反り鉄刀です。後漢の中平年間（一八四～八九年）に中国で製作されたものと推定され、発掘に関与した金関恕《かなせきひろし》は共立されて間もない邪馬台国の女王卑弥呼が遣使し、この刀を下賜された可能性を指摘しています。

また、この遣使の目的が新皇帝即位の奉祝であれば、銘文の欠字部分「中平□□」は第⑬代少帝（在位一八九年四月～九月で廃位）または第⑭代献帝（在位一八九年九月～二二〇年）が即位した「中平六年」、つまり西暦一八九年であると考えられます。

中平□□五月丙午造作文刀百練清剛上應星宿下辟不祥

（中平紀年銘大刀銘文）

『後漢書倭伝』は「倭国大乱」を「桓・霊の間（桓帝の在位一四六～六七年、霊帝の在位一六七～八九年）」とし、『梁書倭伝』はそれを「霊帝の光和中（一七八～八三年）」としています。いわゆる「邪馬台国連合」の成立は「倭国大乱」の結果であると考えられますから（『魏志倭人伝』ほか。第Ⅶ章1節「倭国大乱」で詳述する）、中平六（一八九）年とは正しく「邪馬台国連合」の女王として卑弥呼が擁立された直後であって、しかも遼東郡の公孫氏が未だ後漢と倭国との通交を遮断するに至っていないぎりぎりの時期に当たります。卑弥呼は倭国王として後漢に遣使した蓋然性が高いのです。

中平紀年銘の大刀が後漢からもたらされたことを証する「文献」が見当たらないのは残念ですが（公孫氏政権からもたらされたとする意見がある）、二世紀終末の金象嵌大刀がどのような理由と経緯で四世紀半ばに築造された東大寺山古墳に副葬されたのかについて、更に十分な検討がなされなければなりません。

3 公孫氏の台頭と滅亡

後漢の「桓・霊の間（一四六～八九年）」とは、東アジアに動乱の幕が切って落とされた時代でした。二世紀の後半にあっては後漢王朝の権威が失墜し、統制力が年ごとに低下してゆきます。後漢国内では各地に反乱が発生し、国外では鮮卑族が強大となって後漢への侵入攻撃を繰り返しています。朝鮮半島でも、東北地域では高句麗の活躍が目立ち、南部朝鮮でも楽浪郡や郡下の県が傘下の部族国家を統制できなくなります。

桓・靈（一四六～八九年）の末、韓《かん》・濊《わい》、彊盛《きょうせい》にして、郡縣制する能わず、民多く韓國に流入す。

（『魏志韓伝』）

［遼東太守・公孫氏の系譜］

公孫延――①公孫度（189～204）┬②公孫康（204～？）┬公孫晃
　　　　　　　　　　　　　　│　　　　　　　　　　└④公孫淵（228～238）――公孫脩
　　　　　　　　　　　　　　└③公孫恭（？～228）

後漢末の霊帝の中平六（一八九）年、遼東郡の太守として地元襄平《じょうへい》県（遼陽市）出身の公孫度《こうそんたく》が任じられ、公孫度は次第に後漢の勢力が衰退する中で自ら遼東侯・平州牧を名乗ります。続いて父・公孫度の後を受けて遼東太守となった公孫康《こう》が東に進んで楽浪郡を支配下に置き、建安九（二〇四）年には楽浪郡を分割して楽浪郡の南に帯方郡を置き、韓・濊を攻めています。

このようにして、公孫度と公孫康の父子は夫余（挹婁を含む）・東沃沮・濊・韓を服属させ、高句麗にまで出兵しています。『魏志韓伝』によると、公孫康が帯方郡を設置すると「この後、倭・韓は遂に帯方に属す」とありますから、後漢末から魏初（二〇四～三八年）にあって、女王卑弥呼を戴く倭国（邪馬台国連合）は、韓や濊の人々と同じく公孫氏政権と外交関係を結んでいたことになります。

ところが、康の次子・公孫淵《えん》の時代（二二八～三八年）になると時代は大きく動きます。二二〇年、既に後漢王朝は滅亡し、今や魏・蜀・呉の三国が鼎立しています。三国鼎立の中で魏は強盛を誇りますが、公孫淵は迫りくる魏に屈することなく、自立して燕王を称します。一時は海上交通によって呉の冊封を受け、西部戦線で蜀と対決する魏の背後を脅かそうとさえしています。

ここに至って景初二（二三八）年、魏による公孫氏征討の戦役が興され、司馬懿《しばい》を将軍とする魏の大軍が襄平（遼東郡治）を囲み、同時に海上より劉昕《りゅうきん》と鮮于嗣《せんうし》の軍が帯方・楽浪の二郡を占領することによって戦況は決定づけられ、同年八月二十三日に公孫淵・公孫脩の父子は斬殺されます。ここに五十年続いた公孫氏政権は滅亡したのです。

遼東の公孫氏政権が滅びた翌年の景初三（二三九）年六月、倭の女王卑弥呼の使いが帯方郡に至り、さらに魏都洛陽を訪れています。公孫氏によって絶たれていた遼東・楽浪回廊が再び開かれ、倭国と魏との通交が実現できたのです。

4 異面の人、日の出る所の近くにあり

第Ⅰ章でも論じましたが、『魏志東夷伝』は晋朝の実質的な創始者である司馬懿《しばい》を顕彰することにより、晋の初代皇帝である武帝・司馬炎《えん》が魏朝から禅譲を受けた正当性を強調しています。『魏志』烏丸鮮卑東夷伝《うがんせんびとういでん》は『魏志』の中でも極めて重要な位置付けを担う列伝（夷蛮伝）だと言っても過言ではありません。

その目的の一つは、読者貴顕を『魏志東夷伝』の最後に記す「倭」の地に誘導することでした。読者の興味を逸《そ》らすことなく印象深く『魏志倭人伝』の世界に導き、「海東の理想郷である極遠の地」を魏の版図に加えた司馬懿仲達の実績をしっかり認識させ、結果として読者貴顕が司馬氏の功績を高く評価することを願ったのです。

もちろん、『魏志東夷伝』の序で最も強調されるべきは「景初中（二三七～三九年）、大いに師旅を興して淵（公孫淵）を誅す。又軍を潜ませて海に浮かび、楽浪・帯方の郡を収む。而して後、海表謐然《ひつぜん》（静寂）として東夷屈服す」の部分であろうと思います。これから順次述べようとする東夷の国々や地域が中国にとっていかに重要な地方であったのか、そして、これらの地方を屈服させるにはいかなる努力が払われたのか――、『魏志東夷伝』の序がこれらの点を殊更に強調するのは至極当然のことだと思います。

ところが、異質だと思えるような文節が突如として加えられています。

長老説くに「異面の人、日の出《いづ》る所の近くに有り」と。

（『魏志東夷伝』序）

この直前の文節は「その後、高句麗背叛し、……東に大海を臨む」と、高句麗が再び叛いたので極遠の地まで窮追して大海（日本海）を臨む場所まで至ったとするものであり、これに続く文節は「遂に諸国を周観し、その法俗、小大区別を采る」と、屈服した東夷の国々や地域の実情を詳述できた根拠を記しています。

文脈から見ると、大海（日本海）に臨む大陸の東岸を基点にして「異面の人、日の出る所の近くにあり」と、更に東（日の出る所）の海の彼方に「詳述すべき目的地」があることを読者に理解させ、その「海の彼方の地を含めた諸国」を周観することができたので、それぞれの国々を撰次して同異を列記できたとしています。

『魏志東夷伝』はわざわざ「序」において、「高句麗を追って行き着いた東界の大海（日本海）の更なる彼方に、人が住んでいる島が存在する」として読者に注意を喚起しているのです。この異面（刺青・黥面）の人が住む島は、『魏志倭人伝』に「皆黥面文身《げいめんぶんしん》す」とみえる「倭」の風俗であることは疑えません。従って『魏志東夷伝』の最大関心事、即ち〝目玉記事〟は「倭」であり「倭国」であることがはっきり理解できます。

それにしても「異面の人……」の一文は、読者に強力な印象を与えるに十分な表現であったと思います。陳寿は読者の興味を惹きつけ続きを読みたくさせる、有能な脚本家でもあったのです。〝これは何のことだろうか〟〝何か新しい発見がありそうだ〟と、読者は興味津々たる胸の高鳴りの中で『魏志倭人伝』まで一気に読み進めたに違いありません。

◆―――――――――

（1）『後漢書』高句麗伝及び『魏志高句麗伝』の記述から、二世紀の中頃にあっては楽浪郡が遼東郡西安平方面に移っていた（実質的には楽浪郡が遼東郡に吸収されていた）のではないかと考えられる。

〔高句麗王〕遂成（次大王）死して子の伯固（新大王）立つ。質・桓の間（質帝と桓帝の時代、一四五〜六七年）復た遼東の西安平を犯し、帯方令を殺し、樂浪太守の妻子を掠得す。（『後漢書』高句麗伝）

〔高句麗王〕宮（大祖大王）死して子の伯固（新大王）立つ。順・桓の間（順帝と桓帝の時代、一二五〜六七年）復た遼東を犯し、新安・居郷（不詳）を寇し、又西安平を攻め、道上にて帯方令を殺し、樂浪太守の妻子を略得す。（『魏志高句麗伝』）

なお、高句麗王に係る系譜で両書に異同がある。一一二頁の高句麗王の系譜を参照のこと。また、右に見える「帯方令」は楽浪郡に属する帯方県の長官である。おって、本件について『三国史記』高句麗本紀は大祖大王九十四（一四六）年八月のこととしている。

2　魏志夫余伝

1　夫余は玄菟を去ること千里にあり

夫余《ふよ》は『魏志東夷伝』の最初に記される国であり、万里の長城の北にあって、玄菟《げんと》郡から千里ほどの距離にあるとされます。

玄菟郡は元封四（紀元前一〇七）年に遼東郡の東及び楽浪郡の北を領域として設置され、郡治は夫租《ふそ》県（北朝鮮咸鏡南道咸興市）に置かれたとされます（異説がある）。しかし、玄菟郡治は数度にわたる変遷を余儀なくされており、始元元（前八二）年の高句驪《こうくり》県（吉林省集安市通溝）、元鳳六（前七五）年の高句驪県（遼寧省撫順市東部、老城・興京付近）を経て永初元（一〇七）年の高句麗県（遼寧省瀋陽市東部）へと変遷しています。『魏志東夷伝』夫余条（以下、『魏志夫余伝』という。高句麗・東沃沮・挹婁・濊・韓の各条もまた同様とする）に記される二～三世紀当時の玄菟郡治は現在の遼寧省瀋陽市にあったと考えられます。

一方、『魏志夫余伝』は、夫余について「南は高句麗と、東は挹婁《ゆうろう》と、西は鮮卑《せんぴ》と接し、北に弱水あり」と記しています。弱水は黒龍江の上流・松花江《しょうかこう》です。夫余の国邑は必ずしも明らかにされていませんが、黒龍江省阿城区（哈爾浜《ハルビン》市東南三〇km）、吉林省農安県（長春市の西北五〇km）などが候補地として挙げられています。ただし、黒龍江省阿城区の候補地は夫余建国前後のものであり、二～三世紀の夫余国邑は吉林省に存在したと考えられます。

ところで、『魏志東夷伝』に記される各郡治から各国邑まで、あるいは各国邑から各主邑までなど、各々の地域間距離を比較検討することにより、『魏志東夷伝』が用いる距離観を確認することができます。

今、玄菟郡治から夫余国邑までを実測すると、瀋陽～農安間でおよそ三六〇kmとなります。『魏志夫余伝』が

[夫余王の系譜]

夫台《ふだい》──尉仇台《いきゅうだい》──簡位居《かんいきょ》──麻余《まよ》──依慮《いりょ》（？～285）……5世紀末、高句麗に吸収される

記す玄菟郡治から夫余国邑までが千里ですから、これによると「三六〇ｍ／里」という距離観が得られます。

この距離観は『魏志倭人伝』が記す距離観を解明する上で重要な手懸かりの一つになると考えますが、第Ⅳ章「南は倭と接し、方四千里可り」及び第Ⅴ章「郡より女王國に至る、萬二千餘里」において、他の地域間距離をも取りまとめて総合的に比較検討します。

2 玄菟太守を遣わして夫余に詣らしむ

『魏志夫余伝』の最後の部分に、夫余は古くには濊貊《わいばく》の王たる立場にあり、その証拠として「濊《わい》王の印」が伝世され、「濊《わい》城」という故城（黒龍江省賓県の慶華古城）が現存し、夫余の耆老《きろう》も自らを「亡人」と言っていると記されています。

これは夫余の来歴を記しているものだと思われます。前漢武帝の元朔元（紀元前一二八）年のこと、衛氏朝鮮に反発する濊君南閭《わいくんなんりょ》たちが遼東郡に降《くだ》ったので、武帝は蒼海《そうかい》郡を置いてこれらを支配しようとしました。しかし、漢の支配は三年程で挫折し、濊貊には「濊王の印」を与えて自治を認めています。その後、衛氏朝鮮を滅ぼした漢はこの地域に玄菟郡を置きますが、郡県の支配に服することを望まない一群がこの時に亡命しており、それこそが夫余だと主張しているもののようです。

このように自立心の強い夫余ですが、同じ『魏志夫余伝』に、元々は玄菟郡に属していたと記されています。後漢の時代には前掲の表Ⅱ－1及び表Ⅱ－2に見るように、時として漢に反駁することはありましたが、概ね漢の支配に服していますので、その状況が「夫余は本《もと》玄菟に属す」であったと思われます。

その後、公孫度《たく》が「海東に雄飛し、外夷を威服す」ことになると、夫余王尉仇台《いきゅうだい》は更《あらた》めて遼

東郡（遼寧省遼陽市）に属することになります。しかし、この遼東郡は後漢の郡ではあるものの、公孫氏が実効支配する遼東郡なのです。

景初二（二三八）年に魏の司馬懿が公孫氏を滅ぼした後も、夫余は遼東郡を介して引き続いて魏に誼《よしみ》を通じていたと思われます。正始中（二四〇～四八年）に幽州刺史田丘倹《かんきゆうけん》が高句麗を討ちますが、その時に玄菟郡の太守王頎《おうき》を夫余に遣わして出兵を求めています。この玄菟太守王頎は『魏志倭人伝』にも見えており、帯方太守となった正始八（二四七）年、狗奴国との間で戦争状態となっている倭国女王卑弥呼の愬訴を受け、軍事調停を行うために塞曹掾史《さいそうえんし》張政《ちようせい》を倭国に派遣しています。

このように、玄菟太守である王頎が自ら玄菟郡から夫余まで実際に足を運んでいるということは、玄菟郡治～夫余国邑間の距離千里が正確な情報に基づくものであることを読者貴顕に印象づけているのであって、『魏志夫余伝』自体がそれを証明していることになります。

第Ⅲ章 海東に復た人有りや不や

倭国への誘い（2）

1　魏志高句麗伝

1 高句麗の建国と拡大

高句麗の始祖は東明聖王《とうめいせいおう》であるとされます。姓は高氏で諱《いみな》を朱蒙《しゅもう》と言い、紀元前一世紀後半頃（『三国史記』高句麗本紀によれば、紀元前三七年とされる）、一団を率いて夫余から分かれ、鴨緑江《おうりょくこう》流域に到来して建国しています(1)。

紀元前七五年、国内城（遼寧省集安市）に郡治を置いていた漢の玄菟郡が貊《ばく》族の抵抗を受けて事実上崩壊します。玄菟郡は郡治を遼東郡内に移して名目上の存続を図りますが、これによって、鴨緑江中流域は漢の郡県支配から脱することになります。これが直ちに「高句麗」という新国家の建国に結びついた訳ではありませんが、少なくとも高句麗が建国されるきっかけとなったことは間違いありません。そのような観点から見れば、『三国史記』高句麗本紀が記す「紀元前三七年の高句麗建国」も、具体的な証拠はないものの、合理的に理解できる範囲内であると考えられます。

[高句麗王の系譜]　ただし、錯綜部分は『魏志高句麗伝』による

①東明王（BC37~BC19）—②瑠璃明王（BC19~AD18）—③大武神王（18~44）—⑤慕本王（48~53）
　└④閔中王（44~48）
　└再思—⑥大祖大王（53~146）（宮《きゅう》）—⑧新大王（165~179）（伯固《はくこ》）—＊
　　　└⑦次大王（146~165）（遂成）※『魏志高句麗伝』には見えず

＊—抜奇—駮位居
　└⑨故国川王（179~197）（伊夷模《いいも》）—⑩山上王（197~227）—⑪東川王（227~248）（位宮）—⑫中川王（248~270）……（以下省略）

（注１）『後漢書』高句麗伝の系譜
⑥宮（大祖）—⑦遂成（次）—⑧伯固（新）

（注２）『三国史記』高句麗本紀の系譜
再思—⑥宮（大祖）
　└⑦遂成（次）
　└⑧伯固（新）—⑨伊夷模（故国川）
　　　　　　└抜奇
　　　　　　└⑩位宮（山上）

高句麗は始祖・東明王（朱蒙）の時代から近隣諸国・地域を武力で征服し、鮮卑族などを撃退しながら領土を広げていますが、大祖大王（在位五三～一四六年、諱は宮《きゅう》）の一世紀後半に征服活動を活発化させています。殊に即位直後（大祖大王は七歳で即位しており、幼少のため大后が国政を聴いた）の西暦五六年までに、鴨緑江や支流の佟佳江《とうかこう》（渾江《こんこう》、沸流《ふつりゅう》川）流域の小国を完全に征服し、東は東沃沮《とうよくそ》、南は清川江《せいせんこう》（大同江の北を南流し、黄海に開口する）上流にまで版図を拡大しています（図Ⅲ－2を参照のこと）。

なお、一世紀頃における高句麗と遼東郡（玄菟郡を含む）との関係は、高句麗が専ら周辺諸地域の征服活動に没頭しており、また、建武十七（四一）年に遼東太守として着任した祭彤《さいとう》の懐柔政策が奏功したこともあって、極めて穏やかに推移しています[2]。

しかし、二世紀になって高句麗が専念していた建国活動、つまり周辺地域の征服活動が一段落すると、大祖大王の対外政策はその対象を遼東平原に向けることになります。高句麗は「大山深谷多く、原沢なし」の国土であり、また、「良田なく、佃《でん》作《さく》に力《つと》むと雖《いえど》も、以って口腹《こうふく》を実《みた》すに足らず」という国内事情を考えれば、豊かな遼東平原は高句麗にとって垂涎の地域であ

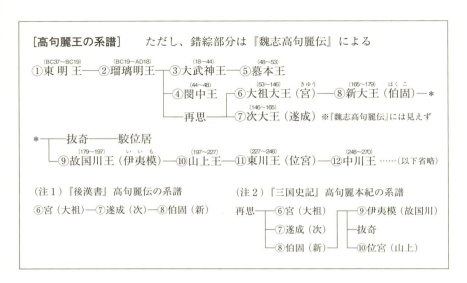

■表Ⅲ－1　高句麗の拡大（主として『三国史記』高句麗本紀より）

高句麗王	西　暦	事　　項
①東明聖王（朱蒙）	BC36年	6月、松譲国（多勿国）が降った。
	32年	10月、荇人《こうじん》国（白頭山東南）を討伐した。
	28年	10月、北沃沮（咸北地方）を討滅した。
②瑠璃明王（孺留）	9年	4月、鮮卑を属国とした。
	AD3年	10月、都を国内に遷し、尉那巌城を築いた。
	14年	8月、梁貊国（小水貊か）を討滅させ、漢の高句麗県を奪取した。
③大武神王（朱留）	22年	2月、夫余を討伐し、夫余王帯素を戦死させたが撤退した。
	26年	10月、蓋馬国（蓋馬高原の小国か）を征伐し、狗茶国も降った。
	37年	楽浪国（楽浪郡ではない）を滅ぼした。
⑥大祖大王（宮）	56年	7月、東沃沮を討伐し、旧領を接収する。これによって、高句麗の領土が東は滄海（日本海）から南は薩水（清川江）に及んだ。
	68年	8月、夫余の曷思王の孫が国（夫余から分かれた小国か）を挙げて降った。
	72年	2月、藻那国（未詳）を討伐した。
	74年	10月、朱那国（未詳）を討伐した。
	105年	1月、漢の遼東郡に侵入し6県を掠奪するが、遼東太守の反撃で大敗した。 9月、遼東太守が貊人を撃破した。
	111年	漢に貢献し、玄菟郡へ帰属を求めた。ただし、『資治通鑑』は「この年3月、濊貊と共に玄菟を寇す」とする（状況から、『通鑑』の記述が正しいか）。
	118年	6月、濊貊と共に玄菟郡を襲い、華麗城（咸鏡南道）を攻めた。
	121年	1月、幽州刺史馮煥《ふうかん》が玄菟・遼東2郡の太守を率いて高句麗・濊貊を討つ。高句麗は王弟遂成にこれを迎え撃たせ、偽りの降伏を装い、その間に王は密かに3,000の兵で玄菟・遼東の2郡を攻めた。 4月、鮮卑軍8,000と共に遼隧《りょうずい》県（遼寧省鞍山市海城の西）を攻め、遼東太守蔡諷を戦死させた。 10月、粛慎が朝貢した。 12月、馬韓・濊貊の軍1万を率いて玄菟城を包囲するが、夫余が軍2万を率いた王子・尉仇台を派遣し漢軍を救援したため、高句麗軍は大敗した。
	122年	2月、馬韓・濊貊と共に遼東郡に侵入するが、遼東郡を救援する夫余から撃破された。
	146年	8月、遼東郡西安平県（遼寧省丹東市北東方）を襲撃し、帯方県令を殺し、楽浪太守の妻子を奪った。
⑧新大王（伯固）	168年	玄菟郡太守耿臨《こうりん》が侵入したので、降伏して玄菟郡に属することを願い出た。ただし、『魏志高句麗伝』は、この時は遼東郡に属し、熹平年間（172～78）に玄菟郡に転属したとする。
	169年	玄菟太守公孫度を援助し、富山（不詳）を討った。
	172年	11月、漢が大軍で攻撃してきたので籠城し、退却する漢軍を追撃して大勝した。
⑨故国川王（伊夷模）	184年	遼東太守が出兵したので、王が自ら出陣し坐原（未詳）でこれを破った。

ったに違いありません。

大祖大王について、『魏志高句麗伝』は「名は宮《きゅう》なり、生れて能《よ》く目を開きて視《み》る。その国人《こくじん》之を悪《にく》む。長大に及び、果たして凶虐《きょうぎゃく》にして、数《しばしば》寇鈔《こうしょう》し、（そのために）国の残破《ざんぱ》するを見る」と記しています。表Ⅲ－1で見るとおり、二世紀（特に前半の大祖大王の時代）の高句麗にあっては、遼東郡（後漢の郡県勢力）及び夫余と遼東平原の覇権を巡って正に三つ巴の恰好で国の存亡を懸けた熾烈な争奪戦を繰り広げており、終盤では手痛い敗北を重ねたこともあり、「国の残破するを見る」という状態に陥っています。

2 公孫氏の遼東支配とその終焉

後漢王朝は積極的な東方政策を採っておらず、これに乗じて夫余と高句麗が遼東平原への進出を図ったことから、二世紀の遼東平原は混乱の極みに達しています。遼東太守は専ら現状維持に腐心している状況であり、そのため、後漢王朝は朝鮮半島南部や日本列島には殆んど関心を向けていません。

この頃の日本列島に関しては、『後漢書』が「永初元（一〇七）年冬十月、倭国、使を遣わして奉献《ほうけん》す」（安帝紀）及び「安帝の永初元（一〇七）年、倭国王帥升《すいしょう》等、生口百六十人を献じて請見を願う」（倭伝）と記すのみで、中平六（一八九）年に倭国女王卑弥呼が遣使した可能性のある貢献については一切記していません。また、朝鮮南部に関しては同じく『後漢書』が「霊帝（在位一六七～八九年）の末、韓・濊並びに盛んにして、郡県制する能《あた》わず」（韓伝）と記していますし、これと同じ内容の記述は『魏志韓伝』にも見えます。

> 漢の時、樂浪郡に屬し、四時《しじ》朝謁《ちょうえつ》す。桓・靈の末、韓・濊彊盛《きょうせい》にして郡縣制すること能《あた》わず、民多く韓國に流入す。（『魏志韓伝』）

中国が再び朝鮮半島や日本列島（倭地域）に明確な認識を持って積極的な関心を示すのは、公孫氏が遼東郡を領有してからのことです。つまり、後漢末の中平六（一八九）年に公孫度《こうそんたく》が遼東太守に任じられて以降であり、さらに絞り込めば、建安中（一九六～二一九）の二〇四年、公孫康《こう》が楽浪郡の屯有県《とんゆう》（黄海北道黄州付近）以南を分割して帯方郡《たいほう》を置いてからということになります。『魏志韓伝』に「この後、倭・韓は遂に帯方に属す」とあることから、三世紀に至り、韓諸国や倭国（邪馬台国連合）は公孫氏の支配下にある帯方郡へ朝貢するようになったと考えられます。

中国では二二〇年に後漢王朝が滅びて魏が興ります。魏は事実上、魏の太祖曹操《そうそう》が後漢の実権を握った二〇〇年頃に始まったと考えられますが、形式的には曹操の子・曹丕《そうひ》が後漢最後の献帝《けんてい》から帝位を禅譲された二二〇年に始まります。

それでは、東夷諸国・地域に対する魏の認識はどんなものだったのでしょうか。『三国史記』高句麗本紀によると、高句麗東川王《とうせん》八（二三四）年に魏が高句麗に使者を派遣して国交を求めていますから（「魏遣使和親」）、この頃から魏は東夷諸国・地域に眼を向け始めたと思われます。

その第一の理由は、呉との関係であったと考えられます。

公孫淵《えん》は太和二（二二八）年に叔父の公孫恭《きょう》から遼東太守の地位を奪うと、魏の明帝（第②代皇帝、在位二二六～二三九年）から揚烈《ようれつ》将軍・遼東太守の官職を与えられたにも拘わらず、呉の孫権と誼を通じ、孫権から燕王に任じられます。しかし、青龍元（二三三）年十二月、公孫淵は孫権が派遣した二人の使節張弥《ちょうび》・許晏《きょあん》の首を斬って魏都洛陽に送り、魏から大司馬・楽浪公の官位を得ています。

またこの時、遼東郡より逃れた呉の中使秦旦《しんたん》・張群《ちょうぐん》などが高句麗に入り、高句麗東川王に遼東地方を与えるという内容の呉王の詔勅を伝え、高句麗は呉と同盟を結んでいます。しかし、この場合も高句麗は青龍四（二三六）年七月、孫権の使者胡衛《こえい》等の首を斬って魏の幽州に送っています。

権謀術数の渦巻く時代ではあっても、このような遼東太守公孫淵や高句麗東川王を再び呉の孫権が支援するでしょうか。もちろん、公孫淵や東川王が魏に誼を通じたとしても、魏の明帝もこれらに全幅の信頼を与える状況にはありません。公孫淵は魏の使者と会見する場合ですら、武装兵を配置させ、陣構えを整えていたという状況なのですから――（『三国志』公孫度伝附公孫淵伝）。魏の明帝にとっては、いよいよ好機の到来です。

『魏志東夷伝』序によると、「景初中（二三七～三九年）、大いに師旅を興して淵（公孫淵）を誅す。又軍を潜ませて海に浮かび、楽浪・帯方の郡を収む。而して後、海表謐然《ひつぜん》として東夷屈服す」とあります。魏による公孫氏及び高句麗討伐作戦の開始です。

『魏志』明帝紀の景初元（二三七）年秋七月の条に、「初め、権（呉王孫権）、使を遣わして海に浮かび、高句麗と通じて遼東を襲わんと欲す。幽州刺史毌丘倹《かんきゆうけん》を遣わし、諸軍及び鮮卑・烏丸を率いて遼東の南界に屯《いわ》む」とありますから、毌丘倹による当初の遼東出兵は遼東郡を呉の侵略から護ることを名目としたようです。毌丘倹は玉璽を押した文書を携えて公孫淵を魏都洛陽に出頭させようとしますが、公孫淵は叛旗を翻し、軍を出動させて遼隧《りようずい》（遼寧省海城市）で迎撃します。毌丘倹は進軍しますが、十日にわたる大雨に遭遇し遼水が溢れて撤退を余儀なくされます。

斯《か》くして、魏軍を撤退させた公孫淵は自立して燕王を名乗り、百官を置き、年号（紹漢）を立て、鮮卑の単于《ぜんう》に玉璽を与えて辺境を支配させ、魏の北方を荒らし回らせます。

ここに至って、景初二（二三八）年春正月、魏の明帝は太尉の司馬宣王《しばせんおう》（司馬懿）を派遣して公孫淵討伐に踏み切ります。四万という魏軍を率いた司馬懿は同年六月に至って遼東に到達し、魏軍（将軍／胡遵《こじゆん》）は遼隧に駐屯する公孫軍（将軍／卑衍《ひえん》・楊祚《ようそ》）を撃破し、直ちに遼東郡治の襄平（遼寧省遼陽市）を目指します。魏軍は途中、首山の戦いでも公孫軍（将軍／卑衍）を撃破して進撃を続け、遼東郡治襄平城を包囲します。折しも三十日以上にわたって長雨が続いていたと言われます。

雨があがると、魏軍は土山を築き、櫓を建造し、その上から連発式の弩《ど》（石弓）で攻撃します。公孫軍は食糧を欠き、遂に八月二十三日には総崩れとなり、城外逃亡を図った公孫淵父子（淵《えん》と脩《しゆう》）は斬殺されて首級は洛陽に送り届けられます。

景初二（二三八）年春正月、太尉司馬宣王（司馬懿）に詔し、衆（軍隊）を帥《ひき》いて遼東を討たしむ。（略）丙寅（九月十日）、司馬宣王は公孫淵を襄平（遼東郡治）に圍《かこ》み、大いに之を破る。淵の首を京都《みやこ》に傳え、海東諸郡は平《たいら》かなり。
（『魏志』明帝紀）

ここに、魏が公孫氏の領した遼東・玄菟・楽浪・帯方の各郡を悉《ことごと》く平定したことにより、公孫氏によって遮断されていた東夷諸国・地域と中国（魏）との通交が再開されます。

■図Ⅲ－1　高句麗を中心とした四位模式図

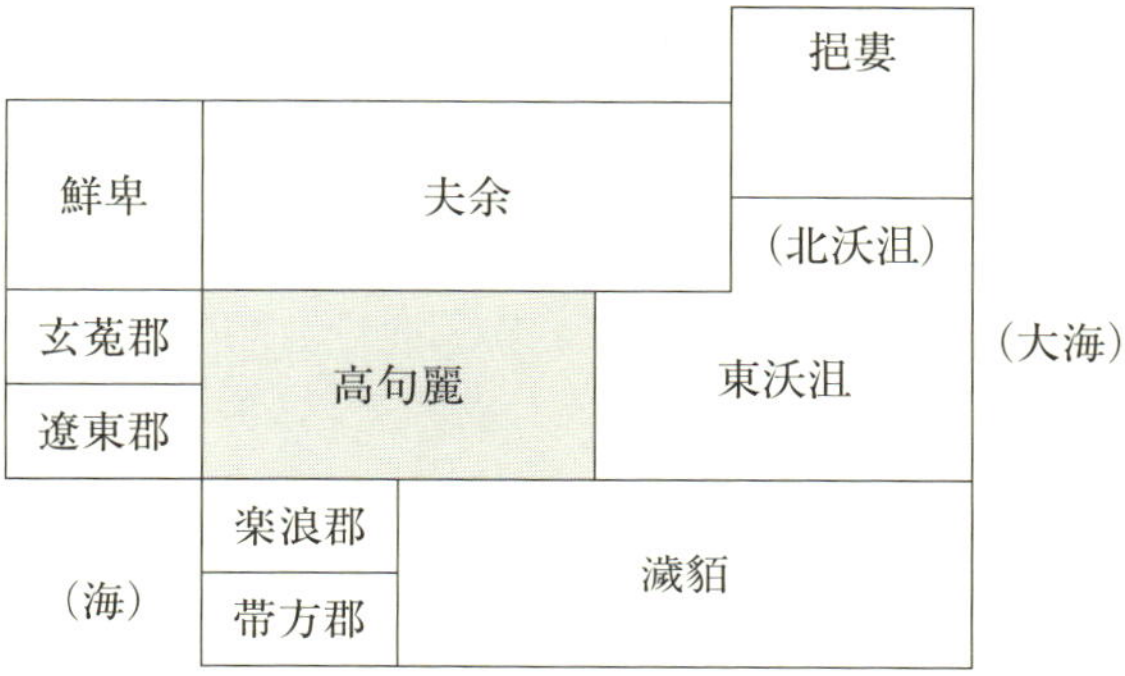

3 高句麗は遼東の東千里にあり

高句麗の国邑は遼東郡の郡治から東に千里の距離にあるとされます。遼東郡は紀元前三世紀に、秦の始皇帝が全土に郡県制を施行した時代からの郡であり、漢代になってもこれを引継ぎ、郡治は襄平《じょうへい》県に置かれていました。襄平県は現在の遼寧《りょうねい》省遼陽《りょうよう》市です。

一方、高句麗は『魏志高句麗伝』に「南は朝鮮・濊貊《わいばく》と、東は沃沮《よくそ》と、北は夫余《ふよ》と接す。丸都《がんと》の下《ふもと》に都し、方二千里可り、戸三万」と記されています。高句麗は図Ⅲ－1のように、他の国々や地域に周りを囲まれた、大山深谷を主体とする内陸国です。

紀元前一世紀の建国当初は忽本《そつぽん》城（卒本城・五女山城、遼寧省桓仁県）を拠点としていましたが、紀元三年に丸都山《がんとさん》城（尉那巌《いながん》城）を築き、城下に平城《ひらじろ》の国内《こくない》城を建設して遷都しています（『三国史記』高句麗本紀瑠璃明王二十二〔三〕年条によるが、日本の研究者は同本紀山上王十三〔二〇

■図Ⅲ－2　高句麗の征服活動

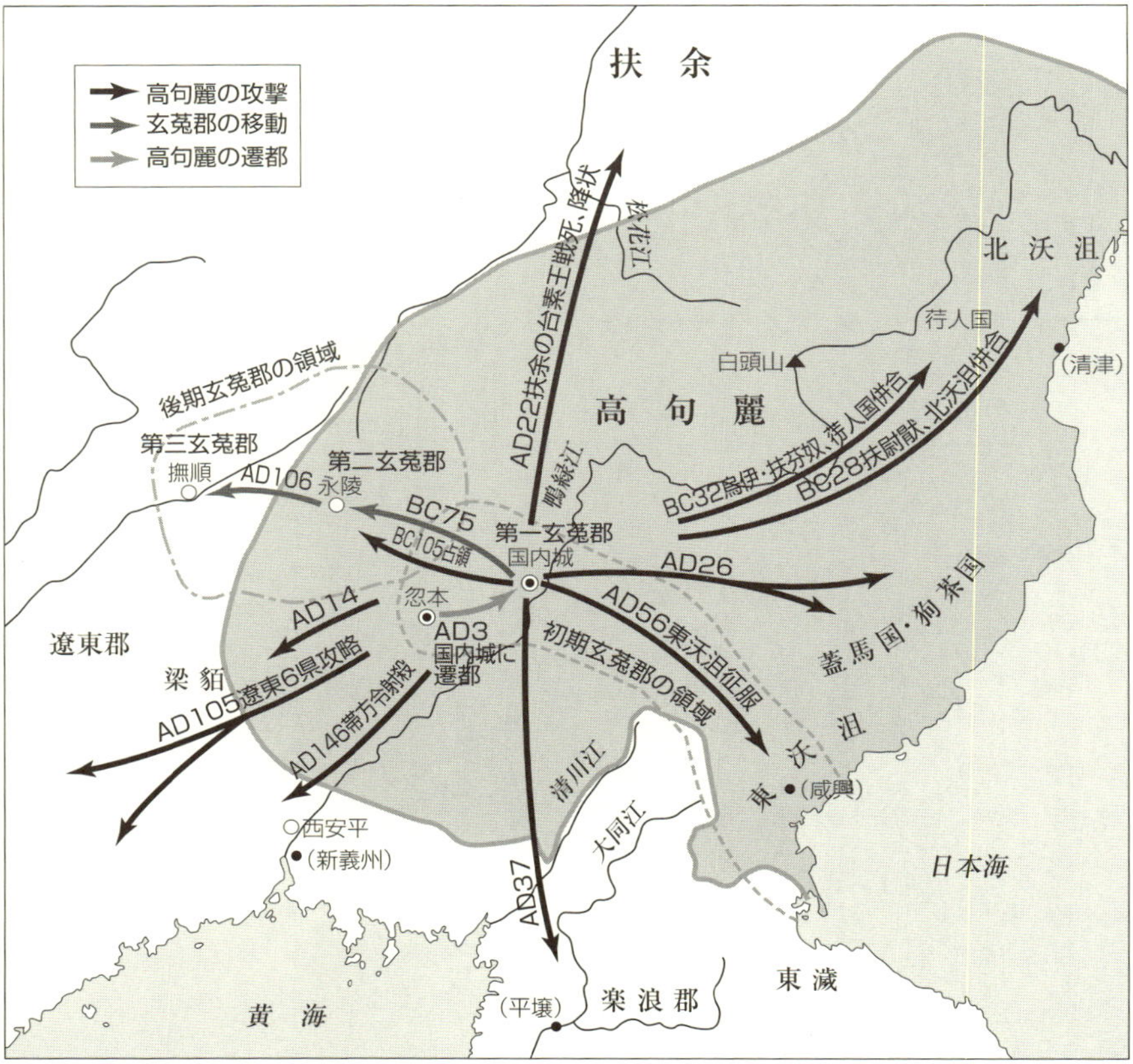

（韓国教員大学歴史教育科編『韓国歴史地図』を参考に作成）

九〕年条によって三世紀初頭説が一般的である。また、長寿王十五〔四二七〕年に平壌へ遷都する）。

いずれにせよ三世紀初めの高句麗の国邑は国内城でした。国内城は現在の吉林《きつりん》省集安《しゅうあん》市に置かれており、ここには第⑳代長寿王のものとされる将軍塚を始めとして王墓十四基、貴族墓二十六基、その他夥しい数の墳墓が遺されています。

ここでも、『魏志東夷伝』が用いる距離観を確認するために、遼東郡治から高句麗国邑までの距離千里を実測してみましょう。

遼陽市（遼東郡治）から集安市（高句麗国邑）までの距離はおよそ四〇〇㎞です。これによると「四〇〇ｍ／里」という距離観が得られることになります。

また、高句麗の国土範囲は方二千里可《ばか》りとされています。二世紀頃の高句麗の最大版図は図Ⅲ－2のとおりですから、長径（遼寧省鳳城付近～吉林省図們の北部付近）でおよそ五五〇㎞、短径（遼寧省永陵の西部付近～咸鏡南道興南付近）でおよそ三五〇㎞を測ります。これから算出される面積を正方形にした場合の一辺はおよそ四四〇㎞となります。これが二千里ですから「二二〇ｍ／里」という距離観が得られます。

◆

（1）高句麗の建国神話は『三国史記』高句麗本紀などで語られるが、「広開土王碑文」冒頭に「昔を惟《おも》えば始祖鄒牟王《すうぼう》（朱蒙・東明王）の創基である。出自は北夫余、天帝の子で母は河伯女郎である。卵を割って降世し、生まれながらにして聖【徳】があった。【甲申（紀元前三十七年）、鄒牟王は】駕を命じて巡行南下し、路は夫余の奄利大水（松花江の支流）に由《とお》る。王は水辺に臨み『我は皇天の子、河伯女郎を母とする鄒牟王である。我が為に葭《あし》を連ね、亀を浮かべよ』と言うや声に応じて連葭浮亀となった。然る後に造《はじ》めて渡り、沸留谷（鴨緑江の支流、渾江）の忽本西《そつぽん》（桓仁）に於いて山上に城を築いて建都した」とある（【　】は欠字のため、榊原が推定追加したもの）。

（2）祭肜は遼東太守に任じられると、北方の鮮卑族を招いて財宝を与えて朝貢するように説得している。これに応じて朝貢した鮮卑に通例を上回る賜物を与えており、これを伝え聞いた高句麗などは敵対行為をやめ、相次いで遼東郡（後漢）に朝貢した。

2　魏志東沃沮伝

❶毌丘倹の東北遠征（高句麗征討）

『魏志高句麗伝』の最後に、「景初二（二三八）年、太尉の司馬宣王（司馬懿）、衆（軍隊）を率いて公孫淵を討つ。宮《きゆう》、主簿《しゆぼ》・大加《だいか》を遣わし数千人を将《ひき》いて軍（魏軍）を助く」とあり、続いて毌丘倹《かんきゆうけん》のことが見えます。

正始三（二四二）年、宮《きゅう》、西安平《せいあんぺい》を寇し、其（正始）の五（二四四）年、幽州刺史《ゆうしゅうしし》の毌丘儉《かんきゅうけん》が破る所と為る。語は儉傳（『魏志』第二十八王毌丘諸葛鄧鍾伝のうち毌丘倹伝）に在り。

（『魏志高句麗伝』）

高句麗は、魏の司馬懿が公孫淵を討伐するに際しては魏を支援していますが、四年後には遼東郡の南部・西安《せいあん》平《べい》（鴨緑江の河口・遼寧省丹東市付近）を侵略しており、これによって幽州刺史に抜擢された毌丘倹《かんきゅうけん》及びその配下にある玄菟太守王頎《おうき》の追討を受けることになります。

ここでまず問題になるのは、毌丘倹から追われる高句麗王「宮」とは誰かということです。『魏志高句麗伝』には二人の「宮」が登場します。一人は後漢の殤《しょう》帝と安《あん》帝の間（一〇五～一二五年）に活躍する人物として記されており、この人物は第⑥代大祖大王であることに異論はないでしょう。『三国史記』高句麗本紀も諱《いみな》が「宮」であり、在位は五三～一四六年としています。

もう一人の「宮」が毌丘倹に追討される人物です。第⑨代故国川王《ここくせん》（伊夷模《いいも》）の庶子で、[1]曽祖父の大祖大王「宮」に似ていたことから「位宮」と名付けられたとされます。それであれば、『魏志高句麗伝』が伝えるこの「宮」は第⑩代山上王《さんじょう》のこととなります（一一二頁の「高句麗王の系譜」参照のこと）。

ところが『三国史記』高句麗本紀は、山上王（諱は位宮・延優）を故国川王の弟とし、在位を一九七～二二七年とします。これでは『魏志高句麗伝』に景初二（二三八）年から正始五（二四四）年にかけて登場する「宮」とは時代が整合せず、第⑪代東川王《とうせん》（諱は憂位居）ではないかとする見解が生じます。表Ⅲ－2の『魏志』と『三国史記』高句麗本紀の対比表によって検証すれば、「宮」は東川王とするのが妥当だと考えます。

次に問題になるのが、幽州刺史毌丘倹と玄菟太守王頎が〝いつ〟〝どの辺りまで〟高句麗王「宮」（東川王）を追討したかということです。

■表Ⅲ－２　高句麗王“位宮”に係る『魏志』と『三国史記』の比較

紀　年	『魏　志』	紀　年	『三国史記』高句麗本紀
		234（東川８）年	魏の使者が国交を求めた。
236（青龍４）年	７月、高句麗王位宮が呉の使者胡衛等を斬って首を幽州に送り届けた。（明帝紀）	236（〃 10）年	２月、呉の孫権が胡衛を派遣し、国交を求めた。 ７月、呉の使者を斬り、首を魏に送った。
238（景初２）年	１月、司馬宣王に遼東を攻撃させた。（明帝紀） ９月、公孫淵を討伐し、海東は平定された。（明帝紀） 高句麗王宮が主簿・大加を遣わして魏軍を助けた。（高句麗伝）	238（〃 12）年	魏の司馬宣王が公孫淵を討った。東川王は主簿や大加を派遣して魏を支援した。
240～248年（正始年間）	毌丘倹は高句麗を討伐した。高句麗王位宮と大会戦となり、位宮は逃走した。かくて、丸都城を破壊した。（毌丘倹伝）		
242（正始３）年	高句麗王宮が西安平を寇した。（高句麗伝）	242（〃 16）年	東川王は将軍を派遣し、遼東郡西安平を襲撃・占領した。
244（〃 ５）年	毌丘倹が高句麗王宮を討伐した。（高句麗伝）		
245（〃 ６）年	高句麗を再征討し、王頎に位宮を買溝まで追撃させた。（毌丘倹伝）		
246（〃 ７）年	２月、毌丘倹が高句麗を討伐した。（三少帝斉王紀） ５月、毌丘倹が濊貊を討伐した。（三少帝斉王紀）	246（〃 20）年	８月、魏は毌丘倹を派遣し、高句麗に侵入してきた。 10月、毌丘倹が丸都城を攻略した。将軍王頎が追撃し、東川王は南沃沮まで逃げた。
		247（〃 21）年	東川王は王都を平壌に遷した。

＊『魏志』三少帝斉王紀による246（正始７）年の記録は、244（正始５）年及び245（正始６）年に毌丘倹が高句麗を討伐した結果、並びに245（正始６）年のこととして『魏志濊伝』に記される楽浪太守劉茂と帯方太守弓遵が高句麗に属していた濊貊を帰順させた結果を、それぞれ少帝斉王に報告した時の事績であろう。『三国史記』246（東川王20）年の記録は、毌丘倹による244、245年の２度にわたる高句麗討伐を、『魏志』三少帝斉王紀によって246年の事績と見誤ったものであろう。

まず〝いつ〟であったかです。『魏志』毌丘倹伝（第二十八王毌丘諸葛鄧鍾伝のうち。以下同じ）は正始年間（二四〇～四八年）のこととして、次の㋐～㋔及び㋕㋖のように記しています。

㋐高句麗がたびたび反逆して侵攻してきた。

㋑そのため、諸軍の歩騎兵一万を指揮して玄菟を進発した。

㋒高句麗王「位宮」の歩騎兵二万と沸流水《ふつりゆうすい》（鴨緑江）の梁口《かつこう》で大会戦となった。

㋓高句麗王「位宮」は負け戦を重ねて逃走した。

㋔毌丘倹は高句麗の丸都城と国内城を破壊し、多くの首級と捕虜を得た。

㋕翌年、再び征討を行い、「位宮」は買溝（不詳）へと逃げた。

㋖毌丘倹は王頎に「位宮」を追撃させ、王頎は粛慎《しゆくしん》（挹婁の古名）の南界まで到達した。

表Ⅲ－2で見るとおり、㋐は正始三（二四二）年、㋑～㋔は正始五（二四四）年、㋕㋖は正始六（二四五）年のことであると考えられます。

なお、『魏志』三少帝斉王紀に「（正始）七（二四六）年春二月、幽州刺史毌丘倹が高句麗を討伐し、夏五月、濊貊を討伐し、どちらも撃破した」とする記事がありますが、これは正始五～六（二四四～四五）年の二度にわたって行われた毌丘倹等による一連の高句麗討伐作戦が終了したこと、及び、正始六（二四五）年に楽浪・帯方両郡太守が行った濊貊帰順作戦が成功したことに係る、いずれも少帝への報告記事（この時に報告された）であったと考えられます。

おって、『三国史記』高句麗本紀の東川王二十（二四六）年の記事は、

㋑－2　秋八月、魏の毌丘倹が一万の大軍を率いて玄菟を出発した。

㋒－2　王は歩騎兵二万を率いて沸流河のほとりで迎え撃った。

㋓－2　高句麗軍は大敗し、王は鴨緑原に逃げた。

㋔－2　冬十月、毌丘倹は丸都城を攻め落とした。
㋖－2　毌丘倹は将軍王頎に王を追撃させた。

とあるように、その内容が『魏志』毌丘倹伝の㋑～㋔及び㋖と全く同じです。これから、『三国史記』は内容を『魏志』毌丘倹伝に求め、不明確な紀年を『魏志』三少帝斉王紀に求めたものと思われます。しかし、「正始七（二四六）年」は一連の軍事状況が少帝曹芳に報告された年次であって、『三国史記』の「東川王二十（二四六）年」は誤謬であったことになります。

次に、幽州刺史毌丘倹及び玄菟太守王頎が高句麗王「宮」（東川王）を追って〝どの辺りまで〟遠征したかは本伝（『魏志東沃沮伝』）が説明しています。毌丘倹は「宮」が奔《はし》った沃沮まで師（軍隊）を進め、高句麗の支配下にあった沃沮の邑落を悉《ことごと》く撃破し、斬獲した敵兵は三千余級であったとされます。また、北沃沮に奔った「宮」を追って王頎が別動隊として派遣され「その東界を尽くす」とありますので、王頎は舞《ム》水端《スダン》（咸鏡北道）辺りまで遠征したものと思われます。これと同じ記事が『魏志』毌丘倹伝にも見え、高句麗王「宮」を追撃した玄菟太守王頎は「沃沮を過ぎて千余里、粛慎《しゅくしん》（挹婁の古名）の南界」まで到達したとされます。(2)

■図Ⅲ－3　毌丘倹・王頎の征討要路

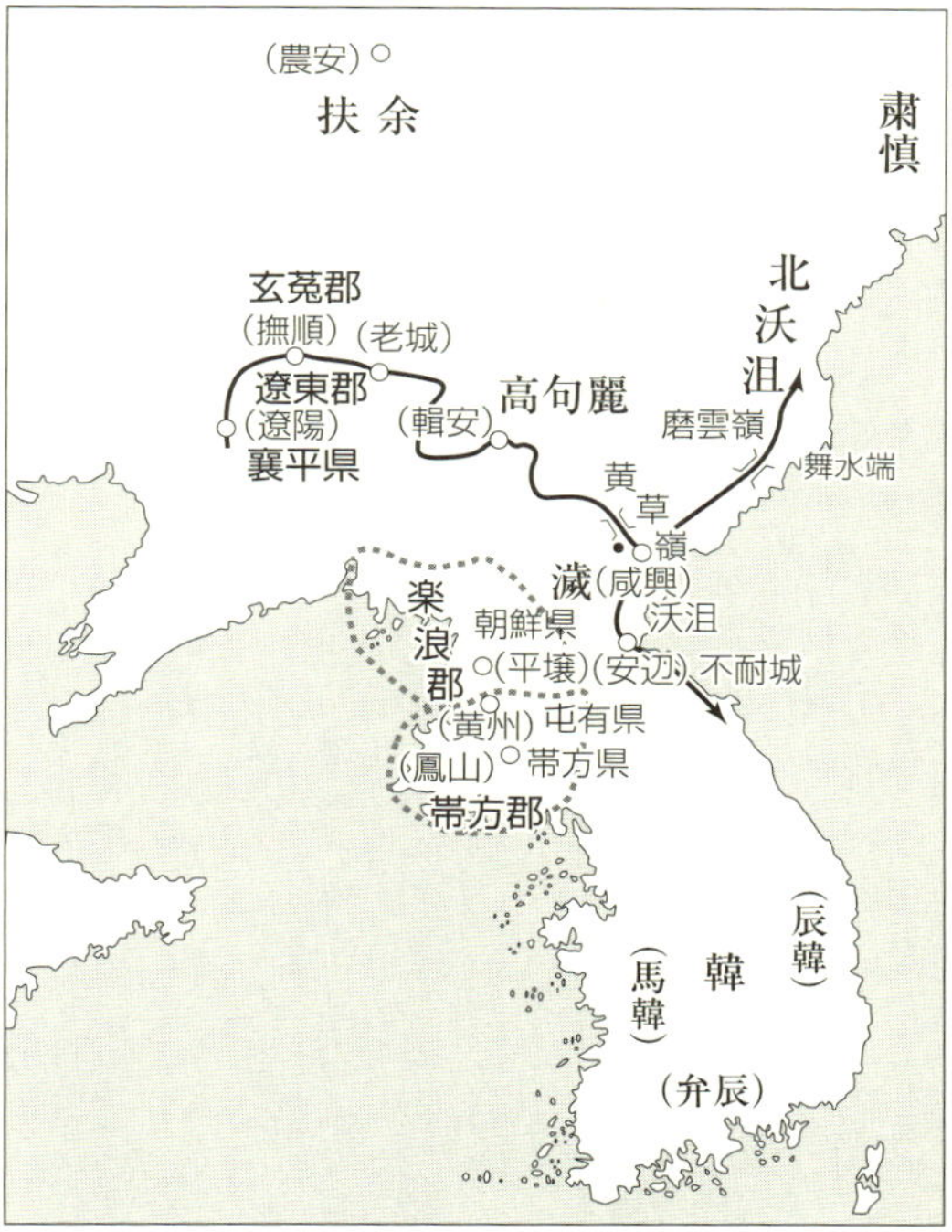

（井上秀雄『古代朝鮮』を参考に作成）

2 海東に復た人ありや不や

東沃沮《とうよくそ》は、「高句麗の蓋馬《がいま》大山の東にあり、大海に浜《そ》いて居す。その地形は東北に狭く、西南に長く、千里可《ばか》りなり」とされます。また、「北は挹婁・夫余と、南は濊貊と接す」とされます（図Ⅲ－1参照のこと）。

東沃沮（北は挹婁に接しており、北沃沮を含む）の地形は、東北に狭く、西南に長く（広くではない）、およそ千里ですから、東北方面が山と海に挟まれて狭く、東北から西南にかけて長い地域であると理解できます。

東沃沮の主邑は当初の玄菟郡治が置かれた夫租《ふそ》県（沃沮城、咸鏡南道咸興市付近）であり、東沃沮と濊貊《わいばく》（主邑は東部都尉が置かれた不耐城、江原道安辺付近）との境界は、双方の中間に設定されている現在の咸鏡南道と江原道の道境辺りであろうと思われます。

一方、東沃沮（北部の北沃沮を含む）と挹婁との境界は定かではありませんが、東沃沮が「東北～西南に長く、東北は山海が迫っている」という地理的表現から、その境界は日本海に突き出した舞水端《ムスダン》（咸鏡北道）と考えられます。これで計測すると東沃沮の長径はおよそ二八〇㎞となり、この間が千里ですから、「**二八〇m／里**」という距離観が得られます。

また、『魏志東沃沮伝』には「貊布《ばくふ》・魚塩《ぎょえん》・海中の食物は、千里を担負《たんぷ》して之（高句麗）に致し、……」とありますから、ここに東沃沮の主邑と高句麗の国邑間の距離が記されていることになります。東沃沮の主邑は玄菟郡治が置かれていた沃沮城（咸鏡南道咸興市）であり、高句麗の国邑は国内城（遼寧省集安市）ですから、その間の距離を計測すればおよそ二五〇㎞となります。これから「**二五〇m／里**」という距離観が得られます。

高句麗王「宮」（東川王）を追って北沃沮の東界である舞水端《ムスダン》にまで至った玄菟太守王頎《おうき》は、そこで遭遇した耆老《きろう》（古老）に尋ねます(3)。

「海の東の彼方に、また人がいるでしょうか」

耆老が応えて言います。

「この国（北沃沮）の者がむかし船に乗って魚を獲っていて、暴風に遭い、数十日も吹き流され、東方のある島に漂着したことがあります。その島には人がいましたが、言葉は通じません。その地の風俗では、毎年七月に童女を選んで海に沈めるといいます」

また、続けて次のようにも言います。

「海中には、ほかに女ばかりで男のいない国があるといいます」

さらに、次のようにも説明します。

「一枚の着物が海から漂い着いたことがあります。その着物の身ごろは普通の人の着物と変わりませんが、両袖は三丈もの長さがありました。また、難破船が波に流されて海岸に漂着したことがありましたが、その船には項《うなじ》にもう一つの顔のある人がいて、生け捕りにしました。しかし、話しかけても言葉が通ぜず、食物をとらぬまま死にました」と。

ここで耆老が伝える情報は㋐～㋓の四つです。

㋐海東の彼方に言葉の通じない人の住む島がある。➡日本列島である可能性が高い。

㋑そこでは毎年七月に童女を選んで海に沈める。➡夏の漁期になり、新しく海女《あま》になる童女に特別訓練をする様子（「生贄」などの儀式ではない）であろう。

㋒女ばかりで男のいない国がある。➡夏場に女性のみで集団生活をしながら採集漁業をする倭国独特の風習（石川県輪島市の沖合五〇kmの舳倉島《へくらじま》ではこの習俗が現在まで遺っており、それは福岡県宗像から伝わったとされる）であろう。

㋓項《うなじ》にもう一つの顔がある人がいる。➡倭の水人が施す黥面文身《げいめんぶんしん》のことであろう。

『魏志東沃沮伝』は、このような話を「会話形式」で挿入しており、「こうした人々のいる地は、いずれも沃沮の東方、大海の中にある」として読者の興味を喚起しています。この『魏志東沃沮伝』が伝える「海東の不思議な国」とは、現在の知見から見ても日本列島を措《お》いて他にはありません。これは『魏志東夷伝』序の「異面の人、日の出《いづ》る所の近くにあり」に続く第二弾であり、読者を『魏志倭人伝』に誘導する巧妙な手段であることは言うまでもありません。

しかも、ここでは玄菟太守王頎という信頼できる官人を再び登場させ、その王頎が実際に大陸の東端（と思われる）の地まで高句麗王「宮」を追って遠征し、王頎が土地の古老から直接聞いた話であることが強調されています。第Ⅱ章2節において、玄菟郡から夫余までの距離が正確であることを証明したのも、今回と同じ玄菟太守王頎であったことが思い出されます。これらは、読者が「信じられない」と思うであろう話に絶対的な信憑性を付与しているのです。ここで読者は再び〝これは何のことだろうか〟〝もしかして、倭人が住むという理想郷のことだろうか〟と興味の炎に油が注がれることになります。

◆

（1）高句麗では、桂婁部出身の王には絶奴部の女性から妃が迎えられるのを通例とする（『魏志高句麗伝』）。第⑪代東川王「位宮」は第⑨代故国川王（伊夷模）が一般的には認められていない灌奴部の女性に生ませた子である。

（2）『三国史記』高句麗本紀東川王二十（二四六）年条によれば、東川王（宮）は北沃沮ではなく南沃沮に逃げ、紐由《ちゅうゆう》の策略を以って魏軍を楽浪から撤退させ、平壌城を築いて国民と宗廟・社稷を移したとする。この時期にあって、平壌には楽浪郡があることから疑義は残るが、①東川王二十（二四六）年に魏軍が楽浪から撤退していること、②美川王三（三〇二）年に玄菟郡の捕虜八千余人を平壌に移住させていること、③故国原王十二（三四二）年に丸都城を修理し、国内城を築き、王の居所を丸都城に移していることなどを勘案すれば、通説とされる美川王十四（三一三）年の楽浪郡滅亡を待たずに、早くから高句麗の勢力が平壌に及んでおり、東川王二十（二四六）年から故国原王十二（三四二）年までのおよそ一世紀の間にあっては、高句麗の王都は平壌にあった可能性がある。故国原王十二（三四二）年以降は国内城を首都、平壌城を副都とし、長寿王十五（四二七）年に改めて平壌を首都と定めたものと推測される。なお、楽浪郡の滅亡とされる美川王十四（三一三）年の高句麗による楽浪郡への侵入及び二千余人を捕虜にしたとする実態は、形式的に残存していた楽浪郡治への侵攻であり、楽浪郡の完全な撤廃を意味するものであろう。

（3）玄菟太守王頎が耆老に遭遇した場所は人が居住する漁村であったとするのが常識的であり、咸鏡北道金策《キムチエク》――舞水端のやや南――辺りの可能性が高い思われる。

3　魏志挹婁伝

■挹婁は夫余の東北千余里にあり

挹婁《ゆうろう》は「夫余の東北千余里にあり、大海に浜し、南は北沃沮と接し、未だその北の極まる所を知らず（北はどこまであるか分からない）」とされます。

中華博物編輯『中国古代地名大詞典』によれば、挹婁の主邑は吉林省寧安《ねいあん》県（寧古塔）であるとされます。現在の黒龍江省牡丹江《ぼたんこう》市寧安県です。『魏志挹婁伝』には「大海（日本海）に浜し、南は北沃沮と接す」とあり、また「山険多し」とありますから、挹婁の版図は日本海沿いから豆満江を遡った吉林省図們《トーメン》辺りではないかとも考えられ、船に乗って寇盗していますので、主邑も海または河沿いにあったのではないかと推測されます。

しかし、『魏志挹婁伝』は挹婁の主邑の場所を示すために、「東沃沮～挹婁間」ではなく、あえて「夫余～挹婁間」の距離を記しています。これは挹婁が「黄初中（二二〇～二二六年）を以って之（夫余）に叛く」とあるように、三世紀初頭まで夫余の支配下にあったことから両者間の交通路が開かれており、両者間の距離も遍《あまね》く周知されていたことによるものと思われますが、一方で、東沃沮から北沃沮に奔った高句麗王「宮」を追撃した玄菟太守王頎《おうき》が挹婁には達していないことを示しているようです[1]。王頎の追撃はせいぜい北沃沮の舞水端《ムスダン》までであったと思われます。なぜなら王頎が北沃沮に奔った「宮」を殺害し、または捕縛したという痕跡はなく、「宮」（東川王）は再び平壌城において「高句麗」を再興させているからです[2]。

これらのことから、『魏志挹婁伝』における挹婁地域の地理的説明は、王頎が「宮」を追討した進路の延長線上にある一定地域が記されているに過ぎないとも考えられ、挹婁の版図がより広範な地域である（未だその北の極まる所を知らず）ことを想起すれば、黒龍江省寧安県に主邑があったとしても十分理解できると思います。

夫余の国邑は吉林省農安県（長春市の西北五〇㎞）ですから、吉林省農安県から黒龍江省寧安県までを実測すると東北におよそ四三〇㎞となります。これが千余里ですから「**四三〇m／里**」という距離観を得ることができます。

なお、仮に挹婁の主邑が図們江《トーメンこう》（豆満江）流域の図們（吉林省図們）辺りであったとしても、吉林省図們～吉林省農安間はおよそ四三〇㎞であり、方角は東南となるものの、黒龍江省寧安県の場合と同様「四三〇m／里」という距離観が得られます。

◆

（1）『魏志東沃沮伝』は高句麗王「宮」が北沃沮に奔り、『三国志』毌丘倹伝も「宮」を追撃した玄菟太守王頎が粛慎（挹婁）の南界まで達したとする。ところが『三国史記』高句麗本紀では、王（東川王「位宮」）は南沃沮に逃げ延び、策略を以って魏軍を退けたとしている。

（2）『三国史記』高句麗本紀によれば、「（東川王）二十一（二四七）年春二月、王は丸都城が兵乱にあって王都に復旧できないと考え、平壌城を築いて国民と宗廟・社稷を移した。平壌はむかし王倹の屋敷のあったところである」とする。ただし、この時期には魏の平壌城があるので、この平壌を丸都城の別名、ないしは集安地方の城名とする説がある。また、現在の平壌に築城するも、年次に疑問があるとする説がある。

第IV章

南は倭と接し、方四千里可り

特殊な距離観の秘密

1 魏志濊伝

■東部都尉は皆濊を以って民となす

『魏志東夷伝』では、夫余《ふよ》・高句麗《こうくり》・東沃沮《とうよくそ》・挹婁《ゆうろう》という国や地域について、一般に周知されている遼東郡や玄菟郡の郡治から、順次その国邑や主邑に至る方位や距離が記されており、それによって各国邑や主邑の位置関係が明らかにされています[1]。

ところが『魏志濊《わい》伝』には、そのような主邑の場所を特定できる距離に関する記述がありません。それにも拘わらず、濊の地域は「単単大山領（嶺）より以西は楽浪に属し、領より以東の七県は都尉之を主《つかさど》る。皆濊を以って民となす。後、都尉を省き、その渠帥を封じて候となす」と、前漢の時代から中国の支配下にあったことを記しています。このように『魏志濊伝』は、それまでの各伝とはいささか雰囲気が異なります。

記されない「濊」の主邑　『魏志濊伝』では、「濊《わい》は、南を辰韓と、北を高句麗・沃沮と接し、東は大海に窮《きわ》まる。

今、朝鮮（楽浪郡・帯方郡）の東は皆その（濊）の地なり」として四囲をはっきり記していますが、その反面、その主邑の位置や地域の範囲を示す距離は全く記されていません。

何の変哲もない筆致であり、ややもすれば「単に濊の主邑の位置が不明確であったに過ぎない」とか、逆に「濊の地域にはかつて東部都尉が置かれたことがあり、中国人にとってはあえて説明を必要としない」として読み進めてしまうかもしれません。

しかし、毌丘倹の高句麗討伐に呼応し、正始六（二四五）年には楽浪・帯方の地域軍が共同して「濊貊《わいばく》」を討伐していますし、「領より以東の七県は、都尉之を主《つかさど》る。皆濊を以って民となす。（略）今の不耐濊は皆その種なり」と、「濊」の主邑が東部都尉の置かれた不耐城を中心とした地域であることを仄《ほの》めかしています。魏は「濊」に強い関心を寄せていたのであり、『魏志濊伝』は読者貴顕及び中国の人々がその位置を十分周知していることを前提としているようです。

だからと言って、『魏志東夷伝』がそれまでの「その国や地域の国邑・主邑を明確に記す」という撰述方針を変更して、「濊」の主邑の位置を明記しない理由にはなりません。なぜなら、中国にとって常に関心の的であり続けた高句麗の国邑は、当然ながらその位置を含めて中国の人々には自明のことだと考えられますが、『魏志高句麗伝』では遼東郡治から高句麗国邑までの距離を明記しているからです。

『魏志東夷伝』が「濊」の位置を曖昧にする理由については本章2節の『魏志韓伝』を評価する中で検討しますが、『三国志』の撰者・陳寿は「濊」に係る距離関連記事をあえて意識的に登載しなかったと考えられます。

二郡による「濊」の討伐　「濊」は前漢の時代にあっては楽浪郡や楽浪郡の下部機関である東部都尉に従属していましたが、後漢になって東部都尉が廃止され（建武六〔三〇〕年）、これに伴って「濊」の渠帥《きょすい》がそのまま後漢の「候」に封じられていました。ところが、後漢末になって単単大嶺の東（日本海側）にあり、かつて東部都尉の統治下に置かれていた「濊」が高句麗に臣従したのです。

その状況が久しく続いていた正始六（二四五）年に至り、楽浪太守劉茂《りゅうも》と帯方太守弓遵《きゅうじゅん》は幽州刺史毌丘倹の高句麗討伐に呼応し、両郡の地域軍を率いて共同して「濊」を討伐し、「濊」の不耐候などを降伏させています。

正始六（二四五）年、樂浪太守劉茂《りゅうも》・帯方太守弓遵《きゅうじゅん》、領（嶺）東の濊《わい》、句麗《くり》（高句麗）に屬せしを以って、師《いくさ》を興して之を伐つ。不耐候《ふたいこう》等、邑を擧げて降《くだ》る。（『魏志濊伝』）

ここで重要なことは、「濊」を討伐した兵力は魏の中央政府軍ではなく、楽浪郡と帯方郡が興した師《いくさ》（軍隊）であったという視点です。正始六（二四五）年の「濊」討伐は、正始五～六（二四四～四五）年と二度にわたって行われた毌丘倹による「高句麗」討伐に呼応して行われたものですが、「濊」討伐軍は『魏志濊伝』が明記するように楽浪・帯方の両郡が興した師（軍隊）であり、両郡が保有する守備軍を主体に現地で編成されたものであったと考えられます。楽浪・帯方両郡による「濊」の討伐は、所管する地域内で生じた局地的な軍事行動であったと理解できます[2]。

（1）郡治から各国や地域への距離は、郡治から各国や地域の国邑・主邑までの距離ではなく、郡治から各国の国境までの距離であるとする見解がある。しかし、当時は現在のように国境線が明確に設定されている訳ではなく、また、流動的である。その中で『魏志東夷伝』は、「○○里」と「○○余里」「○○里可り」とを明確に書き分けている。前者は確定距離であり起点と終点が明確なものであって、後者は両者間の距離が正確には計測されない不確定距離である。次表で分かるように、距離が不明確な国や地域の範囲や不明確な二点間距離は「余」「可」で表しており、夫余～玄菟間、高句麗～遼東間、東沃沮～高句麗間の距離は確定値である。よって、郡・国・地域間の「余」「可」のつかない確定距離は各郡治・国邑・主邑間の距離であることが理解できる。

	魏志東夷伝の記事	摘　要
確定距離	夫余は（略）玄菟〔郡〕を去ること千里、	王頎が夫余に詣る
	高句麗は遼東〔郡〕の東千里にあり。	毌丘倹が高句麗を討伐する
	（東沃沮は）千里を担負して之〔高句麗〕に致し、	毌丘険が東沃沮まで遠征する
不確定距離	（夫余は）方二千里可り、	
	（高句麗は）方二千里可り、	
	（東沃沮は）西南に長く千里可り、	
	北沃沮は（略）南沃沮を去ること八百余里、	
	挹婁は夫余の東北千余里にあり。	

（2）『魏志』少帝斉王紀は「正始七（二四六）年春二月、幽州刺史の毌丘倹が高句麗を討伐し、夏五月には濊貊を討伐し、どちらも撃破した」ことを記すが、これは正始五（二四四）年及び同六（二四五）年の軍事結果につき、これらの時点でそれぞれ少帝に報告されたことの記録であると理解すべきであろう。

なお、『三国史記』高句麗本紀東川王二十（二四六）年条（『魏志』毌丘倹伝から二四五年の記事である可能性が高い）に「楽浪郡から撤退した」とされる魏軍（将軍は殺害される。よって毌丘倹が位宮〔東川王〕追撃を命じたとされる玄菟太守王頎ではない）は高句麗王追撃軍であり、「濊」を討伐するために楽浪・帯方両郡が興した師（軍隊）とは自ら異なるものである。

2　魏志韓伝（馬韓・辰韓・弁韓）

1『魏志韓伝』の読み方

『魏志韓伝』は、『魏志東夷伝』の中では唯一特異な記述方法を採っています。「韓」をいくつかに条立て区分して叙述しているのです。一般的には、『魏志韓伝』を総括（韓）・馬韓・辰韓・弁辰（弁韓）に四分割して読まれますが、その条立て区分が必ずしも的確ではないようです。
ところで、多くの書籍や論文は「弥生時代後期の北部九州では広く鉄器が用いられるようになるが、当時の日本では製鉄は未だ行われていないと見られ、鉄の原材料は日本から朝鮮半島南部の弁韓（弁辰）地域に取りに行っていた」などとしており、その根拠を『魏志韓伝』弁辰条の一節に求めています。(1)

国は鐵を出《いだ》し、韓・濊・倭は皆従いて之を取る。諸《もろもろ》の市買に皆鐵を用うること、中國の銭を用うが如く、又以って二郡（帯方・楽浪）に供給す。（『魏志韓伝』）

この「産鉄」に係る記事は、『魏志韓伝』弁辰条に登載されていることから「産鉄」の場所が弁辰地域であるとされているのです。この記事が「弁辰条」に登載されていないのであれば、弁辰地域での「産鉄」の事実はその根拠を失います。これは『魏志韓伝』の条立て区分の適否に係る問題です。

四つの条立て区分で読む　『魏志韓伝』の一般的な捉え方は四つの条立てに区分して解釈するもので、次の①～④の条立てが殆んど定説になっています。

①総括⬇韓は帯方の南にあり、……辰韓とは古の辰国なり。
②馬韓⬇馬韓は西にあり。……船に乗りて往来し、韓中にて市買す。
③辰韓⬇辰韓は馬韓の東にあり。……稍《しだい》に分かれて十二国となる。
④弁辰⬇弁辰も亦《ま》た十二国、……法俗は特に厳峻なり。

①と②に特段の問題はありません。②で「韓」の歴史を記す部分「候準既に僭号して王を称し、……二郡は遂

に韓を滅ぼす」は、本来なら①総括に含められるべきですが、「韓」を代表し得る「馬韓」の場所で記述していると考えれば、特に違和感はありません。

また、②の「韓」の歴史を記す最後の部分に「部従事の呉林、……二郡は遂に韓を滅ぼす」とあり、楽浪郡が辰韓八国を分割従属せしめたことに対して、馬韓の臣智が「韓」を激して忿《いか》らしめていますが、これは下文にある「辰王（辰韓の臣智）は常に馬韓人を用いて之と作《な》し、世世相継ぐ」という状況を考慮すれば、辰韓の宗主国である馬韓の臣智がその役割を果たすのも当然のことと思われます（馬韓条に見える「辰王は月支国に治す」から、馬韓の月支国王が辰韓の辰王を兼ねていたと推定される）。

問題は③と④です。ここには多くの疑問点があります。多くの研究者もこれらの疑問点・問題点を承知しているようですが、定説とされる四分割の読み方に捉われ、「諸韓伝の記事は混乱している」と評価し、その理由を「各種の伝聞記事を列挙せざるを得なかった」などとしています[2]。

ちなみに、③辰韓条と④弁辰条の問題点及び疑問点を挙げてみましょう。

㋐馬韓条と弁辰条の俗（世俗・風習）は多岐にわたるが、辰韓条には馬韓との異言語を列記するのみで馬韓及び弁辰条に比してその記載内容が極端に貧弱である。

㋑弁辰条は「弁辰亦十二國（弁辰も亦た十二国）」で始まるとされるが、この「亦」は直前に記される辰韓条の「始有六國、稍分為十二國（始め六国あり、稍《しだい》に分かれて十二国となる）」に係る接続詞であって、辰韓条の「辰韓在馬韓之東（辰韓は馬韓の東にあり）」以下の全文章に係るものではない。

㋒已柢《いてい》国以下の二十四か国は辰韓（十二国）と弁辰（十二国）の国々を混在して掲載するが、辰韓条と弁辰条が峻別されているのであれば、それらは別々に登載されて然るべきである。

㋓弁辰条の「其十二國屬辰王（其の十二国は辰王に属す）」において、「其」は当然「弁辰」を指すことになるが、それでは辰王の位置付けが不可解である。

㋔弁辰条の俗として「兒生、便以石壓其頭、欲其褊（兒《こ》の生まれるや、便《すなは》ち石を以って其の頭を圧し、其の褊《へん》なるを欲す）」とされるが、続けて「今、辰韓人皆褊頭（今、辰韓の人皆褊頭なり）」とする。明らかな矛盾であり、頭を扁平にする習俗は「辰韓」の習俗とみるべきである。

五つの条立て区分で読む　このような疑義が生ずる理由は、『魏志韓伝』内の条立て区分の捉え方が適正ではないからです。理解が困難だとして『魏志韓伝』の不体裁にその原因を求め、それらの責任を徒《いたずら》に『三国志』の撰者・陳寿に負わせるべきではありません。『魏志韓伝』は次のとおり、五つの条立区分で理解すべきであると考えます[3]。

①総括➡韓は帯方の南にあり、……辰韓とは古の辰国なり。
②馬韓➡馬韓は西にあり。……船に乗りて往来し、韓中にて市買す。
③辰韓・弁辰共通➡辰韓は馬韓の東にあり。……総じて四、五万戸。
④辰韓➡其の十二国は辰王に属す。……皆住《とど》まりて路を譲る。
⑤弁辰➡弁辰は辰韓と雑居し、……法俗特に厳峻なり。

つまり、③を辰韓と弁辰の共通条として読むのです。もっとも③を詳細に見るならば、前半の「辰韓は馬韓の東にあり……始め六国あり、稍《しだい》に分かれて十二国となる」が共通条の中の辰韓に特化した部分であり、後半の「弁辰も亦十二国……総じて四、五万戸」が本来の共通条となります。このように五分割で読むことによって『魏志韓伝』の記述内容相互間の矛盾は解消され、全体が極めて合理的に理解できます。特に四分割で読む場合における次の㋐～㋓の疑問点を説明することができます。

㋐馬韓と弁辰で記される官職につき、辰韓のみ記されていないのは？
㋑辰韓と弁辰の二十四か国が弁辰条に混在して列記されているのは？

⬇㋐に係る辰韓条とされる部分は「弁辰も亦十二国……総じて四、五万戸」までを含めて辰韓・弁辰共通条とされるべきであり、臣智《しんち》・険側《けんそく》・樊濊《はんわい》・殺奚《さつけい》・邑借《ゆうしゃく》などは辰韓と弁辰に共通する官職である。また、㋑に係る弁辰条とされる部分は辰韓・弁辰共通条であり、混在したとしても特段の違和感はない。

㋒「其（弁辰）の十二国は辰王に属す」の件が意味不明であるのは？

㋓弁辰条に記される「今、辰韓の人皆褊頭なり」の部分に条内矛盾があるのは？

⬇㋒及び㋓は共に弁辰条の記述ではなく、辰韓条の記述である。

ただし、この五分割の釈文によれば、㋒及び㋓などこれまで「弁辰」の社会描写と理解されていた多くの記事が「辰韓」へと移ります。中でも「弁辰」のこととされている「国は鉄を出し、韓・濊・倭は皆従いて之を取る」が「辰韓」の描写となり、三世紀頃の朝鮮半島南部地域の産鉄地が「弁辰」から「辰韓」へ修正され、従来の「定説」を大きく覆すことになります。この件につき、『後漢書』はどのように捉えているのでしょうか。

後漢書の捉え方　『魏志』を底本にした『後漢書』韓伝は、『魏志韓伝』の総括部分（韓）を三分割し、それに馬韓・辰韓・弁辰の各条を加えた六分割としています。

表Ⅳ－1のとおり、『魏志韓伝』で「馬韓条」に組み込まれる「韓の歴史」及び「州胡国（済州島）」が、『後漢書』韓伝では「総括（韓）」の一部として最後に分離登載されるほか、『魏志韓伝』（四分割）では「弁辰条」とされる「習俗」、特に「産鉄」と「褊頭」の部分が、『後漢書』韓伝では明確に「辰韓条」に組み込まれています。

多くの点で『三国志』を換骨奪胎する『後漢書』ですが、この『魏志韓伝』の条立て区分に関する限り、概ね『三国志』の意に副《そ》った捉え方をしていると考えられます。

■表Ⅳ－1　『後漢書』韓伝の区分と『魏志韓伝』との比較

<table>
<tr><th colspan="3">『後漢書』韓伝の区分</th><th>魏志4分割</th><th>魏志5分割</th></tr>
<tr><td rowspan="11">総括（韓）</td><td rowspan="9">1</td><td>・韓に3種あり。①馬韓・②辰韓・③弁辰</td><td>➡総括条</td><td>➡総括条</td></tr>
<tr><td>・地を合わせて方四千余里</td><td>➡総括条</td><td>➡総括条</td></tr>
<tr><td>・馬韓は54国（数のみ）</td><td>➡馬韓条</td><td>➡馬韓条</td></tr>
<tr><td>・辰韓は12国（数のみ）</td><td>➡辰韓条</td><td>➡辰韓弁辰共通条</td></tr>
<tr><td>・弁辰は12国（数のみ）</td><td>➡弁辰条</td><td>➡辰韓弁辰共通条</td></tr>
<tr><td rowspan="3">・大は万余戸、小は数千家、山海の間にあり
〔韓伝中78国全ての邑落規模を一本化している〕</td><td>➡馬韓条</td><td>➡馬韓条</td></tr>
<tr><td colspan="2">（総じて10万余戸）</td></tr>
<tr><td>➡弁辰条</td><td>➡辰韓弁辰共通条</td></tr>
<tr><td>・馬韓は最大にて、その種を共立して辰王となし、目支国に都す。王、三韓の地を尽す</td><td>大は4～5千家、小は6～7百家（総じて4～5万戸）
➡馬韓及び弁辰条</td><td>➡馬韓及び辰韓条</td></tr>
<tr><td>2</td><td>・韓の歴史（初め、朝鮮王準は衛満の破る所となる……霊帝末、韓・濊並びに盛んにして郡県制する能わず）</td><td>➡馬韓条</td><td>➡馬韓条</td></tr>
<tr><td>3</td><td>・馬韓の西、海嶋上に州胡国（済州島）あり</td><td>➡馬韓条</td><td>➡馬韓条</td></tr>
<tr><td colspan="2">馬　韓</td><td>・馬韓の俗（田蚕、大栗、長尾鶏、居処、祭り、天君、蘇塗、文身など）</td><td>➡馬韓条</td><td>➡馬韓条</td></tr>
<tr><td colspan="2" rowspan="6">辰　韓</td><td>・馬韓は東界地を割いて之（辰韓）に与う</td><td>➡辰韓条</td><td>➡辰韓弁辰共通条</td></tr>
<tr><td>・秦語に似る（国為邦、弓為弧、賊為寇など）</td><td>➡辰韓条</td><td>➡辰韓弁韓共通条</td></tr>
<tr><td>・各渠帥あり。大は臣智、次に倹側、次に樊秖、次に殺奚、次に邑借あり</td><td>➡弁辰条</td><td>➡辰韓弁辰共通条</td></tr>
<tr><td>・辰韓の俗（土地肥美、五穀蚕桑、乗駕牛馬、嫁娶、行者譲路、歌舞飲食、鼓瑟など）</td><td>➡弁辰条</td><td>➡辰韓条</td></tr>
<tr><td>・国は鉄を出す。濊・倭・馬韓並びに従いて之に市す</td><td>➡弁辰条</td><td>➡辰韓条</td></tr>
<tr><td>・児生るやその頭を扁とするを欲し、皆之を押すに石を以ってす</td><td>➡弁辰条</td><td>➡辰韓条</td></tr>
<tr><td colspan="2">弁　辰
（弁韓）</td><td>・弁辰の俗（辰韓と雑居、城郭、衣服、言語風俗、刑法厳峻、文身など）</td><td>➡弁辰条</td><td>➡弁辰条</td></tr>
</table>

■図Ⅳ－１　朝鮮半島の主要古代鉄関係遺跡

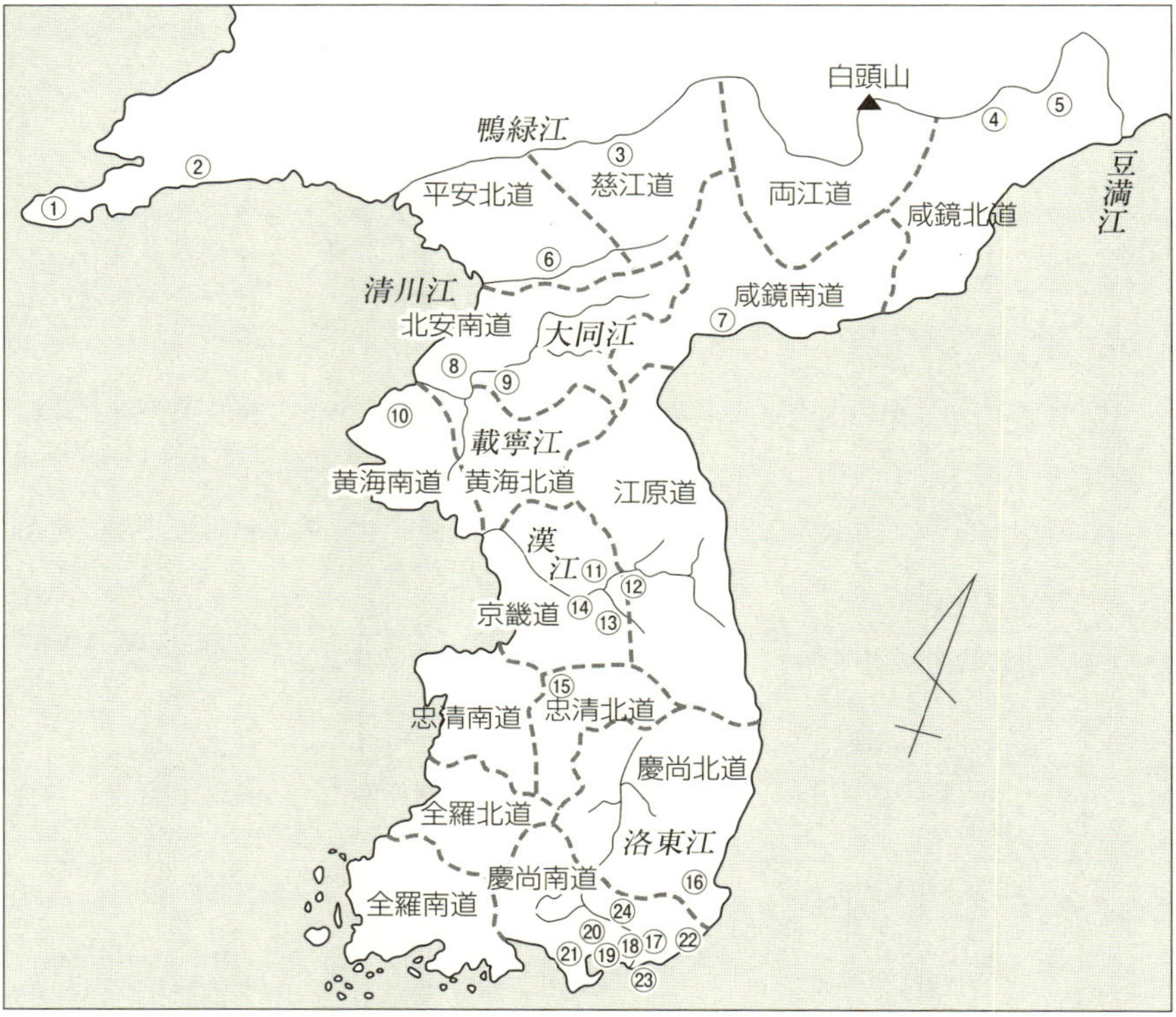

①牧羊城／②貔子窩高麗寨／③龍淵洞／④茂山虎谷／⑤會寧五洞／⑥細竹里／⑦梨花洞／⑧台城里／⑨楽浪郡治跡／⑩雲城里／⑪馬場里／⑫中島／⑬大心里／⑭美沙里／⑮石帳里／⑯隍城洞／⑰福泉洞／⑱礼安里／⑲金海貝塚／⑳城山貝塚／㉑東外洞貝塚／㉒剣丹里／㉓朝島貝塚／㉔沙村

（松井和幸『日本古代の鉄文化』を参考に作成）

朝鮮半島の鉄資源　ここで、三世紀頃における朝鮮半島の鉄文化（鉄鉱山や製鉄など鉄資源の把握に限り、鉄鍛冶や鉄器類の埋納状況などは含めない）につき、若干の検討を要します。なぜなら本項で検討した『魏志韓伝』に係る「五分割」読法の適否は、「産鉄」記事が「弁辰」から「辰韓」に置き換えられても耐え得ることが必須条件となるからです。

朝鮮半島には、全域にわたって幾多の鉄山があります。北朝鮮では、黄海南道（殷栗《ウンリユル》・載寧《セニヨン》）、平安南道（价川《ケチヨン》）、咸鏡南道（利原《リウオン》・端川《タンチヨン》）などに著名な鉄山があり、咸鏡北道には北朝鮮最大の茂山《ムサン》鉄山があります。また韓国では、江原道（襄陽《ヤンヤン》）、忠清北道（忠州《チュンジュ》・沃川《ヨクチョン》）、忠清南道（瑞山《ソサン》）、慶尚北道（聞慶《ムンキョン》・慶州《キョンジュ》）、慶尚南道（梁山勿禁《ヤンサンムルグム》）などに鉄山があります。

文暻鉉《ムンキョンヒョン》は「辰韓の鉄」につき、辰韓斯盧国（斯盧国を中心に、後に「新羅」として統一される）の鉄器文化と鉄器生産力を考察することによって「新羅は他の諸国（伽倻・百済）に比して圧倒的優勢な鉄鉱資源を保有し、これを効率的に開発使用することによって優越した国力と財富を蓄積していった」という事実に着眼しています。その中で、「有名な鉄山を比定する立地条件に符合する[4]とおもわれる地点として金海《キメ》・蔚山《ウルサン》・慶州感恩浦《キョンジュハムオンポ》・三《サム》陟《チョク》をあげることができる」とし、「そのうちで東北アジア一帯に供給される膨大な量の鉄を生産した鉄鉱山としては、何といっても諸般の立地条件を考慮するとき、蔚山《ウルサン》（蔚州郡農所邑達川里）の達川《タルチョン》鉄山が最も有力な候補地として登場する」としています（文暻鉉「辰韓の鉄産と新羅の強盛」（『東アジアの古代文化』十四号））。

また、文暻鉉は「達川《タルチョン》鉄鉱山は三韓以来韓末まで前後数千年にわたって付近の無数の鉄場で精錬を行った鉄山で、達川鉄山を取り囲む山々の山麓には、年代を知りえない上古から韓末にまで及ぶ精錬溶鉱炉址・鍛冶址数百ヶ所と無数の鉄滓などが山麓と渓谷ごとに散在している」と紹介し、「辰国辰韓以来の東方第一の鉄山としての絢爛たる貫禄と年輪を実感させる」としています（文暻鉉、前掲論文）。

一方、考古学分野からの南部朝鮮における古代製鉄関連遺跡の研究は必ずしも十分ではないようですが、二世紀代には慶州隍城洞《ファンソントン》遺跡で鉄生産が本格化され（孫明助「古代韓半島鉄生産の流れ」（松井和幸編『シンポジウム東アジアの古代鉄文化』基調講演）、同遺跡の発掘調査から「原三国時代末頃には慶州の周囲において鉄生産はすでにかなり高度に分業化していた」とされています（松井和幸『日本古代の鉄文化』）。

このように、辰韓地域ではわずかながら製鉄関連遺跡が発見されています。ところが弁辰地域での知見はなく、松井和幸も「『三国志』魏志巻三十に記述された弁辰地域の鉄の産地については具体的な生産遺跡は確認されていない。日本列島との関係や、朝鮮半島南部の鉄生産の実態を解明するには、この時期の製鉄遺跡の調査が最重要であるが、今後の検討課題である」としています（松井和幸編『シンポジウム東アジアの古代鉄文化』）。

さらに、文暻鉉は『世宗実録地理志』（一四五四年）及び『東国輿地勝覧』（一五三〇年）などの近世文献を参考にしながら、遡って古代の鉄資源を推測し、「朝鮮初期の五大鉄鉱のうち四ヶ処がこの辰韓の領域にある。弁韓（弁辰）の故地である慶尚道洛東江《ナクトンガン》西域から星州《ソンジュ》までの地域は辰韓地域に比べ、鉄鉱資源ははるかに劣っていた」と結論づけています（文暻鉉、前掲論文）。

つまり、『魏志韓伝』の「国は鉄を出《いだ》す」について、その国を「弁辰」から「辰韓」に変更しても何ら実態との不都合はありません。むしろ、諸文献や考古資料は「辰韓」こそ「産鉄の国」であったことを証明しているようです。

2 方四千里可り

韓とは馬韓・辰韓・弁辰（弁韓）の地です。『魏志韓伝』はこの地が「方四千里可《ばか》り」であるとし、東西は海を以って限られるとしています。郡治や国邑などの二点間距離のようには明確ではありませんが、国境線の定かでない国境より余程はっきりしています。

朝鮮半島南岸の西端（全羅南道珍島邑）から東端（釜山広域市）までの距離を実測するとおよそ三二〇㎞になります。これが四千里であるというのですから、「**八〇m／里**」という距離観が得られます。これまでに『魏志東夷伝』の「夫余伝」から「挹婁伝」までに得られた距離観とは全く異質であり、一里当たりの実距離が極端に短くなっています。

記されない「韓」の国邑　『魏志韓伝』は『魏志東夷伝』の諸伝の中では『魏志倭人伝』に次ぐ第二の字数（一五三七字）を擁し、人口が多い（十四万～十五万戸）ばかりでなく、馬韓・辰韓・弁辰などに条立てしながら詳細な記述に努めています。

ところが、馬韓・辰韓・弁辰の国邑や主邑が全く明記されていません。三韓合わせて七十九か国をも列挙しながら、その中心的な国邑や主邑の記載が全くないのは不可解です。この点は『魏志濊伝』でも指摘しましたが、『魏志韓伝』においても同様なのです。

『魏志韓伝』を詳細に読めば、月支国が「馬韓」最大の国であり、あるいは「韓」最大の国であると推測できますが、その月支国の国邑ですら、どこに存在したのかを明示する方位や距離の記述はありません[5]。

二郡による「韓」の討伐　前節の「二郡による『濊』の討伐」で、楽浪太守劉茂《りゅうも》と帯方太守弓遵《きゅうじゅん》が「濊」を討伐したことを記しましたが、『魏志韓伝』にも同様な記述があります。

　時に〔帯方〕太守弓遵《きゅうじゅん》・樂浪太守劉茂《りゅうも》、兵《いくさ》を興して之〔韓〕を伐つ。遵〔弓遵〕戦死するも、二郡〔帯方及び楽浪〕は遂に韓を滅ぼす。（『魏志韓伝』）

ここでは帯方太守弓遵が戦死していますので、楽浪・帯方二郡が「韓」を討伐した時期は「濊」を討伐した正始六（二四五）年以降であって、弓遵の後任として王頎《おうき》が帯方太守となる（『魏志倭人伝』）正始八（二四七）年までのこととなります。しかし、帯方太守を戦死させているにも拘わらず、『魏志』少帝斉王紀（在位二四〇〜二四九年）には何らの記述もありません。

この「韓」の討伐も「濊」の場合と同様に、帯方・楽浪二郡の守備軍を主体として編成された兵《いくさ》（軍隊）によって行われたものと推測できます。『三国志』の撰者・陳寿は、『魏志濊伝』『魏志韓伝』のこの部分に特別な意味を込めていると思われます。

『魏志韓伝』の距離観　これまで『魏志夫余伝』から『魏志韓伝』までの「距離観」について検討してきました。その結果は表Ⅳ－２のとおりです。

■表Ⅳ－2　『魏志東夷伝』の距離観

	東夷伝の2点間距離	確定距離	不定距離	距離観
夫余伝	玄菟郡治←→夫余国邑　1,000里	360km		360m／里
	夫余の国土範囲　方2,000里可り	国土範囲不明確で計測できず		
高句麗伝	遼東郡治←→高句麗国邑　1,000里	400km		400m／里
	高句麗の国土範囲　方2,000里可り		440km	220m／里
沃沮伝	高句麗国邑←→東沃沮主邑　1,000里	250km		250m／里
	東沃沮地域の西南長　1,000里可り		280km	280m／里
挹婁伝	夫余国邑←→挹婁主邑　1,000余里		430km	430m／里
濊　伝	距離に関する記述が一切見られない			
韓　伝	韓の地域範囲　方4,000里可り		320km	80m／里

＊夫余伝から挹婁伝までの確定距離の平均的距離観はおよそ「340m/里」であり、同じく不定距離（可や余を伴う）を含めた平均的距離観はおよそ「320m/里」である。

これによれば、『魏志夫余伝』から『魏志挹婁伝』までに見える最大距離単位は「四三〇m／里」であり、最小距離単位は「二二〇m／里」であって、平均すればおよそ「三二〇m／里」という距離観が得られます。魏晋朝の標準的な距離単位は「四三四m／里」前後であるとされますから、これらが軍事的遠征報告である点を考慮すれば若干誇張されることも考えられ、概ね標準的距離単位で計測されたと理解できる許容の範囲内であろうと考えます。

しかし、『魏志韓伝』の距離単位は「八〇m／里」と極端に短く、魏晋朝の標準的距離単位から大きく逸脱しており、もはや全く異質の距離観であることは一目瞭然です。

魏晋朝の短里　『魏志東夷伝』で確認する限り、『魏志夫余伝』から『魏志挹婁伝』までの距離単位は魏晋朝の標準的距離観である「四三四m／里」の許容範囲にありますが、『魏志韓伝』の距離単位は「八〇m／里」であり、それまでと明らかに異なる距離観として存在しています。

ところで、膨大な文献読解を以って幾多の疑問を解明している古田武彦は、『三国志』は全編にわたって「短里」で記述されているとし、魏晋朝時代には「標準里」及び「短里」という二通りの距離単位が併存していたとしています（古田武彦

『邪馬台国」はなかった』他)。

しかし、これら古田の見解には『魏志東夷伝』の二点間距離を「郡治」から「国邑・主邑」までとはせず、「郡治」など特定の地点から隣接する国などの不特定な「国境」までとするところに問題があると思います。(6)

三世紀当時の国境は現在のように明確な国境線が引かれている訳ではなく、国境は二点間距離を計測し説明する対象としては頗る不安定であり不適切であると言えます。『魏志東夷伝』では、国境までなど不確定で曖昧な距離を表す場合には必ず「可《ばかり》」「余《あまり》」を挿入するなど相応の配慮を示しています。そもそも国家統治にとって最も重視されるべき度量衡に二重基準を設けることは到底考えられるものではありません。

以上のとおり『魏志東夷伝』は、『魏志夫余伝』から『魏志挹婁伝』までの全般にわたって、概ね魏晋朝の標準的距離単位に則って記述されていますが、『魏志韓伝』においては「八〇m/里」という極端に短い距離単位を使用していることが確認できます。

二つの距離観の境界線　国家にあって、長さ・体積・重さなどの度量衡に二重基準があれば、統治に重大な支障をもたらすことは明らかです。魏晋朝が距離(長さ)を計測するに際して二重基準を用いたとは、確実な証査が得られない限り容易に納得できるものではありません。しかし、一方で『魏志東夷伝』の中に二つの異なる距離単位が存在することも厳然たる事実です。

①それでは『魏志東夷伝』は何のために二つの異なる距離単位を用いたのか?

②その二つの異なる距離単位はどのようにして『魏志東夷伝』の中でさほど大きな違和感もなく、読者に受け入れられたのか?

①については、序章2節「『魏志倭人伝』の距離観とその背景」で略述したことでもあり、詳細は第Ⅴ章「郡より女王國に至る、萬二千餘里」に譲ることとし、ここでは②について検討します。

『魏志東夷伝』では、魏晋朝の標準的距離単位で表す地域と、極めて短い距離単位を用いる地域とに大きく二つに区分されています。前者が『魏志夫余伝』から『魏志挹婁伝』までであり、魏晋朝の「四三四m／里」に則った距離単位を用いています。これらには表Ⅳ－2で見たとおり相当なばらつきもありますが、概ね許容の範囲内であると思います。後者が『魏志韓伝』以降（『魏志倭人伝』も含まれる）の距離単位であり「八〇m／里」となっています。

そして、両者の円滑な切り替えを担う部分として、距離に関する記述が全くない『魏志濊伝』が組み込まれているのです。『魏志濊伝』は、標準的距離単位から、『魏志韓伝』以降で用いられる特別な距離単位に移行するための「繋ぎ」の役割を担わされていると考えられます。

さらに、『魏志韓伝』には二重の役割が与えられていると考えます。

その①は、『魏志濊伝』と同様に「繋ぎ」の役割です。『魏志韓伝』で距離を表す部分は「方四千里可《ばか》り」という一か所のみです。総体として詳しく叙述される『魏志韓伝』ですが、国邑・主邑の位置関係など距離に関わる記述が他には見られません。この理由は『魏志韓伝』が『魏志濊伝』と同様の役割を担わされているからに他なりません。

その②は、第Ⅴ章で検討する『魏志倭人伝』の路程に予《あらかじ》め確実な距離観を与えるという役割です。

「韓」は魏の帯方・楽浪二郡の軍隊によって討伐された（支配下に置かれた）地域であり、帯方・楽浪両太守は「韓」の地域情報を十分に摑んでいて当然であろう――読者はそのように理解するはずです。

その「韓」が四千里四方というのですから、読者は拡大された「韓」を殊更の疑いもなく受け入れたに違いありません。

『魏志韓伝』の「方四千里可《ばか》り」とは、『魏志倭人伝』が記す帯方郡から邪馬台国までの距離観を設定するための伏線としての距離単位であって、陳寿が恣意的に設定する『魏志倭人伝』の距離観に、信頼できる（信頼して貰えるに値する）裏付けを施したものであったと考えられます。

その「八〇m／里」という、『魏志東夷伝』の中でも『魏志韓伝』『魏志倭人伝』にのみ用いられる特別な距離観を可能にした背景は、魏の中央正規軍を率いた幽州刺史毌丘倹《かんきゅうけん》の遠征軍や玄菟太守王頎《おうき》の別遣軍が「韓」の地域には侵攻しておらず、中央正規軍が同地域に軍靴の痕を残さなかったことにあったのです。

つまり、陳寿が『魏志東夷伝』を撰述するに際して想定した朝鮮半島には、「帯方郡～東沃沮」以北と「韓～濊」以南を分離する境界ラインが施されており、その境界ラインの西・北部では魏晋朝の「標準的距離単位」を用い、その東・南部では「特別な距離単位」である「八〇m／里」を用いたのです。

■図Ⅳ－2　2つの距離観の境界線

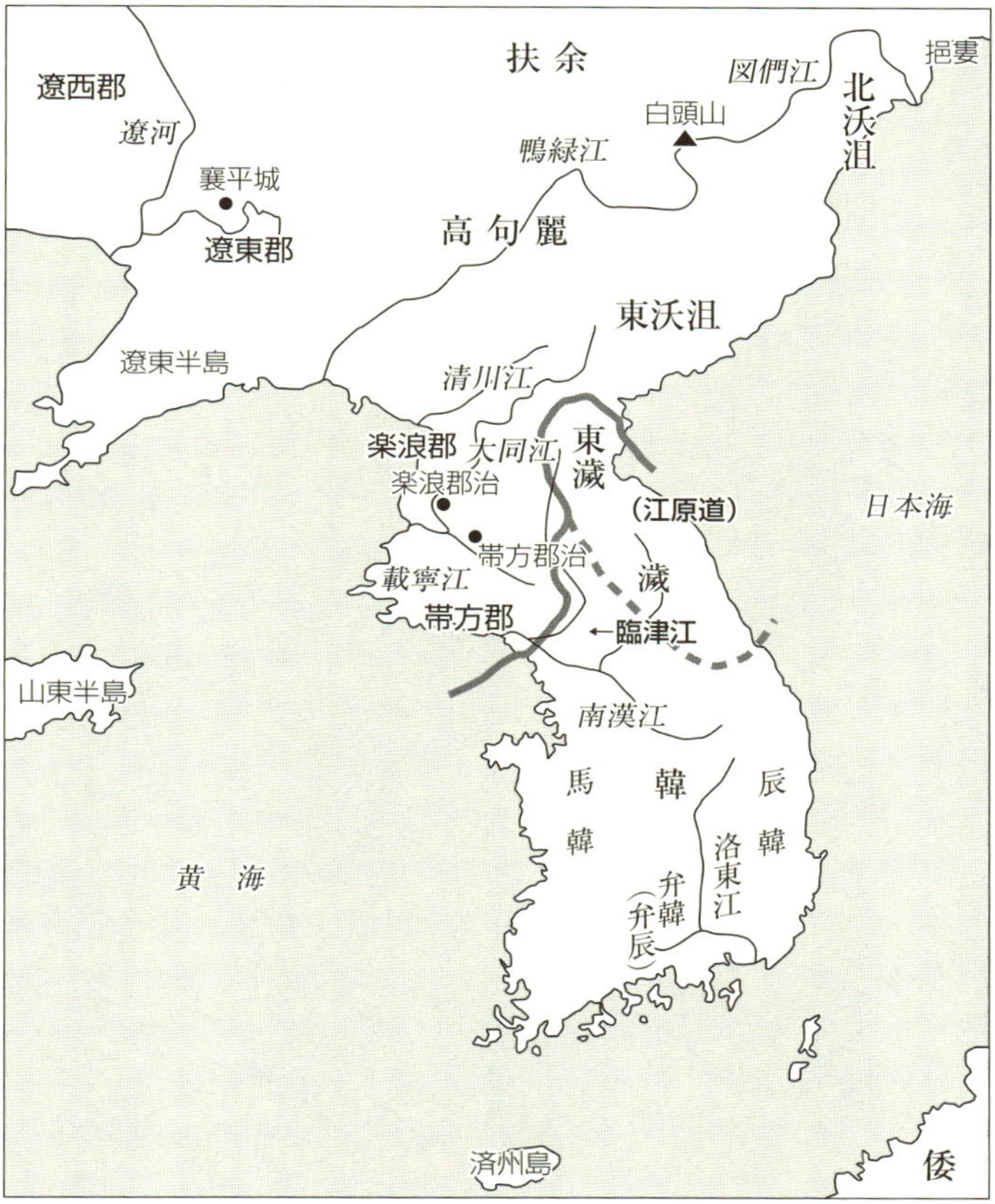

このラインを現在の地図上に引けば、図Ⅳ－2のとおり、朝鮮半島西部地域では臨津江《イムジンガン》に沿って南北朝鮮の国境線辺りであり、朝鮮半島東部地域では北朝鮮の江原道とその他の道（黄海北道及び咸鏡南道）との境界線辺りであろうと思われます。

陳寿にあっては、臨津江の

西・北地方は前漢時代から幾度となく中国と交戦した地域であり、中国の支配に服した地域であって、それ故に中国国民に地理的状況が遍く周知されている地域であることから情報操作の困難な地域であると捉えており、一方で臨津江の東・南地方（現在の韓国全域及び北朝鮮江原道）は未だ情報操作が可能な地域であると理解していたのです。

3 南は倭と接す

『魏志韓伝』の冒頭に「韓は帯方の南にあり、東西は海を以って限りとなし、南は倭と接し、方四千里可り」とあり、最後の弁辰条に「その瀆盧《とくろ》国は倭と界を接す」とあります。

この「南は倭と接す」は、その解釈を巡って諸説があります。その争点は三世紀頃に「倭」が朝鮮半島の南部地域に進出し、領土を確保していたか否かということです。例えば稲葉君山は「朝鮮の南端に於いて、当時日本の領土ありしことを疑う能《あた》わず」（「魏志弁辰伝の瀆盧國與倭接界は如何によむべきか」（『考古学雑誌』五－四、一九一四））と主張しており、これに対して日野開三郎は『魏志倭人伝』に見える「其の北岸」に言及し、「倭の政治的勢力が半島に進出し、狗邪韓国を領土にしていたと見なければならぬと言うことにはならぬ」（「北岸――三国志・東夷伝語解の一」（『東洋史学』四、一九五二））と述べています。

次の㋐～㋓は、これらの諸説に関連する記事を『魏志東夷伝』から抜き出したものです。

㋐韓は帯方の南に在り、東西は海を以って限りと為し、南は倭と接し、……　（『魏志韓伝』韓条）

㋑（国名を連ねる）弁辰狗邪《べんしんこや》國・弁辰瀆盧《べんしんとくろ》國　（『魏志韓伝』辰韓・弁辰共通条）

㋒其（弁辰）の瀆盧《とくろ》國は倭と界を接す。　（『魏志韓伝』弁辰条）

㋓郡（帯方郡）従《よ》り倭に至るには、海岸に循《したが》いて水行し、韓國を歴て乍《あるい》は南し乍《あるい》は東し、其（倭）の北岸狗邪《こや》韓國《かんこく》に到る……　（『魏志倭人伝』）

■表Ⅳ－3　弁辰12国の比定地

	魏志韓伝	『古代朝鮮』	『韓国歴史地図』	摘　要
洛東江左岸	弁辰瀆盧国	居柒山（東萊）	同左	海浜港湾国（釜山）
	弁辰弥離弥凍国	推火　（密陽）	同左	
洛東江右岸下流及び南江流域	弁辰狗邪国	金官　（金海）	同左	海浜港湾国
	弁辰接塗国	漆吐　（漆原）	同左	
	弁辰安邪国	阿尸良（咸安）	同左	
	弁辰古淳是国	―　（晋州）	➡闕支　（丹城）	
洛東江右岸上流内陸部	弁辰弥烏邪馬国	大加耶（高霊）	➡屈自　（昌原）	
	弁辰走漕馬国	金山　（金泉）	➡速含　（咸陽）	
	弁辰半路国	本彼　（星州）	➡大伽耶（高霊）	
	弁辰甘路国	甘文　（開寧）	同左	
南部海浜部	弁辰古資弥凍国	古自　（固城）	同左	海浜港湾国
蟾津江左岸	弁辰楽奴国	韓多沙（河東）	不詳	

＊井上秀雄『古代朝鮮』及び韓国教員大学歴史教育科編『韓国歴史地図』を参考にする。
　地名は三国時代のもので、（　）は現在の地名である（『三国史記』雑志による）。

これから「南は倭と接す」の意味を検討しましょう。

その①魏使が対海国（対馬国）に向けて一海を渡る場合、狗邪韓国から出航していることは『魏志倭人伝』の文脈から見て確実です。仮に朝鮮半島南部に倭の領域があれば、渡海の拠点になっている狗邪韓国は倭の領域である蓋然性が高いと思われます。ところが、㋑の弁辰狗邪国と㋓の狗邪韓国は同一国であると考えられますから、倭の領域にあるはずの狗邪韓国がなぜ弁辰十二国に含まれているのかという疑義が生じます。

さらに、㋒で弁辰瀆盧国は「倭と界を接す」と殊更に記されていますから、弁辰瀆盧国は倭には含まれませんが、弁辰諸国の中で倭に最も近い国ということになります。弁辰十二か国の比定に係る日本と韓国の代表的な説は表Ⅳ－3のとおりです。弁辰瀆盧国と弁辰狗邪国の比定地は、日韓の両説が完全に一致しており、弁辰瀆盧国は現在の釜山《プサン》（東萊）であり、弁辰狗邪国は同じく金海《キメ》であるとされ、図Ⅳ－3で確認できるように弁辰瀆

■図Ⅳ－3　辰韓・弁辰地名比定

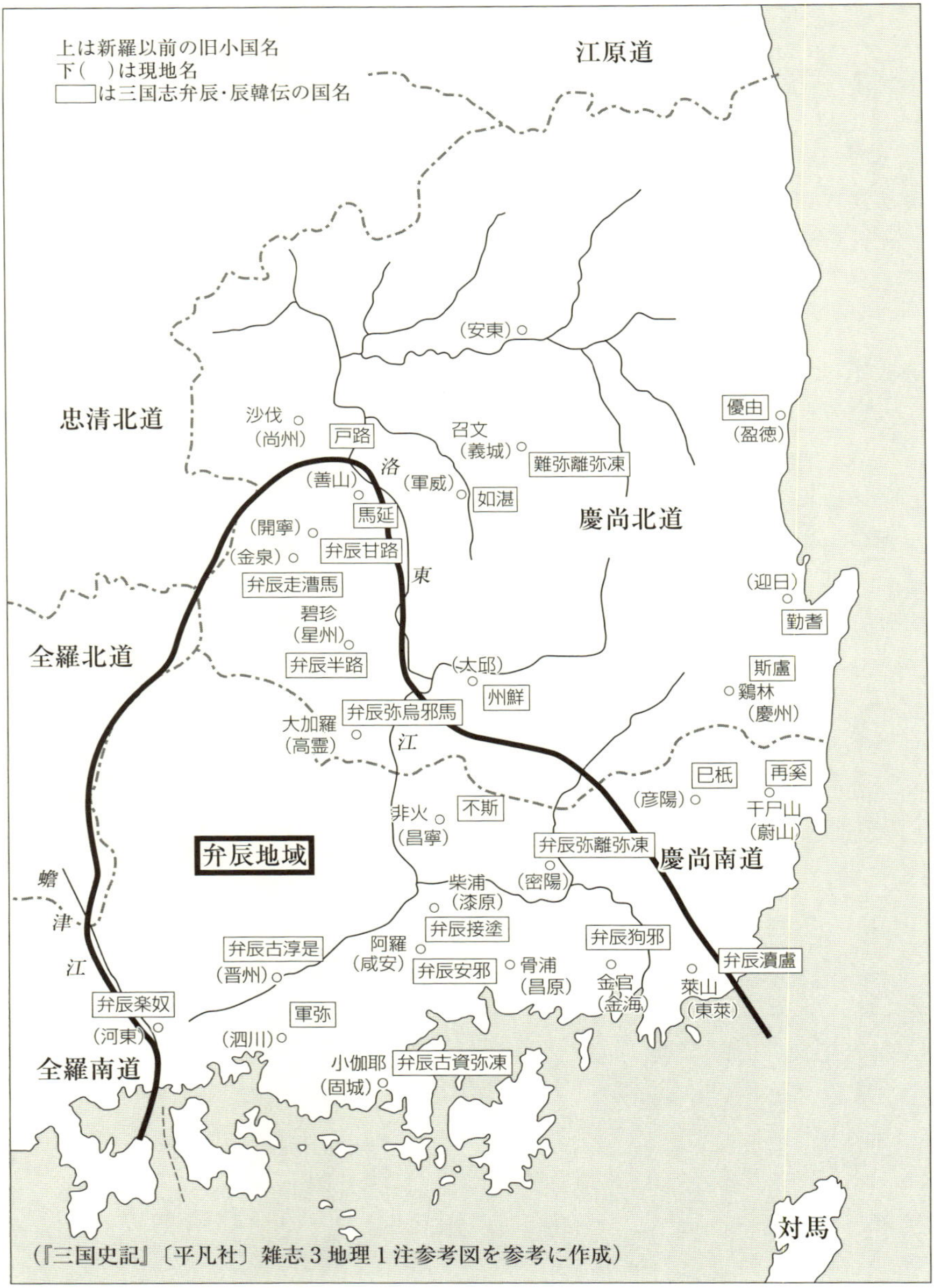

(『三国史記』〔平凡社〕雑志3地理1注参考図を参考に作成)

盧国と弁辰狗邪国は洛東江《ナクトンガン》を挟んで対峙しています。
弁辰狗邪国が倭の領域にあれば「(弁辰)瀆盧国は倭と界を接す」を実感できますが、あくまでも『魏志韓伝』は狗邪韓国(弁辰狗邪国)を弁辰十二国の一国としているのです。

その② 『魏志倭人伝』は『魏志東夷伝』の中でも特別な存在です。『魏志倭人伝』は帯方郡から邪馬台国に至る路程において、経由する倭地域の国々を悉く列挙し、国ごとに詳しい地域状況を記しています。『魏志韓伝』も各国名を列挙してはいますが、具体的状況は殆んど記されていません。ここに『魏志韓伝』と『魏志倭人伝』との間に、その記述内容において歴然とした温度差があるのです。

狗邪韓国	到其北岸狗邪韓國	(八字)
対海国	至對海國……乗船南北市糴	(五十七字)
一大国	至一大國……亦南北市糴	(四十五字)
末盧国	至末盧國……皆沈没取之	(三十五字)
伊都国	到伊都國……郡使往来常所駐	(三十六字)
奴国	至奴國……有二萬餘戸	(二十一字)
不弥国	至不彌國……有千餘家	(二十字)
投馬国	至投馬國……可五萬餘戸	(二十四字)
邪馬壹国	至邪馬壹國……可七萬餘戸	(四十四字)

＊各々の字数は、「到」「至」から数えている。

この『魏志倭人伝』が記す国別紹介文字数(伊都国は別場所でも紹介される)を見ると、狗邪韓国の記述はわずかに八字のみで、それも単に国名を記しているのみです。その点、対海国から邪馬壹（台）国までは、使用する文字数も多く、各国の官名・地形・自然環境・生活状況・戸数など様々な情報が満載です。

『魏志東夷伝』を通覧すると、『魏志倭人伝』ほどに全面的かつ詳細な情報が各国ごとに提供されているものはありません。この狗邪韓国の取り扱いは『魏志韓伝』に見える他国のものと同様に質・量共に淡白であり、特別な筆致となっている対海国以降の国々とは明らかに異なります。

著述形態上から見て、『三国志』の撰者・陳寿は、狗邪韓国と対海国の間に大きな目に見える形で境界線を設けています。陳寿は、対馬海峡西水道（朝鮮海峡）を渡海して、初めて「倭」の領域に入ると理解していたと考えて間違いありません。

その③ ㋓につき、『魏志倭人伝』の冒頭部分に「其の北岸狗邪韓国に到る」とあります。その前段に「郡（帯方郡）より倭に至るには……」とありますから「其」が「倭」であることは歴然としています。つまり「倭の北岸狗邪韓国に到る」ということなのですが、「倭地域の北岸地区に狗邪韓国という国があり、そこに到達した」のか、あるいは「倭地域から見て北方の海岸（倭地域の一部地区ではない）にある狗邪韓国に到達した」のか不明確です。

海を対象に「北岸」と言う場合、一般的には自分たちのいる〝陸〟を中心に考え、「陸地の北側にあって海に接している岸辺」と捉えます。この場合、海のはるか向こうにあるもう一つの陸のことは念頭にありません。ところが河川を対象に考える場合、「北岸」は北側にある川岸のことを指します。この場合、私たちは当然のこととして両岸を念頭に思い浮かべているのです。

今、朝鮮半島の南端地域にある「狗邪韓国」を「倭」の一部と見做し、これを魏使のいる朝鮮半島の〝陸〟から見れば「倭の南岸」とならなければなりません。一方、〝海〟から見れば狗邪韓国側は「北岸」となります。ただし、これはあくまでも「海＝対馬海峡」を中心にした言い方です。

■図Ⅳ－4　「岸」の用法3態

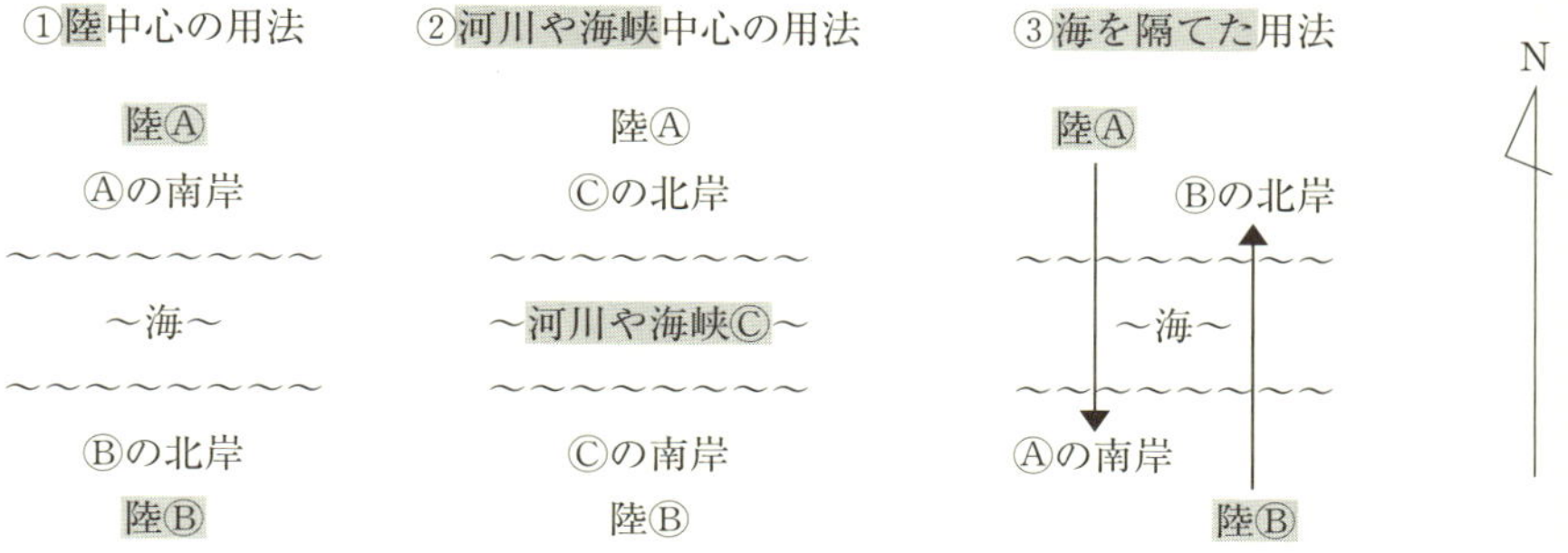

しかし、対馬海峡（朝鮮海峡）を河川と同様に見立てながら〝海〟を隔てて見るのであれば、狗邪韓国は対海国（対馬）側から見て「海を隔てて北岸」という用法が成り立ちますし、当然、狗邪韓国側から見れば、海を隔てて対海国側が狗邪韓国の南岸となります。

日野開三郎は図Ⅳ－4の③「海を隔てた用法」の例を唐の『元和郡県志』などに求め、同郡県志の河南道登州《とうしゅう》（山東省煙台市）の八到を述べた条に「西北微東至大海北岸都里鎮五百二十里（西北方のやや東、大海〔黄海〕の北岸の都里鎮《とりちん》〔旅順〕に至る、五百二十里）」とあることなどから、「『岸』が古くから水陸の接触線を指す語字として使用されて来た以上、その間に水を基準として、その果てを岸とする用法が絶対に起り得なかったと決めてかかることは許されない。（略）海を基準にその南北岸を決める用例が唐宋時代に存していたことが確証される。（略）『倭の北岸』を以って『倭と海を距《へだ》ててその北岸』の意と解すると、（略）此の句から導き出し得る正確な結果は狗邪韓国を半島側の、末盧国を倭の側の渡口とする両者の海上交通、延いては貿易が頗る盛んで、狗邪韓国を『倭の北岸』と言わしめる程であったということである」（前掲論文）と述べています。

つまり、「其の北岸狗邪韓国に到る」は対馬海峡西水道（朝鮮海峡）を隔てた対海国側から見た認識であって、「倭（対海国はその一国）から対馬海峡を隔てた北岸（つまり朝鮮半島南岸）にある狗邪韓国に到る」と理解すべきでしょう。

以上、その①〜③の結果を総合すれば、韓に係る㋐の「南は倭と接し」とは「韓は海を隔てた南にある倭と接している」と理解すべきであると結論づけられます。また、『三国志』を撰述するに当たって、少なくとも陳寿には「倭が朝鮮半島南部地域に進出し、倭の一廓として国土を形成していた」との認識はなかったと考えられます。

◆

（1）三世紀頃の朝鮮半島南部に係る「産鉄」記事については、教科書や各種の歴史辞典も含めて「弁韓（弁辰）地域」のこととして殆んど定説化しており、その根拠を『魏志韓伝』弁辰条に求めている。

	項目	記事
日本史広辞典（山川出版社）	弁韓	「魏志」弁辰伝によれば、三世紀に十二の小国があり、（略）鉄を産し、韓・濊・倭族が鉄を求めたり、楽浪・帯方二郡にも供給したという。
国史大辞典（吉川弘文館）	弁韓	この地域は（略）鉄も産出した。その鉄を求めて他の韓族や濊・倭の諸種族が往来し、また楽浪・帯方二郡にも供給された。（参考文献『三国志』魏書東夷伝）

（2）出版されている左記の『三国志』は、いずれも『魏志韓伝』を三回にわたって改行し、①韓在帯方之南〜、②辰韓在馬韓之東〜、③弁辰亦十二國〜、④弁辰與辰韓雜居〜の四条立てとしている（早稲田大学「古典籍総合データベース」より）。

●清　順治十三（一六五六）年（明　崇禎十七〔一六四四〕年刊の補輯）、陳寿撰・裴松之注、汲古閣版

●清　同治九（一八七〇）年、陳寿撰・裴松之注、金陵書局版

なお、寛文十（一六七〇）年、陳寿撰述・裴松之集註・陳仁錫評閲、秋田屋平左衛門版など日本で出版されたものもあるが、さらに細かく（脚注ごとに）改行されている。

（3）ちなみに五つの条立て区分をさらに細区分すると図−注3のとおりとなる。

■図－注3

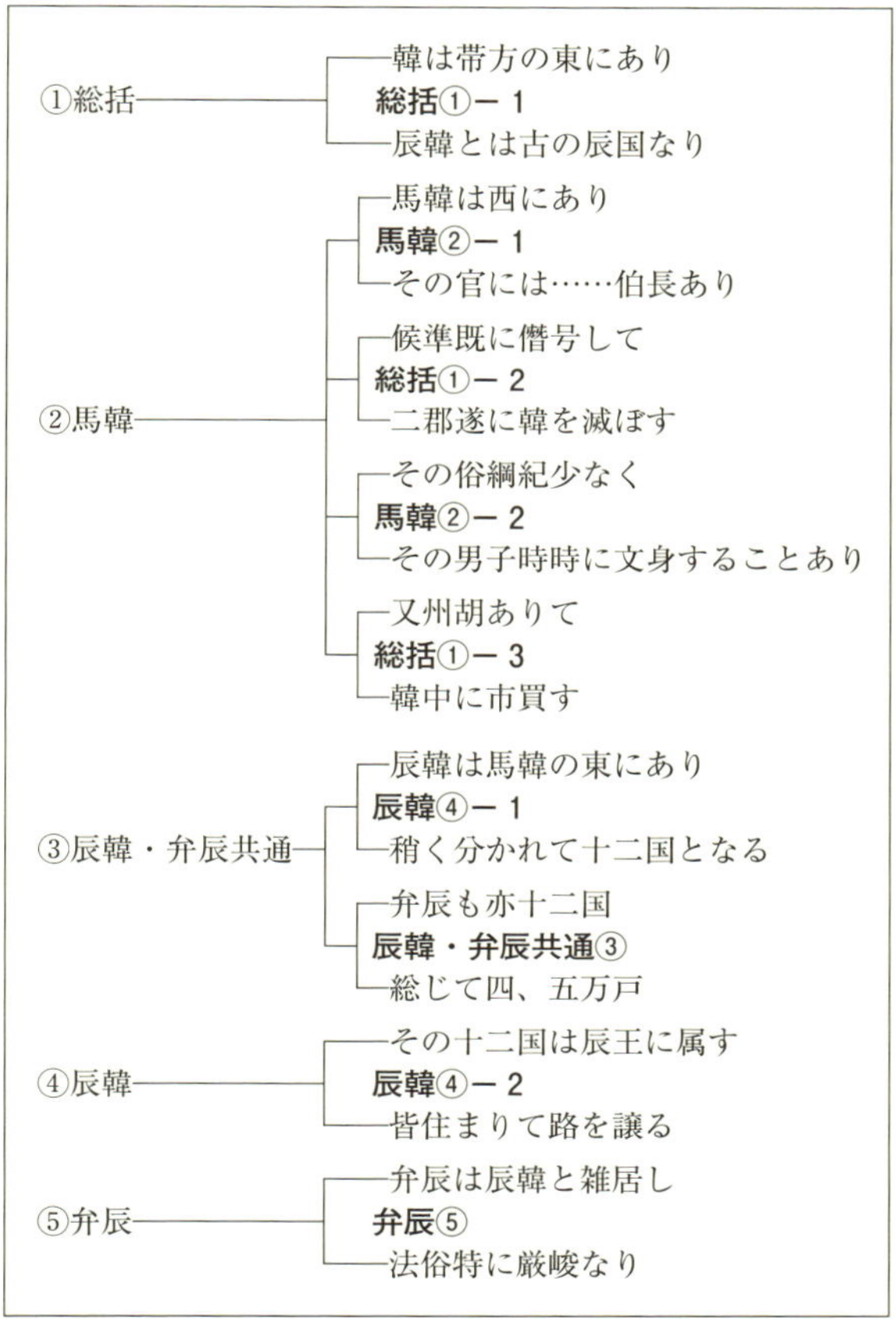

（4）文暻鉉は、「辰韓は早くから鉄産で内外に名声が高かった」としながら、三世紀に編纂された『魏志韓伝』や五世紀前半に編纂された『後漢書』韓伝の記述から、高度に発達した製鉄技術と膨大な鉄生産が行われていたとし、その有名な鉄山を比定する立地条件として、①採掘の容易な良質で豊富な鉄鉱があること、②精錬に要する莫大な燃料資源と高度に訓練された人的資源が豊富であること、③韓・倭・二郡（楽浪・帯方）と交易するのに便利な港湾・大河を擁する地点であること、を挙げている。

（5）①辰王（辰韓の臣智）は月支国に治す。②その月支国は馬韓五十五国の一国である。③楽浪郡が行《おこな》った辰韓の処分に対して馬韓の臣智が立ち上がる。④その際、馬韓の臣智が韓を激（鼓舞）している。⑤辰韓の十二国は辰王に属している。⑥

辰王は常に馬韓の人が用いられる。……これらの記述を総合すれば、辰韓の国々を統べる辰王（辰韓の臣智）は馬韓の月支国王（馬韓の臣智）が兼務しており、月支国王は馬韓及び辰韓の諸国はもちろんのこと、弁辰諸国に対しても軍事召集権を含む絶大な影響力を持っていた……と理解できる。

なお、四世紀中葉にあって馬韓諸国は統一国家としての「百済」に発展するが、その中心は月支国ではなく『魏志韓伝』中の一国である伯済国（百済と同音である。また、高句麗「広開土王碑文」にある百残も同音である）であったとされる。

（6）『魏志東夷伝』に見える二点間距離に係る古田武彦の所説及びそれに対する本書の意見は次表のとおりである。なお、古田武彦の所説は『「邪馬台国」はなかった』による。

伝	『魏志』の記述	上に対する古田武彦の所説 ↓は古田説に対する本書の意見
夫余	夫餘在長城之北去玄菟千里	夫余伝には首都の記載がなく、陳寿にとって夫余の首都は認識の外にあった。従ってこの「千里」は玄菟～首都間ではなく、文脈上、玄菟～夫余南境間を示している。 ↓玄菟～首都間を否定する〝文脈上〟の意味が不明である。
高句麗	高句麗在遼東之東千里	高句麗の四辺国境を示す「四至」に類する。「南・東・北」は「接」の形で書かれ、「西の国境」が遼東郡治からの距離で書かれている。 ↓距離が遼東～首都間であることを否定する根拠にはならない。
	方可二千里	3世紀の陳寿の目には、高句麗は韓地の4分の1の領域しかないと認識されていた（と判定するほかない）。 ↓具体的な根拠が示されていない。実際には広域を支配していた。
東沃沮	其地形東北狭西南長可千里	西南部の東西に最長の部分（帯方郡境～日本海岸）を説明している。 ↓〝狭〟の対語は〝広〟である。〝長〟とあることから東北から西南にのびる細長い地域をさしていると考えられる。
挹婁	挹婁在夫餘東北千餘里	挹婁の「西南境」と夫余の「東北境」との間に「千余里」の空白があることを示している。 ↓類似の説明方法は「東夷伝」中には見られない。

また、古田武彦は右表各伝に見える二点間距離について、全て「短里」（古田は七五〜九〇ｍ／里とする）であるとし、併せて『三国志』全編を通じて「短里」が用いられていることを立証すべく努力している。古田は『三国志』が記す二点間距離を悉く検証し、全一五九例の中で古田自身が望ましいとする、①現代の地図にも確認できること、及び②その距離が千里以上であることの二条件を満たすものは二例存在するとし、その第一例が『魏志韓伝』に見える「方四千里可り」であるとする。これは本項で検討したとおり、「八〇ｍ／里」程度に相当して古田のいわゆる「短里」に合致する。

その第二例が『呉志』鐘離牧伝にあるとし、呉の鐘離牧が武陵郡治（湖南省常徳市）から兵を発して五谿の夷を討伐する二千里がその対象である。魏の郭純が蜀側の酉陽県（重慶市酉陽）に攻撃をかけたところ武陵郡全体が恐慌をきたしたとあるので、鐘離牧は酉陽県辺りまで遠征したと考えられる。今、武陵郡治から酉陽県まで計測するとおよそ四二〇㎞である。広範囲に割拠する五谿の夷を討伐するには転戦を余儀なくされるから、四二〇㎞は最少遠征距離ということになり、これが二千里である。これから「二一〇ｍ／里」という距離観が得られるが、これはどちらかと言えば標準的距離観の範囲内にあり、いわゆる「短里」ではない。

『魏志倭人伝』読み下し

各章の冒頭に①から⑲までの通し番号を付し、本文との関連を示す。
〔　〕は読解補助として筆者が追加補足した語句である。
（　）は直前の語句などにかかる補助説明である。
＊は当該語句などにかかる注釈であり、下欄に記す。
なお、原典には影印南宋紹熙刊本を用い、講談社学術文庫『倭国伝』などを参考にする。

第一段落

① 倭人は帯方[*1]の東南大海の中に在り、山島に依りて國邑《こくゆう》を為す。舊《もと》百餘國。漢の時朝見する者有り[*2]。今、使譯通ずる所三十國[*3]。

郡（帯方郡）従《よ》り倭に至るには、海岸に循《したが》いて水行（船行）し、韓國を歴《へ》て乍《あるい》は南し乍《あるい》は東し[*4]、其の北岸狗邪韓國《こやかんこく》[*5]に到る七千餘里。

始めて一海（対馬海峡西水道）を度《わた》る千餘里、對海國《たいはいこく》[*6]に至る。其の大官を卑狗《ひこ》（彦）と曰い、副

＊1 帯方郡。北朝鮮黄海北道沙里院付近（智塔里土城）が有力視されている。この北八㎞の場所に帯方郡太守張撫夷に縁の人物の墳墓が発見されたことなどが根拠となる。ただし、韓国ソウル市付近（風納土城）とする有力な説もある。なお、『漢書』地理志の楽浪郡含資県の割注に「帯水は西、帯方に至りて海に至る」とある。

＊2 『漢書』地理志＝夫れ楽浪海中に倭人あり、（略）歳時を以って来り献見すと云う。
『後漢書倭伝』＝建武中元二年、倭の奴国、奉貢朝賀す。同＝安帝の永初元年、倭の国王帥升等、生口百六十人を献じ、請見を願う。

＊3 使譯は通訳つきの使者、転じて通交のあること。三十国は「倭」地域の国々であり、対海国以下邪馬台国までの八国に斯馬国以下の二十一国を加えたもの（以上、倭国）及び狗奴国の三十国である。

＊4 韓国内は陸行（徒歩）とする説があり、その場合「乍」を「たちまち」と読む。

＊5 『魏志韓伝』の弁辰狗邪国に同じ。

＊6 対馬国。長崎県対馬市。国邑は旧峰町及び旧豊玉町西海岸付近が最も有力視される。

を卑奴母離《ひのもり》（火守・鄙守）と曰《い》う。居る所絶島にして方四百餘里可《ばか》り。土地は山險しく、深林多く、道路は禽鹿《きんろく》の徑《みち》の如し。千餘戸有り。良田無く、海物を食して自活し、船に乗りて南北に市糴《してき》す（穀物を買う）。

又、南一海（対馬海峡東水道）を渡る千餘里、名づけて瀚海《かんはい》と曰う、一大國《いちだい》*7に至る。官を亦《また》卑狗と曰い、副を卑奴母離と曰う。方三百里可り。竹木・叢林多く、三千許家有り。差《やや》田地あり、田を耕せども猶《なお》食するに足らず、亦南北に市糴《してき》す。

又、一海（壱岐水道）を渡る千餘里、末盧國《まつろ》*8に至る。四千餘戸有り。山海に濵《そ》うて居る。草木茂盛し、行くに前人を見ず。好んで魚鰒《ぎょふく》（魚やあわび）を捕え、水深淺となく、皆沈没して之を取る。

東南、陸行五百里にして伊都國《いと》*9に到る。官を爾《に》支《ち》と曰い、副を泄模觚《せもこ》・柄渠觚《へぎょこ》と曰う。千餘戸有り。*10

② 世王《よよ》有り。皆、女王國を統屬す*11。〔帯方〕郡使の往來常に駐《とど》まる所なり。

*7 一支国。長崎県壱岐市。国邑は原の辻遺跡。

*8 後の松浦郡。佐賀県唐津市。国邑は桜馬場遺跡、柏崎遺跡、中原遺跡、千々賀遺跡などに充てる説があり定まっていない。

*9 後の怡土郡。福岡県糸島市。国邑は三雲・井原遺跡。

*10 『翰苑』所引の『魏略』には「戸万餘」とある。

*11 この部分「世有王皆統屬女王國」は、一般には「世々王有り、皆女王國に統屬す」と釈文される。なお、「女王国」とは単一国としての「邪馬台国」のことで、「起点」を指す場合が多い。

③ 東南、奴《の》國*12に至る百里。官を兕馬觚《じまこ》と曰い、副を卑奴母離《ひのもり》と曰う。二萬餘戸有り。
東行、不彌《ふみ》國*13に至る百里。官を多模《たも》と曰い、副を卑奴母離と曰う。千餘家有り。
南、投馬《とうま》國*14に至る水行二十日。官を彌彌《みみ》と曰い、副を彌彌那利《みみなり》と曰う。五萬餘戸可り。
南、邪馬壹《やまいち》國*15に至る、女王の都する所*16、水行十日陸行一月。官に伊支馬《いちま》有り、次を彌馬升《みましょう》と曰い、次を彌馬獲支《みまかち》と曰い、次を奴佳鞮《のかて》と曰う。七萬餘戸可り。

④ 女王國より以北、其の戸數・道里は得て略載すべきも、其の餘の旁國《ぼうこく》*17は遠絶にして得て詳《つまび》らかにすべからず。
次に斯馬《しま》國有り、次に巳百支《しはくち》國有り、次に伊邪《いや》國有り、次に都支《とち》國有り、次に彌奴《みの》國有り、次に好古都《はこと》國有り、次に不呼《ふほ》國有り、次に姐奴《さの》國有り、次に對蘇《たいそ》國有り、次に蘇奴《その》國有り、次に呼邑《ほゆう》國有り、次に華奴蘇奴《ふあのその》國有り、次に鬼《き》國有り、次に為《い》吾《ご》國有り、次に鬼奴《きの》國有り、次に邪馬《やま》國有り、次に躬臣《くじん》國有り、次に巴利《はり》國有り、次に支惟《ちゆい》國有り、

*12 定説は、福岡市博多区南部から福岡県春日市一帯とする。本書は福岡市西区・早良区の室見川流域一帯に充てる。

*13 福岡県糟屋郡宇美町周辺が有力視されるが、同県宗像市や飯塚市辺りとする説などもある。本書は博多湾沿岸域に充て、後に糟屋郡宇美町周辺にまで拡大したと見る。

*14 邪馬台国畿内説では、山口県防府市玉祖郷、広島県沼隈郡鞆津、島根県出雲地方、兵庫県但馬地方などに充て、邪馬台国九州説では、鹿児島県薩摩地方、宮崎県西都市妻、福岡県八女市上妻・下妻、福岡県久留米市水沼などに充てるが、いずれも不確定である。本書は宮崎県日向市美々津付近に充て、後に西都市方面に拡大したと見る。

*15 邪馬台国畿内説では、奈良県大和地方に充て、邪馬台国九州説では福岡県旧山門郡とする説が有力である。本書は福岡市博多区南部から福岡県春日市一帯に充てる。

*16 広域の二十九か国で連合する「倭国＝邪馬台国連合」のことで、同連合の女王とも理解できる。

*17 傍らの国々、つまり「女王国より以北」として記される対海国から邪馬壹（台）国までの八カ国以外の倭国を構成する国々のこと。以下に二十一か国が列挙される。

次に烏奴國《をの》有り、次に奴國《の》[18]有り。此れ女王の境界の盡《つ》くる所なり。

其の南に狗奴國《この》[19]有り、男子を王と為す。其の官に狗古智卑狗《ここちひこ》[20]有り。女王に屬さず。

⑤　郡（帯方郡）より女王國に至る、萬二千餘里。

第二段落

⑥　男子は大小と無く[1]、皆黥面文身《げいめんぶんしん》[2]す。古《いにしえ》より以来、其の使中國に詣《いた》るや、皆自《みずか》ら大夫《たいふ》[3]と稱す。夏《か》后少康《こうしょうこう》の子、會稽《かいけい》に封《ほう》ぜられ、斷髪文身し、以って蛟龍《こうりゅう》の害を避く[4]。今倭の水人（海人）、好んで沈没して（水に潜るのが得意）魚蛤《ぎょこう》を捕う。文身し亦以って大魚・水禽を厭《はら》う。後に稍《やや》以って（次第に）飾りと為す。諸國の文身は各《おのおの》異り、或いは左に或いは右に、或いは大に或いは小に、尊卑に差有り。其の道里を計るに、當に會稽東冶《かいけいとうや》[5]の東に在るべし。

其の風俗は淫ならず。男子は皆露紒《ろけい》し（冠を被らない）、木緜《もめん》を以って招頭《しょうとう》（鉢巻き）す。其の

＊18　女王国より以北の「奴国」と同一国とし、または混同している場合がある。『後漢書倭伝』の「倭奴国、奉貢朝賀す。（略）倭国の極南界なり」は、その典型的な例であろう。一方は「女王国より以北」の国であり、他方は「その余の旁国」であって、両国は明らかに異なる二国である。

＊19　邪馬台国畿内説では毛野（北関東）、熊野（和歌山県南部）などに充て、邪馬台国九州説では球磨（熊本県球磨郡）、妻（宮崎県西都市）及び囎唹（鹿児島県曽於郡）などに充てる説が多い。本書は『魏志倭人伝』に記される他の国々との関連から、佐賀平野に展開する国と見る。

＊20　菊池比古（彦）で、肥後菊池（熊本県菊池郡）を表す称号とする説がある。

＊1　「大人も子供も」と読めるが、下文の「尊卑に差有り」から「大人も小人も（身分の高い者も低い者も）」と解す方が適当であろう。

＊2　黥面＝顔の入れ墨、文身＝体の入れ墨。

＊3　中国では諸王・諸侯の身分で、一般的には卿・大夫・士の順とされる。漢の二十等爵では第五～九等までの幅がある。ここでは倭国の使者がこれらに擬えたものであろう。

＊4　夏王朝（禹が建国したとされる中国最古の王朝、禹は東巡し会稽に至って崩じた）第⑥代の中興の英主が少康。少康の子が禹を祀るために会稽に封じられ、蛟龍の害を避けるために文身・断髪を推奨したという夏と越族との縁故説話が伝えられる（『史記』越世家、『漢書』地理志粤地条な

衣は横幅《おうふく》にして但《た》だ結束（紐で結ぶ）して相連ね、略《ほぼ》縫うこと無し。婦人は被髪屈紒《ひはつくつかい》（ばらした髪を曲げて束ねる）し、衣を作ること単被の如く、其の中央を穿《うが》ち、頭を貫《つらぬ》きて之を衣《き》る。*6

⑦禾稲《かとう》・紵麻《ちょま》を種《う》え、蠶桑《さんそう》緝績《しゅうせき》し、細紵《さいちょ》・縑《けん》緜《めん》*7を出だす。其の地には牛・馬・虎・豹・羊・鵲《じゃく》*8無し。兵《つわもの》には矛・楯・木弓を用う。木弓は下を短く上を長くし、竹箭《ちくせん》は或いは鉄鏃或いは骨鏃なり。有無する所、儋耳《たんじ》・朱崖《しゅがい》*9と同じ。

⑧倭の地は温暖、冬夏生菜を食す。皆徒跣《とせん》（はだし）。屋室あり、父母兄弟、臥息《がそく》するに處を異にす。朱丹《しゅたん》を以って其の身體に塗る、中國の粉《おしろい》を用うるが如きなり。食飲には籩豆《へんとう》（高杯）を用い手食す。其の死すや、棺有るも槨《かく》無く*10、土を封じて冢《ちょう》を作る。始め死するや停喪《ていそう》十餘日、時に當りて肉を食わず。喪主は哭泣《こくきゅう》すれど、他人は就いて歌舞飲酒す。已《すで》に葬れば、家を擧げて水中に詣《いた》りて澡浴《そうよく》し、以って練沐《れんもく》*11の如し。

其の行來・渡海、中國に詣《いた》るには、恒に一人を

ど）。蛟龍＝みずち。蛇と龍の混血とされる想像上の動物で、四脚を持ち、毒気を吐いて人を害する。

*5 会稽＝浙江省紹興県、東治＝福建省福州付近の県。当該緯度を現在の日本列島に引きなおすと種子島・屋久島辺りから沖縄本島辺りに相当する。なお、東治を東治とするものがあるが誤りであろう。

*6 いわゆる「貫頭衣」のこと。

*7 禾稲＝いね、紵麻＝からむし、細紵＝細い麻糸、縑緜＝絹織物。

*8 鵲＝かささぎ。

*9 いずれも中国海南島に置かれた郡名。

*10 槨＝遺骸を納めた棺を覆う施設で、木・塼・石・粘土・礫などの別がある。

*11 澡浴＝水中での禊。練沐＝喪があけた後の水ごり。中国では一周忌に練絹《ねりきぬ》を着て沐浴する。

して頭を梳《くしけず》らず、蟣蝨《きしつ》（しらみ）を去らず、衣服は垢汚《こうお》し、肉を食わず、婦人を近づけず、喪人《そうじん》の如くせしむ。之を名づけて持衰《じさい》*12と為す。若《も》し行く者吉善《きちぜん》なれば、共にその生口・財物を顧《かえり》み（与える）、若し疾病有り、暴害に遭えば、便《すなわ》ち之を殺さんと欲す。其の持衰謹まずと謂《い》えばなり。

⑨　真珠・青玉*13を出だす。其の山には丹《たん》*14有り。其の木には枏《だん》・杼《ちょ》・豫樟《よしょう》・楺《ぼう》・櫪《れき》・投《とう》・橿《きょう》・烏號《うごう》・楓香《ふうか》*15有り。その竹は篠《じょう》・簳《かん》・桃支《とうし》*16。薑《きょう》・橘《きつ》・椒《しょう》・蘘荷《じょうか》*17あるも、以って滋味と為すを知らず。獼《み》猴《こう》・黒雉《こくち》*18有り。

⑩　其の俗、擧事《きょじ》（行事）行來《こうらい》（旅行）に云為《うんい》する所有れば、輒《すなわ》ち骨を灼《や》きて卜《ぼく》*19し、以って吉凶を占う。先ず卜する所を告げ、其の辭は令亀《れいき》*20の法の如く、火坼《かたく》を視て兆《ちょう》（吉凶）を占う。

其の會同・坐起には、父子男女別無し。人の性、酒を嗜《たしな》む。大人の敬する所を見れば、但《た》だ手を搏《う》ち以って跪拝《きはい》（ひざまづき土下座する）に當つ。其の人壽考にして、或いは百年、或いは八、九十

*12　物忌み。「衰」とは端を縫わない喪服。後の遣唐使も、対馬・壱岐の卜部を乗船させている。なお、「持衰」に似た生活をする神主的な人物について、「塗炭斎」という道教の習俗に見ることができるとされる。「塗炭斎」は臨時的な祭りで、参列者は斎師を先頭にして櫛を抜いて髪を乱し、顔を炭で塗り、地面を転げ回ったりして贖罪の意を表すという。重松明久は「倭人伝所見の、渡海の際の神主的な者の行儀と比較し、恐らく同一趣旨に基づくものらしい」と論じている（『邪馬台国の研究』）。

*13　青玉＝硬玉（翡翠）または碧玉製であろう。

*14　丹砂・朱砂。

*15　枏＝うめ、杼＝とち、豫樟＝くす、楺＝ぼけ、櫪＝くぬぎ、投＝すぎ、橿＝かし、烏號＝やまぐわ、楓香＝かえで。

*16　篠＝しのだけ、簳＝やだけ、桃支＝かずらだけ。

*17　薑＝しょうが、橘＝みかん、椒＝さんしょう、蘘荷＝みょうが。

*18　獼猴＝さる、黒雉＝黒羽のきじ。

*19　いわゆる太占（ふとまに）。牡鹿の肩骨を灼き、現れたひび割れ（火坼）で占った。

*20　中国の亀卜の法。亀の甲に角形の穴を穿ち、薄く残した甲の表面を火で灼いてひび割れを作り、これに墨を擦り付けるなど、ひび割れをはっきりさせてこれを判読した。

年[*21]。

其の俗、國の大人は皆四、五婦、下戸も或いは二、三婦。婦人は淫せず、妬忌《とき》せず。盗竊《とうせつ》せず、諍訟《そうしよう》少なし。其の法を犯すや、軽き者は其の妻子を没し、重き者は其の門戸及び宗族を没す。尊卑各《おのおの》差序有り、相臣服するに足る。

租賦《そふ》を収むる邸閣有り[*22]。國國に市有り、有無を交易し、大倭《だいわ》[*23]をして之を監せしむ。

第三段落

⑪ 女王國より以北、特に一大率《いちだいそつ》を置き〔諸國を〕検察す。諸國は之を畏憚《いたん》す。常に伊都國に治す。國中に於いて刺史《しし》[*1]の如き有り。王、使を遣わして京都《けいと》（魏都洛陽）・帯方郡・諸韓國に詣《いた》り、及び〔帯方〕郡の倭國に使するや、皆津（船着場）に臨みて捜露（荷を開封して確認する）し、文書（外交文書）・賜遺《しい》の物（差し遣わされた物品）を傳送して女王に詣《いた》らしめ、差錯《ささく》するを得ず。

＊21 裴松之（三七二～四五一年）は「大人の敬する所を見れば」の直前に「魏略曰く、其の俗正歳四節を知らず。但《た》だ、春耕秋収を計りて年紀と為す」と注釈する。これを理由に倭国ではいわゆる「二倍年暦」で年を数えていたとする見解がある。しかし、『魏略』は倭国に「暦」がないことを記しているものと思われる。倭人の「寿考」が極端であるために裴松之がこの場所に注釈したものであって、裴松之の私見である。

＊22 租賦＝租税・賦役のこと。邸閣＝『魏志』や『呉志』によれば軍用倉庫であり、三十万斛の米や軍人四十日分の糧食が収められ、邸閣の所在地は軍事上の要地でもあった。

＊23 市場交易監督官であることに異論はないが、設置者については諸説がある。

＊1 地方において監察・民政・軍事を掌る。各州に置き、郡太守以下の地方官を監察した。

第四段落

⑫ 下戸《げこ》、大人《たいじん》と道路に相逢えば、逡巡して草に入る。辭を傳え事を説くには、或いは蹲《うずくま》り或いは跪《ひざまず》き、両手は地に據《よ》り、之が恭敬を為す。對應の聲を噫《あい》と曰う。比するに然諾《ぜんだく》の如し。

⑬ 其の國、本亦《もとまた》男子を以って王と為《な》し、住《とど》まること七、八十年。倭國亂れ、相攻伐すること歴年[*1]、乃《すなわ》ち共に一女子を立てて王と為す。名づけて卑彌《ひみ》呼《ほ》と曰う。鬼道《きどう》[*2]に事《つか》え、能《よ》く衆を惑わす。年已《すで》に長大なるも[*3]、夫壻《ふせい》なく、男弟有りて佐《たす》けて國を治む。〔卑弥呼が〕王と為りしより以來、見《まみゆ》ること有る者少なく、婢《ひ》千人を以って自《みずか》ら侍《はべ》らしむ。唯《ただ》男子一人有り、〔卑弥呼に〕飲食を給し、辭を傳えて居處に出入す。宮室・樓觀・城柵、嚴《おごそ》かに設け、常に人有りて兵（武器）を持して守衛す。

⑭ 女王國の東、海を渡る千餘里、復《ま》た國有り、皆倭種なり。又、侏儒《しゅじゅ》國（小びとの国）有りて其の

＊1 中国で歴年という場合、七～八年を指すとの見解がある。

＊2 鬼神を祀るシャーマンとして神託をもたらす。ただし、北方系シャーマニズムか南方系シャーマニズムかなどの論議がある。『魏志東夷伝』に見える北方系「鬼神」信仰は、次のとおりである。

	夫余	高句麗	濊	韓	
祭名	迎鼓	東盟	舞天	（天君）	（蘇塗）
祭期	殷正月（十二月）	十月	十月節	五月、十月	（常時）
祭神	天神	天神・隧神	天神	鬼神・天神	鬼神
祭状	連日飲食歌舞	迎隧神	昼夜飲酒歌舞	昼夜飲酒歌舞	立大木縣鈴鼓

一方、中国の道教系「鬼道」と見る見解もある（重松明久『邪馬台国の研究』）。道教の一派である五斗米道が伝わり、卑弥呼の「鬼道」に繋がったとするもの。『魏志倭人伝』の撰者・陳寿は儒教信奉者であり、儒教以外は鬼神・鬼道と捉えて「衆を惑わす」と表現したとする。

また、鬼神とは不思議な力の総称であり、天であり日月星辰風雨のことで、天を祭る習俗は、シベリア・蒙古・満州・朝鮮・日本へと伝わり、これは、ウラル・アルタイ系のツングース文法の伝播ルートに同伴したとされる（松本清張『古代史疑』）。

＊3 魏の文帝（曹丕）が後漢の献帝から帝位を禅譲される時、「丕の業を継ぐに逮ぶや、年已に長大」とある。時に延康

南に在り。人の長《たけ》三、四尺（魏代の一尺は約二四cm）、女王（國）を去る四千餘里。又、裸《ら》國・黒《こく》歯《し》國有り、復た其の東南に在り。船行一年にして至る可《べ》し。

⑮ 倭地を参問するに、海中洲島の上に絶在し、或いは絶え或いは連なり、周旋五千餘里可《ばか》りなり。

第五段落

⑯ 景初二年*1六月、倭女王、大夫難升米《たいふなしめ》等を遣わして（帯方）郡に詣《いた》らしめ、天子（の許）に詣《まい》りて朝獻せんことを求む。（帯方）太守劉夏《りゅうか》、吏《り》を遣わし、将《まさ》に送りて京都《けいと》（魏都洛陽）に詣《いた》らしむ。

其の年の十二月、詔書を倭女王に報じて曰く、「親魏倭王卑彌呼に制詔す。帯方の太守劉夏《りゅうか》、使を遣わし汝が大夫難升米・次使都市牛利《としぎゅうり》を送り、汝が獻ずる所の男生口《せいこう》四人・女生口六人・班布《はんぷ》二匹二丈*2を奉り以って到る。汝が在る所踰《はる》かに遠きも、乃《すなは》ち使を遣わして貢獻す。是れ汝の忠孝、我れ甚だ汝を哀れむ。今汝を以って親魏倭王と為し、

元（二二〇）年であり、丕は三十四歳。これから「年已に長大」は三十代半ばを指すなどの見解がある。本書は単に「高齢」と見る。

＊1 魏の明帝の年号で、景初二年は景初三（二三九）年の誤り。魏は景初二（二三八）年に遼東太守公孫淵を滅ぼし、楽浪・帯方二郡を接収した。その翌年、卑弥呼は魏の帯方郡に使者を送り、魏都洛陽まで赴き、天子に朝献する。

＊2 生口＝広義の奴隷であろうが、倭国にいわゆる奴隷制度が存在したかは不明である。後世の奴婢に当たるのではないかと考えられる。漁労などの専門的技能者との見解もあるが定かではない。
班布＝斑織りの布。

匹・丈＝布帛の長さの単位で、十尺が一丈、四丈が一匹である。一尺は約二三cmに当たる。

金印紫綬を假し、装封して帯方の太守に付し假授す。汝其れ種人を綏撫《すいぶ》し、勉めて孝順を為せ。汝が來使難升米・牛利、遠き道路《みち》を渉《わた》り勤労す。今、難升米を以って率善中郎将《そつぜんちゆうろうしよう》と為し、牛利を率善《そつぜん》校尉《こうい》と為し、*3 銀印青綬を假し、引見労賜して遣わし還す。今、絳地《こうち》交龍錦五匹・絳地縐粟罽《すうぞくけい》十張・蒨絳《せんこう》五十匹・紺青《こんじよう》五十匹*4を以って、汝が獻ずる所の貢直に答う。又、特に汝に紺地句文錦三匹・細班華罽《さいはんかけい》五張*5・白絹五十匹・金八両・五尺刀二口・銅鏡百枚・真珠と鉛丹各五十斤*6を賜い、皆装封して難升米・牛利に付す。還り到らば録受し、悉《ことごと》く以って汝が國中の人に示し、國家（魏）汝を哀れむを知らしむべし。故に鄭重に汝に好物を賜うなり」と。

正始元（二四〇）年、太守弓遵《きゆうじゆん》、建中校尉《けんちゆうこうい》梯儁《ていしゆん》等を遣わし、詔書・印綬を奉じて倭國に詣《いた》り、倭王に拝假し、并びに詔を齎《もたら》し、金帛・錦罽・刀・鏡・采物を賜う。倭王、使に因って上表し、詔恩を答謝す。

其の四（二四三）年、倭王、復《ま》た大夫伊聲耆《いせき》・掖邪狗《えきやこ》等八人を遣使し、生口・倭錦・絳青縑《こうせいけん》・緜《めん》

＊3 率善中郎将＝降伏した蛮夷を管理する魏の官職で、品階四位、俸禄比二千（三国官職表）。率善校尉＝率善中郎将と同様の職に任じ、中郎将に次ぐ官職であろう。

＊4 絳地交龍錦＝深紅の地の交龍文錦、絳地縐粟罽＝深紅のちぢみの毛織物、蒨絳＝茜色の絹織物、紺青＝紺青色の絹織物。

＊5 紺地句文錦＝紺色の小紋錦、細班華罽＝細かな花模様を散らした毛織物。

＊6 両・斤＝重さの単位で、十六両が一斤、魏代の一斤は約二二三g。

衣《い》・帛布・丹・木弣・短弓矢を上献す。掖邪狗等、率善中郎将の印綬を壹拝す。

其の六（二四五）年、詔して倭の難升米に黄幢《こうとう》（黄色い軍旗）を賜い、郡に付して假授す。

⑰ 其の八（二四七）年、太守王頎《おうき》官（帯方郡太守）に到る。倭女王卑彌呼、狗奴國男王卑彌弓《ひみく》呼《ほ》*7と素《もと》より和せず。倭の載斯《たいし》（大使）烏越《をえつ》等を遣わして郡に詣《いた》り、相攻撃する状を説く。〔帯方太守は〕塞曹掾史《さいそうえんし》*8張政《ちょうせい》等を遣わし、因って詔書・黄幢を齎《もたら》し、難升米に拝假し、檄を為して之を告喩す。

⑱ 卑彌呼以《も》って死す。*9 大いに冢《ちょう》を作る。徑百餘歩、徇葬する者、奴婢百餘人。更《さら》に男王を立てしも、國中服せず。更《こもごも》相誅殺し、當時千餘人を殺す。復《ま》た卑彌呼の宗女壹與《いよ》年十三なるを立てて王と為し、國中遂に定まる。政等、檄を以って壹與に告喩す。壹與、倭の大夫率善中郎将掖邪狗等二十人を遣わし、政等の還るを送らしむ。*10

＊7 卑弥弓呼は卑弓弥呼の間違いであり、「比古（彦）御子」とする見解が一般的である。

＊8 国境守備の属官。

＊9 卑弥呼の死亡は、正始八（二四七）年、あるいは正始九（二四八）年であろう。

＊10 張政の帯方郡への送還は下文の「因って臺に詣り」から嘉平元（二四九）年と推測されよう。同年正月に成功した司馬懿のクーデターに触発されて魏都洛陽まで赴き、帯方郡の措置を答謝したものであろう。

⑲ 因って臺[*11]に詣り、男女生口三十人を獻上し、白珠五千孔・青大勾珠二枚・異文雜錦二十匹[*12]を貢す。

＊11 魏都洛陽の官庁。

＊12 白珠＝真珠は上文に記されており、魏皇帝からの下賜品にも真珠とあるので、この白珠は水晶珠である可能性がある。孔青大勾珠＝大きな青勾玉、異文雑錦＝模様入の絹織物。

第V章

郡より女王國に至る、萬二千餘里

魏志倭人伝①③⑤　邪馬台国への路程

1　彷徨える邪馬台国

『魏志倭人伝』は「倭人は帯方の東南大海の中にあり、山島に依りて国邑をなす」で始まりますが、これに続く「郡従《よ》り倭に至るには……」から「郡より女王国に至る、万二千余里」までの段落が、帯方郡治から邪馬台国までの路程を示す『魏志倭人伝』の中で最も注目される部分であり、いわゆる『邪馬台国論争』の中核を成す「邪馬台国はどこに存在したか」の根幹となる段落となります。

これらの邪馬台国に係る諸問題は、わが国の古代史を明らかにする上で極めて大きな課題を提供することになります。つまり、日本列島に「邪馬台国」が存在したとされる三世紀は、現在に至るまで連綿として直接・間接に大きな影響を与え続けてきた「大和王権」が、奇しくもこの日本列島に創始されたとされる時代でもあるからです。

「邪馬台国」の消長を見ることで、わが国における最初の統一政権とされる「大和王権」が〝いつ〟〝どのようにして〟形成されてきたかという道筋を辿ることができますし、また、「大和王権」と「邪馬台国」の関連性を

■図Ｖ－１　帯方郡から末盧国まで

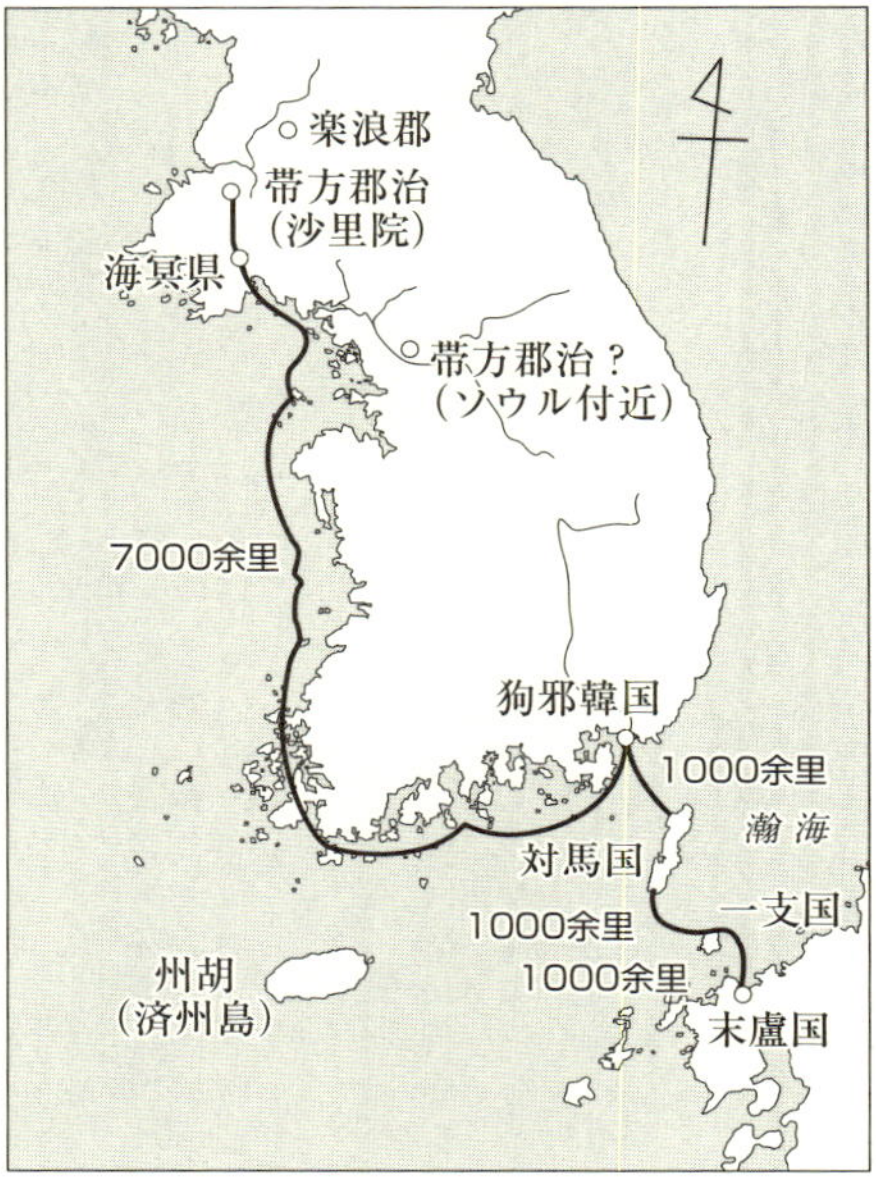

明らかにすることは、わが国の建国早創期の姿を甦らせ、わが国の起源に大きな示唆を与えることになるのです。

なお、『魏志倭人伝』ではこの段落中に、倭地を訪問する魏使の最終目的地となるべき「邪馬台国」という国名が一度だけ登場します。その「邪馬台国」は「邪馬壹国《やまいちこく》」と判読すべきか「邪馬臺《やまたい》（台）国《こく》」と判読すべきかで論じられていますが、本書は便宜的措置として、通称として一般に親しまれている「邪馬台国」を用いることとします[1]。

1 邪馬台国畿内大和説

「畿内大和説」は享保元（一七一六）年に新井白石が『古史通或問《こしつうわくもん》』で初めて論じていますが、近代以降にあっては明治四十三（一九一〇）年に内藤虎次郎（湖南、京都帝国大学）が「卑弥呼考」（『芸文』一－二・三・四）において、白鳥庫吉（東京帝国大学）の九州説に反論する立場から論じています。内藤虎次郎は次の㋐及び㋑などの理由から『魏志倭人伝』の「南」を「東」に修正すべきとし、図Ｖ－３のように解釈しています。

㋐邪馬台国は投馬国から水行十日陸行一月と遠距離である。

㋑邪馬台国は七万戸という大国である。

■図Ｖ－２　『魏志倭人伝』による魏使の往来経路（距離並びに日程）

帯方《たいほう》郡（沙里院市）～～狗邪韓《こやかん》国（金海市）～～対海《たいはい》（馬）国（対馬市）～～一大《いちだい》（支）国（壱岐市）
（乍南乍東水行7,000里）　（渡海1,000里）　（南渡海1,000里）

～～～～末盧《まつろ》国（唐津市）→→伊都《いと》国（糸島市）→→奴《の》国（定説は福岡市博多区南部及び春日市付近）
（渡海1,000里）　（東南陸行500里）　（東南100里）

→→→→→不弥《うみ》国（多数説は糟屋郡宇美町付近）…………投馬《とうま》国…………邪馬台《やまたい》国
（東行100里）　【南水行20日】　【南水行10日、陸行１月】

■図Ｖ－３　内藤虎次郎の畿内大和説

＊帯方郡→末盧国は図Ｖ－２の通り
（図Ｖ－４、図Ｖ－５、図Ｖ－６についても同じ）

末盧国
↘（陸行500里）
伊都国
↘（100里）
奴　国 → 不弥国 →→→→→《東》 投馬国 →→→→→《東》 邪馬台国
（行100里）（水行20日）（水行10日、陸行１月）

なお「畿内大和説」の論者には、池内宏・石野博信・上田正明・梅原末治・笠井新也・小林行雄・白石太一郎・高橋健自・寺沢薫・富岡謙蔵・中山太郎・西谷正・樋口隆康・肥後和男・三品彰英・三宅米吉・和歌森太郎・和辻哲朗などがいます。

2 邪馬台国九州説

「九州説」は、新井白石が晩年に『外国之事調《とつくにのことしらべ》書《がき》』で従来説（畿内大和説）に加えて筑紫山門郡説を提唱し、また、安永七（一七七八）年に本居宣長が『馭戎慨言《からおさめのうれたみごと》』（本居宣長は邪馬台国を畿内大和としながら、卑弥呼を九州の土豪とみて、卑弥呼が大和の王者であると偽ったと考えた。寛政八（一七九六）年刊）で論じたのが始まりです。

近代以降にあっては、明治四十三（一九一〇）年に白鳥庫吉が「倭女王卑弥呼考」（『東亜之光』五－六・七）を発表することによって、内藤虎次郎との間でいわゆる「邪馬台国論争」が始まり、以後の邪馬台国研究に絶大な影響を与える対極が発生しています。

白鳥庫吉は「九州説」の理由を次の㋐～㋒のよ

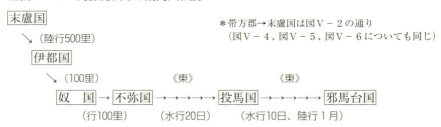

うに論じ、図Ｖ－４のように解釈しています。

㋐邪馬台国は不弥国の南にある。

㋑不弥国から女王国へは有明海を航行する。

➡邪馬台国を「肥後」に想定する。

㋒女王国の南に狗奴国が存在する。

➡狗奴国を「熊襲」に想定する。

また、戦後の昭和二十二（一九四七）年、榎一雄は「放射説」と呼ばれる説を「魏志倭人伝の里程記事について」（『学芸』三十三）で発表し、「方位・距離・到着地」の順が伊都国以降は「方位・到着地・距離」の順になっている点に着目し、伊都国までは『魏志倭人伝』の順路どおりとしながら、伊都国からは次の条件㋐及び㋑を加味しつつ伊都国を基点に各国へ「放射的」に路程をとるとし、図Ｖ－５のように解釈しています。

㋐伊都国から邪馬台国へは、水行すれば十日、陸行すれば一月とする。

➡邪馬台国を筑後山門に、狗奴国を肥後菊池に想定する。

㋑陸上歩行は『唐六典』から一五〇〇里／月とする。

■図Ｖ－４　白鳥庫吉の九州説

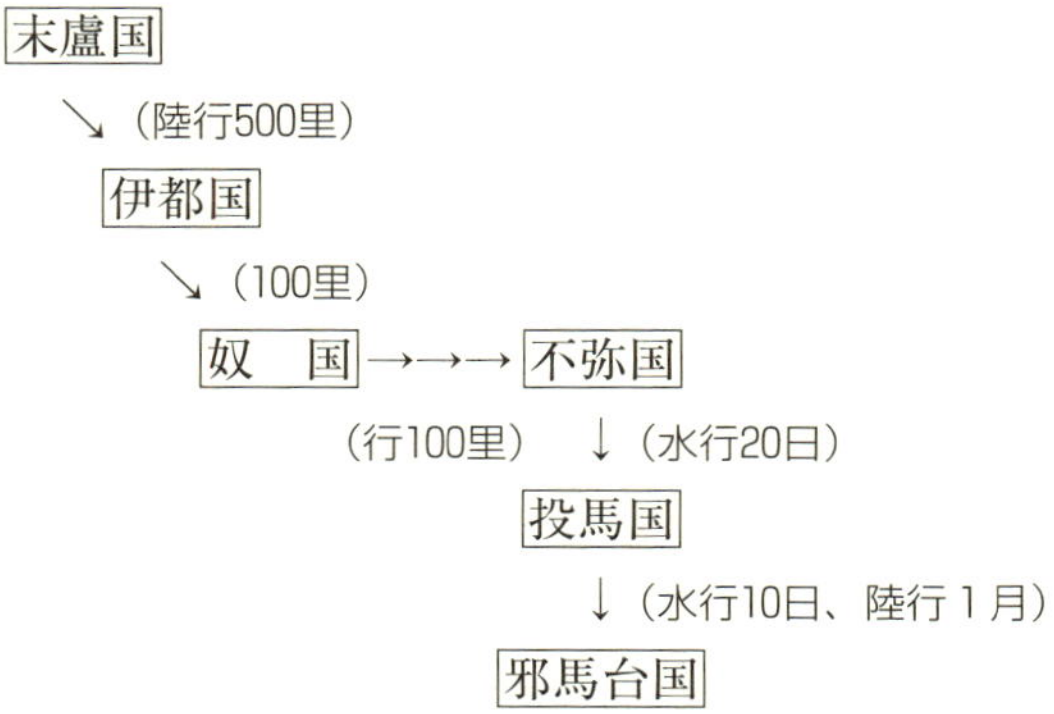

■図Ｖ－５　榎一雄の放射説

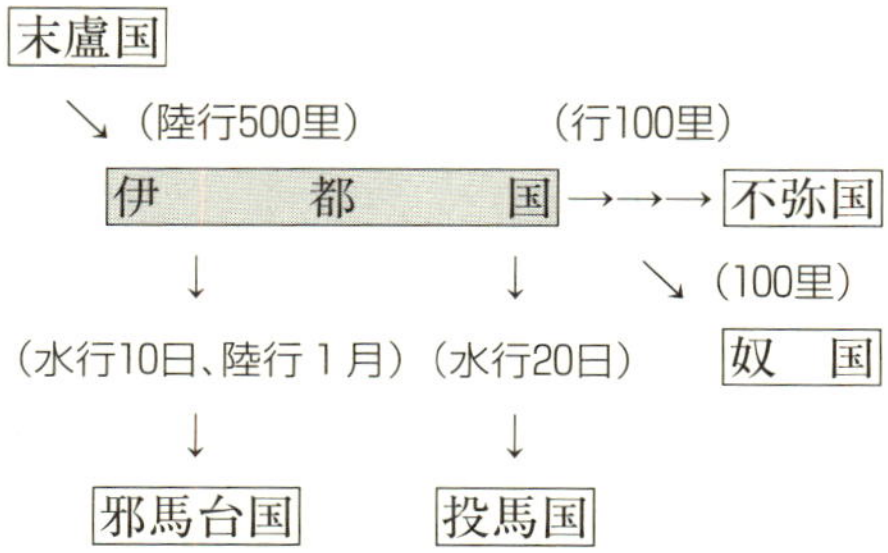

なお「九州説」には次のような論者がいます。

- ●筑後山門説　喜田貞吉・久米邦武・藤間生大・中島利一郎・橋本増吉・星野恒・牧健二・森浩一など
- ●筑前甘木説　安本美典
- ●豊前宇佐説　高木彬光・富木隆
- ●筑後川流域説　武光誠
- ●北九州地域説　水野祐
- ●大隅噌唹説　菅政友・那珂通世・吉田東伍
- ●その他の諸説　井上光貞・門脇禎二・七田忠昭・高島忠平・平野邦雄など

3 もう一つの邪馬台国九州説

このように、様々な方法論を駆使するにも拘わらず結論が得られず、延々と果てしなく続く邪馬台国論争の渦中に、資料批判の観点から新風が吹き込まれました。

昭和四十四（一九六九）年、古田武彦が論文「邪馬壹国」（『史学雑誌』七八―九）を発表し、「邪馬壹《いち》国説」を掲げて邪馬台国論争に参入しました。以降、古田は『「邪馬台国」はなかった』『失われた九州王朝』『盗まれた神話』（以上、古代史三部作）を始めとする夥しい数の著作を世に送り出し、学界の通説に厳しく再検討を迫ります。

古田は『魏志倭人伝』の帯方郡から邪馬台国までの路程に関して、「距離」で示す路程と「日程」で示す路程は混同されるべきものではなく、『魏志倭人伝』は「距離」と「日程」で重複説明されていると論じました。つまり、邪馬台国に至る「水行十日陸行一月」の起点は、「距離」の起点と同じく「帯方郡」であるとしています。

古田と同じ観点から『魏志倭人伝』の路程を捉える論者に奥野正男がいます（「水行十日・陸行一月の起点」〔『邪馬台国はここだ　吉野ヶ里はヒミコの居城』所収〕）。奥野は投馬国の「水行二十日」も邪馬台国の場合と同

■図Ⅴ－6　距離と日程の重複説明説

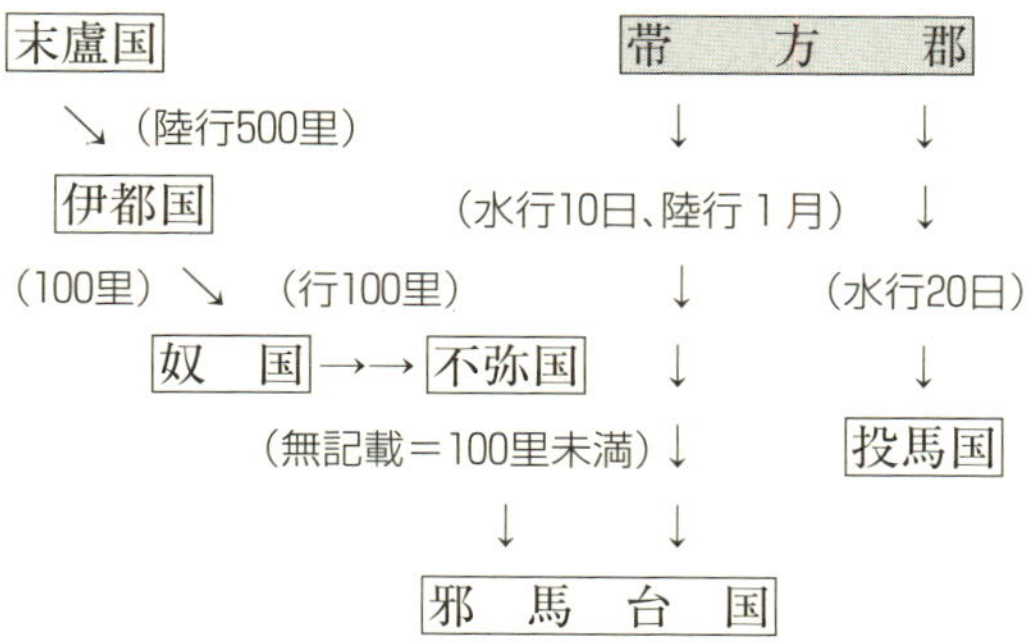

様に帯方郡を起点にすべきであるとします。

　両者（古田と奥野）の所論は、論理的かつ常識的な見解であり、極めて妥当な意見であると考えます。就中、読者（晋朝皇帝及び晋朝の諸侯・貴顕・諸士）に間違いなく、分かりやすく読んでもらうことに意を用いたであろう『三国志』の撰者・陳寿の立場を考えれば、路程を「距離と日程」で重複説明することはあっても、「距離と日程」を織り交ぜて連続的な路程の説明をするなど、理解不可能な、読者を惑わす方法を用いるはずはありません。

　『魏志倭人伝』は、「郡従《よ》り倭に至るには……」で始まる段落の締め括りに「郡より女王国に至る、万二千余里」としています。帯方郡から倭国の中心国（首都）である「邪馬台国」までの路程は極めて重要な戦略的情報でもあります。陳寿は読者に誤解を与えることのないよう、①積み上げ距離（一万七百余里＋α里➡α里は帯方郡治～海冥県六百余里、対海国横断四百余里、一大国横断三百余里の計一三〇〇余里であるが、後に詳述する）、②全日程（水行十日陸行一月＝四十日）及び③総距離（一万二千余里）という三重の説明で万全を期しているのです。

　この「距離と日程」の重複説明説は当然ながら「九州説」であり、図Ⅴ－6のようになります。

　ちなみに邪馬台国の所在地について、古田武彦は筑前博多であると論じ、奥野正男は肥前吉野ヶ里に求めています。

　本書は、この重複説明説を支持・発展させており、邪馬台国の所在地は「福岡市博多区の比恵・那珂遺跡及び春日市の須玖遺跡群」を含む地域であると提起しています。

（1）文献を用いる場合、原典の恣意的改変は厳に慎まねばならない。「邪馬壹国」を畿内大和や九州筑後山門に付会させ「邪馬臺国」と改変して「ヤマト」と読ませるなど論外である。しかし、「邪馬壹国」とする確証もない。「邪馬壹国」とする『三国志』紹熙本なども十二世紀以降の刊本であり絶対的信頼がある訳ではない。他の大多数の中国文献は挙って「邪馬臺国」としており、現状では真偽の判別が困難である。よって本書は通称とされる「邪馬台（臺）国」を用いることとする。

	文献	成立年	備考
邪馬壹國	魏志倭人伝（南至邪馬壹國）	晋（～二九七）	
邪馬嘉國	翰苑所引廣志逸文（又南至邪馬嘉國）	晋（ ー ）	
邪馬臺國	後漢書倭伝（其大倭王居邪馬臺國）	宋（四三二）	わが国の『日本書紀』は養老四（七二〇）年の完成であり、各書の原典に予断を与えたとは考えにくい。
	隋書倭国伝（則魏志所謂邪馬臺者也）	唐（六三六）	
	梁書倭伝（至祁馬臺國、即倭王所居）	唐（六三六）	
	北史倭国伝（則魏志所謂邪馬臺者也）	唐（六五九）	
	通典辺防門倭条（其王理邪馬臺國）	唐（八〇一）	
	太平御覧俀条（俀王居邪馬臺國）	宋（九八三）	

2　郡より倭に至る

『魏志倭人伝』の冒頭は「倭人は帯方の東南大海の中にあり、山島に依りて国邑《こくゆう》をなす」で始まります。第Ⅳ章2節で検討したように、倭人の住む「倭」地域は、朝鮮半島の南端にある狗邪韓《こやかん》国を船出して大海（対馬海峡西水道）を渡った対海《たいはい》国（対馬国）からその圏域に入ります。

それは、対海国から最終目的地である邪馬台国までの「倭」地域及び「倭国」に係る自然環境や社会状況などが、『魏志韓伝』までの東夷伝諸国・地域と比べて際立って詳しく描写されていることからも理解できます。
それでは『魏志倭人伝』の記述に従い、路程に絞って「帯方郡」から「倭国」の中心国である「邪馬台国」までを辿ってみましょう。

1 帯方郡から狗邪韓国へ

帯方郡の郡治は①北朝鮮黄海北道沙里院《さりいん》付近とする説が最も有力ですが、②韓国ソウル特別市城東区付近であるとする説もあります。

まず、①の北朝鮮沙里院説です。ここには帯方郡治址とみられる智塔里《ちとうり》土城址があり、北にわずか八km（鳳山郡文井面石城里）に所在する三韓時代の墳墓から、帯方太守張撫夷《ちょうぶい》の名を刻した塼《せん》（焼成煉瓦）が発見され、これが帯方郡治沙里院説の有力な根拠になりました。この場合、『漢書』地理志の楽浪郡含資《がんし》県の補注に「帯水は西、帯方に至りて海に入る」とある「帯水《たいすい》」は、載寧江《さいねいこう》（智塔里土城の南を流れる瑞興川《ずいこうせん》が載寧江に合流し、載寧江は大同江に合流し黄海に入る）であろうと考えられます。

なお、次の楽浪郡及び帯方郡に属する県の所在地分布（表Ⅴ－1）から帯方郡の領域が分明となり、帯方郡治や倭国への出港地を推定することができます。

次に、②のソウル特別市城東区説ですが、漢江《かんこう》沿岸に風納《ふうのう》土城という古城址があり、この漢江が『漢書』地理志の「帯水」ではないかと考えられています。また、『魏志韓伝』は「韓」の領域を「方四千里」とし、東西と南北が同距離であるように記していますので、この点から見ればソウル付近が帯方郡治の所在としては相応しいとも思われます。ただし、この風納土城址は帯方郡が滅びた三一四年以降に建設された百済初期の都「慰礼城《いれいじょう》」の遺構ではないかとする見解が有力です。

なお、本書はより合理的に説明できる①の帯方郡治＝沙里院説によっています。

■表Ｖ－１　楽浪郡及び帯方郡に属する県の所在地分布

<table>
<tr><th colspan="2">初元四年木簡</th><th colspan="3">『漢書』地理志（南部都尉管轄区域は推定）</th><th colspan="2">『晋書』地理志</th></tr>
<tr><th colspan="2">楽浪郡の県</th><th colspan="2">楽浪郡の県（25県）</th><th>補注</th><th>郡</th><th>県</th></tr>
<tr><td>中部</td><td>①朝鮮　②䛁邯
③増地　④黏蝉
⑤駟望　⑥屯有</td><td rowspan="2"></td><td rowspan="2">朝鮮　䛁邯
浿水　黏蝉
遂成　増地
駟望　屯有
鏤方　渾彌
呑列</td><td rowspan="2">浿水：水は西、増地に至りて海に入る。
呑列：分黎山・列水が出づる所。西、黏蟬に至りて海に入る。</td><td rowspan="2">楽浪郡
（６県）</td><td rowspan="2">朝鮮　屯有
渾彌　遂城
鏤方　駟望</td></tr>
<tr><td>北部</td><td>⑭遂成　⑮鏤方
⑯渾彌　⑰浿水
⑱呑列</td></tr>
<tr><td>南部</td><td>⑦帯方　⑧列口
⑨長岑　⑩海冥
⑪昭明　⑫提奚
⑬含資</td><td>南部
都尉</td><td>含資　帯方
海冥　列口
長岑　昭明
提奚</td><td>含資：帯水は西、帯方に至りて海に入る。
昭明：南部都尉治</td><td>帯方郡
（７県）</td><td>帯方　列口
南新　長岑
提奚　含資
海冥</td></tr>
<tr><td>東部</td><td>⑲東暆　⑳蠶台
㉑不而　㉒華麗
㉓邪頭昧
㉔前莫　㉕夫租</td><td>東部
都尉</td><td>東暆　不而
蠶台　華麗
邪頭昧
前莫　夫租</td><td>不而：東部都尉治</td><td></td><td></td></tr>
</table>

＊「初元四（45）年木簡」は、2006年に北朝鮮の孫永鐘が平壌の古代墓から発見したとされる「楽浪郡初元四年県別戸口多少」と題する木簡で、①朝鮮～⑨長岑（１枚目）、⑩海冥～⑱呑列（２枚目）、⑲東暆～㉕夫租（３枚目）である。この配列には地理的な関連性（法則性）があると考えられる。

＊『魏志韓伝』に「屯有県以南の荒地を分けて帯方郡となす」とあり、『晋書』地理志は屯有県を楽浪郡に含むとする。いずれにせよ屯有県は楽浪郡と帯方郡との境界をなす県である。
これらに基づき、３世紀頃の帯方郡は前漢時代の南部都尉の管轄地域に重なり、当時の人口集住地が現在地（都市または郡）と変わらないと仮定すれば、概ね次の対比が推定される。
⑥屯有＝黄海北道黄州《ファンジュ》、⑦帯方＝黄海北道沙里院《サリウイン》、⑧列口＝黄海南道殷栗《ウンリユル》、⑨長岑＝黄海南道長淵《チヤンヨン》、⑩海冥＝黄海南道海州《ヘジュ》、⑪昭明＝黄海南道信川《シンチヨン》、⑫提奚＝黄海南道載寧《セリヨン》、⑬含資＝黄海北道瑞興《ソフン》
なお、上表中に見える河川は浿水＝清川江、列水＝大同江、帯水＝載寧江と推定される。

帯方郡から狗邪韓国へは「海岸に循《したが》いて水行し、韓国を歴《へ》て乍《あるい》は南し乍《あるい》は東し」ながら、七千余里で到達します。

ここに若干の疑問が生じます。『魏志韓伝』では「韓」を「方四千里可《ばか》り」としながら、一方『魏志倭人伝』では「韓」の領域外西北方面に所在する帯方郡治から「韓」の東南地域に所在する狗邪韓国に到るまでの距離を「七千余里」としています。『魏志韓伝』の記述に従って「韓」の西北端から東南端までの周囲（二辺）を水行（海路）すれば「八千余里」となることは必定です。

これを合理的に説明するため、「倭」に赴く魏使は帯方郡を船で出発するものの「韓」の領域では陸路を採用し「乍《たちま》ち南し乍《たちま》ち東し」ながら韓地を斜断して狗邪韓国に至ったとする説があります。一辺四〇〇〇里の正方形である「韓」の領域を斜に進めば、その距離はおよそ五七〇〇里であり、帯方郡治から韓地西北部までの距離（帯方郡治～海冥県及び海冥県～漢江河口）を含めて七〇〇〇余里とは正に現実味を帯びた距離となります。

しかし、『魏志倭人伝』には「海岸に循《したが》いて水行」とあるのみで、「韓」の地域を陸路で横断したことを示唆する記述はどこにもありません。ジグザグに陸路を進む様子が「乍《たちま》ち南し乍《たちま》ち東し」の表現であるとされますが、水行（海路）であっても朝鮮半島西南部の多島海を、陸影を確認しながら進む「地乗り航法」によって「乍《たちま》ち南し乍《たちま》ち東し」つつ、数日かけて（途中で浦々に停泊）狗邪韓国まで航海したものと考えられます。

『魏志倭人伝』を読む限り、魏使は帯方郡から狗邪韓国までの全路程を水行（海路）によったものと考えられます（帯方郡領域内で一部陸路が想定される〔帯方郡治～海冥県〕が後に述べる）。そうであれば、魏使は「韓」の東南端に所在すると見られる狗邪韓国を、やや西よりに捉えていたと考えられます。少なくとも『三国志』の撰者・陳寿はそのように理解していたと思われます。『魏志韓伝』は「馬韓は西にあり」とし、「辰韓は馬韓の東にあり」としていますが、弁辰の所在を明確にしていません。弁辰の所在について『三国志』を参考に撰述したと見られる『後漢書』韓伝で補えば、「弁辰は辰韓の南にあり」となります。

韓は三種有り、一に馬韓と曰い、二に辰韓と曰い、三に弁辰と曰う。馬韓は西に在り、五十四國有り。其の北は樂浪と、南は倭と接す。辰韓は東に在り、十有二國。其の北は濊貊と接す。弁辰は辰韓の南に在り、亦十有二國。其の南は亦倭と接す。（略）地は合わせて方四千餘里、東西は海を以って限と為す。

（『後漢書』韓伝）

また、『魏志韓伝』と『後漢書』韓伝は「弁辰は辰韓と雑居」としています。図V－7の「弁辰」の部分に辰韓と弁辰が雑居していたというのです。

一方、実際には弁辰地域と辰韓地域を分断するかのように洛東江《ナクトンガン》が北から南に流れており、対馬海峡西水道（朝鮮海峡）に開口しています。

この洛東江は流下傾斜度が極めて小さく、河口から約一二〇kmの咸安《かんあん》邑（弁辰安邪国）で海抜八m、同じく三〇〇km上流の安東《あんとん》市（難弥離弥凍国の北方）で海抜わずか八〇mであるとされます。日本で流下傾斜度の比較的緩やかな淀川は、約七五km遡ると海抜八五mの琵琶湖に達しますから、洛東江の流れがいかに緩やかであるかが分かります。この洛東江の流下傾斜度は流域の排水を遅らせることとなり、それが要因となって洛東江南部の沖積平野が部分的にも農地として利用されるようになるのは近世の朝鮮王朝時代になってからとされます。

■図V－7 後漢書による朝鮮半島

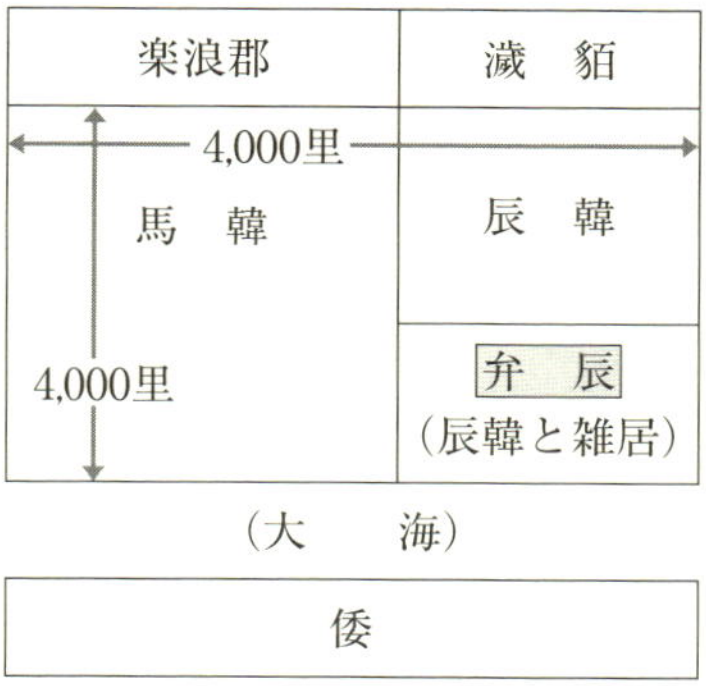

三世紀の頃、洛東江流域に定住する弁辰（一部は辰韓）の人々は、洛東江の水位より一〇m以上も高い所に生活の場を求め、盆地や谷あいに分断されつつ小国を形成していたのであって、後に馬韓が百済として、辰韓が新羅として発展する中で、弁辰のみ統一国家として脱皮し得なかったのは、このように分断された地域環境に最大の原因があったとされます（井上秀雄『古代朝鮮』）。

このような地域環境を考える時、同じ「弁辰」であっても洛東江の東部と西部では必ずしも日常的な交流が行われていたとは考えられず、「倭」へ赴く魏使も洛東江左岸（東岸）の弁辰瀆盧国《べんしんとくろ》が「倭」に最も近い国であるとの認識を持ちつつも、洛東江右岸（西岸）の弁辰狗邪国《べんしんこや》から「倭」へ向けて出航したものと思われます。

そのような状況から、魏使は、弁辰狗邪国（狗邪韓国）から洛東江を渡った対岸には弁辰瀆盧国を始めとして弁辰や辰韓のいくつかの国々が存在していると理解していたのであり、そこで『三国志』の撰者・陳寿も弁辰狗邪国（狗邪韓国）を「韓」南岸の西から東よりに四分の三程度の距離、即ち、およそ三千里の付近に思い描いたものと考えられます。

魏使は、帯方郡治から最短の港町である海冥県《かいめいけん》（北朝鮮黄海南道海州市《ヘジュ》）を出航して「倭」を目指しており、海冥県から南に航海すること四千余里、さらに東に航海すること三千余里で弁辰狗邪国（狗邪韓国）に到達したものと理解できます。

なお、帯方郡治から同郡海冥県までのおよそ六〇㎞は当然〝陸行〟となります。しかし、この距離を『魏志倭人伝』は明らかにしていません。そこは帯方郡内であり、古くは南部都尉の管轄地域であって、距離単位の操作ができないのです。後に詳述しますが、この間の距離（六百里程度）は帯方郡海冥県から倭国（末盧国）までの水行距離一万余里の中に埋没させ、必要となる日数は帯方郡から邪馬台国までの陸行一月の中に包含させる（二〇㎞／日として三日必要）ことで調整したものと考えられます。

2 狗邪韓国から邪馬台国へ

魏使は、狗邪韓国《こやかん》から一海（対馬海峡西水道）を渡って対海国《たいはい》へ至ります。この対海国からいよいよ「倭」の地域であり、魏使に随行する記録官は紀行文よろしく詳細に地域情報を採録しています。それぞれの地域情報は別途検討することとし、ここでは引き続き路程に限って検討を進めることとします。

まず〝水行〟です。

■表Ｖ－２　帯方郡から末盧国までの水行路程

路　程（水　行）	倭人伝距離	実距離	m／里
㋐陸行：帯方郡治（北朝鮮沙里院）➡帯方郡海冥県（北朝鮮海州市）			
①帯方郡海冥県（北朝鮮海州市）➡狗邪韓国（韓国金海市）	7,000余里	約630km	90m／里
②狗邪韓国（韓国金海市）➡対海国（長崎県対馬市峰町三根）	1,000余里	約 80km	80m／里
㋑陸行：対海国内横断（長崎県対馬市峰町三根➡同市美津島町雞知）			
③対海国（対馬市美津島町雞知）➡一大国（同県壱岐市勝本）	1,000余里	約 60km	60m／里
㋒陸行：一大国内縦断（壱岐市勝本➡同市石田）			
④一大国（長崎県壱岐市石田）➡末盧国（佐賀県唐津市中原）	1,000余里	約 40km	40m／里
水行①②③④合計	10,000余里	約810km	80m／里

＊帯方郡治から出航地の海冥県（想定）まで（600里、約60km）は“陸行”したものと考えられるが、『魏志倭人伝』には記されていない。
＊倭地域に入ってからの水行（海路）による距離観は80m／里（狗邪韓国➡対海国）、60m／里（対海国➡一大国）、40m／里（一大国➡末盧国）と一定しないが、帯方郡から末盧国までの全ての“水行”による平均距離観は概ね「80m／里」であり、『魏志韓伝』において算出された距離観と一致する。
なお、『魏志倭人伝』は対海国と一大国の広さを「方○○里可《ばか》り」と記している。これは魏使がその一辺となる陸路を以って対海国内（400余里可り）及び一大国内（300里可り）を横断踏査したことを示していると考えられる。

狗邪韓国から対海国（長崎県対馬市）へは一海（対馬海峡西水道）を渡る千余里とあり、さらに一海（瀚海《かんかい》＝対馬海峡東水道）を渡る千余里で一《いち》大《だい》国（長崎県壱岐市）に至り、続いて一海（壱岐水道）を渡る千余里で末盧《まつろ》国（佐賀県唐津市）に至ります。

　これまでの、帯方郡治から末盧国までの路程をまとめると表Ｖ－２となります。

對（対）海国　対海《たいはい》国（対馬）の広さを表すために『魏志倭人伝』は「方四百余里可り」と記しています。「余」と「可」が併用されていますが、『魏志東夷伝』を通覧しても極めて稀な表現です。同様の表現は『魏志倭人伝』の「倭地を参問するに（略）周旋五千余里可りなり」に見えており、頗る不確実な場合の距離表現です。

　対海国は「方」で表現するには極めて不適当な地形なのですが、あえて「方」で記すのは、対海国内を踏査した事実を示し、また、〃陸行〃距離をその一辺で明示するためだと考えられます。

　弥生時代中～後期の遺跡は図Ｖ－８に示すとお

■図Ⅴ－８　対馬の主要弥生遺跡

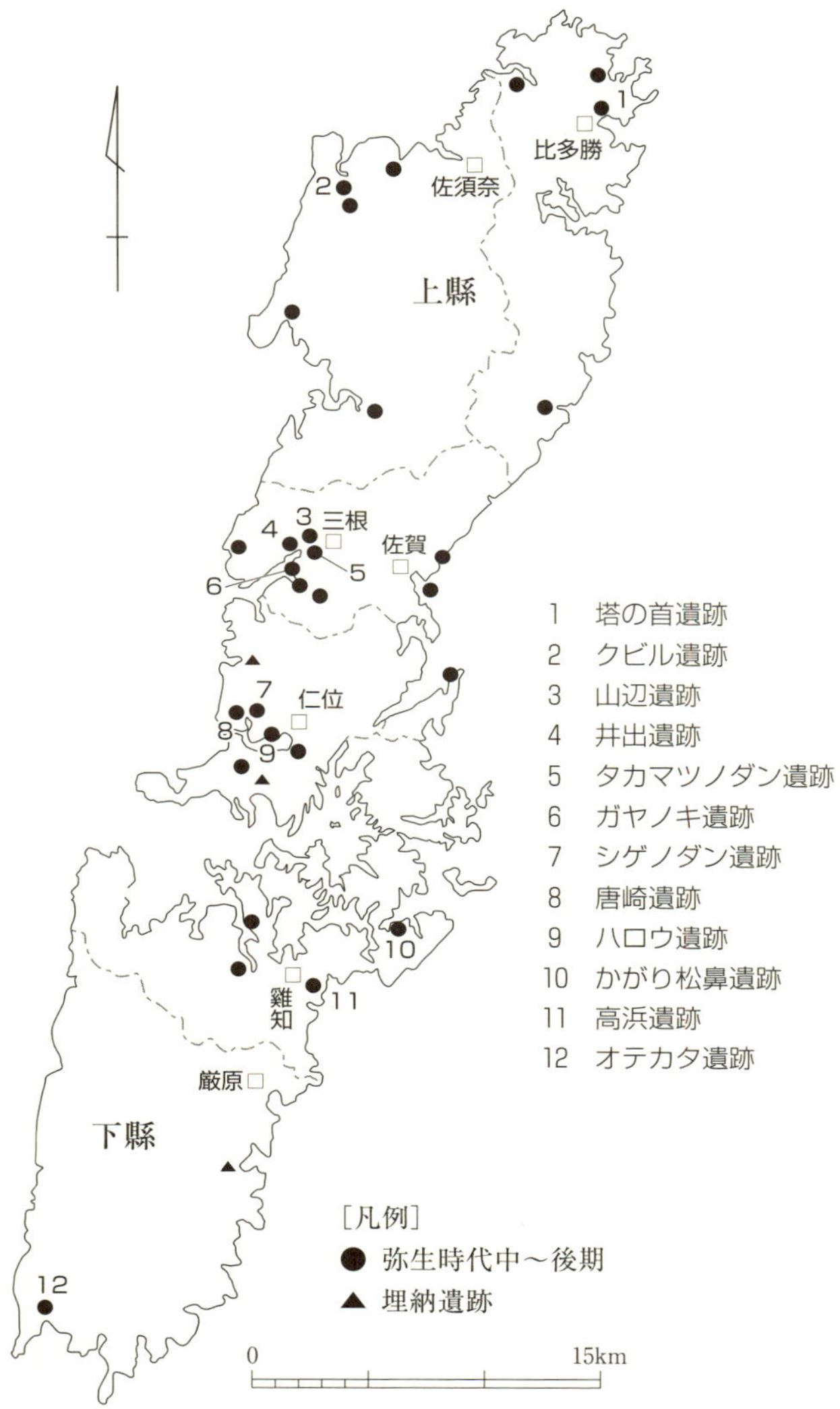

（安楽勉「対馬国」〔西谷正編『邪馬台国をめぐる国々』〕を参考に作成）

り対馬上県《かみあがた》の西南部（対馬市三根《みね》付近）から下県《しもあがた》の東北部（同市雞知《けち》付近）に跨って集積しています。対海国の中でも比較的人口の集住する地域を横断した距離が「四百余里可《ばか》り」であったと考えられます。

一大国　一大《いちだい》国（壱岐）の広さを表す「方三百里可《ばか》り」も、対海国の場合と同様に、その一辺が一大国内の〝陸行〟距離であり、北端（勝本）の天ヶ原遺跡辺りから中部のカラカミ遺跡・車出《くるまで》遺跡群を経由して東南部の一大国最大の国邑である「原《はる》の辻《つじ》遺跡」へと、北から南へ抜けた距離が「三百里可り」であったと考えられます。

次に〝陸行〟です。

帯方郡治から末盧国までの路程は〝水行〟つまり船による航行を主体としていますが、三回にわたって部分的に〝陸行〟が含まれていることは既に述べたとおりです。㋐帯方郡治⬇同郡海冥県、㋑対海国内の横断、㋒一大国内の縦断の三回です。

『魏志倭人伝』によれば、九州本土に上陸した魏使は末盧国以降の全路程を①～④のとおり〝陸行〟することによって最終目的地である「倭国」の首都「邪馬台国」に至ります。

①末盧《まつろ》国から東南方向に五百里で伊都《いと》国に到る。
②伊都国から東南に百里で奴《の》国に至る。
③奴国から東に百里で不弥《ふみ》国に至る。
④不弥国の南に近距離（国邑間距離百里未満）で邪馬台国に至る。

■図Ⅴ－9　一大国の主要弥生遺跡

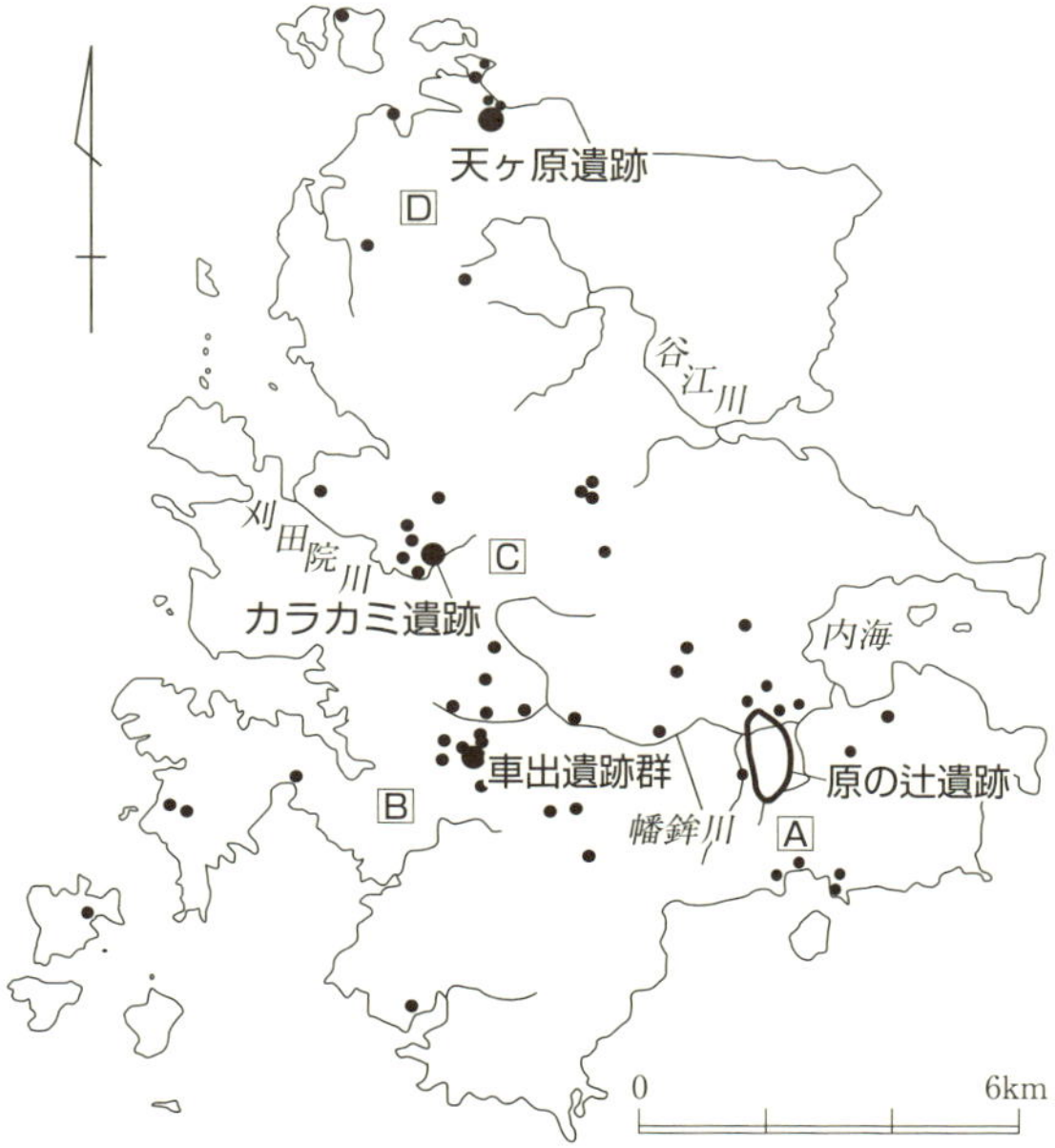

A群　幡鉾川下流域の原の辻遺跡を中心とする地域
B群　幡鉾川上流の車出遺跡群を中心とする地域
C群　刈田院川上流のカラカミ遺跡を中心とする地域
D群　島北部の天ヶ原遺跡を中心とする地域
なお、●は小集落が点在する様相を示す
（宮﨑貴夫「一支国」〔西谷正編『邪馬台国をめぐる国々』〕を参考に作成）

末盧国　末盧《まつろ》国の国邑が佐賀

県唐津市の松浦川下流域辺りに存在したであろうことは、弥生時代の遺跡の分布などから確実です。しかし、現状にあってはさらに地域を絞り込んで特定するまでには至っていません。「桜《さくらの》馬場《ばば》遺跡」で発見された弥生時代後期初頭（一世紀前半頃）の墳墓には、大型の流雲文縁方格規矩四神鏡《うんりゅうもんえんほうかくきくししんきょう》や多数の有鉤銅釧《どうくしろ》・巴形銅器などが副葬されており、正に「末盧国王墓」として相応しいものです。また、松浦川右岸（東岸）の中原《なかばる》地区や柏崎《かしわざき》地区なども末盧国の国邑として期待される場所ですし、松浦川の支流・徳須恵《とくすえ》川左岸（北岸）にあって、松浦郡の郡衙《ぐんが》址（奈良時代）と推定されている千々賀《ちぢか》地区も末盧国の国邑として十分可能性があると考えられます。

また、『魏志倭人伝』の末盧国にかかる自然描写「草木茂盛して、行くに前人を見ず」などから、魏使は一大国（壱岐）から最短距離にある佐賀県唐津市呼子付近（大友辺り）に上陸し、そこから〝陸行〟して末盧国邑に至ったとする見解があります。しかし、末盧国内の〝陸行〟見聞は伊都国へ向かう道中でも可能です。末盧国から伊都国へ向かうには一つの峠を越えますが、その時の描写である可能性があります。何よりも呼子付近から末盧国邑（松浦川下流域）までの相当距離（約一六km）について『魏志倭人伝』が何ら記していないことに違和感を覚えます。記述しようにもできなかった「帯方郡治➡同郡海冥県」の場合とは全く事情が異なるのです。

伊都国　伊都国の国邑は福岡県糸島市の「三雲《みくも》・井原《いわら》遺跡」であるとされます。同遺跡内の弥生時代中期後半（紀元前後）の「三雲南小路《みくもみなみしょうじ》遺跡」（方形周溝墓）の二基の甕棺には前漢鏡五十七面以上を始め銅剣・ガラス璧《へき》・金銅製四葉座飾金具《こんどうせいしようざかざりかなぐ》など多彩な副葬品が埋納されていましたし、三雲南小路遺跡から南に一〇〇m程の所で発見された弥生時代後期（二世紀頃）の「井原鑓溝《いわらやりみぞ》遺跡」（墳墓）にも前漢鏡を含む後漢鏡二十一面など幾多の副葬品が埋納されていました。いずれも「伊都国王墓」として相応しいものです。(1)

また、「三雲・井原遺跡」からは伊都国王の居住空間と推定される周溝区画（下西地区）や、付近に楽浪系土器が集中することから外国使節の滞在居館と推定される大型建造物址（仲田地区）なども発見されています。

さらに、昭和四十（一九六五）年、三雲南小路遺跡の西北一・二kmの曽根丘陵から弥生時代終末期（紀元二〇

空から見た伊都国の王都（伊都国歴史博物館提供）

伊都国の王都とされる三雲・井原遺跡は、怡土平野を流れる瑞梅寺川（写真右／西）と川原川（写真左／東）に挟まれた三角形状の河岸段丘上に位置する。遺跡の規模は南北1,200m、東西650mで、人々が暮らした住居地域の面積は40.5haに及び、全国でも屈指の規模である。遺跡からは、国内外からもたらされた土器を始め、遠くは地中海沿岸地域からシルクロードを経由して運ばれたファイアンス玉など、他の地域では見ることのできない貴重な遺物が出土している。また、王墓や有力者の集団墓なども作られており、正に王都と呼ぶに相応しい。なお、①三雲南小路遺跡、②井原鑓溝遺跡、③平原遺跡であり、◎は伊都国歴史博物館を示す

○年前後）の方形周溝墓が発見されました。「平《ひら》原《ばる》遺跡」と名付けられたこの墳墓からは四十面の大型鏡・素環頭大刀・瑪《め》瑙《のう》管玉・ガラス勾玉・ガラス耳《じ》璫《とう》（ピアス）・夥しい数のガラス小玉など多彩な副葬品が出土しています。全ての出土品が一括して「国宝」に指定されており、特に直径四六・五㎝を計るわが国最大の超大型内行花文八葉鏡（仿製鏡五面）は圧巻です。

　末盧国から伊都国までの距離につき、『魏志倭人伝』は「東南、陸行五百里にして伊都国に到る」とします。末盧国か

平原遺跡出土の超大型内行花文八葉鏡
（国〔文化庁〕保管、伊都国歴史博物館提供）
わが国最古・最大の銅鏡で直径46.5㎝を計る。本鏡は糸島市立伊都国歴史博物館にて常設展示されている

ら伊都国までの経路ですが、海岸沿いの現在の国道二〇二号線沿いは、古代にあって福岡・佐賀県境から福岡県糸島市二丈鹿家付近が通交不能地域であったと考えられ、概ね次の三通りの峠越えルートが想定されます。

①末盧国邑から佐賀県唐津市浜玉町の玉島川河口付近に取り付き、ここから七曲峠を越えて福岡県糸島市二丈吉井に至り、国道二〇二号線で玄界灘海岸を東北行して深江に至り、さらに県道四九号線を東行して伊都国邑（三雲・井原遺跡）に至る。

②唐津市浜玉町から国道三二三号線を若干東南行し、柳瀬辺りから北に白木峠を越えて糸島市二丈吉井に至る。以下①と同じ。

③唐津市浜玉町から国道三二三号線を東南行し、続いて東北行して荒川から北に荒川峠を越えて糸島市二丈一貴山・上深江に至る。以下①と同じ。

末盧国の国邑（いずれの国邑候補地からでも唐津市浜玉町までの距離に大差はない）から伊都国の国邑（三雲・井原遺跡）までの距離は①～③のいずれの場合であっても約四〇㎞と計測されます。これが『魏志倭人伝』では五百里とされますから「**八〇m／里**」という距離観が得られます。結果として、『魏志倭人伝』では〝陸行〟においても〝水行〟と同様に「八〇m／里」という距離観であったことが確認できます。

奴国　奴国《の》は「ナ国」と呼びならされて福岡県春日市から福岡市博多区南部にかけての一帯に存在したことが定

説となっており、初期の国邑は春日市の「須玖岡本遺跡」周辺が想定され、後期の国邑は「比恵・那珂遺跡」が想定されています。

前者からは弥生時代中期後半（紀元前後）のものとされる王墓が発見され、三十面はあったとされる前漢鏡や銅剣・銅矛・装身具など夥しい品々が副葬されていました。

また、後者は那珂川と御笠川に挟まれた丘陵上に形成された大規模複合遺跡であり、遺跡の範囲内には地域最古級の前方後円墳とされる「那珂八幡古墳」や数基の方形周溝墓が存在し、弥生時代終末期〜古墳時代初頭（三世紀頃）のものと考えられる長大（一・五km）な道路遺構などが発見されています。計画的に整備された最先端都市として、驚くべき景観を現出させています。

ところが『魏志倭人伝』は奴国について、伊都国から「東南、奴国に至る百里」としています。その伊都国の国邑は「三雲・井原遺跡」で確定していますし、『魏志倭人伝』が用いる距離単位は「八〇m／里」であることも確認できました。すると、奴国は伊都国（三雲・井原遺跡）から県道四九号線（深江・大野城線）を東南方向に日向《ひなた》峠を越えて八kmの距離に存在することになります。そこには「吉武遺跡群」が厳然として存在しています。

さて、福岡平野の西部、南を脊振《せふり》山地、東を油山《あぶらやま》から派生する低丘陵、西を叶嶽《かのうだけ》・飯盛山《いいもりやま》と続く山地に三方を囲まれた東西六km、南北八km程の扇状地形は早良《さわら》平野と呼ばれています。中央には室見《むろみ》川が北流し、一定のまとまりのある田園地帯を形づくっています。

ここは発展の著しい福岡市にあって、湾岸部はともかくとして内陸部は近年になってようやく区画整理・圃場整備・宅地開発などで発掘の洗礼を受けるようになった地域であって、福岡市西区に位置する「吉武遺跡群」の発掘調査は昭和五十六（一九八一）年から六十（一九八五）年までの五年間にわたって行われました。北墓群の一〜三次調査、吉武樋渡墳丘墓を含む四次調査、吉武高木遺跡を中心とする六次調査、吉武大石遺跡の九次調査などです。

福岡市西部地域の神名備・飯盛山
吉武遺跡群の周辺から飯盛山を仰ぐ。飯盛山の東麓には、飯盛神社の古社が祀られており、弥生時代に起源を持つと言われる「かゆ占」などの古式祭も行われている

特筆すべきは「吉武高木《よしたけたかぎ》遺跡」の発見です。昭和五十九（一九八四）年の第六次調査において、大型の墳墓で構成される遺跡群が発見され、膨大な副葬品が出土しました。遺跡は全体として細形銅剣（九本）と管玉（四六八個）の副葬を特徴としていますが、「三号木棺墓」には多紐細文鏡・細形銅剣・細形銅矛・細形銅戈・翡翠勾玉・碧玉管玉が揃って埋納されていました。いわゆる「三種の神器」です（図V－10）。弥生時代中期初頭（紀元前二世紀頃）の遺跡と推定され、朝鮮半島において漢の武帝が衛氏朝鮮を滅ぼし、楽浪郡など四郡を設置した時代（紀元前一〇八年）に重なります。

王墓の条件がいわゆる「三種の神器」を揃えた厚葬墓であるとすれば、吉武高木遺跡の三号木棺墓は、弥生時代の四大王墓とされる①須玖岡本D遺跡（春日市、弥生中期後葉／紀元前後頃）、②三雲南小路遺跡（糸島市、弥生中期後葉／紀元前後頃）、③井原鑓溝遺跡（糸島市、弥生後期前半／一～二世紀前半頃）、④平原遺跡（糸島市、弥生後期終末／二世紀末～三世紀初頭頃）に先行する最も早い時代の王墓であることになります。

また、昭和五十八（一九八三）年の第四次調査は、吉武遺跡群の樋渡地域において従前から知られていた小高い丘を中心に行われました。調査の結果、径三三mの後円部に七mの前方部を加えた帆立貝式前方後円墳であることが判明しました。五世紀段階の首長墓であるとされます。

■図Ⅴ－10　吉武高木遺跡の墳墓と副葬品の分布

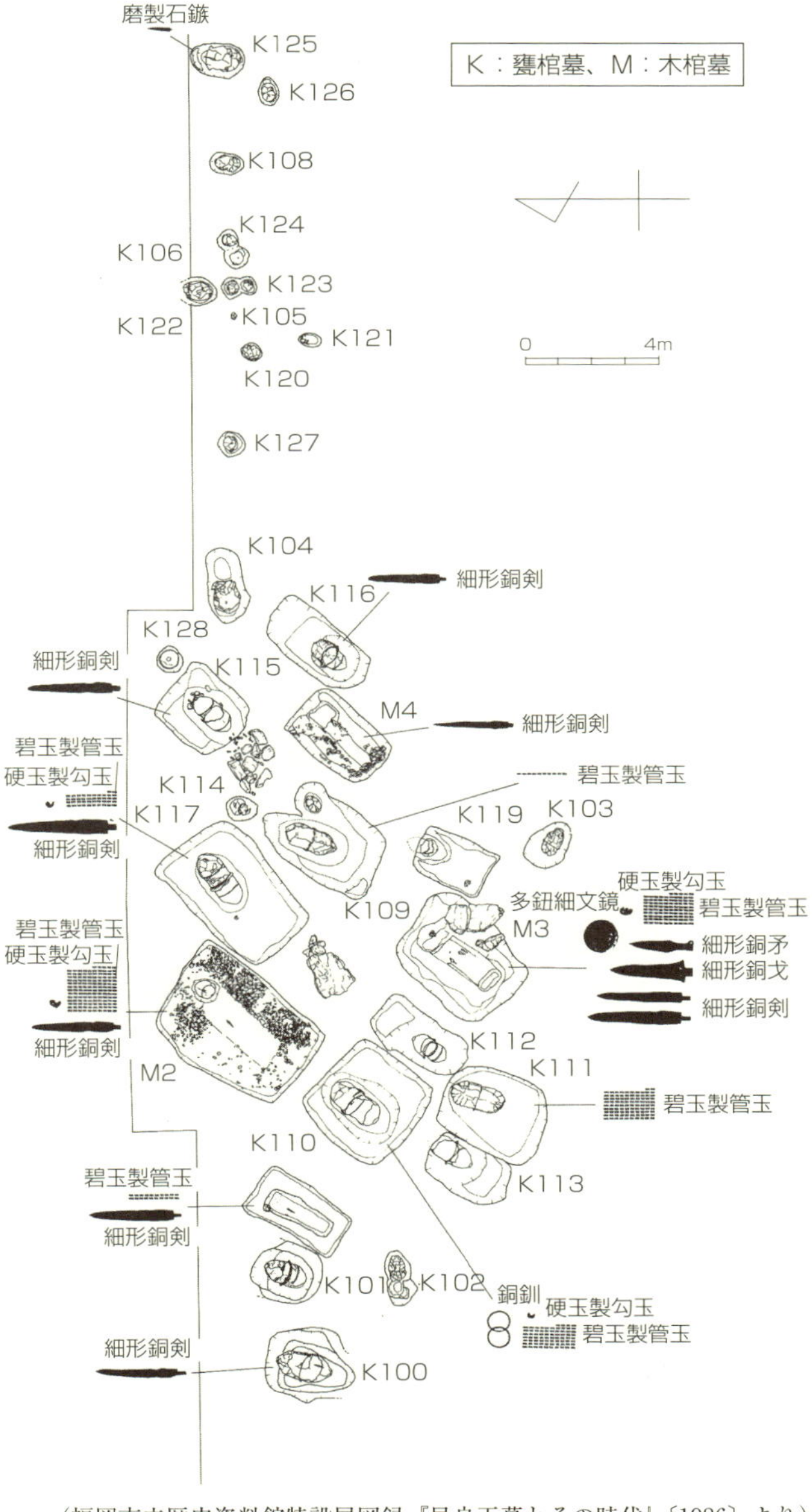

（福岡市立歴史資料館特設展図録『早良王墓とその時代』〔1986〕より）

■図Ⅴ－11　吉武樋渡墳丘墓と副葬品の分布

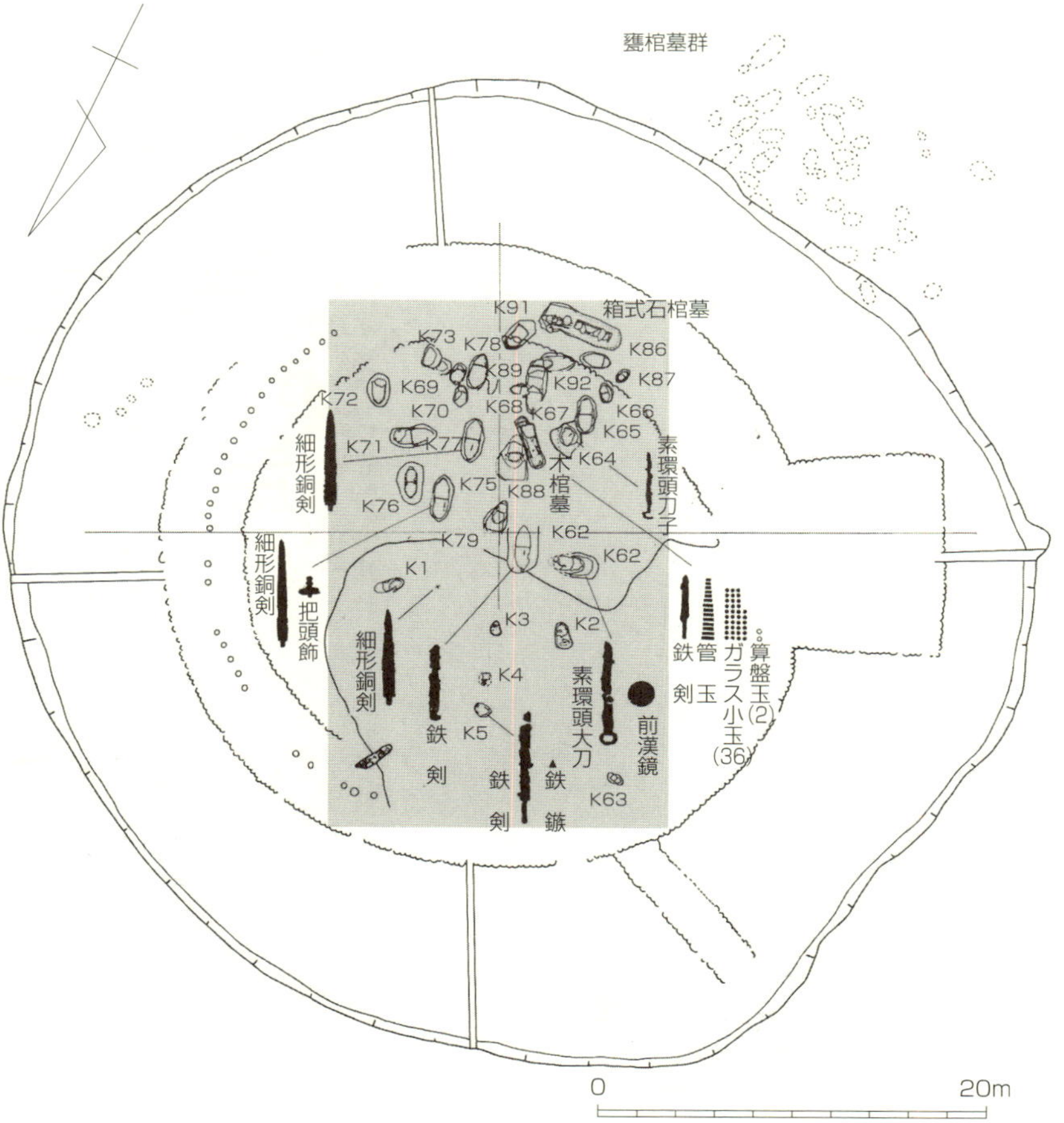

＊網掛け内が弥生墳丘の推定線である。

＊５号甕棺墓の鉄剣・77号甕棺墓の銅剣には平絹が遺存しており、
75号甕棺墓の青銅製巴頭飾には赤紐が付着していた。

（福岡市立歴史資料館特設展図録『早良王墓とその時代』〔1986〕をもとに作成）

ところが前方後円墳の下層から弥生時代中期のマウンドが出現したのです。南北二五・七m、東西一六・五mの長方形と推定できる墳丘内から検出された埋葬施設は、甕棺三十基、木棺一基、石棺一基であり、甕棺墓と木棺墓から副葬品が出土しました。これが「吉武《よしたけ》樋渡《ひわたし》遺跡」です。甕棺墓は弥生時代中期中頃から後半（紀元前一世紀〜紀元前後頃）にかけてのものであり、木棺墓は弥生時代後期（紀元一世紀〜二世紀頃）のものとされます。前者（甕棺墓）は概ね須玖岡本遺跡（春日市）や三雲南小路遺跡（糸島市）に並ぶ時代であり、後者（木棺墓）は井原鑓溝遺跡（糸島市）に並ぶ時代であると考えられます。

吉武遺跡群を形成した時代は、少なくとも紀元前二世紀頃から紀元二世紀頃にまで及んでおり、須玖遺跡群（春日市）や三雲・井原遺跡群（糸島市）の時代と比較すれば、その初源は少なくとも一世紀以上遡ることになります。

少ない史料から短絡的に言えるものではありませんが、この「吉武遺跡群」は北部九州地域の弥生社会において、階級分化が進み「政治権力」と思われる社会構造が確認される最も早い例である可能性があります。一方、「須玖岡本遺跡」（春日市）や「三雲南小路遺跡」（糸島市）などの超厚葬墓は、弥生時代中期終末（紀元前後）になって殆んど「突然」と言える状況で出現しています。これら吉武遺跡群の東西に生起した二大権力は、吉武遺跡群を中心に営々と培ってきた文化を踏み台にしながら、当時の混迷する東アジア情勢を背景に急成長したものと考えられ、一世紀という時代が求めた新興勢力として、吉武遺跡群の権力を凌駕することになったものと思われます。

以上のように、「吉武遺跡群」は『魏志倭人伝』に「伊都国」に続いて登場する「奴《の》国」の遺構であると考えられます。「吉武遺跡群」は弥生時代後期から古墳時代前期の遺構とされる「野方《のかた》遺跡」（福岡市西区野方、吉武遺跡群の西北二km、国史跡）へ繋がるものと考えられ、奴《の》国は「野国」から発生した国名であり、「野方《のかた》」（福岡市西区）や「野芥《のけ》」（福岡市早良区）は奴国の遺称であると推測されます。

『後漢書倭伝』に記される「漢委奴国王《かんのわのなのこくおう》」金印は、それまでの漢（前漢及び後漢）との長い歴史的関係（一世

■表Ⅴ－3　奴国（吉武遺跡群）の消長

時　代	奴国（吉武遺跡群、早良平野）の状況	備　考
①弥生中期初頭（BC 2 世紀頃）	原初的な政治権力が発生する。【吉武高木遺跡】	朝鮮製青銅器が副葬される。BC108年、漢が四郡を設置する。
②弥生中期中葉（BC 1 世紀頃）	楽浪郡の影響下、地域統合を主導するほどに発展する。【吉武樋渡遺跡（甕棺墓）】	墳丘墓が出現する。
③弥生中期後半（紀元前後頃）	吉武遺跡群の政治的・文化的な蓄積を基盤として、西（伊都国）と東（邪馬台国）に新たな政治権力が成長する。	○三雲南小路遺跡（糸島市） ○須玖岡本D遺跡（春日市）
④弥生中期終末（1 世紀初頭頃）	吉武遺跡群の政治権力が相対的に弱体化する。 57年、奴国王が後漢に遣使する。	後漢が植民地政策を転換する。 ○「漢委奴国王」金印
⑤弥生後期前半（1 ～ 2 世紀頃）	吉武遺跡群の政治権力が衰退し、2 世紀初頭までに伊都国に従属せしめられる。【吉武樋渡遺跡（木棺墓）】	107年、倭国王が後漢に遣使する。 ○井原鑓溝遺跡（糸島市）
⑥弥生後期終末（3 世紀中頃）	弥生時代終末から古墳時代にかけて連綿と受け継がれる。【野方遺跡】	○平原遺跡（糸島市） 239年、卑弥呼が魏に遣使する。

紀半に及ぶ冊封関係）の積み重ねの中で後漢の光武帝から「倭の奴国王」に下賜されますが、金印が下賜された西暦五七（建武中元二）年当時の奴国はすでに斜陽の坂を駆け下っており、一世紀終末から二世紀初頭（後漢和帝の即位から安帝の即位直後、八八〜一〇七年）の間において、北部九州地域の覇権は「倭奴国王（奴国王）」から「倭国王（伊都国王）」に移ったものと考えられます。[2]

不彌（弥）国　不弥国《ふみこく》は、福岡県糟屋郡（宇美町）付近に充てる説が多数派であり、飯塚市・嘉穂郡付近や宗像市・福津市付近に充てる説もあります。

『魏志倭人伝』は、不弥国の所在地を奴国《のこく》から「東行、不弥国に至る百里」とします。奴国（福岡市西区吉武遺跡・野方遺跡）から東に百里（八km）の場所に不弥国邑があるというのです。奴国を経由していないとする場合にあっては、伊都国（糸島市三雲・井原遺跡）からの距離が百里（八km）ということになります。

奴国（吉武遺跡）から東に八kmのラインは福岡

市中央区の大濠公園や福岡城址辺りであり、伊都国（三雲・井原遺跡）から東に八kmのラインは福岡市西区姪浜の西区役所や姪浜駅辺りとなります。

魏使が伊都国から直接不弥国へ向かったとする説は、『魏志倭人伝』が伊都国から奴国へは「東南奴国に至る百里」と記して「渡」や「行」などの先行動詞が付随しないことを根拠に、魏使は奴国に足を踏み入れていないとするものです(3)。

しかし、魏使が伊都国から東南の日向《ひなた》峠ではなく東北の広石《ひろいし》峠を越えて東行したのであれば、必ずや今宿《いまじゅく》五郎江《ろうえ》遺跡（福岡市西区今宿）として知られる大環濠集落を経由しなければなりませんが、魏使がこれを通過した様子は見当たりません。

また、奴国は「漢の倭奴国」として中国では周知の国であり、当時にあっても「二万余戸」を擁する大国です。魏使が奴国に立ち寄らなかったとすれば不可解ですし、いくら斜陽を託《かこ》つ国であったとしても魏使が奴国を回避する理由がありません。魏使は奴国を経由したと見るのが順当だと考えます。

『魏志倭人伝』に記された不弥《ふみ》国は奴《の》国（吉武遺跡・野方遺跡）から東に百里（八km）であり、福岡市中央区辺りに求められると考えられ、現在発見されている遺跡に当て嵌めると「西新町遺跡」（福岡市早良区西新）を最も可能性の高い候補地として挙げることができると思われます。「西新町遺跡」は弥生時代中期から後期、あるいは古墳時代初めにかけての複合遺跡で、竈《そう》（かまど）の遺構が存在することで注目されていますが、竈は『魏志韓伝』弁辰条に「竈を施すに皆戸の西にあり」とあるもので、朝鮮半島系の土器の出土などと相俟って「西新町遺跡」が三世紀頃の「韓」諸国と密接な関係にあったことが推測されます。

一般に不弥国の比定地とされる福岡県糟屋郡地域には、弥生時代終末期（二世紀末～三世紀前半）の墳丘墓がいくつか見つかっており、三世紀後半頃の築造と推定される光正寺《こうしょうじ》古墳に繋がっています。不弥国の中心が博多湾岸に沿って次第に東に移ったと推測され、あるいは「西新町遺跡」辺りは糟屋郡地域に国邑を有する不弥国の支配下にある飛び地であったとも推測されます。いずれにしても、不弥国は「海《うみ》国」から発生した国名ではないかと思われます。

邪馬臺（台）国　『魏志倭人伝』は邪馬台国を不弥国の「南」にあるとしますが、不弥国からの「距離」は記していません。「水行十日陸行一月」は帯方郡から邪馬台国までの「日程」であり、「距離」と同列に論じられるべきではありません。

不弥国から邪馬台国までの距離は、古田武彦の「最終行程〇《ゼロ》の論理」（『「邪馬台国」はなかった』）を援用するまでもなく、『魏志倭人伝』は両国邑間の距離が百里（八km）未満であることから捨象したものであり、人々の集住地域が連坦していたとも考えられます。

不弥国邑を西新町遺跡として同心円を描けば、「比恵《ひえ》・那珂《なか》遺跡群」（福岡市博多区）の北部を占める「比恵遺跡」は八十～九十里（七km以内）の範囲内です。

「比恵・那珂遺跡群」は福岡平野の北部に位置し、東を御笠《みかさ》川、西を那珂《なか》川に限られた段丘上にあって、南北およそ二・五km、東西最大一・〇kmで、その広さは一〇〇haを超える大規模遺跡群です。

弥生時代早期から集落が形成されますが、弥生時代中期後半～古墳時代前期前半（紀元前二世紀～紀元四世紀前半）の遺構分布が特に顕著であり、弥生時代後半～古墳時代初頭（紀元一～三世紀）の様相は、日本列島最古の「計画都市」として評価されます（久住猛雄「最古の都市、比恵・那珂遺跡群」〔『古代の福岡』所収〕）。

「比恵・那珂遺跡群」の特徴は次の①～⑦のとおりです。

①南北二・五km、東西最大一・〇km、総面積が一〇〇haを超える大規模遺跡群である。
②地域で最古級の那珂八幡古墳があり、数基の方形周溝墓がある。
③南北一・五km以上にわたって、三世紀頃に使われた幅員六～九m前後の道路遺構がある。
④東西の川を結んだであろう運河の遺構がある。
⑤弥生時代中期後半（紀元前二世紀頃）以降、住居や建物が整然と立ち並び、生活用水確保のための井戸が多

数掘削されている。
⑥弥生時代中期末（紀元前後頃）以降、北部中央に高床倉庫が集中する区域が二ha以上にわたって展開する。
⑦弥生時代後期初頭（一世紀頃）に比恵遺跡の中央部に首長層の居館域であろう方形環溝が出現し、同一区域に古墳時代前期（三世紀後半～四世紀頃）まで存在する。

この「比恵・那珂遺跡群」の南三km付近に「須玖遺跡群」（福岡県春日市）があります。遺跡群の中にあっては「須玖岡本D遺跡」の「王墓」が夙《つと》に有名です。明治三十二（一八九九）年に偶然発見されたもので、長さ三・三m、幅一・八m、厚さ三〇cmの大石の下から発掘された大きな合わせ甕棺の内外に、中国鏡三十面以上、銅剣・銅矛・銅戈・ガラス璧・ガラス勾玉や管玉などが副葬されており、弥生時代中期末（紀元前後頃）の年代が与えられています。

なお、「須玖遺跡群」は広範に展開しており、大谷遺跡・須玖磐石《ばんじやく》遺跡・平若《へいじやく》C遺

■図Ｖ－12　比恵・那珂遺跡群

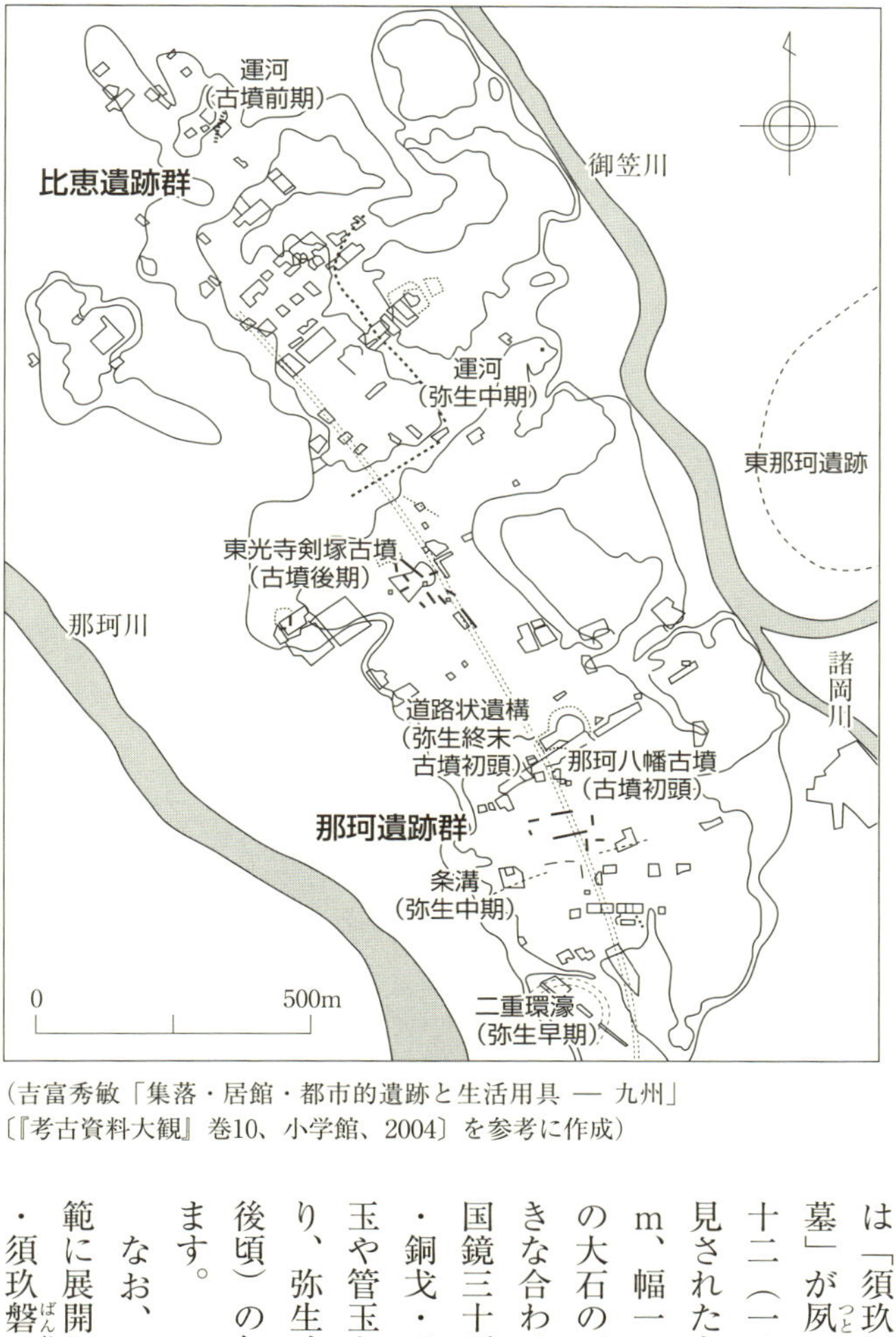

（吉富秀敏「集落・居館・都市的遺跡と生活用具 ― 九州」〔『考古資料大観』巻10、小学館、2004〕を参考に作成）

須玖岡本Ｄ遺跡王墓の蓋石
奴国の丘歴史公園（春日市岡本町）で保存・展示されている

跡・竹ヶ本C遺跡（以上、弥生時代中期後半頃）、大南B遺跡・御陵遺跡（以上、弥生時代後期初頭～前半頃）、須玖岡本遺跡坂本地区・須玖永田遺跡・須玖黒田遺跡（以上、弥生時代後期）の青銅器生産工房や須玖五反田遺跡のガラス玉生産工房などがひしめいています。

　これらの「比恵・那珂遺跡群」及び「須玖遺跡群」は、従来から「奴国」の遺跡であり「須玖岡本D遺跡」は「奴国王墓」であるとされており、現在においても広く定説とされ、全くと言ってよいほど異説を見ることはありません。

　しかし、不思議なことに殆どの論者が口裏を合わせたように「奴」を「ナ」と読み、後世の地名である「儺《な》」「那《な》」「娜《な》」「儺《なの》県《あがた》」「那津《なのつ》」「那珂郡《なかぐん》」「那珂川《なかがわ》」等々から遡って、「類似音の地名」であることを唯一の理由にして「奴国」を「福岡市博多区南部及び春日市地域」に比定しています。古い時代の地域を推定する場合、地名は歴史的残存性が高く極めて重要な指標であることに違いはありませんが、『魏志倭人伝』の記述をこのようにいとも簡単に無視してよいものでしょうか。

　これまで、「奴国」の所在を「比恵・那珂遺跡群」や「須玖遺跡群」に特定するに当たって、多くの論者が「福岡平野を控え、二万戸の人口を支える地域として相応しい」とか、「弥生遺跡が集中しており多くの人口を抱えることができた」などと説明しています。これらの意見は「比恵・那珂遺跡群」や「須玖遺跡群」の重要性を大いに高めるものではありますが、これらの遺跡群を「奴国」へ直結させる証拠にはなりません。また、「漢委奴国王」金印が須玖岡本遺跡群から出土したのであればまだしも、遠く離れた志賀島から出土したのであれば「奴

■表V－4　奴国の所在地とその理由

	論　者	所在地	理　由	文献（年次）
1	新井白石	筑前那珂郡	那珂郡	古史通或問（1716）
2	本居宣長	筑前国	儺県、那津	馭戎概言（1778）
3	菅　政友	三宅村仲村辺	儺県、那津、大津之浦	漢籍倭人考（1892）
4	三宅米吉	筑前那珂郡	儺県	漢委奴国王印考（1892）
5	中島利一郎	筑前博多	不彌と伊都の中間、「ナ」は「穴」の古訓で海湾・海峡の意	倭奴国考（1914）
6	岩井大慧	志賀島→那珂川河口→儺県・那津	志賀島は糟屋郡から那珂郡へと郡を移管している	漢委奴国王金印を贋物と疑う説を読みて（1952）
7	三品彰英	博多湾付近	儺県、那津。2万余戸の人口は、背後の筑紫平野に負う	邪馬台国研究総覧注解（1970）

国」を福岡市博多区南部及び春日市付近とする確証にはなりません。

表V－4のとおり、多くの研究者が「奴国」の所在を論じています。しかし、その根拠は殆んど決定的な理由にはならない単純な「地名付会」に過ぎないのです。

ただし、大正時代の『筑紫史談』（第三～五集、一九一四～一五年）に掲載された中島利一郎の「委奴國考」のみ、単なる「地名付会」ではない的確な理由でこれを論じています。

中島利一郎は、「奴」を「ナ」と読み、「ナ」は「穴」の古訓であって港湾・海峡を表す語であるから、「奴」は港湾・海峡を擁する地域に存在するとし、奴国の「筑前博多」説を導いています。中島は、「儺《な》・那《な》・娜《な》」などは「穴《な》」に由来すると論じますが、かつての奴国の「奴《な》」が「儺《な》・那《な》・娜《な》」などに転じたと論じている訳ではなく、奴国はこれらの地名を引き継いでいる地域にこそ存在したと論じているのではもちろんありません。

中島の論旨は、後世の「儺・那・娜」などは全て「穴」に由来する「港湾・海峡」の意味であるとしており、逆に理解すれば「儺・那・娜」などは「奴国」に由来する地名ではない――とするものです。中島利一郎は、結果として奴国の所在を「筑前博多」としていますが、中島の論旨に従えば、「儺・那・娜」

■表Ｖ－５　「穴」に係る『古事記』『日本書紀』中の記事（例示）

記紀		「穴」字の人名・地名	左の文字を改める	摘要
記	上巻	大穴牟遅《おほなむぢ》（大穴持）神	『記』は“おおなむぢ”と訓じる。大国主神（大国指導者）のことで、八千矛神（軍事統括者）、大穴牟遅神（港湾管理者）などと称され、全ての権力を統括する。	
紀	仲哀２年	宮室を穴門《あなと》に興てて居す。		『紀』は「穴門（下関）」を“あなと”と訓じるが、本来は“ながと”と訓じるべきであり、後に「長門」の表記に改められた。
	欽明22年	舟に乗り穴門《あなと》に帰り至る。		
	白雉１年	穴門《あなと》国司、白雉を献ず。		
	天智４年		城を長門《ながと》国に築く。	
	斉明７年	御船、還り娜大津《なのおおつ》に至る。	斉明天皇が名を「長津《ながつ》」と改めた。	「娜津（博多）」は本来「穴津」であり“ながつ”であったと思われる。

などは「奴」から派生した地名ではないのです。

ましてや、中国上古音では「奴」を/nag/と発音するとされますが、『魏志倭人伝』の時代の音韻体系である中古音では/no/と発音されます。このことは、序章3節「『魏志倭人伝』の漢字音を紐解く」で論じたところですが、「奴国」を「ナ国」と読んで「福岡市博多区南部及び春日市地域」に充てることは全く見当違いであると考えます。[4]

ちなみに、「穴」の古訓が「ナ」であったとする傍証は表Ｖ－５のとおり『古事記』や『日本書紀』にも見ることができます。

さて、「邪馬台国」は『魏志倭人伝』に登場する国々の中で最も人口の多い国です。しかも、「女王（卑弥呼）の都する所」であり、倭国を代表する国です。女王を支える官も四等官制で他の国々よりはるかに充実しています。「比恵・那珂遺跡群」や「須玖遺跡群」の考古学的成果は抜群であり、「弥生銀座」と言われるほどに弥生時代の遺跡としては際立っています。現在までに明らかになっている日本列島中の弥生遺跡で、集住戸数七万戸、総人口三十五万人（五人／戸として）を擁し得るであろう遺跡は他にはありません。

「邪馬台国」は「比恵・那珂遺跡群」や「須玖遺跡群」を

■表Ⅴ－6　対海国から邪馬台国までの戸数と官職

		対海国	一大国	末盧国	伊都国	奴　国	不弥国	投馬国	邪馬台国
戸（家）数		1,000余	3,000可	4,000余	1,000余	20,000余	1,000余	50,000余	70,000余
官職	官	卑狗《ひこ》	卑狗	—	爾支《にち》	兕馬觚《じまこ》	多模《たも》	彌彌《みみ》	伊支馬《いちま》
	副官	卑奴母離《ひのもり》	卑奴母離	—	泄謨觚《せもこ》 柄渠觚《へぎよこ》	卑奴母離	卑奴母離	彌彌那利《みみなり》	彌馬升《みましよう》 彌馬獲支《みまくち》 奴佳鞮《のかて》

＊伊都国の1,000余戸は、『翰苑』所引の『魏略』では10,000余戸（戸萬餘）となっている。

■表Ⅴ－7　帯方郡から邪馬台国までの陸行路程

路程（陸行）	倭人伝距離	実距離	m／里
①帯方郡治（北朝鮮沙里院） ➡同郡海冥県（北朝鮮海州市）	（600　里）	約 60 km	（100m／里）
②対海国横断 （対馬市峰町三根➡同市美津島町雞知）	400余里可	約 30 km	75m／里
③一大国縦断（壱岐市勝本➡同市石田）	300　里可	約 16 km	53m／里
④末盧国（唐津市） ➡伊都国（糸島市三雲・井原地区）	500　里	約 40 km	80m／里
⑤伊都国➡奴国（福岡市吉武地区）	100　里	（8 km）	（80m／里）
⑥奴国➡不弥国（福岡市西新地区、後に糟屋郡まで拡大）	100　里	（8 km）	（80m／里）
⑦不弥国➡邪馬台国（福岡市博多区南部及び春日市）	（100里未満であり捨象）		
陸行計	2,000余里可	（162 km）	（80m／里）
帯方郡から邪馬台国までの水行と陸行の総計	12,000余里	約972 km	80m／里

＊網掛け（④末盧国➡伊都国）の記述が“陸路”による距離単位の基本となるものである。
＊倭人伝距離・実距離・m／里の（　）書きは他の実数から逆算した推定数である。
＊不弥国➡邪馬台国の倭人伝距離は、人口集住が連担する隣接国であり、国邑間距離が100里（8 km）未満であることから捨象されたものと考えられる。古田武彦は「行路記事」において「接」字を用いずに両国間の「国間距離０」を表わす先例を『漢書』地理志に求め「最終行程０の論理」を構築している（『「邪馬台国」はなかった』）。

擁する福岡市博多区南部から春日市付近にかけての一帯に実在したと考えられます。従来から「奴国」の所在域とされてきた地域が、実は「邪馬台国」の所在域だったのです。

以上、帯方郡から邪馬台国までの「路程」を辿ってきましたが、表V－7は帯方郡治から倭国の首都邪馬台国までの〝陸行〟（陸路）をまとめたものです。

3 帯方郡から邪馬台国までの全日程

帯方郡から邪馬台国までの「距離」は一万二千余里であると『魏志倭人伝』に記され、実測概数は九七二km（およそ一〇〇〇km）と計測されますから、『魏志倭人伝』の距離観はおよそ「八〇m／里」であることが確認できましたし、それから逆算して邪馬台国までの各国の所在位置を全て特定することができました（表V－7）。

一方、『魏志倭人伝』は帯方郡から邪馬台国へ至る「日程」を「水行十日陸行一月」と記しています。『三国志』の撰者・陳寿は「距離」について極めて厳密に積み上げていますので、「日程」についても実際に必要とした日数を厳密に積み上げているものと考えられます。

水行十日　狗邪韓国から末盧国までの水行実測距離は、狗邪韓国（金海）➡対海国（對馬）八〇km、対海国➡一大国（壱岐）六〇km、一大国➡末盧国（唐津）四〇kmとそれぞれ異なりますが、『魏志倭人伝』ではこの三例全ての距離をそれぞれ千余里としています。

この渡海は、天気の安定した日中に目視により一日単位で行っていると考えられ、それ故に『魏志倭人伝』はその一日で航行できる距離を千余里としているようです。

つまり、〝陸行〟では歩数で距離測定ができますが〝水行〟では正確な距離測定が困難なため、一日単位の航行距離を千余里と見做して記述していると思われます。それであれば、帯方郡から狗邪韓国までは水行七千余里ですから実航行に七日（七航海）を要したこととなり、帯方郡から末盧国までの全〝水行〟距離は一万余里です

■表Ｖ－８　魏使の陸行日程（想定）

日数を要する理由	日数	摘　要
帯方郡治 ➡海冥県の陸行	３日	20 km／日 × ３日＝60 km［３日］
各寄港地での 待機日数	13日	朝鮮半島沿岸寄港地各１日 × ７回［７日］ 渡海出航地各２日 × ３回［６日］
対海国・一大国 ２島横断	２日	対海国の上陸地（国邑／三根）➡出航地（雞知）１日 一大国の上陸地（勝本）➡出港地（国邑／原の辻）１日
末盧国 ➡邪馬台国の陸行	４日	末盧国➡伊都国20 km／日 × ２日＝40 km［２日］ 伊都国➡奴国１日、奴国➡不弥国➡邪馬台国１日［２日］
経由各国邑での 滞在日数	８日	伊都国は“郡使の往来常に駐まる所”で［４日］ 対海国・一大国・末盧国・奴国で各１日［４日］
陸行日程総数	30日	

＊帯方郡治（沙里院）➡海冥県（海州）の陸行距離約60kmについては、帯方郡内であり「80m／里」で処理できない。そのため、「距離」は帯方郡➡末盧国の“水行”10,000余里に埋没させ、「日程」は帯方郡➡邪馬台国の“陸行”１月に包含させたと考えられる。

から十日（十航海）を要したことになります。

陸行一月　〝水行〟は天気の安定した日中に目視により一日単位で航行したものと考えられますから、水行日程の十日は純粋な航海日数と捉えるべきでしょう。しかし、〝陸行〟日程には次の①〜④の全ての必要日数が加味されていると考えられます。

①各寄港地での待機日数（休息、天気〔風待ち・潮待ち〕、食料・飲料水の補給）
②対海国及び一大国での横断陸行日数
③末盧国から邪馬台国までの陸行日数
④各国国邑での滞在日数（休息、聞き取り調査など）

例えば、表Ｖ－８ような必要日程が想定できると思います。

4 末盧国から投馬国へ

帯方郡から邪馬台国までの「路程」を検証してきましたが、『魏志倭人伝』には「（不弥国の）南、投馬國に至る水行二十日」とあり、一方で「女王国より以北」にあって「その戸数・道里は得て略載すべき」国の一つとして投馬国《とうまこく》を挙げています。

投馬国の比定地としては、周防国玉祖郷《たまのおや》・備後国鞆《とも》・出雲国・但馬国（以上、邪馬台国畿内大和説）、筑後国妻《つま》郡・肥後国託麻《たくま》郡・肥後国玉名《たまな》郡・薩摩国（以上、邪馬台国九州説）などがあり、本居宣長は日向国児湯《こゆ》郡都《つ》万《ま》（妻、宮崎県西都市）としています。

すでに論じたように、投馬国を検証するに当たって、帯方郡から不弥国までの「距離」で表した路程に「水行二十日」という「日程」で表した路程を繋ぎ合わせて理解することはできません。ここは、邪馬台国の場合と同様に「不弥国の南にある投馬国へ行くには、帯方郡から水行（航行）で二十日を必要とする」と理解すべきです。

これに続く『魏志倭人伝』の記事に、邪馬台国への「日程」として「水行十日陸行一月」とありますから、帯方郡から末盧国までの純粋な航海日（天候調整日程などを除く実航海日）が十日であると判明します。

結局、投馬国は不弥国の南の方角にあって、しかも末盧国から水行（航行）のみで十日を要する地域に存在することになります。このため北部九州の域内には納まらず、はるかに遠い南九州にまで目を向ける必要が生じます。

なお、投馬国を南九州に存在する国とした場合、投馬国に係る記述の「(不弥国の)南」と「女王国より以北」とは一見矛盾するようですが、前者は正確な方位や日程を示そうとする文脈の中にあり、後者は「その余の旁国＝南」に対応する形で「略載した国＝北」に主眼を置いた表記ですから、特段の矛盾はありません。しかし、『魏志倭人伝』に略載できない「その余の旁国」二十一か国が北部九州にあったと考える（第Ⅷ章で詳述する）時、投馬国は余りにも遠きに過ぎるようです。

この状況を理解するには、邪馬台国の時代から遠くない過去（二世紀終盤頃）において、投馬国が北部九州から南部九州へ生活基盤を移したと考える視点が必要です。

少し時代は下りますが、『日本書紀』によれば四世紀前半頃に第⑫代景行《けいこう》天皇が熊襲親征のために筑紫（九州）を巡幸しており、表Ⅴ－９のとおり景行天皇の巡幸路に沿って初期の前方後円墳が築造されていることは夙《つと》に知

■表Ⅴ－9　九州における古式大型（50m 超）前方後円墳の分布

県	地域	古墳名	築造年代	墳長（m）	摘要
福岡県	京都郡苅田町	石塚山古墳	4 c 中頃	110	各地に同笵鏡
福岡県	宗像市	東郷高塚古墳	4 c 後半	65	
福岡県	糟屋郡宇美町	光正寺古墳	3 c 後半	53	糟屋地域最古最大
福岡県	筑紫郡那珂川町	安徳大塚古墳	4 c 後半	64	
福岡県	福岡市（那珂）	那珂八幡古墳	3 c 中頃	85	福岡平野最古
福岡県	福岡市（今宿）	鋤崎古墳	4 c 末頃	62	
福岡県	糸島市（志摩）	御道具山古墳	4 c 初頭	65	糸島地域最古
福岡県	糸島市（二丈）	徳正寺山古墳	4 c 前半	52	
福岡県	糸島市（前原）	端山古墳	4 c 中頃	78	
福岡県	糸島市（二丈）	一貴山銚子塚古墳	4 c 後半	103	糸島地域最大
福岡県	糸島市（志摩）	泊大塚古墳	4 c 後半	70	
福岡県	糸島市（前原）	築山古墳	4 c 末頃	60	
大分県	宇佐市	赤塚古墳	4 c 中頃	58	各地に同笵鏡（宇佐風土記の丘）
大分県	宇佐市	免ヶ平古墳	4 c 後半	51	各地に同笵鏡（宇佐風土記の丘）
大分県	竹田市	七ツ森 B 号墳	4 c 中頃	51	（七ツ森古墳群）
宮崎県	西都市	西都原13号墳	4 c 後半	78	81号墳（46m）は 3 c 中頃の築造とされる（西都原古墳群）
宮崎県	西都市	西都原35号墳	4 c 後半	70	81号墳（46m）は 3 c 中頃の築造とされる（西都原古墳群）
宮崎県	西都市	西都原90号墳	4 c 後半	96	81号墳（46m）は 3 c 中頃の築造とされる（西都原古墳群）
宮崎県	児湯郡新富町	塚原 3 号墳	4 c 後半	67	（新田原古墳群）
宮崎県	宮崎市	生目 3 号墳	4 c 後半	143	（生目古墳群）
熊本県	宇城市	弁天山古墳	4 c 前半	54	熊本県域最古
熊本県	宇土市	迫ノ上古墳	4 c 中頃	56	
熊本県	宇土市	スリバチ山古墳	4 c 後半	96	
熊本県	宇土市	向野田古墳	4 c 後半	86	女性の被葬者
熊本県	宇土市	天神山古墳	4 c 末頃	107	
佐賀県	佐賀市	金立銚子塚古墳	4 c 後半	98	
佐賀県	小城市	茶筅塚古墳	4 c 後半	56	
佐賀県	唐津市	久里双水古墳	3 c 末頃	109	
佐賀県	唐津市	谷口古墳	4 c 末頃	77	

＊九州における 4 世紀以前に築造された主な大型前方後円墳（墳長50m 以上のもの）である。
＊網掛けの地域は、景行天皇の巡幸地域（『日本書紀』及び『肥前国風土記』により推定）を示す。

られるところです。

また、平成十六～十七（二〇〇四～〇五）年に行われた柳沢一男（宮崎大学）を中心とする発掘調査によって、宮崎県西都市の西都原古墳群に一郭を占める八十一号墳（全長四六ｍの前方後円墳）が三世紀中葉の築造であるとする画期的な成果がもたらされました。この成果は、既に三世紀にあって草創途上の大和王権と肝胆相照らす地方権力が南九州に存在したことを物語ります。この地方権力こそ発展著しい投馬国であったと推測できます。

これらのことから投馬国の変遷について、次のように推定することができます。

①投馬国は北部九州の「倭国」を構成する一国であったが、二世紀終盤に「倭国大乱」を避け、あるいは「倭国大飢饉」を凌ぐため、一族を率いて新天地を求めた。その投馬国が目指した新天地こそ「日向」であった。

＊「倭国大乱」は『魏志倭人伝』に「相攻伐すること歴年」とあり、それは「桓・霊の間（一四六～八九）」（『後漢書倭伝』）、または「漢霊帝光和中（一七八～八三）」（『梁書倭国伝』）のこととされる。

＊「倭国大飢饉」は『三国史記』新羅本紀の伐休王《ばつきゆうおう》十（一九三）年条に「倭国が大飢饉に見舞われ、倭人千余人が食料を求めて新羅に渡る」とある。

②『魏志倭人伝』によれば、投馬国は紛れもなく「女王国より以北」の国に包含されており、また、天孫降臨神話や早期古墳の状況などを総合的に判断すると、投馬国の故郷は「筑紫（北部九州）」であり、次のような段階を踏んで「日向」に定着したと考えられる。

第一段階　二世紀終盤に日向国臼杵郡高千穂に入部した。

第二段階　三世紀になると児湯郡美々津（日向市）付近まで南下する。良港を擁する耳川の下流域であり、投馬国の官名「弥弥《みみ》（長官）」及び「弥弥那利《みみなり》（副官）」は「耳川・美々津」に遺称したと考えられる。

第三段階　三世紀中葉には一部が一ツ瀬川流域に達し、遅くとも四世紀前半の景行天皇の時代には児湯郡妻（西都市）付近まで生活圏を拡大していた。

先に述べたように、四世紀になると景行天皇が熊襲討伐を理由に九州を巡幸します。景行天皇は日向国高屋宮（大隅国肝属郡《きもつきのこおり》に充てるが、日向国内とする説などがある）に四年四か月（足掛六年）、次いで日向国児湯県《こゆのあがた》に一年間滞在していますが、景行天皇を受け入れ、続く時代に日向国において壮大な古墳群（五ヶ瀬川流域＝南方古墳群、小丸川流域＝川南・持田古墳群、一ツ瀬川流域＝新田原《にゅうたばる》・茶臼原・西都原古墳群、大淀川流域＝生目・本庄古墳群など）を営んだ人々こそ、投馬国の後継者たちであったと考えられます。

さて、帯方郡から投馬国まで水行（航行）二十日ですから、帯方郡から末盧国までの水行日程十日を差し引くと、末盧国（佐賀県唐津市）から投馬国（宮崎県日向市美々津付近）までは水行十日の日程を要することになります。

順路としては、東廻りコースと西廻りコースが考えられます。景行天皇（四世紀）の巡幸に際して薩摩地方は巡幸経路から除外されていますが（宮崎県小林市辺りから熊本県人吉市方面へ抜けている）、それは薩摩地方が熊襲の跋扈《ばっこ》する未だ危険な地域であると認識されていたからであろうと思われ、それであれば三世紀における「倭」諸国と投馬国を結ぶ航路は、比較的安全な東廻りコースであったと考えられます。

ちなみに、現在の地理的状況に景行天皇並びに神功皇后巡幸時の経路を一部加味しながら当該全経路を単純に所要日数十日で割り振れば、概ね表V－10のコースが想定できます。

5『魏志倭人伝』の方位

次に『魏志倭人伝』が記す方位について検討しますが、『魏志倭人伝』が記す全ての方位記事を一覧表にすれば表V－11のとおりです。

■表Ⅴ－10　末盧国から投馬国までの水行航路（想定）

日程	出港地➡着港地	日程	出港地➡着港地
1日	末盧国➡唐　泊（福岡市西区）	6日	草野津➡竹田津（大分県国東市）
2日	唐　泊➡津屋崎（福岡県福津市）	7日	竹田津➡佐賀関（大分県大分市）
3日	津屋崎➡崗　湊（福岡県遠賀町）	8日	佐賀関➡鶴見崎（大分県佐伯市）
4日	崗　湊➡小森江（北九州市門司区）	9日	鶴見崎➡宮野浦（宮崎県延岡市）
5日	小森江➡草野津（福岡県行橋市）	10日	宮野浦➡投馬国（宮崎県日向市）

■表Ⅴ－11　『魏志倭人伝』に記される方位

	記される場面	方位	摘　要
㋐	帯方郡➡狗邪韓国	乍南乍東	海岸に循い水行7,000里
㋑	対海国及び一大国	南北に市糴	対馬と壱岐の生活実態を説明する。
㋒	対海国➡一大国	南	水行1,000里
㋓	末盧国➡伊都国	東南	陸行　500里
㋔	伊都国➡奴　国	東南	100里
㋕	奴　国➡不弥国	東	行　100里
㋖	不弥国➡投馬国	南	帯方郡➡投馬国、水行20日
㋗	不弥国➡邪馬台国	南	帯方郡➡邪馬台国、水行10日陸行1月
㋘	戸数・道里を略載すべき国	女王国より以北	2回記される。
㋙	狗奴国の位置	倭国の南	倭国の南に狗奴国があり、国境を接する。
㋚	倭地の範囲	会稽東冶の東	倭地の習俗（黥面文身）が主題である。
㋛	倭種国の位置	女王国の東	日本列島には倭国及び狗奴国の他にも倭人の国が存在することを指摘する。
㋜	侏儒国の位置	倭種国の南	
㋝	裸国・黒歯国の位置	侏儒国の東南	西域世界の広がりを意識した記述である。

『魏志倭人伝』が記す方位について、これまでにいくつかの疑義が提起されています。その①は、表Ⅴ－11㋓の末盧国から伊都国へ向かう方位であり、関連して㋔の伊都国から奴国へ向かう方位です。また、その②は、同表㋖と㋘に関連する投馬国の方位に係る問題であり、さらにその③は、㋖と㋗に係る投馬国及び邪馬台国への方位です。

その①－ⓐ　末盧国から伊都国に至るには、「東南、陸行五百里」とあります。末盧国の国邑は松浦川下流域（佐賀県唐津市）と考えられ、伊都国の国邑は三雲・井原遺跡（福岡県糸島市）に比定されますから、末盧国から伊都国への方向は〝東南〟ではなくて〝東北〟であり、『魏志倭人伝』の記述と実際の方位に九〇度の差が生じているとするものです。

この点について、末盧国の国邑を桜馬場遺跡（唐津市）に、伊都国の国邑を三雲・井原遺跡（糸島市）に比定して、後者は前者から見て〝東〟または〝東南〟に位置するので、『魏志倭人伝』の方位記事は多少の矛盾はあっても概ね正確であるとする意見があります（井上光貞「邪馬台国の政治構造」〈佐伯有清編『邪馬台国基本論文集』（三）所収〉）。しかし、この意見は余りにも大雑把に過ぎます。桜馬場遺跡⬇三雲・井原遺跡の方位を〝東〟と見做すことは誤差の範囲内（実方位は仰角二〇度）にしても〝東南〟と見做すことは誤差の範囲を大幅に逸脱（角度差が六五度）しており容認することはできません。

次に、日の出の方角は夏至と冬至の間ではおよそ六〇度変動する点を捉えて、帯方郡使の来倭時季が夏だとする意見があります。魏使の来倭が夏至の頃であれば、日の出は〝東北〟方向（正確には〝寅〟または〝二時〟の方向）であり、魏使は〝東北〟を一般常識としての日の出の方向である〝東〟と誤認したため、実際の〝東〟を〝東南〟に誤ったとするものです（原田大六『邪馬台国論争』）。この意見は一見もっともらしいのですが、同じ北半球の帯方郡（北緯三八度三〇分）または洛陽（北緯三五度〇〇分）から来倭した魏使に、季節によって日の出の方位が変わるという基本的な認識がなかったとは考えられません。ちなみに末盧国の緯度（北緯二七度〇〇分）は帯方郡や魏都洛陽に比して低く、季節による日の出の方位差は小さいのです（緯度が高くなると夏至と冬至の日の出の方位差は大きくなる）。また、太陽で方位を計測する場合は、季節による変化が生じない南中時（太陽が最も高い位置にある時、太陽の方向が南となる）に行うのが方法も簡単であり古今東西の常識です。さらに言えば、軍事目的をも担っていたであろう魏使は天文の専門職を帯同していたと考えられ、当然ながら北極星による夜間観測（北極星の見える方向が北となる）も行っていたに違いありません。

その①―ⓑ　伊都国から奴国へは「東南、百里」とされます。奴国の国邑は定説に従えば比恵・那珂遺跡（福岡市博多区南部）あるいは須玖遺跡（春日市）であり、本書が提唱する奴国の国邑は吉武遺跡（福岡市西区）です。伊都国の国邑とされる三雲・井原遺跡（糸島市）から見れば双方共に〝東〟の方向です。『魏志倭人伝』の記述とは四五度の方位差がありますが、その①―ⓐと同様に井上と原田の意見を容認することはできません。

それでは、その①はどのように理解すべきでしょうか。答えは単純です。『魏志倭人伝』の路程に係る「方位」は、魏使がその日に出発する地点での進行方向を記しているのです。

例えば、時代は下って十七世紀の朝鮮王朝時代に編纂された閔周冕《びんしゅうべん》の『東京雑記』でさえ、目的地の方位はその総体的方向ではなく、それへ向かうに当たっての出発地点での進行方向を記しています。ましてや、初めて訪問する地域であり広域地図などない三世紀にあって、地元の住民から大まかな方位について教示を受ける場合はあったにしても、出発地から遠く離れた目的地への総体的な方位が記録されたとは考えられません。

慶州地界
東、蔚山《ウルサン》府界に至る六十二里（略）、北、迎日《ヨンイル》県界に至る三十六里　（『東京雑記』巻一）

蔚山《ウルサン》は慶州《キョンジュ》から見て南南東の方位にありますが、慶州から蔚山への道はその東門を出て東に向かうことから

〃東〃とされ、迎日《ヨンイル》は東北の方位にありますが、同じく当初は北に向かうことから〃北〃とされています。

その①—ⓐ　末盧国の国邑（桜馬場遺跡または松浦川下流域）から伊都国の国邑へは、〃東南〃方向に鏡山《かがみやま》（唐津市、標高二八四m）の南麓裾を回り込み（北麓裾は虹の松原砂州に囲まれた低湿地であったと推測できる）、玉島川に沿って〃東南東〃に、続いて〃東〃に進み、〃北〃に七曲峠・白木峠・荒川峠の何れかの峠を越えて伊都国に到ります。

その①—ⓑ　伊都国の国邑（三雲・井原遺跡）から奴国へは、〃東南〃方向に日向《ひなた》峠を越えて奴国に至ります。

その②　投馬国の方位に係る疑義です。投馬国へは不弥国から「南、投馬国に至る水行二十日」とされます。一方で「女王国より以北、その戸数・道里は得て略載」できるとして投馬国を含む七か国（対海国・一大国・末盧国・伊都国・奴国・不弥国・投馬国）が女王国（邪馬台国）の〃北〃にあるとされるからです。

これは本節前項の「末盧国から投馬国へ」で論じたように、前者の〃南〃は倭人からの伝聞に基づく不弥国から投馬国への大まかな方向を示していますが、後者は女王国（邪馬台国）を対称軸として「これまでに所在を略載した国々」を〃北〃、「その余の旁国」を〃南〃として対置しているのであって、純粋な方位としての〃南北〃を表しているのではありません。投馬国の方位に係る疑義は、説明表現上の相違であって特段の矛盾はありません。

その③—ⓐ　まず「投馬国」です。投馬国へは不弥国から「南、投馬国に至る水行二十日」とあります。邪馬台国九州論者は当然のことながら投馬国を九州内の一郭に求め、邪馬台国畿内大和論者は九州を離れて概ね中国地方にこれを求めています。

投馬国の方位や位置の特定については、これまでに双方から幾多の説が提起されています。しかし、「距離」に「日程」を継ぎ足した路程を基本に考察を重ねても全く不毛であることは既に論じたとおりです。『魏志倭人伝』を読み解くに際し、今こそ「木に竹を継ぐ」読み方に敢然と決別しなければなりません。

また、これに加えて投馬国に生起した特有の事情を考慮しなければなりません。投馬国は二世紀の終盤頃、「倭国大乱」を避け、あるいは「倭国大飢饉」を凌ぐために一族一国が挙って南九州へ移住したと思われるからです。

これらの状況は既に本章1節3項「もう一つの邪馬台国九州説」及び本節前項「末盧国から投馬国へ」で論じていますので重複を避けますが、投馬国は不弥国から見て遠く南九州（日向市付近）に存在するとの伝聞に基づいて記したものと思われ、大まかに〝南〟（実測は東南）の方向であるとの認識は容認できる範囲のものであると考えます。

その③―ⓑ　次に「邪馬台国」です。邪馬台国へは「南、邪馬台国に至る」とあります。この〝南〟はどこから見ての方位なのかということです。距離に日程を継いで憚らない論者は当然ながら「投馬国」からとなるでしょう。

しかし、距離と日程を切り離して別立ての説明として読む場合は、「距離」で記された路程の最後の国である「不弥国」からの方位であると容易に理解できます。そして、本章2節2項「狗邪韓国から邪馬台国へ」で論じたように、邪馬台国は不弥国のすぐ〝南〟に存在していたのです。

ところが、その③（投馬国と邪馬台国の方位）につき、『後漢書倭伝』が『魏志倭人伝』の「女王国の東、海を渡る千余里、復《ま》た国あり、皆倭種なり」と「その南に狗奴国あり（略）女王に属さず」を結合させ、「女王国より東、海を度《わた》ること千余里、拘（狗）奴国に至る。皆倭種と雖《いえど》も、女王に属さず」と記していることを根拠として、狗奴国は女王国（邪馬台国）の〝東〟にあり、倭国（邪馬台国連合）は九州から畿内大和まで東西に長く連なっていたとする見解があります（三品彰英編著『邪馬台国研究総覧』〔以下『総覧』という〕注解）。

しかし、これは『後漢書倭伝』を撰するに際して『魏志倭人伝』を参考にした撰者・范曄《はんよう》が、『魏志倭人伝』

に二回にわたって登場する「奴国」を同一の国であると誤読したために生じた矛盾を、合理的に説明しようとして犯した「改作」であると考えられます。

次の①～④は『魏志倭人伝』が記す奴国の位置関係に係る与条件です。

①奴国Ⓐを含む七か国（対海国・一大国・末盧国・伊都国・奴国・不弥国・投馬国）は女王国（邪馬台国）より以北にある。

②奴国Ⓑを含むその余の旁国（二十一か国）は、以北の国々（奴国Ⓐを含む）と対比させられており、女王国（邪馬台国）の南に配置される。

③奴国Ⓑは女王（倭国＝邪馬台国連合）の境界が尽きる所にあり、その余の旁国中で最も南に位置する国である。

④狗奴国は女王（倭国＝邪馬台国連合）の南、またはその余の旁国最南とされる奴国Ⓑの南にある。

この条件は、奴国がⒶとⒷの二つの異なる国であるならば容易に理解することができ何ら疑義は生じません。しかし、奴国Ⓐと奴国Ⓑが同一の国であるとするならば合理的な説明は困難です。否、元々説明不可能なのです。ところが『後漢書』の撰者・范曄《はんよう》は、ⒶとⒷの奴国を混同し、後漢の光武帝から印綬を賜った倭の奴国Ⓐを「倭国の極南界」の国とし、「その余の旁国」の最後に記される奴国Ⓑと同一国であると認識したのです。

建武中元二（五七）年、倭の奴國、奉貢朝賀す。使人自ら大夫と稱す。倭國の極南界なり。光武、賜うに印綬を以ってす。（略）

女王國より東、海を度《わた》ること千餘里、拘（狗）奴國に至る。皆倭種と雖も、女王に屬さず。

（『後漢書倭伝』）

■図Ⅴ－13　范曄による邪馬台国と狗奴国の位置関係

『後漢書』の撰者・范曄はこれをどのように理解したのでしょうか。

これまでに縷々説明したように、奴国Ⓐは対海国から投馬国までの国々と同じく「女王国より以北」の国ですが、この〝以北〟は方位を正確に示す語句ではなく、「これまでに所在を略載した国々」を示すものです。また、一方で奴国Ⓑを含む「その余の旁国二十一か国」は遠絶とされますが、必ずしも女王国の〝南〟に存在すると明記されている訳ではありません。女王国（邪馬台国）を対称軸に「女王国より以北」の国と対置されていることから、常識的には女王国の〝南〟に展開していると読めるに過ぎないのです。

これから推測すると、范曄は『魏志倭人伝』の「女王国の東、海を渡る千余里、復た国あり、皆倭種なり」の「国」を「狗奴国」であると考え、同じく「その（倭国＝邪馬台国連合）南」にあるとする「狗奴国」の方位を『魏志倭人伝』の説明不足と見做して女王国の〝東〟に改作したものと思われます。つまり、范曄は狗奴国を女王国（邪馬台国）の東にあって、倭国（邪馬台国連合）の〝南〟に存在すると理解したのです（図Ⅴ－13）。

この范曄による『後漢書倭伝』の〝南〟を〝東〟とする改作は「その余の旁国」や「狗奴国」を〝東〟に広げることとなるため、邪馬台国を畿内大和に設定する論者には都合が良かったかもしれません。この『後漢書倭伝』の記述を根拠として不弥国から投馬国、また投馬国から邪馬台国への〝南〟は、本来は〝東〟であったに違いないと理解したのではないかと思われます。

しかし、『後漢書』の成立は南朝劉宋の元嘉九（四三二）年とされています。この頃になると既に畿内大和に大和王権が創始されており、急速な発展を遂げつつあります。東晋の義熙九（四一三）年には倭王讃《さん》（仁徳天皇に比定される。応神天皇や履中天皇とする説もある）が東晋の安帝に貢献していますし（『晋書安帝紀』）、南朝劉宋の永初二（四二一）年には高祖武帝に、元嘉二（四二五）年には太祖文帝に、それぞれ同じく倭王讃が貢献しています（『宋書倭国伝』）。

　このように、『後漢書倭伝』が『魏志倭人伝』を改作せしめた背景として、倭国（邪馬台国連合を継承した筑紫の王権）の使節によって五世紀当時の畿内大和王権に係る情報が中国にもたらされており、宋の官職（尚書史部郎など）にあった范曄もこれを知り得る立場にあったことが挙げられます[5]。

　范曄は、邪馬台国の時代からおよそ二百年後の東晋及び南朝劉宋時代における日本列島の知見に基づき『魏志

混一疆理歴代國都之圖（部分。龍谷大学図書館蔵）
『混一疆理歴代國都之圖』は龍谷大学と長崎県島原市本光寺に写本が伝わる。『声教広被図』や元末明初の『混一理疆図」（いずれも現存せず）、日本の行基図などを合わせて朝鮮政府（金士衡など）が作ったとされる。なお、本光寺伝の図は日本列島が本来の方位で描かれている。

倭人伝』の記述を「改作」した可能性があります。よって、『後漢書倭伝』の当該記述を以って三世紀の倭国（邪馬台国連合）の所在を探求することは、その妥当性に疑義が生じます。

なお、明の建文四（一四〇二）年に朝鮮で作られた『混一疆《こんいつきょう》理《り》歴代國都《れきだいこくと》之《の》圖《ず》』が日本列島の方位を倒錯させて九州を北に、東国を南に描き、日本の位置を会稽東冶《かいけいとうや》の東、あるいは朱崖儋耳《しゅがいたんじ》の緯度に配していることを理由に、「中国では〝東〟に延びる日本列島を〝南〟に延びていると理解しており、『魏志倭人伝』の記す〝南〟は〝東〟に修正されるべき」との意見があります。

これは後代に作られた地図に基づいて三世紀の倭国（邪馬台国連合）の所在を確定させようとするものですが、これらの地図が描かれたのと同じ概念が三世紀の中国において常識であったことが証されない限り、その妥当性を論じることはできません。(6)

青柳種信肖像画（福岡県立図書館蔵）

(1) 三雲南小路遺跡は江戸時代後期の文政五（一八二二）年に、井原鑓溝遺跡は同じく天明年間（一七八一～八八）にそれぞれ発見されたもので、発見当時の様子は福岡藩の国学者であった青柳種信（一七六六～一八三五）により『柳園古器略考』として詳細に記録されており、散逸した遺物の内容を知る上で貴重な手掛かりとなっている。

なお、『後漢書倭伝』に「安帝の永初元（一〇七）年、倭国王帥升等、生口百六十人を献じ、請見を願う」とあるが、『翰苑』所引の『後漢書』では「安帝永初元年、倭面上国王師升至る」とあり、北宋版『通典』辺防門では「安帝永初元年、倭面土国王師升等、生口を献ず」とある。白鳥庫吉は、「面土」は元来「回土(wei-tu)」であり、「伊都」の音を写したものとし、『後漢書倭伝』の「倭国王帥升」を伊都国王とする（早稲田大学東洋史会講演（一九二七））。また、藤間生大

『埋もれた金印』）や岡部裕俊（岡部の論攷は『シンポジウム邪馬台国の時代「伊都国」』〔二〇〇四〕所収）は「井原鑓溝遺跡」の被葬者が〝帥升〟である可能性を提示する。

（2）『後漢書倭伝』によれば、安帝の永初元（一〇七）年に「倭国王」帥升が後漢に遣使している。この遣使は安帝（後漢⑥代天子、在位一〇六〜一二五）の即位を祝すものと考えられる。和帝（後漢④代天子、在位八八〜一〇五）即位の章和二（八八）年以前に倭国が成立しておれば、必ずやその時点で即位に対する表敬が行われ、遣使記事が『後漢書倭伝』に記されたと考えられるからである（後漢⑤代天子殤帝の在位は元興元〜二〔一〇五〜〇六〕年のわずか九か月間のみであり、表敬の遑《いとま》がなかったと思われる）。

なお、倭奴国について、モンゴル高原で猛威を振るった国家を「乱れ騒ぐ（匈）卑賤の者（奴）」との意味から「匈奴」と呼んだと同じく、「倭奴」も漢王朝から「従順なる（倭）卑賤の者（奴）」と呼ばれたとする見解があり、また、匈奴と同様に「奴」という卑字を種族や地域を表す「倭」に加えて倭奴としたとする見解もある。これらの見解に従えば、すでに建武中元二（五七）年の段階で倭国が成立していたことになるが、『後漢書倭伝』の「倭奴国」に連続する永初元（一〇七）年の記事は「倭国王」であり、決して「倭奴国王」ではない。よって、倭国は章和二（八八）年以降に成立しており、これらのいずれの見解をも採用することはできない。

おって、役目を終えた「漢委奴国王」金印は倭国王（伊都国王）の指導の下、海洋漁労国家群（第第Ⅶ章で詳述する）の共通の神である綿津見三神（志賀海神社／福岡市東区志賀島）に奉納されたものと考えられる。

（3）先行動詞の不存在を理由として魏使が奴国を経由していないとする見解がある。これに従えば、帯方郡から邪馬台国までの距離は次のとおり求められる。

①帯方郡治⬇狗邪韓国七千里、②狗邪韓国⬇対海国千里、③対海国内八百里（四百里×二辺）、④対海国⬇一大国千里、⑤一大国内六百里（三百里×二辺）、⑥一大国⬇末盧国千里、⑦末盧国⬇伊都国五百里、⑧伊都国⬇不弥国百里、⑨不弥国⬇邪馬台国〇里　①〜⑨計一万二千里

ただし、この見解は対海国内八百里と一大国内六百里を加え、帯方郡から邪馬台国までの距離一万二千里を整合的に導くために、あえて伊都国⬇奴国百里を除外したのではないかとも思われる。

（4）藤堂明保『学研漢和大字典』の「『魏志倭人伝』の固有名詞」〔巻末資料〕によれば、「奴」は上古音で／nag／と発音するとされる。しかし、上古音は不明確な点が多く、三世紀頃の漢字音が上古音であったとする論者は、その根拠として歴史

学者による『魏志倭人伝』の読み方（「奴国」は「ナ国」であるとして殆ど「定説」になっている）を援用する場合がある。松中祐二は「中古音は『切韻』によってかなり正確に分かっている現状にあって、歴史学者による倭人伝の読みは中古音では当てはまらないものが多い。そこで倭人伝研究に合わせて上古音を推定し、その上で、上古音は倭人伝に合うから三国魏晋朝の時代は上古音が用いられていたという論法があるとすれば、それは学問ではない」（前掲論文）と慨嘆している。

ともかく、現状にあっては「三世紀は中古音の時代」とする最新の学説に則り、第一義的には「奴」は/no/の音写であると考えるべきである。また、「儺・那・娜」などは「穴（古語で〝ナ〟と発音）」に由来するとの中島利一郎の所論もある。従って、「奴」が「儺・那・娜」などに遺称されているであろうことを当然の前提として「奴国」の場所を比定する現在の「定説」は誤りである蓋然性が高い。『魏志倭人伝』に頻出する国名に「奴」字を伴う国々（奴国・弥奴国・蘇奴国・華奴蘇奴国・鬼奴国・烏奴国・奴国・狗奴国の八か国を数える）について、その多くが農業耕作適地であると推測されることから、「奴」は「野」の音写であり、また、農業耕作適地であるからこそ多くの小国がそれらの地域に形成されたものであると考えられる。

（5）北部九州にあった筑紫王権（倭奴国➡倭国➡邪馬台国連合（倭国）➡大倭国➡筑紫王朝と変遷したものと推測されるが、中国からは総じて「倭国」と呼ばれていた）は、四世紀中頃に神功皇后率いる大和王権の傘下に編入させられる（属国化）が、五世紀にあっても大和王権の代権者として引き続き中国・朝鮮半島との外交の中軸を担当していたと考えられる。

（6）『混一疆理歴代國都之圖』にはよるべき地図的表現が存在しており、『三国志』と同時代に起源する晋の裴秀の『禹貢地域図』がそれに当たるとする意見がある（室賀信夫「魏志倭人伝に描かれた日本の地理像」（佐伯有清編『邪馬台国基本論文集』（二）所収）。一方で『禹貢地域図』は現存せず、古地図の源流を裴秀まで遡らせるのは根拠薄弱だとする意見がある（村尾次郎「室賀信夫氏『魏志倭人伝に描かれた日本の地理像』」（『日本上代史研究』一一三、一九五七年））。

第VI章

世王有り。皆、女王國を統属す

魏志倭人伝②⑪⑭

特別な国・伊都国

1　女王国を統属す

『魏志倭人伝』の帯方郡から邪馬台国までの路程を示す段落の中にあって、周囲と比べて一際異彩を放つ文章があります。伊都国を説明する「世王《よよ》あり。皆、女王国を統属す。〔帯方〕郡使の往来常に駐《とど》まる所なり」の部分です。多くの解説書は、この文章の前段を「世々王あるも、皆女王国に統属す」（石原道博編訳『魏志倭人伝ほか』岩波書店）と釈文しており、例えば「代々王がいたが、かれらは皆、女王国に服属しており……」（平野邦雄『倭国乱る』朝日新聞社ほか）、「代々王がいて、ずっと女王国の支配を受けてきた」（小南一郎『正史三国志』魏書四、筑摩書房）などと訳しています。果たして正しい読み方なのでしょうか。

1「倭国」「女王」及び「邪馬台国」「女王国」の異同

この疑問を解くには、「女王国」の意味を『魏志倭人伝』に即して理解することが第一であると思います。ともかく『魏志倭人伝』には、私たちにとって紛らわしい語彙が数多く出てきます。例えば「女王国」「女王」「倭女王」の語に至っては異なる意味を付与され、合わせて十三回も使われています。中国にあって女帝が現れるのは唐代の「則天武后《そくてんぶこう》」が最初の最後であり、魏使及び『三国志』の撰者・陳寿にとって、倭国が女王を戴いていることは極めて特異な事象として映ったに違いありません。それにしても紛らわしい語彙が多数出現します。これらの語彙は陳寿の使い分けに則して正確に理解されなければなりません。『魏志倭人伝』に用いられる紛らわしい語彙を次の①～⑦に列挙します。

①倭人・倭

㋐倭人は帯方の東南大海の中にあり、……（01）＊『倭人伝』に記される順番、以下同じ

㋑郡従《よ》り倭に至るには、……（02）

㋒今、倭の水人、好んで沈没して魚蛤を捕らえ、……（10）

㋓倭の地は温暖、冬夏生菜を食す。（11）

㋔倭の地を参問するに、……（18）

㋕その六年、詔して倭の難升米《なしめ》に黄幢を賜い、……（27）

㋖倭の載斯烏越《たいしをえつ》等を遣わして郡に詣り、……（29）

㋗倭の大夫率善中郎将掖邪狗《えきやこ》等二十人を遣わし、……（30）

➡㋐の〝倭人〟は「倭の人」と釈文してもよく、㋒～㋔と同じ用法である。㋑も含めて〝倭〟は地域名と考えられる。「倭人は……今、使譯通ずる所三十国」とあるから、倭国二十九か国に狗奴《この》国一か国を加えた三十か国が〝倭〟地域である（表Ⅷ－4を参照のこと）。㋕～㋗の〝倭〟はその人物が所属する国名であろうが、地域名と捉えても特段の違和感はない。

②倭国

㋘郡の倭国に使するや、……（13）

㋙倭国乱れ、相攻伐すること歴年、……（15）

㋚詔書・印綬を奉じて、倭国に詣り、倭王に拝仮し、……（23）

➡『魏志倭人伝』の中で〝倭国〟と記される場合はこの三度に限られる。それは㋕㋖㋗のように倭国のことを〝倭〟と表現し、また、倭国に代えて〝女王〟が用いられているからである。また、〝女王〟は一般的な意味で「邪馬台国連合＝倭国」として用いられるのに対し（⑥で説明）、〝倭国〟は㋘㋚のように魏及び帯方郡との外交対象国として挙げられる場合、及び㋙のように「邪馬台国連合」が成立する以前の「倭国」に用いられている。

③邪馬台国

㋛南、邪馬台国に至る、女王の都する所。……（04）

➡〝邪馬台国〟は、魏使が倭地域に入って後、対海国以下六か国（投馬国を除く）を経て至った最終目的地である。その〝邪馬台国〟を受けて㋢の「女王国より以北、その戸数・道里は得て略載すべきも」と続くので、邪馬台国は対海国から不弥国までの国々（投馬国を含む）と同列の一国であることが分かる。また、続く文章に「その余の旁国」として二十一か国が列記されるので、邪馬台国はこれを加えた二十九か国（倭国＝邪馬台国連合）の中の一国となる。なお、『魏志倭人伝』に〝邪馬台国〟と記されるのは一度のみであるが、同義の〝女王国〟が多用されている。

④倭王

㋜親魏倭王卑弥呼《ひみこ》に制詔す。……（21）

㋝今汝を以て親魏倭王となし、……（22）

㋞詔書・印綬を奉じて、倭国に詣り、倭王に拝仮し、……（24）

㋟倭王、使に因って上表し、詔恩を答謝す。（25）

㋠その四年、倭王、復《ま》た使大夫伊声耆《いせき》・掖邪狗《えきやこ》等八人を遣わし、……（26）

➡ ㋜㋝は、魏皇帝から倭女王に与えられた詔書の文面中の用語であり、公文書である故に「倭国＝邪馬台国連合」の国王を女王であっても〝倭王〟としている。㋞㋟は同一文節の中にある〝倭国〟に連動したものと考えられる。㋠については㋫と同一の用法であり〝倭女王〟に置き換えられるが、㋠は「復《ま》た」で前文節㋟の〝倭王〟に連動しており、㋫は次の詔書と金印紫綬を与える相手である倭王卑弥呼が女王であることを強調したものであろう。

⑤女王国

㋡世々王あるも、皆女王国に統属す。……(03)

＊一般的釈文による。本書では「世王あり。皆、女王国を統属す」と釈文する。

㋢女王国より以北、その戸数・道里は得て略載すべきも、……(06)

㋣郡より女王国に至る万二千余里。……(09)

㋤女王国より以北には、特に一大率《いちだいそつ》を置き、諸国を検察せしむ。……(12)

㋥女王国の東、海を渡る千余里、復た国あり、皆倭種なり。……(16)

➡ ㋢について、㋛の「南、邪馬台国に至る、女王の都する所」から日程・官名・戸数の記述を挟んで「女王国より以北」と続くから、「女王国＝邪馬台国」であると理解できる。しかも、㋡を除く全ての〝女王国〟は一定の起点・終点を指しているので、〝女王国〟は広域にわたる「倭国＝邪馬台国連合」ではなく、「邪馬台国連合を構成する二十九分の一国としての邪馬台国」であることを示す。そうであれば、㋡の〝女王国〟についても同様に「邪馬台国連合を構成する二十九分の一国としての邪馬台国」と捉えるべきである。

⑥女王

㋦南、邪馬台国に至る、女王の都する所、水行十日陸行一月。……(05)

㋧(二十一か国あり)これ女王の境界の尽くる所なり。……(07)

㋨(狗奴国は)男子を王と為す。其の官に狗古智卑狗《ここちひこ》あり。女王に属さず。……(08)

㋩文書・賜遺の物を伝送して女王に詣らしめ、……(14)
㋪(侏儒国は)女王を去る四千余里。……(17)

➡㋧㋨から、〝女王〟とは「邪馬台国の女王」が「王」として共立されている「倭国＝邪馬台国連合」を指していると理解できる。つまり、「女王＝邪馬台国連合」であり、㋨から狗奴国は「邪馬台国連合」に属さない別の政治勢力であることが分かる。また、㋦㋩は「女王個人」とも読めるが、「都する所」から㋧㋨に同じく「邪馬台国連合」または「その女王」と理解できる。なお、㋪は起点を表す㋢～㋥と同じ用法であるから、〝女王国〟とあるべきところ「国」字の脱落であろう。

⑦倭女王

㋫景初三年六月、倭女王、大夫難升米《なしめ》等を遣わし郡に詣り、……(19)
㋬詔書して倭女王に報じて曰く、親魏倭王卑弥呼に制詔す。……(20)
㋭倭女王卑弥呼、狗奴国の男王卑弥弓呼《ひみくこ》と素より和せず。……(28)

➡魏が「親魏倭王」の称号を与えた相手は、㋬㋭から紛れもなく「倭女王卑弥呼」である。公式文書（詔書）に記す「王」が実は〝女王〟であることを明確にするために㋬の表現となり、遣使した者が女王卑弥呼その人であると強調したものが㋫となる。また、㋭は狗奴国の「男王」に倭国の「女王」を対比させたものと考えられる。

以上のように、『魏志倭人伝』では語彙が比較的厳密に使われています。これらの語彙を整理することにより理解を深めることができます。

①女王＝倭国＝邪馬台国連合（二十九か国で構成される連合国家）
②女王国＝邪馬台国（倭国二十九か国の中の一か国で、邪馬台国連合の首都国）

まず「女王」と「女王国」を混同させるべきではありません。その上で、「女王」とは「女性の王」という意味を超えて「女性の王が統治している国」という意味であり、即ち「倭国＝邪馬台国連合」を指しています。一方、「女王国」とは「邪馬台国」のことで、邪馬台国連合を構成する二十九か国の中の一国となります。

ところで、「邪馬台国」を「倭国＝邪馬台国連合」と同義に理解し、あるいは混同して理解している向きもあるように見受けますが、両者を混同することなく厳密に分けて読むことが『魏志倭人伝』の正確な理解に繋がるものと考えます。

なお、「邪馬台国連合」成立の経緯などについては次章「共に一女子を立てて王と為す」で詳述します。

2「世有王皆統屬女王國」の解釈

さて、『魏志倭人伝』の「世有王皆統屬女王國」の釈文として、次の①及び②が考えられます。どのように読むべきでしょうか。

①世《よよ》王あるも、皆女王国に統属す。（代々の伊都国王が邪馬台国に従属している）
②世《よよ》王あり。皆、女王国を統属す。（代々の伊都国王が邪馬台国を統率していた）

この「女王国に統属す」なのか「女王国を統属す」なのかの議論に先立ち、「世有王」の「王」とはどこの「王」であるかが問題になります。

各国の説明に係る『魏志倭人伝』の構文は、次の㋐～㋗のとおりです。

㋐「対海国に至る」（A）に続き「その大官を卑狗といい、……船に乗りて南北に市糴す」（B）

㋑「一大国に至る」　に続き　「官をまた卑狗といい、……また南北に市糴す」
㋒「末盧国に至る」　に続き　「四千戸あり。……皆沈没してこれを取る」
㋓「伊都国に到る」　に続き　「官を爾支といい、……郡使の往来常に駐まる所なり」
㋔「奴国に至る」　　に続き　「百里、官を兕馬觚といい、……二万余戸あり」
㋕「不弥国に至る」　に続き　「百里、官を多模といい、……千余戸あり」
㋖「投馬国に至る」　に続き　「水行二十日。……五万余戸ばかり」
㋗「邪馬台国に至る」に続き　「女王の都する所、……七万余戸ばかり」

以上に掲げた八例の文章は全てBがAの説明になっています。ところが㋓「伊都国」に限って、その一部について「伊都国のことを説明しているものではない」とする見解があります。次の傍線の部分です。

東南、陸行五百里にして伊都國に到る。官を爾支と曰い、副を泄謨觚・柄渠觚と曰う。千餘戸有り。世王有るも、皆女王國に統屬す。郡使の往来常に駐まる所なり。

「世有王」の〝王〟を伊都国王ではないとする代表的論者は橋本増吉です。橋本は「世有王」を伊都国王とした場合、それを受ける「皆」が文章上有効とは思われないとし、『翰苑』所引の『魏略』が記す「其国王、皆女王（原文は王女）に属すなり」の一文に注目し、「魏略本文について考ふれば、対馬・一支・末盧《(ママ)》・伊都と順次にその大官及び副官を揚げし後、乃ち之れを受けて『其国王、皆属女王也』といふのであるから、『其国王』とは以上列記せし各国の国王を意味するものとして認むべきかの如き文脈をなしているのである……陳寿は魏略に拠りてこの文を作る際に、『其国王』なる文字を『世有王』に変改して、その次の『皆』なる文字はそのままとなし置きしため、魏略の場合には有効なる文字が魏志の場合には無用の文字となったのではあるまいか」（橋本増吉『邪馬臺国論考（一）』）と述べています。

職を分け官を命じ、女王を〔に〕統べて部を列ぬ。

魏略に曰く、帯方より倭に至るには、海岸に循《したが》って水行し、韓を歴《へ》（暦）て狗邪韓国《くやかんこく》に到る七千（十）餘里。始めて一海を度《わた》る。千餘里にして對馬國に至る。其の大官を卑狗《ひこ》と曰い、副を卑奴《ひの》と曰う。良田無く、南北に市《し》（布）羅《てき》す。南して海を度り一支國に至る。官を置くこと、對馬（同）と同（至）じ。地は方三百里なり。又海を度ること千餘里、末盧國に至る。人善く魚を捕う。能く水に浮没して之を取る。東南五百（東）里にして、伊都國に到る。戸萬餘。官を置（脱字）きて爾支《にち》と曰い、副を洩溪觚《えけこ》・柄渠觚《へきよこ》と曰う。其の國王、皆女王（王女）を〔に〕屬す也。

（『翰苑』蕃夷部倭国段）

この「皆」を対馬国（対海国）以下の各国の王とする橋本の意見は白鳥庫吉を始め多くの支持を受けています。この橋本の意見は『魏略』のみから見れば理解できますが、それはあくまでも㋐対馬国から㋓伊都国までの記述に限られた判断です。『魏志倭人伝』が記す㋐～㋗全ての構文から見る限り、この㋓の文章は伊都国に限定されるべきものであると考えられますし、「皆」とは当然ながら伊都国の代々の王を指すことになります。那珂通世は「皆統属女王国の皆の字は伊都国の世々の王を指したる辞なるべし。若しくは王を指したるにはあらで、対馬・一支・末盧・伊都の四国を指したる辞かとも聞ゆれども、下なる『郡使往来常所駐』は伊都国のみを云へるなれば、これも伊都国王のみを指せるなり」（那珂通世『外交繹史（三）魏志倭人伝』）と論じています。

このように「皆」に関する議論は活発なのですが、「女王国に統属す」なのか「女王国を統属す」なのかという議論は殆ど見当たりません。[1]「皆」の議論も「女王国に統属す」と読むことから生起した矛盾を解決するための議論なのです。

「女王国に統属す」と「女王国を統属す」では、その意味するところは全く異なります。天地が逆転するのです。

このように「女王国に」なのか「女王国を」なのかという議論が生じないのは、「女王国」の意味を曖昧にしていることに起因するのではないかと思われます。つまり「女王国」は「邪馬台国」を指しており、その「邪馬台国」はいわゆる「邪馬台国連合＝倭国」であって、西日本一帯を支配する（邪馬台国畿内説）か、北部九州の一定地域を支配する（邪馬台国九州説）かは別にして、いずれにしても広域的国家であると捉えているからではないでしょうか。伊都国はこのような広域国家「女王国」の一員であるから、当然に「女王国に統属」しているはずだ——と。

ところが今、

女王＝倭国＝邪馬台国連合（二十九か国の連合国家、女王卑弥呼を王として共立）

女王国＝邪馬台国（倭国二十九か国の中の一か国で、女王卑弥呼が統治する）≠邪馬台国連合

ということが明確になりました。

①の「世王あるも、皆女王国に統属す」と釈文する邪馬台国主導の従来説によれば、「伊都国では代々王が継承されており、その全ての伊都国王は女王国（邪馬台国）に統属されてきた（今もそうだ）」となりますし、②の「世王あり。皆、女王国を統属す」と釈文する伊都国主導説とも言うべき考え方に立てば、「伊都国では代々王が継承されてきた。その伊都国王は女王国（邪馬台国）を統属していた（今はかつてとは異なり、女王卑弥呼を戴く邪馬台国連合の一員である）」となります。

ところで、伊都国（福岡県糸島市）では三雲南小路《みくもみなみしょうじ》王墓（紀元前後頃）、井原鑓溝《いわらやりみぞ》王墓（一世紀後半～二世紀前半頃）、平原《ひらばる》王墓（二世紀終末～三世紀初頭頃）という超厚葬墓が発見されており、少なくとも紀元前後の時代から強大な権力を持った王の存在が時系列で確認されています。

また、女王卑弥呼《ひみこ》が共立されて「邪馬台国連合」が成立するのは、桓・霊の間（一四七～一八九年）に勃発し収束した「倭国大乱」が契機となります。『魏志倭人伝』他の中国史書には「倭国大乱」の終息は、邪馬台国連

合の王として「卑弥呼」が共立されたことによって成し遂げられたと明確に記されています。

倭國亂れ、相攻伐すること歴年、乃《すなわ》ち共に一女子を立てて王と為す。名づけて卑彌呼と曰う。

（『魏志倭人伝』）

次章「共に一女子を立てて王と為す」で詳述しますが、桓・霊の間（一四六～八九年）に伊都国が主導する「倭国」の中にあって、邪馬台国を中心とする農業国家群が自立を求めたことから国内紛争が勃発します。この紛争は農業国家群が自立することで一旦収束を見る（第一次倭国大乱＝倭国は伊都連邦／海洋漁労国家群と邪馬台連邦／農業国家群との分裂状態となる）のですが、続いて狗奴国（狗奴連邦／農産漁業国家群）と邪馬台連邦との間で戦争が始まり（第二次倭国大乱）、この狗奴国に対処するため、倭国の両陣営二十九か国は卑弥呼を共立することにより再び新生倭国たる「邪馬台国連合」に結集して危機を脱するのです。つまり、戦争状態となり、続いて分裂状態にあった倭国は、卑弥呼を〝王〟として共立することによって統一国家「邪馬台国連合」として再生され、連合国の軍事力を以って狗奴国軍を撤退させ「倭国大乱」を終息させているのです。

①の「世王あるも、皆女王国に統属す」の場合、遅くとも紀元前後頃から強大な権力を保持する「伊都国」が、二世紀後半の「倭国大乱」を経て三世紀中頃に至るまで、二百年を超えるであろう長期にわたって、倭国を構成する二十九か国の中の一国にしか過ぎない「邪馬台国」に従属していたことになります。このようなことは、『魏志倭人伝』を始めとする各種文献が記述する内容に矛盾するばかりでなく、考古学の成果から判断しても、とても理解できる話ではありません。先述の「皆」の議論もこの矛盾から発したものと見受けられます。

これを②の「世王あり。皆、女王国を統属す」で解釈すれば忽《たちま》ち全てが氷解します。『魏志倭人伝』は、「邪馬台国という国は、今でこそその女王が〝倭国王〟として倭国を構成する二十九か国から共立され、〝邪馬台国連合の女王〟と崇められているが、かつては〝伊都国〟が〝邪馬台国〟を従属させていた」と語っているのです。

もし、「伊都国」が「邪馬台国」に従属し続けていたのであれば、どのような理由があって伊都国のみ「世王あるも、皆女王国に統属す」と特記されなければならなかったのでしょうか。『後漢書倭伝』には、「武帝、朝鮮を滅ぼしてより、使駅（訳）漢に通ずる者、三十余国なり。国、皆王を称し、世世統を伝う」とあるのですから――。

つまり、この一文は①「世王あるも、皆女王国に統属す」と読むのではなく、②「世王あり。皆、女王国を統属す」と読み、「伊都国はかつて邪馬台国を従属させていた」と理解すべきであると考えます。

なお、先の『翰苑』は竹内理三によって釈文・訓読がなされています。それによると、正文の「分職命官統女王而列部」は「職を分け官を命じ、女王に統べて部を列ぬ」と釈文されていますが、本来は「職を分け官を命じ、女王を統べて部を列ぬ」とすべきであると思います。そのように読めば、『魏略』引用文の「その国王」も直前に記される伊都国王のことであると解すべきであり、「其國王皆屬女王（王女）也」は「伊都国王は代々女王（「国」が欠落したか。この場合は「邪馬台国」のこと）を従属させていた」と理解すべきであると考えます。

◆

（1）佐賀県教育委員会編『吉野ヶ里遺跡』（吉川弘文館、一九〇〇）の『魏志倭人伝』注解は、「最近『女王国を統属す』と読む説がある」と紹介し、奥野正男は「新釈・魏志倭人伝」（『季刊邪馬台国』一〇三号）において「世々王がおり、皆女王国を統属している」と釈文する。

2 特別な国「伊都国」

「伊都国」について『魏志倭人伝』は二回にわたって詳述しています。『魏志倭人伝』におけるこのような取り扱いは極めて特異なものであり、魏使の最終目的地である倭国の首都「邪馬台国」でさえもこのような特別扱いは受けていません。『魏志倭人伝』が広範かつ詳細に記す風俗・気候・産物・動植物・社会状況・魏との交流などは、全て「倭」地域及び「倭国＝邪馬台国連合」の描写や状況であって、「邪馬台国」に限定されたものではありません。あえて言うならば、倭国女王卑弥呼の生活態様を説明する中で「邪馬台国」の風景が「宮室・楼観・城柵、厳かに設け、常に人あり、兵を持して守衛す」と描写されているという程度です。その意味で「伊都国」は特別な国だと言えます。

① 東南、陸行五百里にして伊都國に到る。官を爾支《にち》と曰い、副を泄謨觚《せもこ》・柄渠觚《へぎよこ》と曰う。千餘戸有り。世《よよ》王有り。皆、女王國を統屬す。郡使の往來常に駐《とど》まる所なり。（『魏志倭人伝』第一段落）

＊「千餘戸」は『魏略』に「戸萬餘」とある。対海国千余戸、一大国三千許家、末盧国四千余戸と比較して、「千」は「萬」の誤りであろう。

② 女王國より以北、特に一大率《いちだいそつ》を置き〔諸國を〕檢察す。諸國は之を畏憚《いたん》す。常に伊都國に治す。國中に於いて刺史《しし》の如き有り。王、使を遣わして京都《けいと》・帶方郡・諸韓國に詣《いた》り、及び郡の倭國に使するや、皆津《しん》に臨みて捜露《そうろ》し、文書・賜遺《しい》の物を傳送して女王に詣《いた》らしめ、差錯《ささく》するを得ず。（『魏志倭人伝』第三段落）

1 伊都国の特異権力

伊都国の特殊な立場を証する原点が「世々王あり。皆、女王国を統属す」であり、それ故に魏使の来倭で慣例となっている「郡使の往来常に駐《とど》まる所なり」という実態があります。

邪馬台国連合が成立する以前の倭国にあっては、「伊都国」が絶大な権力を確保しており、倭国を構成する二十九か国全ての国王を掌握していたと考えられます。

それは三雲南小路《みくもみなみしょうじ》遺跡（紀元前後頃）・井原鑓溝《いわらやりみぞ》遺跡（一世紀後半～二世紀前半頃）を含む三雲《みくも》・井原《いわら》遺跡群や平原《ひらばる》遺跡（二世紀終末～三世紀初頭頃）などの存在から推測できますし、糸島平野全域で発見されてきた膨大

■表Ⅵ－１　「倭」の国々の国家機構

国			国王	長官	副官	其他の官
邪馬台国連合（倭国）	邪馬台国		有（卑弥呼）	伊支馬《いちま》	弥馬升《みましよう》・弥馬獲支《みまかち》・奴佳鞮《のかて》	
	伊都国		有（伊都都比古）	爾《に》　支《ち》	泄謨觚《せもこ》・柄渠觚《へぎよこ》	一大率《いちだいそつ》
	その他の国々	対海国	無（「倭国大乱」以前には各国に王がいたと考えられる）	卑《ひ》　狗《こ》	卑奴母離《ひのもり》	
		一大国		卑　狗	卑奴母離	
		末盧国		（不詳）	（不詳）	
		奴　国		兕馬觚《じまこ》	卑奴母離	
		不弥国		多《た》　模《も》	卑奴母離	
		投馬国		弥《み》　弥《み》	弥弥那利《みみなり》	
		21　国		（不詳）	（不詳）	
狗奴国			有（卑弥弓呼）	狗古智卑狗《ここちひこ》	（不詳）	

＊伊都国王の名は『魏志倭人伝』には見えない。ただし、『日本書紀』垂仁天皇紀の２年是年の「一云《あるにいう》」に登場する「伊都都比古《いとつひこ》」が伊都国王である蓋然性が高い。時代は３世紀の後半であろうが、「伊都都比古」は朝鮮半島からやってきた都怒我阿羅斯等《つぬがあらしと》（意富加羅国《おほからくに》王子）に対して、「吾は是の国の王《きみ》なり。吾を除《お》きて復二《またふたり》の王無《きみあらず》。故《かれ》、他処《あたしところ》にな往《い》にそ」と語っている。

＊末盧国に長官・副官が見えないが、弥生時代後期になると他地域に比して銅利器の発見が衰えることから、森貞次郎は大陸交通の拠点としての自主性を喪失したものと推定した。通常は一大国（壱岐）から直接伊都国へ向かう航路が利用されたのであろう。

な量の考古資料の成果から容易に理解することができます(1)。

また、邪馬台国連合が成立して以降の「伊都国」の姿については、『魏志倭人伝』の記述からしっかり読み取ることができるのです。

伊都国の支配体制　『魏志倭人伝』の舞台となった三世紀前半から三世紀中頃にあっても、「伊都国」には従前から引き続いて〝王〟が存在しています。この事実は極めて重要です。『魏志倭人伝』に記される〝王〟は、①邪馬台国女王、②狗《こ》奴《の》国王、③伊都国王の三者のみですし、③の伊都国王は遅くとも二世紀初頭から厳然として存在していたのです。

①邪馬台国は「倭国＝邪馬台国連合」の首都とされる国であ

り、その「邪馬台国」の女王が「倭国＝邪馬台国連合」の王として共立されている。

②狗奴国《この》は「倭国＝邪馬台国連合」と敵対関係にある国であり、その意味からも「倭国＝邪馬台国連合」と対峙できるほどの実力を備えている。

③伊都国は、「倭国＝邪馬台国連合」が発足するまでの長期にわたって倭国（≠邪馬台国連合）の盟主であった。

また、伊都国には〝国王〟の下に長官と二人の副官がいます。邪馬台国（長官と三人の副官による四等官制）を除くと、他の倭国の国々の官制（長官と一人の副官）とは一線を画していますし、〝一大率《いちだいそつ》〟という特殊な官も置かれています。

特異権力の発生　『漢書』地理志に百余国あったとされる倭の国々は、『後漢書倭伝』では三十許国となり、三十か国の全ての国々にいたと見られる国王は、『魏志倭人伝』では三か国が記されるに過ぎません。倭地域では、紀元前一世紀頃から二世紀の終末頃に至る間にあって、地域の政治地図に極めて大きな変動が生じたものと見受けられます。

●樂浪海中に倭人有り、分かれて百餘國と為る。　（『漢書』地理志燕地の条）

●倭は（略）凡そ百餘國あり。武帝、朝鮮を滅ぼしてより、使驛（譯）漢に通ずる者、三十許國なり。國、皆王を称し、世世統を傳う。　（『後漢書倭伝』）

●倭人は（略）舊百餘國。漢の時朝見する者あり。今、使譯通ずる所三十國。

●東南、陸行五百里にして伊都國に到る。（略）世《よよ》王有り。皆、女王國を統屬す。

●南、邪馬臺（台）國に至る、女王の都する所、

●其の南に狗奴《この》國有り、男子を王と為す。

（以上『魏志倭人伝』）

第①に、倭地域にあった百余の国々が徐々に淘汰されて三十か国となり、それまで対外的に重要な役割を務めてきた「倭の奴《の》国」にあっても、一世紀後半〜二世紀初頭までに「伊都国」を盟主とする連邦国家「倭国」に吸収され、三十か国の中の一国になったものと推測されます。

紀元前二世紀頃から早良平野（吉武遺跡群／吉武高木王墓）に営々と培ってきた「奴国」の文化的基盤は、紀元前後に至って倭地域全体の近代化を促し、また、紀元前後における中国・朝鮮半島の政治的動向（前漢の滅亡、新の創建と滅亡、後漢の創建及び後漢の辺境政策の変更など）に触発されたこととも相俟って、早良平野の東西、すなわち福岡平野（邪馬台国＝須玖遺跡群／須玖岡本D王墓）と糸島平野（伊都国＝三雲・井原遺跡群／三雲南小路王墓）に急激な政治権力の台頭・発展をもたらしたものと考えます。

第②に、逸早く二世紀初頭までに倭地域の北半（南半は狗奴《この》国の勢力範囲＝佐賀平野／吉野ヶ里遺跡）を掌握した「伊都国」は、「倭国」の盟主として東アジア世界に華々しく飛翔しますが、一方で国内的には二世紀後半頃に至って「邪馬台国」を中心とする政治勢力（邪馬台連邦＝元々、紀元前後〔須玖岡本D王墓〕から勢力を培っていた）が倭国内勢力として大きく台頭することを看過し、倭国内にいわゆる「第一次倭国大乱」を惹起させるのです。

この「第一次倭国大乱」は倭国の中にあって邪馬台連邦が相応の自立を果たすことで一応の収束を見ますが、程なく邪馬台連邦と狗奴国（狗奴国は「狗奴連邦」の盟主として、佐賀平野一帯をまとめていたと推測される）との間に新たな領土紛争が勃発したものと思われます。これがいわゆる「第二次倭国大乱」です。

第一次倭国大乱で疲弊の著しい邪馬台連邦は伊都連邦に救援を求め、伊都連邦と邪馬台連邦とは再び一つの「倭国」として大同団結したのであり、その新しい政治機構が「邪馬台国連合」であったと考えます。

ここでも詳細は次章「共に一女子を立てて王と為す」に譲りますが、「邪馬台国連合」は邪馬台国と伊都国を軸にした「双頭・複眼国家」であり、邪馬台国女王卑弥呼は新国家の精神的シンボル（巫女王）として君臨しますが、政治的統治は伊都国王が行ったのです。

しかし、邪馬台連邦の窮地を救ったのが伊都連邦であったにしても、伊都連邦は邪馬台連邦と第一次倭国大乱を戦っており、その結果として自立を許容せざるを得なかったのですから、邪馬台連邦の力量を蔑ろにはできません。伊都連邦は新生倭国（邪馬台国連合）の政治権力を得る代償として、祭祀権（名目上の新生倭国の盟主）を邪馬台連邦に譲り渡したのです。

これによって、伊都連邦諸国の精神的シンボルとして崇められてきた伊都国大巫女（平原遺跡の被葬者）の役割は終焉を迎えたのであり、伊都国は〝王〟を中心とした政治国家として特化することで、それまでに築いてきた覇権を「新生倭国＝邪馬台国連合」の中でも保持し続けることができたと考えます。『魏志倭人伝』において、伊都国王の権力が突出しているのも至極当然であると言えましょう。

伊都国に駐在する郡使

『魏志倭人伝』によれば、伊都国は「郡使の往来常に駐《とど》まる所なり」とあります。なぜ、帯方郡使は伊都国に駐《とど》まったのでしょうか。それは既に説明したとおり、第①に伊都国が一世紀以上の長期にわたって「倭国」の盟主として君臨してきた赫々《かくかく》たる歴史があったからであり、第②に伊都国が三世紀当時にあっても「倭国＝邪馬台国連合」の政治的実権を保持しており、特に外交権を掌握していたからに他なりません。

魏使を始めとする諸外国からの使節は、伊都国で入国手続きを行い、伊都国に外交文書を提出し、伊都国の管理下で荷解きをしたのです。

伊都国王は外国使節の到来を「邪馬台国連合」の都である邪馬台国に知らせ、女王卑弥呼への表敬を設定させたに違いありません。その上で、外国使節は伊都国王が準備した儀杖兵に護られ、伊都国王が女王卑弥呼のために取捨選択した文書と品物を携えた伊都国の官吏を従え、「邪馬台国連合」の都である邪馬台国に粛々と足を運んだものと推測されます。郡使など外国からの使節は、倭国側の事情によって必ず数日間、少なくとも伊都国の伝令が伊都国と邪馬台国を往復する期間について伊都国に駐《とど》まる必要があったのです。

2 外交通商権の掌握

伊都国が特殊な権限を持った国であることは『魏志倭人伝』に具体的に記されています。

①帯方郡使が来訪する場合は、いつも駐在（逗留）する。

②一大率《いちだいそつ》を置き、女王国以北（女王国＝邪馬台国は含まない）の諸国を検察しており、諸国はこれを畏憚《いたん》している。

③王が京都《けいと》・帯方郡・諸韓国に遣使している。

④帯方郡使の来訪の折には伊都国の港で荷物を調査し、文書や賜遺《しい》のものを女王に伝送する。

中でも、②〜④を含む「女王国より以北、……差錯するを得ず」の段落は難解だとされており、従来から様々な釈文が試みられています。

一大率と卑奴母離　その①が前段の「女王国より以北、特に一大率《いちだいそつ》を置き（諸国を）検察す。諸国はこれを畏憚《いたん》す。常に伊都国に治す。国中において刺史《しし》の如きあり」に係るものです。中でも「一大率《いちだいそつ》」の解釈は、「倭国＝邪馬台国連合」の統治機構・外交機構に迫る上で極めて重要です。

ところが、「自女王国以北、特置一大率、検察諸国」には主語が欠けており、一大率を設置して諸国を検察せしめる主体が必ずしも明確ではありません。

この点について、三品彰英は「文中主語の不明な場合には、撰者の意識に従って読んでゆくのが、撰者の考えに即する読解となる」として、「誰が一大率を置き、諸国を検察せしめたか、文法的にはその主語が明確でないにもかかわらず、その主体が邪馬台国であるとして、今まで何びとも疑わずに読解している」（三品『総覧』倭人伝の読み方）と論じて邪馬台国説を容認していますし、松本清張のように「魏の命令をうけ、帯方郡より派遣されてきた女王国以北の軍政官」（『古代史疑』、『清張通史（一）』）とする意見などもあります。

主語が明確でない文章のあるべき読み方として、三品彰英の考えは正鵠を得ていると思います。しかし、「邪馬台国」と「邪馬台国連合」とを曖昧にしたままであり、「双頭・複眼国家」である「邪馬台国連合」の政治体制にまで踏み込んでいないのであれば、「撰者の考えに即する読解」が得られたとは言えません。

「一大率」の職掌は「女王国より以北」の諸国を検察することとされています。刺史の実態は時代によって変化しますが、「国（魏）中の刺史《しし》のようだ」とされますので、魏朝の刺史の権限である「一州を統括し、使持節《しじせつ》・都督《ととく》として兵権をも掌握する」など、非常に重たい権限が付与されていたことになります。

この「女王国より以北、……差錯するを得ず」の段落は、魏として最も関心が高い外交関連事項ですから、「一大率」の職務は「邪馬台国連合」の生命線である国際海洋通交ルートの確保及び防衛と海外情報の収集が主たるものであったろうと推測されます。

そこで関連する官職が「卑奴母離《ひのもり》」です。古代にあっては重要な通信連絡手段であった狼煙《のろし》を所管する「火《ひの》守《もり》」に、辺境警備を任務とする「鄙守《ひなもり》・夷守《ひなもり》」とが複合した官であったと考えられ、また、対海国・一大国・（末盧国）・奴国・不弥国に同一名称の官として配置されていることから、「邪馬台国連合」から派遣された官であるものの、その実態は政治的統治権限を保有する「伊都国」によって任命・配置され、運用される官職であると見なければなりません。

この「一大率」と「卑奴母離」は強く関連づけられる官職であり、両官職は伊都連邦内において機能する独自性の強い職掌であると考えられます。両官職は伊都国王によって任命され、「卑奴母離」は伊都国に常在する「一大率」の指揮・監督の下で諸国に派遣されたのであって、双方とも海洋漁労国家群である伊都連邦内において包括的な地方支配に深く関与していた官職であると理解できます。

また、三品は『総覧』注解において、「一大率を伊都国に設置した歴史的状況として、二世紀代に伊都国を中心として結成された沿岸諸国の連合体が三世紀代においてもなお解消されていなかった」とする井上光貞の意見を紹介していますが、その「沿岸諸国の連合体」こそ本書にいう「伊都連邦」に相当します。

なお、紀元一世紀後半頃まで倭地域北部の覇権を握っていた「奴《の》国」（早良平野＝吉武遺跡群、野方遺跡）について、邪馬台国（福岡平野＝比恵・那珂遺跡、須玖遺跡群）ではなく、伊都国（糸島平野＝三雲・井原遺跡群）の勢力圏に併合・吸収されたと述べましたが、「奴国」の副官が「卑奴母離」であることから、「卑奴母離」を副官とする他の玄界灘沿岸諸国（海洋漁労国家群）と同様に「奴国」は伊都連邦の一国と見做されるのであり、これが本書の「伊都国が奴国を併合した」とする考え方に対する一つの判断材料となっています。

伊都国王と卑狗　その②が後段の「王、使を遣わして京都《けいと》（洛陽）・帯方郡・諸韓国に詣《いた》り、及び郡（帯方郡）の倭国に使するや、皆津《しん》に臨みて捜露し、文書・賜遺《しい》の物を伝送して女王に詣《いた》らしめ、差錯《ささく》するを得ず」に係るものです。

この「王、使を遣わし」の〝王〟について、一般的には「倭国＝邪馬台国連合」の〝女王〟を指すとされています。その理由は、本来『魏志倭人伝』は魏と倭国との使節往来を伝えるために書かれ、〝女王〟の存在は撰者・陳寿の脳裏から離れなかったと推測され、そうであれば〝王〟は〝女王〟を指すと解するのが撰者の意図に即した解釈といえる（三品『総覧』倭人伝の読み方）――というものです。

しかし、すでに検討したように「伊都国」は特別な権力を有する国です。『魏志倭人伝』は伊都国を特別な国として描写しているのです。

ここでは同一文節の中に〝王〟と〝女王〟が登場します。この両者が同一対象を指しているとは到底考えられません。一方は主体であり、一方は客体です。那珂通世が示唆するように、「寧ろ王と女王を区別した書き方が、王が女王でないこと、従って王は伊都国王である」ことを示しているのです。

さらにこの文節（後段）を分解すると、

㋐王遣使詣京都帯方郡諸韓國（王、使を遣わして京都・帯方郡・諸韓国に詣り）

㋑及郡使倭國皆臨津捜露傳送文書賜遺之物詣女王不得差錯（及び郡の倭国に使するや、皆津に臨みて捜露し、文書・賜遺の物を伝送して女王に詣らしめ、差錯するを得ず）

となります。

㋐は、「邪馬台国連合」が外交使節を諸外国に派遣する場合の主体は「伊都国王」であると記しており、㋑は、帯方郡からの使節が「邪馬台国連合」に来着した場合、「伊都国王」が港で臨検し、外交文書（国交文書）や賜遺の物（授与品や土産品）についてのみ女王（邪馬台国連合、または首都・邪馬台国に居住する女王）に伝送すると記しています。

もっとも㋑については、ⓐ「皆津に臨んで捜露し、伝送の文書・賜遺の物をして、女王に詣り差錯するを得ざらしむ」またはⓑ「皆津に臨んで伝送の文書・賜遺の物を捜露し、女王に詣りて差錯するを得ざらしむ」と読んで、「皆津に臨んで、（使節所持の）伝送文書・賜遺の物を捜露し、それらが女王の許にもたらされた時に、差誤を生じさせないようにする」とも解せますが、伊都国王の権能が極めて大きいことが理解できた現状では、本文釈文のとおりⓒ「皆津に臨んで捜露し、文書・賜遺の物を伝送して女王に詣らしめ、差錯するを得ず（差誤などあり得ない。あるいは、女王側から異議の申し出などはあり得ない）」と解するのが自然だと考えます。

ⓐ及びⓑのように、「邪馬台国連合の女王に届けられるべき文書や賜遺の品物を、女王の許に至らぬ途中で邪馬台国連合の一国に過ぎない伊都国の官吏が捜露する」ということであるとして、このような魏使に対して疑念を懐くような、あるいは魏使に対して礼を失するような行為が許されたとは考えられません。

伊都国王は「邪馬台国連合」の政治的実権を握り、外交特権を有しているのであって、諸外国からの外交使節の実質的な目的地は「伊都国」であったと考えられます。それ故に㋑の文章はⓒのように読解すべきだと考えます。

ところがⓒのように読んで、「魏の使節を伊都に停め置いて、一大率か他の役人が魏帝や帯方郡からの文書や賜遺の物を差錯なく女王に伝送することになるので、魏の使節は実際には伊都以遠に行くことはなかった」とする見解があります。この見解は邪馬台国がはるかに遠方にあるとの予断に基づくものですが、そのように理解しなければならない必然性は全くありません。それは前項の「伊都国に駐在する郡使」で述べたとおりです。国書などを携えた諸外国からの使節が、その国の元首に謁見しない、またはできないことこそ不自然であり、外交通念上あり得ないことだと思います。国書や選ばれた賜遺の物を携えた諸外国からの使節は、「倭国＝邪馬台国連合」の元首である〝女王〟の許に必ずや表敬のために訪問したものと考えます。

本節の最後に「卑狗《ひこ》」に触れておきます。「卑狗」は一般に「日子《ひこ》」「比古《ひこ》」「彦《ひこ》」に当てられます。「日子」は「日の子」であり、大陸系の日光感性神話などとの関連が想起されます。また、『日本書紀』では「彦」を「比古」と表記する例があります。「比古」と「卑狗」は上代特殊仮名遣いにおいて同じ甲類に属し、音韻上から見ても同語として矛盾はないとされます。一般には「比古」「彦」は「男子の美称」とされますが、「日子」も含めて発生源に鑑みると〝王〟である蓋然性が高いと思います。

> 穴門《ながと》に到る時に、其の國に人有り。名は伊都都比古《いとつひこ》。臣《やつかれ》（都怒我阿羅斯等《つぬがあらしと》）に謂《かた》りて曰《い》はく、「吾は是の國の王《きみ》なり。吾《お》を除きて復二《またふたり》の王無《きみあらず》。故《かれ》、他處《あたしところ》にな往《い》にそ」といふ。
>
> （『日本書紀』垂仁天皇二年是年条、一云）

伊都国王の名前は『魏志倭人伝』には見えませんが、『日本書紀』に見える「伊都都比古《いとつひこ》」が「伊都の王」、つまり伊都国王の呼称ではないかと考えられます。それであれば、この伊都国王の「比古」から想起して、対海国(対馬)や一大国(壱岐)の官である「卑狗」も、元は〝王〟であった可能性があります。

かつて〝王〟を戴いていた百余国が三十か国程度に淘汰され、さらに倭国大乱を経て「邪馬台国連合」が成立するまでの間に、統治権や兵権(軍事権)の集約・統合を求める社会情勢の渦中にあって、諸国の王制は解体を余儀なくされたものと考えます。「双頭・複眼国家」の盟主となった邪馬台国〝女王〟と伊都国〝王〟を除いて、倭国の諸〝王〟は全て〝官〟として体制内組織に組み込まれましたが、〝王〟の痕跡が呼称の一部に「卑狗=比古」として遺存したものと考えられます。

ちなみに、狗奴《この》国の〝王〟は「卑弥弓呼《ひみくこ》(あるいは「卑弓弥呼《ひこみこ》」か)」であり、〝官〟は「狗古智卑狗《こくちひこ》」です。この「狗古智卑狗(比古)」は狗奴国の〝官〟ですが、かつてはいずれかの国の〝王〟であった者が、狗奴国王を支える高官として活躍しているものと考えられます。狗奴国については第Ⅶ章「共に一女子を立てて王と為す」及び第Ⅷ章「周旋五千余里可り」で詳述しますが、狗奴国もまた伊都国や邪馬台国と同様に、連邦国家の盟主国として「狗奴連邦」を形成していたと想定する根拠の一つがここにあります。

---

(1) 伊都国以前から伊都国時代までの王墓・集落・遺跡、さらに伊都国以後の古墳の状況など、伊都国に係る考古学的成果は、伊都国歴史博物館名誉館長西谷正編『伊都国の研究』に詳しい。

第VII章

共に一女子を立てて王と為す

魏志倭人伝⑬　女王卑弥呼の誕生

1　倭国大乱

「倭国大乱」は『後漢書倭伝』に「倭国大いに乱れ」とあることから一般に呼び慣らされていますが、『魏志倭人伝』『晋書倭人伝』『梁書倭伝』『北史倭国伝』『太平御覧（所引魏志）』などにも同様の記事を見ることができます。新生倭国とも言える「邪馬台国連合」の王として邪馬台国の女王卑弥呼《ひみこ》が共立された直接の理由を、これらの記述は挙って「倭国大乱」を収拾させるためであったとしています[1]。

●桓・靈の間（一四六～八九年）、倭國大いに亂れ、更《こもごも》相攻伐し、歴年主（王）無し。一女子有り、名を卑彌呼と曰《い》う。（略）是《ここ》に於いて、共に立てて王と為す。（『後漢書倭伝』）

●其の國、本《もと》亦男子を以って王と為し、住《とど》まること七、八十年。倭國亂れ、相攻伐すること歴年、乃《すなわ》ち共に一女子を立てて王と為す。名づけて卑彌呼と曰う。（『魏志倭人伝』）

●舊《もと》、男子を以って主（王）と為す。漢末、倭人亂れ、攻伐して定まらず。乃ち女子を立てて王と為す。名づけて卑彌呼と曰う。（『晋書倭人伝』）

●漢の靈帝光和中（一七八～八三年）、倭國亂れ、相攻伐すること歴年、乃ち共に一女子卑彌呼を立てて王と為す。（『梁書倭伝』）

●靈帝光和中（一七八～八三年）、其の國亂れ、遞《たが》いに相攻伐し、歴年主（王）無し。女子名は卑彌呼あり、（略）國人共に立てて王と為す。（『北史倭国伝』）

●又（魏志）曰はく、倭國は本男子を以って王と為す。漢の靈帝光和中（一七八～八三年）、倭國亂れ、相攻伐して定め無し。乃ち一女子を立てて王と為す。名は卑彌呼。（『太平御覧所引魏志』）

1 倭国の成立

中国の文献には古くから、「倭」「倭人」という語句が登場します。

蓋《がい》國は鉅燕《きょえん》（～紀元前二二二年）の南、倭の北に在り。倭は燕に屬す。（『山海経』海内北経）

成王の時（紀元前一〇二〇年頃）、越裳は雉を獻じ、倭人は暢を貢ず。（『論衡』恢国篇）

周の時（～紀元前二五六年）、天下太平。越裳は白雉を獻じ、倭人は鬯草《ちょうそう》・暢草《ちょうそう》を貢ず。（『論衡』異虚篇）

＊山海経▽二八頁参照のこと。

＊論衡▽後漢時代の江南人・王充（ＡＤ二七年～一世紀末頃）が著した思想書。三十巻八十五篇。

これらの「倭」「倭人」がいずれの地域や人々を指しているかということ、つまり、日本列島やそこに居住する人々を指すのか、または大陸の一定地域や朝鮮半島など日本列島以外の地域やそこに居住する人々を指すのか、あるいはその両方であるのか等々については諸説があり、現状では通説を形成するには至っていません。

しかし、「倭」「倭人」がいずれの地域や人々を指しているのか通説を見るに至っていないとしても、日本列島やそこに居住する人々をも指しているであろうことは諸書の記述から推測することができます。

ところが「倭国」となると日本列島に存在した国であることは確実であり、『魏志倭人伝』や『隋書倭国伝』を始めとする中国正史を紐解けば、日本列島の一定地域、それも「北部九州」に存在した蓋然性が高くなります。少なくとも『魏志倭人伝』が記述する「倭国＝邪馬台国連合」が北部九州にあったことは既に論じたところです。

> 建武中元二（五七）年、倭奴國、奉貢朝賀す。使人自ら大夫と稱す。倭國の極南界なり。光武《こうぶ》賜うに印綬を以ってす。安帝の永初元（一〇七）年、倭國王帥升《すいしょう》等、生口百六十人を獻じ、請見を願う。
> （『後漢書倭伝』）

それでは「倭国」とはいつ誕生したのでしょうか。右の文は『後漢書倭伝』の一節で、「桓・霊の間、倭国大いに乱れ、……」の直前に記されるものです。ここに「倭奴国」と「倭国」が並んで登場します。この「倭奴国」について、『後漢書倭伝』は倭《わ》（地域）の中にある「奴《の》」という国、または「倭奴《わの》」という国として理解しているのであって、「倭奴国＝倭国」という認識が存在していたのではありません。つまり、建武中元二（五七）年の段階では、未だ「倭国」は成立していないのです。

それは、『後漢書倭伝』の建武中元二（五七）年の記事と倭国王帥升《すいしょう》等が遣使した永初元（一〇七）年の記事が連続して記述されているにも拘わらず、両者の国名が相違するという事実から推定できます。永初元年の記述は「倭国王」であって、決して建武中元二年の記述に見える「倭奴国王」ではありません。仮に両者が同一国であったとした場合、同じ書籍の中にあって連続する国名表記に異同があるとはとても考えられません。

なお、この建武中元二年の文中に見える「倭国の極南界なり」は、『後漢書倭伝』の撰述に当たって参考にしたと思われる『魏志倭人伝』の記事に引きずられ、誤解に至ったものと考えられ、建武中元二年の段階で「倭国」が存在したとする証拠にはなりません。

■表Ⅶ－１　倭（国）から中国（後漢～宋）への遣使及びその理由（推定）

<table>
<tr><th>西暦</th><th>遣使先</th><th>派遣者</th><th>派遣理由（推定）【　】は中国王朝による除正</th><th>出典</th></tr>
<tr><td>57年</td><td rowspan="3">後　漢</td><td>倭奴国王</td><td>①光武帝の封禅（56年）を祝す。【漢倭奴国王】</td><td rowspan="2">後漢書倭伝</td></tr>
<tr><td>107年</td><td>倭国王帥升</td><td>⑥安帝の即位（106年）を祝す。</td></tr>
<tr><td>189年</td><td>（卑弥呼か）</td><td>⑬少帝または⑭献帝の即位（189年）を祝す。</td><td>中平銘鉄刀</td></tr>
<tr><td>239年</td><td rowspan="2">魏</td><td rowspan="3">倭国女王
卑弥呼</td><td>②明帝の公孫淵討伐（238年）を祝す。但し、明帝急逝（239年１月）により、併せて③少帝（曹芳）の即位（239年１月）を祝す。【親魏倭王】</td><td rowspan="4">魏志倭人伝
同　明帝紀
同　少帝紀
ほか</td></tr>
<tr><td>243年</td><td>③少帝（曹芳）の元服（243年）を祝す。</td></tr>
<tr><td>247年</td><td>帯方郡</td><td>帯方太守王頎の就任を祝し、併せて狗奴国の攻撃を愁訴する。</td></tr>
<tr><td>（249年）</td><td>帯方郡
魏</td><td rowspan="2">倭国女王壱与</td><td>帯方郡使塞曹掾史張政を送還し、臺（洛陽）に詣って帯方郡の措置に答謝する。</td></tr>
<tr><td>266年</td><td>西　晋</td><td>西晋建国と①武帝の即位（265年）を祝す。</td><td>晋書武帝紀</td></tr>
<tr><td>413年</td><td>東　晋</td><td rowspan="3">倭王讃（仁徳）</td><td>倭王讃の即位（413年推定）を報告する。</td><td>晋書安帝紀</td></tr>
<tr><td>421年</td><td>宋
（武帝）</td><td>宋建国と①武帝の即位（420年）を祝す。【安東将軍・倭国王】（推定）</td><td rowspan="2">宋書倭国伝</td></tr>
<tr><td>425年</td><td rowspan="5">宋
（文帝）</td><td>③文帝の即位（424年）を祝す。</td></tr>
<tr><td>430年</td><td>？　（履中）</td><td>倭王讃（仁徳）の崩御を報告する。</td><td>宋書文帝紀</td></tr>
<tr><td>438年</td><td>倭王珍（反正）</td><td>倭王珍の即位（436年推定）を報告し、除正を求める。【安東将軍・倭国王】</td><td rowspan="3">宋書倭国伝
同　文帝紀</td></tr>
<tr><td>443年</td><td rowspan="2">倭王済（允恭）</td><td>倭王済の即位（442年推定）を報告する。【安東将軍・倭国王】</td></tr>
<tr><td>451年</td><td>倭王済が除正を求める。【使持節都督倭・新羅・任那・加羅・秦韓・慕韓六国諸軍事安東大将軍】に進号する。</td></tr>
<tr><td>（453年）</td><td rowspan="2">宋
（孝武帝）</td><td>倭王世子興
（木梨軽皇子）</td><td>④孝武帝の即位（453年）を祝す。倭王世子興は、462年に【安東将軍・倭国王】に除される。</td><td rowspan="2">宋書倭国伝
同孝武帝紀</td></tr>
<tr><td>460年</td><td rowspan="3">倭王武（雄略）</td><td>倭王武の即位（457年）を報告し、除正を求める。</td></tr>
<tr><td>477年</td><td rowspan="2">宋
（順帝）</td><td>⑧順帝の即位（477年）を祝す。</td><td>宋書順帝紀</td></tr>
<tr><td>478年</td><td>上表して除正を求める。【使持節都督倭・新羅・任那・加羅・秦韓・慕韓六国諸軍事安東大将軍・倭（国）王】</td><td>宋書倭国伝
同　順帝紀</td></tr>
</table>

［表Ⅶ－１注］

＊西暦欄の（　）は推定。⑴249年推定の遣使は、塞曹掾史張政の帯方郡への送還が目的であったが、249年正月に魏朝廷において司馬宣王（懿）のクーデターが成功したため、急遽魏都洛陽に詣り（帯方太守王頎の勧めもあったであろう）、帯方郡の措置に答謝したものと考えられる。⑵453年推定の遣使は、孝武帝の即位（453年４月）を祝し、同年４月から木梨軽皇子の自殺（または配流、同年10～12月頃）までの間に皇太子木梨軽皇子が発遣したものと考えられる。

＊430年の遣使につき、『宋書』文帝紀の元嘉７（430）年正月条に「是月倭国王遣使献方物」とある。履中天皇の即位は430年２月であるが、429年１月に仁徳天皇が崩御しているので、その間に皇太子（去来穂別）が次代の天皇として遣使し、仁徳天皇の崩御と自らの践祚を報告したものであろう。

＊479～599年の120年間は倭国から中国に遣使された記録がない。600年以降の「遣隋使・遣唐使」派遣の主な理由は先進文物・制度の輸入である。なお、『南斉書』及び『梁書』に倭王武をそれぞれ「陳東大将軍」（479年）及び「征東（大）将軍」（502年）に除正する記述を見るが、これらは両朝の建国に当たっての形式的な除正であった可能性を否定できない。

永初元（一〇七）年に「倭国王」が後漢に遣使した直接的な理由は安帝《あんてい》（後漢第⑥代天子、在位一〇六～二五年）の即位を祝しての表敬であったと考えられます。表Ⅶ－1から分かるように、倭国から中国へ遣使する場合、その理由として中国側の慶祝すべき事象にあやかることが多く、新皇帝の即位に対する祝賀の表敬が最も多いのです。

第Ⅱ章1節でも若干触れましたが、「倭国」の成立は和帝《わてい》（後漢第④代天子、在位八八～一〇五年）が即位した章和二（八八）年以降であって、実際に倭国王帥升が遣使した永初元（一〇七）年までのいずれかの時点であったということになります。章和二（八八）年以前に「倭国」が成立しておれば、必ずや和帝即位の時点で表敬が行われ、「倭国」からの遣使記事が『後漢書倭伝』に記されたであろうからです。

なお、後漢第⑤代天子は殤帝《しょうてい》ですが、元興元（一〇五）年十二月から翌年八月までのわずか九か月の在位で夭逝しており、表敬の遑《いとま》がなかったものと考えられます。

2 東アジア諸地域の社会情勢

二世紀の後半、「倭国」は戦乱の状況にありました。『魏志倭人伝』には「倭国乱れ、相攻伐すること歴年」とあります。しかし、その具体的な時期については記されていません。

これを補うものとして『後漢書倭伝』が「桓・霊の間、倭国大いに乱れ、更々《こもごも》相攻伐し、歴年主（王）なし」と記しています。後漢第⑪代桓帝の治世は一四六～六七年、同第⑫代霊帝の治世は一六八～八九年なので、「倭国」は一四六～八九年の間に戦乱があり、大いに乱れたということになります。

また、『梁書倭伝』他には「漢の霊帝光和中、倭国乱れ、相攻伐すること歴年」とあって、後漢の光和年間すなわち一七八～八三年の間に戦乱があったとされます。

この「倭国大乱」は、東アジアを覆う国際状況から大きな影響を受けているようです。まず、この点から見ておかなければなりません。

中国の状況　紀元二年に約六千万人であった漢の人口は、戦乱のための食料不足などを主たる原因として、新《しん》（王莽《おうもう》）の時代（八～二三年）に半減し、後漢の光武帝が中国を統一するまでの間（～三七年）にさらに半減したとされます。後漢王朝では光武帝が建国以来緊縮政策を続けたことにより、後漢当初の人口は次のように順調に回復しますが、その①～④などの理由から、二世紀になると衰退の兆しが見え始め、東アジアの政治情勢は混迷を深めることになります。

［後漢当初の人口］

三七年　約一五〇〇万人
五七年　約二一〇〇万人
七五年　約三四一三万人
八八年　約四三三六万人
一〇五年　約五三二六万人

＊以後、頭打ちとなり四九〇〇万人前後で安定する。

（岡田英弘『倭国　東アジア世界の中で』より。以下の人口も同じ）

その①は、後漢王朝内部の後継者問題です。第④代和帝（在位八八～一〇五年）は後継者に恵まれず、皇后の陰《いん》氏を廃して鄧《とう》氏を立てますが、結局は父子による直系相続が不可能となり、第⑥代皇帝には甥で十三歳の安帝（在位一〇六～一二五年）を迎えざるを得なかったことです（第⑤代殤帝は幼児で早世する）。

⬇倭国王帥升《すいしょう》の貢献（一〇七年）は、安帝の即位（一〇六年）を祝したものであろう。

その②は、異常気象です。この時代は小氷期と呼ばれる気候の寒冷期に当たっており、大雨が続き食料の供給が大幅に減じています。

⬇一九三年、倭国は大飢饉に見舞われ、倭人千余人が食料を求めて新羅に渡っている。投馬国の南九州への逃避も倭国大乱及び飢饉によるものであったろう。

その③は、諸蛮の反乱です。中央アジア諸国が悉く叛いたことから後漢王朝はその放棄を余儀なくされ、辺境遊牧民である羌《きょう》・鮮卑《せんぴ》や高句麗なども叛乱や入寇を繰り返しています。

⬇一〇七年、西域が漢に叛き、西域都護を廃止する。

一四〇年、羌族の連合軍が長安の前漢陵を冒す。

一五六年、鮮卑の壇石塊《だんせっかい》は後漢の懐柔策を拒否する。

その④は、黄巾《こうきん》の乱の勃発です。一八四年に勃発した叛乱の原因は、㋐後漢王朝内部の腐敗と混乱（党錮《とうこ》事件――朝廷を専断する宦官《かんがん》を排除しようとする清流派を排斥・弾圧した事件で、一六六、一六九年に発生した）により体制の弱体化が進行したこと、及び㋑安定を欠いた余剰人口が都市に集中して膨大な数の貧民層を現出（概ね五千万人前後で安定していた二世紀前半の人口が、一五〇年頃から急上昇し、一五七年には五六〇〇万人を超えた）したことなどによります。黄巾の乱を起こした集団は、元々、山東地方の神仙思想を奉じる道教系の宗教結社「太平道《たいへいどう》」でしたが、末世の様相を示す中央・地方の政治に対して、大同社会・理想国家を創ろうとする政治活動に発展し、遂には軍事的叛乱となったものです。

この「黄巾」を目印とした集団は、「蒼天はすでに死せり、黄天はまさに立つべし」を合言葉に約三十六万人が一斉蜂起し、最盛期には五十万人が参加したと言われています。黄巾軍は政府の正規軍には太刀打ちできず主力部隊は忽ち鎮圧されますが、その余波は各地の軍隊の叛乱となり、それを鎮圧する将軍たちの勢力争いは中国全土を内戦状態へと導きました。そのような中で統治能力を喪失した後漢王朝は、第⑫代霊帝の治世（一六八～八九年）を以って事実上潰滅したのです（形式的には後漢の献帝が魏の文帝に禅譲する二二〇年まで存続する）。

➡一八九年、袁紹《えんしょう》が宦官《かんがん》二千人を殺戮し、董卓《とうたく》が洛陽を占拠する。
一九〇年、袁紹ら、董卓に対して挙兵する。洛陽が焼亡する。
一九四年、張魯《ちょうろ》が漢中に五斗米道《ごとべいどう》の国を立てる。

二世紀終盤の東アジアでは政治的に安定をもたらす勢力は霧散しており、中国東北辺境にあっては、遼東太守の公孫氏（公孫度《たく》）が遼東郡・玄菟郡・楽浪郡を率いて独立し（一八九年に後漢から遼東太守に任ぜられ、そのまま自立する。なお、公孫康《こう》の時代に楽浪郡を分けて帯方郡を置く）、自ら遼東候・平州牧と称して東夷諸国に影響力を行使することになります。

つまり、「三国志」の時代（一八〇～二八〇年頃）の前半期（一八九～二三八年）は、魏（曹氏）・蜀（劉氏）・呉（孫氏）の三国に遼東（公孫氏）を加えた「四国」の時代として捉える必要があります。

➡一八九年　董卓《とうたく》の乱が起こる。公孫度が遼東太守に任ぜられ、以後自立する。
二一六年　曹操《そうそう》が魏王となる。
二二〇年　曹丕《そうひ》が魏王朝を創始する（後漢王朝の滅亡）。
二二一年　劉備《りゅうび》が蜀王朝を創始する。
二二二年　孫権《そんけん》が呉王朝を創始する（二二九年に皇帝を称す）。
二三四年　公孫淵《こうそんえん》、魏より楽浪公に封じられる。

二三八年　魏、公孫氏を滅ぼす。
二六三年　魏、蜀を滅ぼす。
二六五年　司馬炎《しばえん》が魏の禅譲を受け、西晋王朝を創始する。
二八〇年　西晋、呉を滅ぼし天下を統一する。

なお、中国が一八四年（黄巾の乱）から二八〇年（西晋による統一）までの百年という長きにわたって統一できなかった理由は、人口の極端な減少であったと見做されます。天候不順や戦乱が原因で農業生産が低迷し、深刻な食糧不足は大量の餓死者を生み、労働力の再生産は望むべくもなかったのです。二三四年に蜀の諸葛孔明《しょかつこうめい》が死んで休戦が常態化すると徐々に人口は回復しますが、中国の人口が黄巾の乱以前の状態（約五千万人）に戻るのは隋が中国を統一した後の七世紀になってからであり、実に四百年近くの歳月を要したことになります。しかも、その頃の中国人は、もはや漢代の中国人の子孫ではなく、大部分が北アジア系になっていたとさえ言われています。

⬇一四〇年　約四九一五万人

二三〇年代　約五百万人（魏～約二五〇万人、蜀～約百万人、呉～約一五〇万人）

＊二三〇年代の人口は、魏の高官三人（杜恕・陳群・蒋済）が提出した意見書からの推計である。なお、中国における極端な人口減少は、自然減のみではなく、社会減が含まれていると考えられる。つまり、政情不安により、逃亡・逃散などが拡大し、時の政府の管理下から外れた人々が大幅に増加したためである。

朝鮮半島及び倭の状況　倭国は対馬海峡西水道（朝鮮海峡）を挟んで、朝鮮半島と一衣帯水の関係にあります。そのため、朝鮮半島の政治的動向は直ちに倭国に影響を与えることになります。

さて、紀元五七年に倭の奴国が光武帝の後漢に貢献して金印紫綬を受けていますが、その五十年後の一〇七年に倭国王帥升が安帝の後漢に貢献しています。しかし、その後は二三九年に倭国女王卑弥呼が魏に貢献するまで、一三〇年間にわたって倭国と中国との交流は文献上には見えません（東大寺山古墳出土の「中平紀年銘大刀」が一八〇年代の貢献を示唆する）。

これには、後漢による対外政策の方針変更が関わっていると考えられます。緊縮政策を採用する光武帝は、まず、①建武六（三〇）年に王調《おうちょう》の指導下にあった楽浪郡を再征服するや、楽浪郡の管理下にあった東部都尉を廃止して日本海沿岸の嶺東七県を放棄し、土着の濊貊《わいばく》の渠帥（首長）たちを縣候に封じて管理を委任します（『魏志濊伝』『後漢書』濊伝など）。続いて、②同二十（四四）年には韓人で廉斯邑《れんしゆう》の人蘇馬諟《そまし》を「漢の廉斯邑君」として楽浪郡に属せしめています（『後漢書』韓伝）。この一連の流れの中で、③建武中元二（五七）年に倭の奴《の》国王を「漢の倭奴国王」として封じ、倭地域の管理を委任したと考えられます（『後漢書倭伝』）。

つまり、後漢は朝鮮半島の楽浪郡を除く周辺辺境地域について、その積極的な管理を放棄したのです。このため、後漢の直接管理から外れた朝鮮半島や倭の地域においては覇権紛争が活発となり、濊貊の地域にあっては不《ふ》耐濊候《たいわいこう》に収斂し、韓の地域にあっては月支《げっし》国に各国が従うなどの流れが生じ、倭地域北部にあってはそれまでの倭の奴《の》国王に代わって伊都国王帥升《すいしょう》が倭国王として権力を獲得したものと思われます。

このような見方に立つと、建武中元二（五七）年に倭の奴《の》国王が後漢の光武帝から賜った「漢委奴国王」金印の意味もこれまでの見解と全く異なってきます。

すでに第Ⅱ章1節で論じたところですが、一世紀中頃の中国の東北辺境地域では、建武十七（四一）年に遼東太守となった祭肜《さいとう》の三十年近くにわたる経略が大きな成果を挙げ、新《しん》（王莽《おうもう》）時代に失墜した中国王朝の権威を回復することに成功しており、韓・高句麗・烏桓《うがん》・夫余《ふよ》などが後漢に帰属し、倭奴国《わのこく》も奉献しています。

時に遼東太守祭肜《さいとう》、威は北方に讋《ふる》い、聲《こえ》は海表に行なわる。是《ここ》に於いて濊貊《わいばく》・倭《わ》・韓《かん》、万里朝獻す。

（『後漢書』東夷伝）

この状況を「次第に迫ってくる後漢王朝の勢力を畏怖して、遣使奉献に踏み切らざるを得なかった」とする理解が一般的ですが、果たしてそうでしょうか。後漢は新（王莽）により失墜した中国王朝の権威を一旦回復しますが、それと同時に辺境地域の直接支配から撤退しているのであり、それが先の①～③などの例に見えているのです。

後漢が倭奴国に授与した「漢委奴国王」金印は、将来にわたって後漢が倭奴国を支援するという「約束手形」ではなく、前漢の時代から倭奴国を通じて行ってきた「倭」地域への間接統治から撤退するための手続きであり、いわば倭奴国が自力で「倭」地域の盟主となることを期待する後漢からの「餞別」であったと理解すべきかもしれません。後漢の庇護をなくした倭奴国が急速に政治的影響力を喪失し、伊都国にその覇権を渡さざるを得なかったのも時代の必然であったと思われます。

永初元（一〇七）年の倭国王帥升《すいしょう》による後漢への貢献は、安帝の即位を祝する表敬であると同時に、倭の奴《の》国王に代わって倭地域（北部）の覇者となった倭国王（伊都国王）の存在を後漢王朝に追認させ、東アジアの諸国・地域に対して「倭国」の創始を高らかに表明したものであったと考えます。

もう一度、『後漢書倭伝』の当該部分を確認してみましょう。

安帝の永初元年、倭國王帥升等、生口百六十人を献じ、請見を願う。（『後漢書倭伝』）

ここに「倭国王帥升等」とあります。遣使の主体は「倭国王帥升」であると理解できますが、いささか「等」が気になります。倭国王が何人かの権力者と連名で遣使したのでしょうか。倭国王は覇権戦争を勝ち抜いた「倭国」で唯一最高の権力者であることを考えれば、連名で使節を送る必然など全くありません。また、倭地域で更なる一人の覇者となっていたであろう「狗《こ》奴《の》国王」と共同で遣使することなどは、覇権競争が広域化こそすれ沈静化するとは言えない時代背景を考慮すれば一層考え難いことです。

この「等」は『魏志倭人伝』に多用される「等」と同じ用法ですから通常どおり「など」と捉えるべきで、倭国王の名が「帥升等（三文字）」であるとする意見は退けられます。

> 景初二年六月、倭の女王、大夫難升米等を遣わし郡に詣り、……
> 正始元年、太守弓遵、建中校尉梯儁等を遣わし、……
> 其の四年、倭王、復た使大夫伊聲耆・掖邪狗等八人を遣わし、……
> 倭の大使（載斯）烏越等を遣わして郡に詣り、……
> 塞曹掾史張政等を遣わし、……
> 壹與、倭の大夫率善中郎将掖邪狗等二十人を遣わし、……

これらの「等」は遣使が使節団を形成していることを示しており、「等」の前に記される官職名と個人名は、その時に遣使された使節団の代表者です。この『魏志倭人伝』の用法を『後漢書倭伝』に援用すれば、永初元年の安帝即位奉祝団には「倭国王帥升」が一行の代表者として参加していたことになります。これは驚くべき事実です。「倭国王帥升」は自ら玄界灘を渡って後漢の都・洛陽を訪れ、後漢王朝の安帝に拝謁していたと考えられるのです。帥升は倭国王であると同時に玄界灘沿岸の国々を束ねる「伊都連邦」の盟主でもあります。まさに「海洋漁労国家群」の頭領としての面目躍如といったところでしょうか。

3 倭国大乱と二つの紛争

次に「倭国大乱」の性格を確認しておかなければなりません。その結果として「女王卑弥呼」が共立され、倭国連合とも言うべき「邪馬台国連合」が成立しているからです。しかも、「倭国大乱」を終息させ「邪馬台国連合」が形成される過程こそ、新生倭国「邪馬台国連合」の特殊な性格を規定しているのです。

すでに承知のように、「倭国大乱」は『後漢書倭伝』が「桓・霊の間（一四六～一八九年）」に行われたと記し、『梁書倭伝』などが「霊帝の光和中（一七八～一八三年）」であったと記しています。

一方『魏志倭人伝』は「倭国大乱」の具体的な時期については触れず、「その国、本また男子を以って王となし、住《とど》まること七、八十年。倭国乱れ、相攻伐すること歴年、乃《すなわ》ち共に一女子を立てて王となす。名づけて卑弥呼という」と記すのみです。『魏志倭人伝』は「倭国は建国以来七十～八十年間、男子を〝王〟として安定していたが、その後戦乱状態となった。数年続いた戦乱を収めるために〝女王〟を立てて終息せしめた。その女王が卑弥呼である」というのです。

倭国の建国が和帝の章和二（八八）年から安帝の永初元（一〇七）年までの間であれば、『後漢書倭伝』による「倭国大乱」は最も早く始まった場合で桓帝の延熹元（一五八）年頃からとなり、最も遅い場合で霊帝の中平四（一八七）年頃からとなります。

しかし、戦乱の終息時期は霊帝の在位期間中（一六八～一八九年）とは記されるものの必ずしも明確ではありません。『魏志倭人伝』と『後漢書倭伝』から導き出される「倭国大乱」は、桓帝の延熹元（一五八）年から霊帝の中平六（一八九）年までのおよそ三十年という期間内に勃発し、終息したことになります。

ところが、『梁書倭伝』『太平御覧』倭条などでは「霊帝の光和中（一七八～一八三年）」とありますから、「倭国大乱」はこの足掛け六年間の期間内であった可能性があります。この場合も倭国の建国が永初元（一〇七）年頃であれば、『魏志倭人伝』の記述「本また男子を以って王と為し、住まること七、八十年」と矛盾することはありません。

●桓靈間、倭國大亂、更相攻伐、歴年無主、有一女子名曰卑彌呼。（『後漢書倭伝』）

●倭國亂、相攻伐歴年、乃共立一女子為王、名曰卑彌呼。（『魏志倭人伝』）

●漢靈帝光和中、倭國亂、相攻伐歷年、乃共立一女子卑彌呼為王。

（『梁書倭伝』）

さて、傍点部分の酷似から、『梁書倭伝』は明らかに『魏志倭人伝』を参考にしていることが分かります。『梁書倭伝』は『魏志倭人伝』に準拠しながら、『魏志倭人伝』に記されない「倭国大乱」の時期（期間）を『後漢書倭伝』に求めたのかもしれませんが、それにしても大乱期間の記述を『後漢書倭伝』の内容から大きく変更させています。

「桓・霊の間」（一四六〜八九年）➡「漢の霊帝光和中」（一七八〜八三年）

『梁書』の撰者・姚思廉《ようしれん》（?〜六三七）は、なぜ『後漢書倭伝』の記事を大きく変更したのでしょうか。考えられることは、『後漢書倭伝』以外の諸伝に「倭国乱」が「光和中」であったことを見出し、検討の結果「漢霊帝光和中、倭国乱、相攻伐歴年」として取り上げたのであろうと思われます。

『魏志倭人伝』自身が「漢の霊帝光和中」と記していた可能性もあります。『太平御覧』倭条は紛れもなく「魏志曰《いわく》」と『魏志』からの引用であることを示しながら「漢霊帝光和中」と記しています。『太平御覧』の「魏志曰」は「魏略曰」の誤記ではないかとする意見もありますが、いずれにしても『魏志』またはそれに近い記録『魏略』を引用した『太平御覧』に「漢霊帝光和中」とする記述があるのです。

●魏志曰、（略）倭國本以男子為王。漢靈帝光和中、倭國亂、相攻伐無定。乃立一女子為王。名卑彌呼。

（『太平御覧』倭条）

一方、『後漢書』の撰者・范曄《はんよう》（三九八〜四四五年）も「倭国大乱」を「桓・霊間」とし、桓帝の時代（一四六～六七年）が含まれることを明確に記録しています。「倭国大乱」を「桓・霊間」とする記録はもちろん『後漢書倭伝』だけではありません。

●桓靈之間、其國大亂、遞相攻伐、歴年無主。（『隋書倭国伝』）

●桓靈間、倭國大亂。更相攻伐、歴年無主。（『通典』辺防門）

この両書は『後漢書』の影響が大きく、『通典』は全くの引き写しです。しかし、「倭国大乱」について「桓・霊の間」と「光和中」という二つの情報が厳然として存在するのです。このような二つの異なる情報を合理的に理解するには、桓・霊の間（一四六～八九年）とされる「倭国大乱」の終盤となる霊帝光和中（一七八～八三年）に、必ずしも連続しない（同質ではない）新たな紛争が追加発生し、それまでとは全く異相の展開になったのではないかと推測できます。つまり、性格の異なる二つの「倭国大乱（第一次及び第二次）が相前後して発生した可能性があるのです。

◆

（1）「倭国大乱」という表現は『魏志倭人伝』にはなく、『後漢書倭伝』に初めて見える語である。これから、「乱」と「大乱」とは自ら異なる概念であるとする意見がある。

倭国乱	魏志倭人伝・梁書倭伝・太平御覧倭条
倭人乱	晋書倭人伝
其国乱	北史倭国伝
倭国大乱	後漢書倭伝・通典辺防門
其国大乱	隋書倭国伝

『魏志』と同時代に撰された司馬彪の『後漢書志』に「若し、君君の威を亡《うしな》ひ、臣臣の儀を亡ひ、上替《すた》れ、下陵《おか》さば、此

れ大乱と謂ふ」とあることから、三世紀の『魏志』撰述の時代にあっては天子の位を臣下が脅かすような乱が「大乱」であり、五世紀の『後漢書』撰述の時代になって大規模な乱一般の意に変化したとする。よって、『魏志倭人伝』の「倭国乱」は必ずしも「大乱」ではなく、「倭国大乱」は『後漢書』を撰した范曄の理解に過ぎないとするものである。

2　女王「卑弥呼」の誕生

後漢の桓帝（在位一四六～六七年）と霊帝（在位一六八～八九年）の治世は、後漢王朝の権威が失墜し、統制力が低下してゆく時代です。後漢国内では山東省、揚子江流域や湖南・広東省にかけての各地で、時期は異なるものの叛乱が発生し、その鎮定に年月を要しています。一方、国外では鮮卑族が強盛となり、しばしば後漢に侵攻しています。特に一五六年以降にあっては英雄檀石槐《だんせきかい》（光和中〔一七八～八三年〕に四十五歳で没。生没年不詳）が鮮卑族を統率しており、熹平六（一七七）年の春から秋までの侵攻は実に三十余回を数え、激烈を極めたとされています。

中平六（一八九）年四月に後漢の霊帝が没すると、少帝弁（同年四月即位、八月廃位）を経て献帝（同年八月即位）が即位します。こうした中で初平三（一九二）年に後漢の太師董卓《とうたく》（公孫度《たく》を遼東太守に取り立てた人物で、公孫度は董卓に恩義があった）が没すると、遼東太守公孫度《たく》は遼東《りようとう》郡・楽浪《らくろう》郡・玄菟《げんと》郡を領有して事実上後漢から独立します。公孫度は「桓・霊の末、韓《かん》・濊《わい》彊《きよう》盛《せい》にして、郡県制する能《あた》わず」（『魏志韓伝』）といわれた朝鮮半島の経営に乗り出し、続いて建安九（二〇四）年に遼東太守を継いだ公孫康《こう》は、楽浪郡の南を分割して帯方郡を置き、韓・濊を討伐して「この後、倭・韓は遂に帯方に属す」ことになります。

このように、中国大陸では後漢が統制能力を失い、朝鮮半島が混迷している時期（二世紀後半）に、倭国でも「大乱」が発生していたのです。

1 倭国内の権力争奪戦争（第一次戦争）

この時代、北部九州の「倭」地域は、北の「倭国」と南の「狗奴国《この》」が並立していたと考えられますが、「倭国」内では後漢や朝鮮諸国との交流（交易）で主導権を維持してきた玄界灘沿岸の国々（伊都国を盟主として「伊都連邦」を構成する）に東アジア情勢の影響から翳りが見え始め、これに対して農業生産の向上で徐々に勢力を蓄えた福岡平野内陸部の国々（邪馬台国を盟主として「邪馬台連邦」を構成する）が自立を求めたことから「内乱」が勃発します。これが『後漢書倭伝』のいう、いわゆる「倭国大乱（第一次）」です(1)。

第一次倭国大乱の原因はいくつか考えられますが、多面的な要因が複合したものと思われます。

その①は、国際情勢の変化です。後漢は桓・霊の時代（一四六～八九年）から急速に衰退へと向かいます。帝国の支配が緩み、豪族の割拠、農民の叛乱、諸民族の離反などが相次ぎます。朝鮮半島においても楽浪郡の統治が衰え、韓族・濊族が自立を目指すようになります。

その②は、倭国内の政治状況の変化です。水田稲作農業が定着し、定住と産業社会の発展が人口の増加をもたらし、農業適地や労働力を求めて地域間紛争が生じます。これを乗り越えるために、農業生産地域においてもより大きな調整能力（権力）が求められ〝王〟が誕生しますが、併せて他者からの自立が企図されます。

その③は、気候環境の悪化です。この時代は小氷期と呼ばれる気候の寒冷期に当たっており、東アジアにおいては表Ⅶ－2のように気候不順による災害や飢饉が頻発しています。このため深刻な食糧不足となり、掠奪や戦争を惹起することになります。一九三年には倭国が飢饉に見舞われ、倭人千余人が食料を求めて新羅に渡ったとされており（『三国史記』新羅本紀）、また、この時代にわが国の各地に見られる、いわゆる「高地性集落」をこの観点から論じる見解もあります(2)。

ところで、「倭国大乱（第一次）」の一方の当事者は「海洋漁労国家群」です。中国や朝鮮半島諸国との外交に携わり、朝鮮半島から「鉄」を輸入するなど内外の幅広い交易に従事し、あるいは漁業を生業とする小国群がそ

■表Ⅶ－2　『三国史記』に見る気候不順と災害（140〜90年の50年間）

年（国及び年号）	気候不順と災害事項
145（新　羅　逸聖王　12）年	春から夏にかけて旱魃になり国民が飢えた。
149（　〃　　　〃　　16）年	冬11月、王都で疫病が大流行した。
〃（高句麗　次大王　4）年	冬12月、氷が張らなかった。
150（新　羅　逸聖王　17）年	夏4月から降雨なく、秋7月になって漸く降った。
151（　〃　　　〃　　18）年	春3月、王都に雹が降った。
153（高句麗　次大王　8）年	夏6月、霜が降りた。
156（新　羅　阿達羅王3）年	夏4月、霜が降りた。
160（　〃　　　〃　　7）年	夏4月、大雨が降り、洪水が発生した。
161（　〃　　　〃　　8）年	秋7月、蝗が大発生し穀物を食い荒らした。海で魚が大量死した。
170（　〃　　　〃　　17）年	秋7月、霜や雹が穀物を傷めた。
171（　〃　　　〃　　18）年	春、穀物が高くて国民が飢え苦しんだ。
172（　〃　　　〃　　19）年	王都で疫病が大流行した。
174（　〃　　　〃　　21）年	春1月、土が降った。春2月、旱魃で井戸や泉が枯渇した。
186（百　済　肖古王　21）年	冬10月、雲も無いのに落雷があった。
187（　〃　　　〃　　22）年	夏5月、王都の井戸及び漢江が枯渇した。
〃（新　羅　伐休王　4）年	冬10月、大雪が降った。
190（高句麗　故国川王12）年	秋9月、王都に大雪が降った。

れで、紀元前二世紀頃から一定のまとまりのある緩やかな連邦国家（例えば「倭奴連邦」など）を形成していたと考えられます。そして、遅くとも二世紀の初頭には「伊都国」を盟主とする「伊都連邦」を成立させ、後に「邪馬台連邦」として対立することとなる小国群をも糾合して、伊都国王を〝王〟とする「倭国」が形成されていたと考えられます。

また、「倭国大乱（第一次）」の他方の当事者は「農業国家群」です。農業生産性が向上し農業を中心とする産業社会が発展進化すると、農用地の開発、農業生産用具の生産・分配、水利の調整、天文や気象の把握など、農業生産を軸として利益を共有する小国群が成立します。

二世紀の後半になると、これら

■図Ⅶ－１　主な支石墓の分布

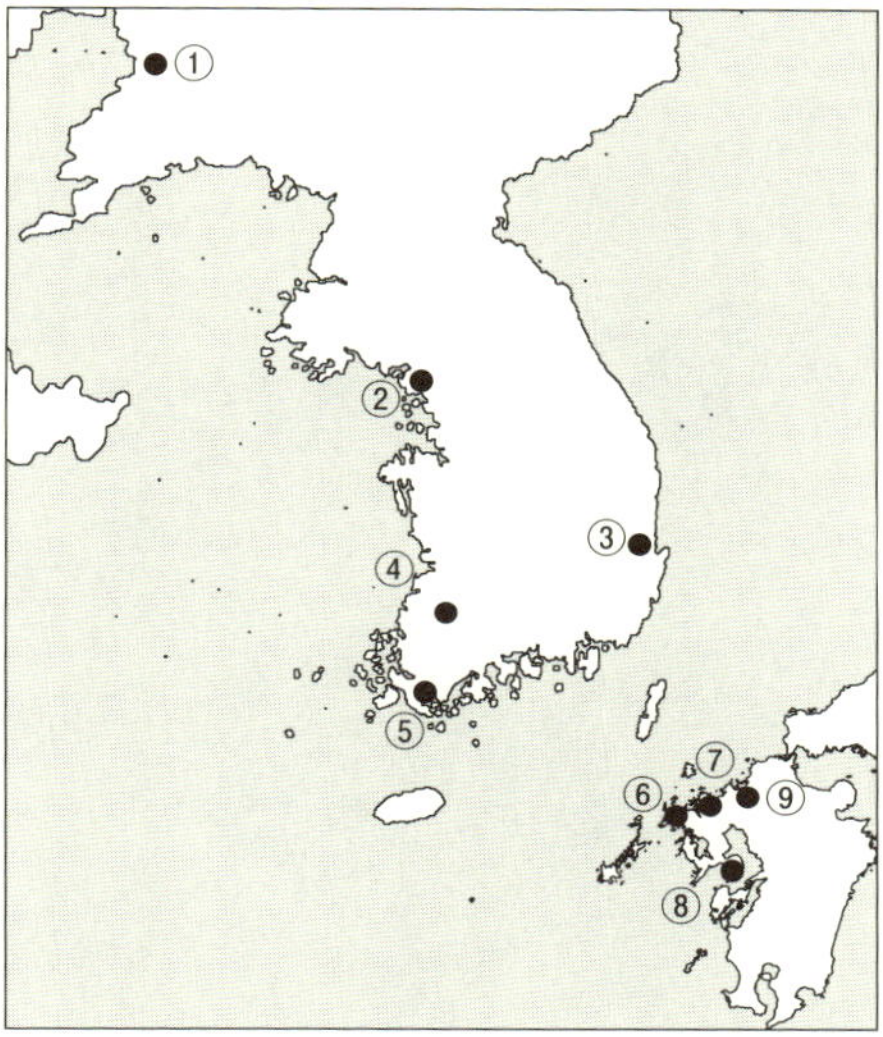

①石棚山《せきほうざん》支石墓（中国遼寧省）
②富近里《ふきんり》支石墓（仁川広域市江華郡）
③文星里《ぶんせいり》支石墓（慶尚北道浦項市）
④高敞《こうしよう》支石墓　（全羅北道高敞郡）
⑤蓮井里支石墓（全羅南道海南市）
⑥里田原支石墓（長崎県平戸市）
⑦葉山尻支石墓（佐賀県唐津市）
⑧原山支石墓　（長崎県南島原市）
⑨志登支石墓　（福岡県糸島市）

＊代表的な支石墓のみ。支石墓とは埋葬施設の上にいくつかの支柱石に支えられた大石を置いて標識とする墓制で、中国東北部及び朝鮮半島から伝来した。わが国の分布は概ね福岡県西部・佐賀県・長崎県の地域に限られる。（伊都国歴史博物館常設展示図録より、一部修正する）

小国群がより大きな調整機能を求めて合従連衡し、共通の〝王〟を戴くまでに成長したのが「邪馬台国」を盟主とする「邪馬台連邦」であったと考えます。

前者は言うなら「海の民」であり、後者は「陸《おか》の民」です。しかし、概括的な区分はできるものの、両者は元々大陸・朝鮮半島から日本列島に移り住んだ渡来系の人々を主体とする集団であったと推定されます。対馬海峡（朝鮮海峡）を庭先のように往復するこれらの人々は、水田稲作や金属器という新しい文化を日本列島全域に伝える先導役を果たしますが、一方、地域的には支石墓《しせきぼ》や甕棺墓《かめかんぼ》に見られるような九州西北部地域に特有な文化を共有し継承する人々でもあります。これらの人々は「倭」という概念（「輪」または「環」であろうか）で強く結束され、鉄などの域外交易品や塩・魚介類などの水産生産物と、米・雑穀・織物などの農業生産物とを交換する相互依存関係にあるべき人々であったと考えられます。

「倭国大乱（第一次）」は同一の文化を共有し、相互に密接な依存関係にある「倭国」の人々が、さらに力強い権力組織体として脱皮するに当たって避けて通れない内部抗争であったと考えられます。「倭国」内で勢力を伸ばしつつある「農業国家群」が自立を目指した産業別坑争でもあり、

■図Ⅶ－２　甕棺墓の分布（発生から終焉までの全期間）

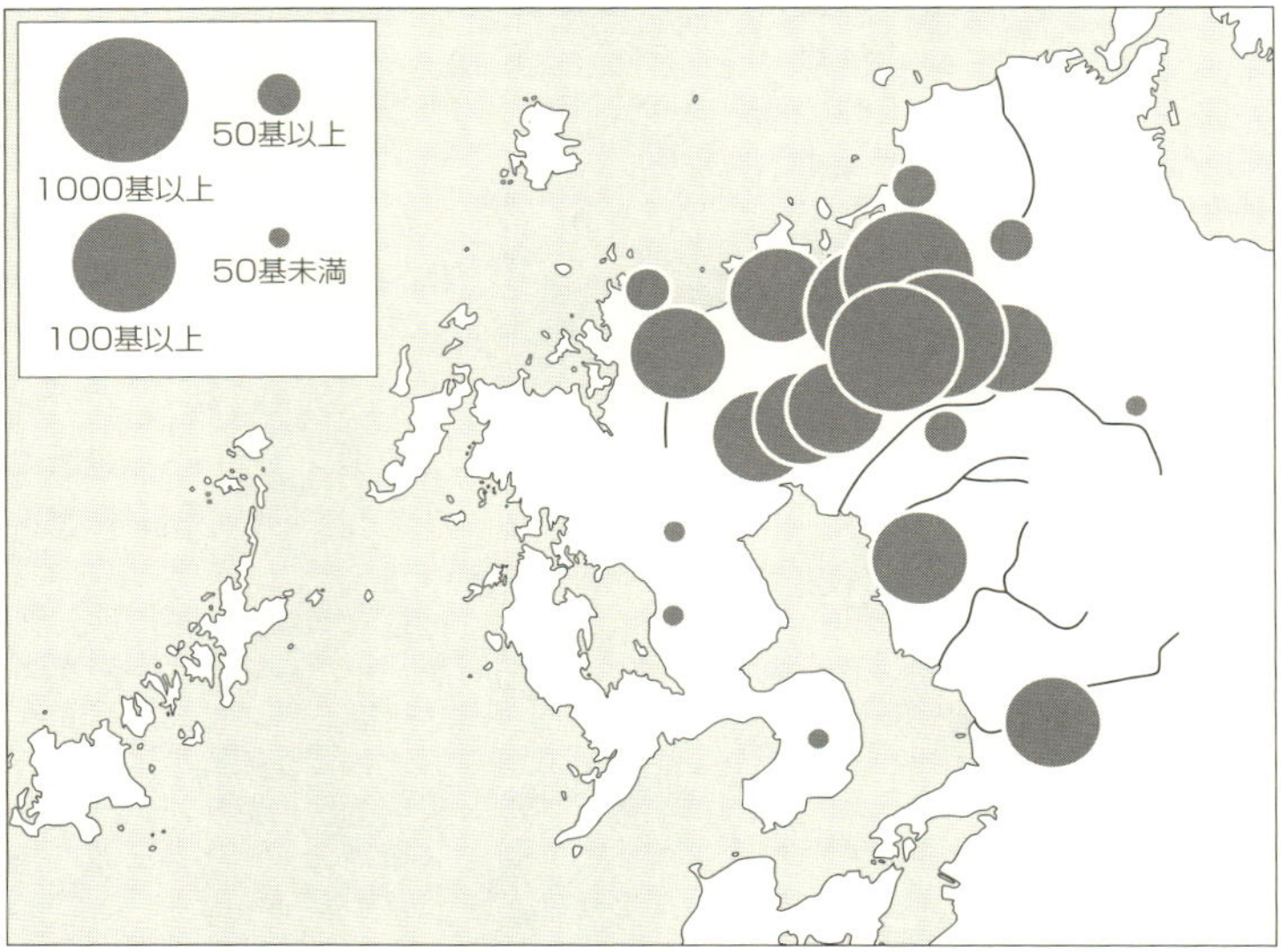

＊甕棺墓は、北部九州独自の墓制であり、一部には朝鮮半島南部にまで伝播している。わが国での分布は、東／大分県日田、西／長崎県五島、南／熊本県宇土、北／長崎県壱岐の範囲内（一部薩摩）であり、特に唐津、糸島、早良、福岡、春日、神埼、佐賀、小城の九州西北部に集中分布する。豊前、豊後、日向、大隅には分布しない。筑前東部、宗像、遠賀川下流域にも分布を見ない。（藤尾慎一郎「九州の甕棺」〔『国立歴史民俗博物館研究報告』第21集、1989〕を参考に作成）

新しく台頭した「農業国家群＝邪馬台連邦」が古く伝統的な「海洋漁労国家群＝伊都連邦」に挑んだ主導権争いであったとも理解できます。

2 倭国と狗奴国の領土争奪戦争（第二次戦争）

倭国は一世紀後半から二世紀初頭までの間に、伊都国を盟主として「倭」地域の北部に創建された国であると考えられますが、二世紀後半に惹起した倭国内の主導権争い「倭国大乱（第一次）」は、倭国を「伊都連邦」と「邪馬台連邦」の分裂国家へと導きます。

ところが、続いて倭国の南部で国境を接する「狗奴連邦」と「邪馬台連邦」との間に新たな戦争が勃発します。もう一つの「倭国大乱（第二次）」です。「邪馬台連邦」は「伊都連邦」に救援を求め、新形態の倭国連合である「邪馬台国連合」を誕生させることで事態の収束を図ります。

この「倭国大乱（第二次）」の収束過程において、特殊な権力構造を持つ新生倭国としての「邪馬台国連合」

■表Ⅶ－３　「倭国大乱（第１次）」の両陣営分類表（想定）

	海洋漁労国家群（伊都連邦）		農業国家群（邪馬台連邦）	
	国名	官・副	国名	官・副
盟主国	伊都国 （伊都都比古）	官：爾支 副：泄謨觚 柄渠觚	邪馬台国 （卑弥呼）	官：伊支馬 副：弥馬升、弥馬獲支、奴佳鞮
自女王国以北の国	対海国、一大国、末盧国、奴国、不弥国	官：卑狗ほか 副：卑奴母離 （末盧国不詳）		
其余旁国	斯馬国、巳百支国、伊邪国		都支国、弥奴国、好古都国、不呼国、姐奴国、対蘇国、蘇奴国、呼邑国、華奴蘇奴国、鬼国、為吾国、鬼奴国、邪馬国、躬臣国、巴利国、支惟国、烏奴国、奴国	
28か国	９か国		19か国	

＊投馬国は「女王国より以北」に分類される国であることから海洋漁労国家群の一翼を担ったと考えられるが、地域外に転出のため本表から除外する。
＊斯馬国・巳百支国・伊邪国は『翰苑（広志）』所載の国々であり、それぞれ志摩半島西部地域（一の町遺跡など）・志摩半島東部地域（元岡・桑原遺跡など）・今宿青木地域（今宿五郎江遺跡など）に充てたい。
＊本表記載の国々は28か国であるが、これに投馬国と狗奴国を加えて「今使譯所通三十国」となる。

が誕生します。そして「邪馬台国連合」が成立する背景と手続きが、その後の「邪馬台国連合」の権力構造や性格まで規定したと考えられます。

倭地域（北部九州）にあっては、倭国が創始されたのと相前後するように、地域の南部にも倭国に対抗できるほどの国が形成されたと推定できます。国際環境や政治的発展段階などの要因が「北部九州」という枠組みの中で類似しているからに他なりません。

この倭地域の南部に創始された国が『魏志倭人伝』に見える「狗奴《この》国」であると考えられ、狗奴国も倭国と同様に小国の集まりであり、狗奴国を盟主として「狗奴連邦」を形成していたと推定できます。

筑紫平野の西部地区を占める佐賀平野には、みやき町・神埼《かんざき》市・佐賀市・小城《おぎ》市を結ぶ海抜四ｍの等高線

■図Ⅶ－3　佐賀平野の主な弥生遺跡

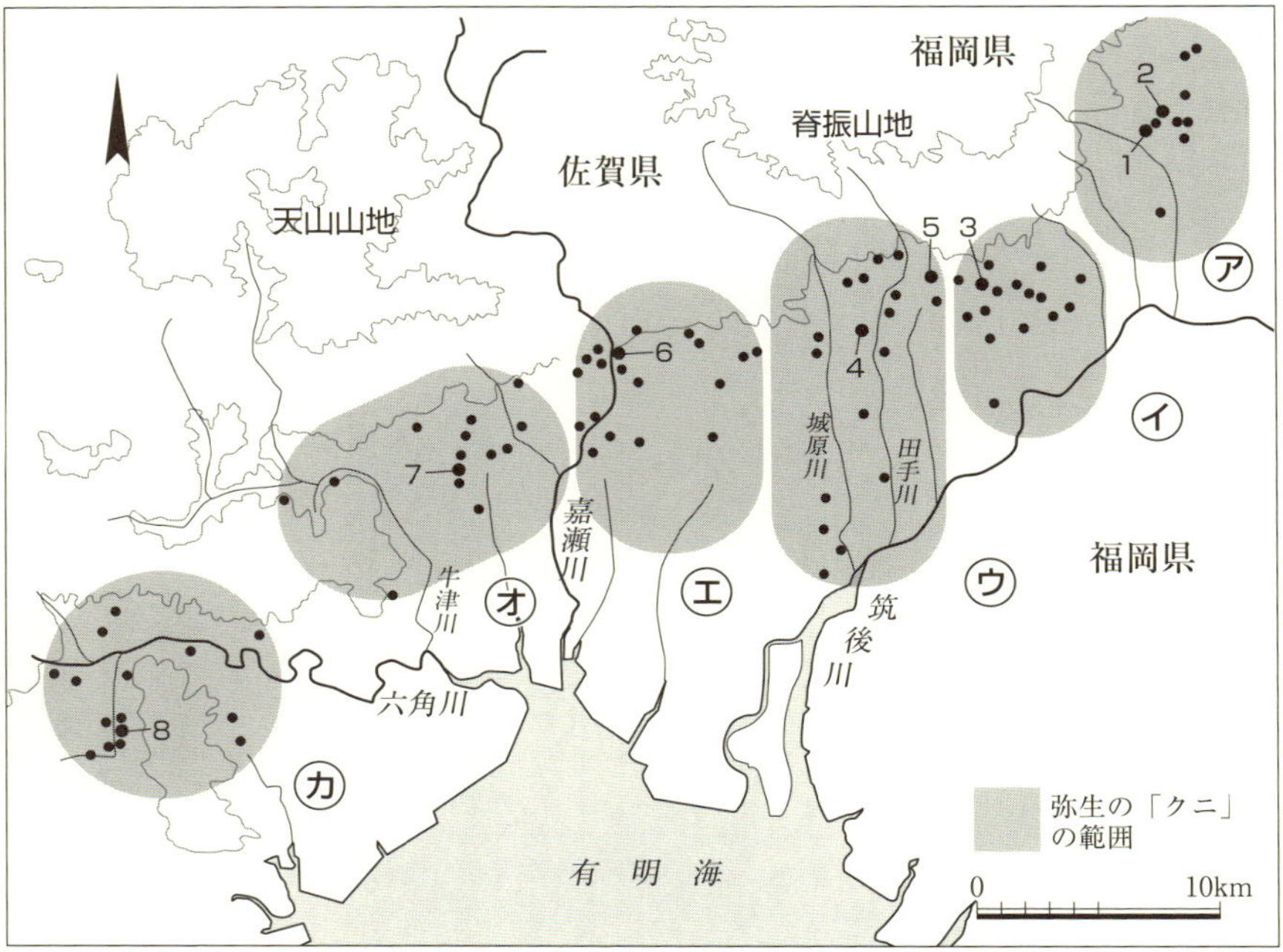

㋐**鳥栖地域**　1. 安永田遺跡　2. 柚比本村遺跡など　㋑**中原地域**　3. 原古賀三本谷遺跡など
㋒**神埼地域**　4. 吉野ヶ里遺跡　5. 二塚山遺跡など　㋓**佐賀地域**　6. 惣座遺跡など
㋔**小城地域**　7. 土生遺跡など　㋕**武雄地域**　8. みやこ遺跡など
（森田孝志「吉野ヶ里と弥生のクニグニ」〔小田富士雄編『風土記の考古学』⑤〕を参考に作成）

以北の平野部に、連続する弥生遺跡が著しい分布を見せています。中でも、神埼市と吉野ヶ里町に跨る「吉野ヶ里遺跡」（国特別史跡）は格別で、弥生後期には四〇haを超えるわが国最大規模の環濠集落に発展しています。

佐賀平野の弥生遺跡を東から西へ辿ると、次のようになります（図Ⅶ－3）。

㋐鳥栖《とす》地域⬇安永田《やすながた》・柚比本村《ゆびほんそん》遺跡を中心とする旧基肄《きい》郡・養父《やぶ》郡一帯で、大規模な集落や墓地遺跡があり、弥生前期後半以降の環濠集落も形成されている。

㋑中原《なかばる》地域⬇原古賀三本谷遺跡を中心とする旧三根《みね》郡一帯で、支石墓の船石遺跡があり、環濠集落も形成されている。

㋒神埼《かんざき》地域⬇吉野ヶ里・二塚山遺跡を中心とする旧神埼郡一帯で、

弥生の全時代を通じて大規模な環濠集落が営まれた吉野ヶ里遺跡を始めとして多くの環濠集落が形成され、貿易港の性格を持つ集落も存在する。

㋓佐賀地域➡惣座《そうざ》遺跡を中心とする旧佐嘉郡一帯で、支石墓が確認され、朝鮮系無文土器など朝鮮半島との関係が深い。中期以降は大規模環濠集落が形成される。

㋔小城《おぎ》地域➡土生《はぶ》遺跡を中心とする旧小城郡一帯で、朝鮮系無文土器など朝鮮半島との密接な関係が見える。

㋕武雄《たけお》地域➡みやこ遺跡を中心とする旧杵島郡一帯で、小楠遺跡から前期の大規模環濠集落が発見されている。

このように、佐賀平野の小国群も、弥生時代の終末期には「倭国」と同様に〝王〟を戴く連邦国家としてのまとまりを持っていたと推測されます。この佐賀平野と有明海から生活の糧を得る小国群を「農産漁業国家群」としますが、「狗奴国」を盟主に「狗奴連邦」を形成していたのであり、『魏志倭人伝』は「狗奴国王」を含め、倭地域に形成された連邦国家の三人の盟主をそれぞれ〝王〟として認識していたと考えられます。

①伊都国王（伊都都比古《いとつひこ》）＝伊都連邦＝海洋漁労国家群＝三雲・井原遺跡（福岡県糸島市）
②邪馬台国女王（卑弥呼《ひみこ》）＝邪馬台連邦＝農業国家群＝比恵・那珂遺跡（福岡市博多区）
③狗奴国王（卑弥弓呼《ひみくこ》）＝狗奴連邦＝農産漁業国家群＝吉野ヶ里遺跡（佐賀県吉野ヶ里町）

佐賀平野を根拠とする「狗奴連邦」も、元来倭国と同様に、大陸・朝鮮半島から渡ってきた人々を含む集団を主体に形成されていました。殊に佐賀平野の中・西部地域の弥生遺跡（吉野ヶ里遺跡・惣座《そうざ》遺跡・土生《はぶ》遺跡など）では朝鮮系無文土器の出土が特徴的です。

これらの人々は、対海国（対馬）・一大国（壱岐）を経由して唐津湾や伊万里湾に上陸し、そこから佐賀平野に展開したものと考えられますが、あるいはぐるりと廻って有明海から直接佐賀平野に至った集団もいたかもしれません。支石墓や甕棺墓の分布に見るように、佐賀平野に広がる弥生文化の態様は、概括的には玄界灘沿岸から福岡平野に展開するものと近似しています。

しかし、農業生産の拡大進展は「農業適地」の確保を巡る紛争を惹起させ、同一文化圏の中にあっても領土紛争は否応なしに拡大し過酷を極めます。

倭国（殊に南部の邪馬台連邦）と狗奴国との過酷な対立抗争は、後に筑前・筑後・肥前の三国国境を成す筑紫地峡地域に「姫社《ひめこそ》」の説話として伝わることになります。

> 昔、この界（筑前・筑後の国境の山にある峻《さが》しく狭き坂）の上に麁猛《あら》ぶる神ありて、往来《ゆきき》の人半《なかば》は生き半《なかば》は死《う》せにき。その数極多《いとさは》なり。因《よ》りて人命尽《いのちつくし》の神と曰《い》ふ。
>
> （『筑後国風土記』逸文）
>
> 昔者《むかし》、この川（山道川《やまぢ》）の西に、荒ぶる神あり、行路《みちゆ》く人、多《さは》に殺害《ころ》され、半《なか》ばは凌《しの》ぎ半ばは殺《し》にき。
>
> （『肥前国風土記』基肄郡姫社郷）

同様の説話は『肥前国風土記』神埼郡の条、佐嘉郡の条及び『播磨国風土記』にも見えますが、いずれも交通妨害の神の話です。これらの説話は長期にわたって戦場となった記憶であり、平時にあっても出入国が厳重に管理されていたことを意味する証であると思われます。

福岡平野の「邪馬台連邦」と佐賀平野の「狗奴連邦」が筑紫地峡付近を舞台に従前から一進一退の戦争状態にあったことは、弥生戦死者の墓に着目した橋口達也の研究で明らかにされています（特に紀元前後頃の遺跡とされる福岡県筑紫野市の永岡、隈・西小田遺跡などに著しい。次章2節の注3を参照のこと）が、「邪馬台連邦」と「伊都連邦」が主導権争いを続けた「倭国大乱（第一次）」の結果として「邪馬台連邦」が著しく疲弊しており、その機会を捉えて「狗奴連邦」が「邪馬台連邦」に攻勢をかけたものであろうと思われます。

この期に及んで、「邪馬台連邦」は「小異を捨てて大同につく」決断を迫られ、「邪馬台連邦」は「伊都連邦」に救援を求め、再び合併して「邪馬台国連合」が誕生したものと考えます。

「邪馬台国連合」の成立で「邪馬台連邦」の軍事力が増強され、これで「狗奴連邦」は「邪馬台連邦」に対する攻撃を撤収し、戦争状態は一旦終息したものと推測されます。

しかし、引き続き半世紀以上にわたって両者の紛争が断続的に継続されていたであろうことは、『魏志倭人伝』に「倭女王卑弥呼、狗奴国男王卑弥弓呼と素より和せず」とあり、正始八（二四七）年に「邪馬台国連合」の女王卑弥呼が「狗奴国」から攻撃される状況を魏（帯方郡）に訴え、善処を求めていることから理解することができます。

3 過渡的二重権力国家の誕生

南から「狗奴連邦」に攻撃される「邪馬台連邦」は、戦争状態を回避するために「伊都連邦」に救援を求めます。元々「倭国」として〝一つの国〟であった「伊都連邦」と「邪馬台連邦」は、「狗奴連邦」への対応を大義として平和的な方法で妥協し、「新生倭国」とも言うべき「邪馬台国連合」を発足させたのです。

しかし、「邪馬台国連合」の成立条件として、「伊都連邦」と「邪馬台連邦」が対等であったはずはありません。「狗奴連邦」に対する危機感は、遠く離れた「伊都連邦」と国境を接する「邪馬台連邦」とでは大きく違いますし、再合併の申し出も「邪馬台連邦」から行われたのであろうことが容易に推測できるからです。

このため、「邪馬台国連合」の象徴君主として、「邪馬台連邦」の巫女として名高い女王「卑弥呼」を充てるものの、〝女王〟には祭祀者としての人心収攬能力のみを求めたのであり、同連合の実質的な政治権力は「伊都連邦」の主導者である「伊都国王」が掌握したものと考えます。表Ⅶ－4に見るように、「邪馬台国連合」内における伊都国王の政治的権能が極めて特異かつ強大であるのは、同連合が結成されるに当たって、「伊都国王」の強い意図が働いた結果であったからに他なりません。

■表Ⅶ－４　「倭国連合＝邪馬台国連合」における伊都国の特異性

項目	内　容
国　王	①倭国連合（邪馬台国連合）に属するものの、国王が存在する。【独立権】 ②魏都洛陽・帯方郡・諸韓国に使節を派遣し、帯方郡からの使節が常に駐在する。【外交権】 ③帯方郡使等がもたらす文書や物品を港で改め、文書・賜遺の物を女王に届ける。【海外交易権】
一大率	①女王国より以北の国々を検察し、諸国は畏憚している。【地方統治権】 ②常に伊都国に治す。伊都国王が「以北の国々」を統率するため任命しているものであろう。また、「以北の国々」の副官「卑奴母離」は「一大率」との関連で伊都国王が任免・派遣していると考えられる。【官吏任免権】
官　制	○伊都国の副官は長官（爾支）の下に泄謨觚・柄渠觚の二人制である。邪馬台国は四等官制であり官制が整っているが、他国の副官は全て一人制である。【行政組織権】

このようにして成立した「邪馬台国連合」は、あくまでも変則的で過渡的な組織であることを否めません。祭祀権を有する「邪馬台連邦」と統治権を有する「伊都連邦」による二重権力国家です。そして、一国に二人の〝王〟が並び立つことになります。

ここに「君臨すれども統治せず」たる邪馬台国女王卑弥呼は「邪馬台国連合」の象徴として崇められ、宮室の奥深くにあって祭事にのみ従事することになったのです。

つまり、「邪馬台国連合」は、「倭」を構成する一部の国々が「倭国」として淘汰され収斂される過程において、その終末期に第三者（狗奴国）の政治的影響を受けるという事情の中で成立した一つの特殊な政治指導形態であって、祭事と政治を分離して質の異なる二元政治を採用した双頭・複眼権力国家であったと理解できます。

ところで「邪馬台国連合」を成立させる過程で「伊都連邦」が心ならずも放棄せざるを得なかったものが〝祭祀権〟です。「邪馬台連邦」は「狗奴連邦」の攻撃に梃子《てこ》摺《ず》っていたとしても、伊都国が主導していたかつての「倭国」から「倭国大乱（第一次）」を勝ち抜いて自立を果たした大勢力です。そこで、「伊都連邦」が政治的権力を手中にする見返りとして「邪馬台連邦」に渡した権能が国家の〝祭祀権〟でした。

■表Ⅶ－５　平原遺跡（１号墓主体部）から出土した副葬品

分類	出土品（数量）	備考		
青銅鏡	仿製内行花文鏡（５面） 前漢四螭鏡（１面） 後漢内行花文鏡（２面） 後漢方格規矩鏡（32面）	墓壙	＊仿製内行花文鏡は直径46.5㎝ ＊後漢方格規矩鏡は仿製鏡との異見あり ＊仿製内行花文鏡２面及び後漢内行花文鏡２面を除き（推定）、鏡が悉く破砕されている	一括国宝
刀剣等	鉄素環頭大刀（１本）	棺上	＊素環頭大刀は全長80.2㎝	
装飾品	赤色瑪瑙管玉（12個） ガラス管玉（30個以上） ガラス小玉（約500個） ガラス連玉（約890個） ガラス耳璫（１対／３個片）	棺内	＊頭部に副葬	
	青緑色ガラス勾玉（３個） ガラス丸玉（約500個）		＊中央部に副葬	

大胆な仮説が許されるなら、昭和四十（一九六五）年に福岡県糸島市の曽根丘陵上で発見された方形周溝墓・平原《ひらばる》遺跡（主体墓）の被葬者は、「伊都連邦」の祭祀を専権して、伊都国王に勝るとも劣らぬ権力を誇った伊都国大巫女であったろうと考えます。

中平六（一八九）年と推定される後漢への遺使（少帝または献帝の即位を祝す表敬）が新しく誕生した「邪馬台国連合」の女王卑弥呼によるものであれば、伊都国大巫女は「邪馬馬台国連合」が結成された二世紀の終盤、『梁書倭伝』に記される「漢霊帝光和中」に従えば、恐らく光和の最終年となる光和六（一八三）年頃に使命を終えて殺害されたものと思われます。平原遺跡から発掘された四十面という夥しい数の青銅鏡は悉く破砕された状態で埋納されていましたが、伊都国大巫女の強大な霊力と呪力に対する人々の畏怖、並びにその非業の死に対する人々の恐怖をまざまざと見せつけられる思いがします[3]（ただし、中平六年の遺使を推定させる「中平紀年銘大刀」は四世紀後半頃に築造された奈良県天理市の東大寺山古墳から出土しており、同鉄剣が同古墳に副葬された経緯などが明らかにされる必要がある）。

平原遺跡から出土した豪華な副葬品の数々、破砕して埋納された夥しい数の青銅鏡、太陽の運行と関連付けられる祭祀

現在の平原遺跡（伊都国歴史博物館提供）
平原王墓一帯は平成18年に平原歴史公園として整備された。神嘗祭の頃には、日向峠から昇る朝日が王墓の東に立てられた大柱の影を王墓の中軸線上にくっきりと投影させる

遺構、同遺跡内から検出された五基の墳丘墓など、多面的に再考察されることが望まれます。

◆

（1）倭国大乱が海洋漁労国家群（伊都国を中心とする玄界灘沿岸の小国群）と農業国家群（邪馬台国に指導された福岡平野の小国群）との争いであったという考え方は武光誠が提唱している（武光誠『中国と日本の歴史地図』）。

ちなみに本書は、邪馬台国連合（伊都国と邪馬台国が対狗奴国で大同団結する）が成立する直前の北部九州にあって、海洋漁労国家群（玄界灘沿岸の小国群で、伊都連邦〔盟主は伊都国〕を構成する）、農業国家群（福岡平野の小国群で、邪馬台連邦〔盟主は邪馬台国〕を構成する）、農産漁業国家群（佐賀平野の小国群で、狗奴連邦〔盟主は狗奴国〕を構成する）が鼎立していたと捉えている。

（2）高地性集落については、軍事施設と捉えていわゆる「倭国大乱」より早い時代の高地性集落遺構も存在するため、二世紀後半に想定される「倭国大乱」に直接結びつけることはできない。

なお、弥生時代中期後半（紀元前一世紀頃）に瀬戸内地方で多く見られる高地性集落が、弥生時代後期（一～三世紀頃）になると近畿地方にその比重を移している。典型的な高地性集落は監視機能や通信機能を備えた軍事性の強い施設であったと考えられ、前者は掠奪行為を行う倭国（北部九州）の海洋民に対処するものであり（朝鮮半島沿岸地域にも出没している）、後者は近畿地方で拡大する覇権戦争に関連するものが含まれるのではないかと推測する。

（3）破砕された鏡は、昭和二十七（一九五二）年の長崎県壱岐市カラカミ遺跡での発見以来、九州を中心に全国から二五〇例以上が報告されている。これらの破砕された鏡を大別すれば、①鏡片に穿孔し破砕部を研磨するなど装身具仕様で用いられたであろうもの（住居祉や遺物包含層で発見されるものが多い）と、②鏡が破砕された状態で発見されるもの（破砕鏡。墳墓に埋納されているものが多く、弥生時代後期前半に佐賀平野の増田遺跡・石動《いしなり》四本松遺跡・二塚山遺跡・藤木遺跡などで始まった新たな葬送儀礼とされ、破砕鏡片の一部が抜き取られるものがある）がある。両者の態様は表裏をなすものであろうが、前者は㋐霊力・呪力の宿る鏡片を護符（お守り）として身に着ける、㋑大切な人物の形見として身に着けるなどが考えられ、後者は㋒死の恐怖から逃れ、または死の穢れを祓い清める意味で死者の形代であった鏡を粉砕する、㋓霊力・呪力を持った祭祀者等の死に対し、死者と一体となって霊力・呪力の源泉であった鏡を破砕・埋納することにより、完全に当該死者の呪縛から解放されようとした、などが考えられる（ただし、破砕鏡の態様は多種多様であり、その意味付けにも様々な見解がある）。

平原遺跡（福岡県糸島市）は後者㋓の例であると考えられ、伊都国大巫女が非業の死（殺害された）を遂げたのであれば、当該大巫女が使用したであろう四十面という霊鏡・呪鏡を悉く破砕した上で土中深く埋納し、死者の魂魄と共に鏡の持つ霊力・呪力を完全に封じ込めたのであろう。

平原遺跡の銅鏡出土状況
（柳田康雄撮影、前原市文化財調査報告書第70集『平原遺跡』〔2000〕より）

第Ⅷ章

周旋五千餘里可り

魏志倭人伝④⑮⑰　倭国二十九か国と狗奴国

1　その余の旁国

帯方郡から魏使が倭国に派遣されるに当たり、魏使は倭国の首都である邪馬台国（女王国）まで行かずに伊都国に留まっていたとの意見を散見します。『魏志倭人伝』に「（伊都国王は）郡の倭国に使するや、皆津に臨みて捜露し、文書・賜遺の物を伝送して女王に詣《いた》らしめ、差錯するを得ず」とあること、及び榎一雄の魏使来訪にかかる「放射説」などが根拠になっているものと思われます。

しかし、正始元（二四〇）年に「親魏倭王」の詔書と金印紫綬を倭国にもたらした建中校尉梯儁《ていしゅん》は倭王（邪馬台国連合の女王として共立された「卑弥呼」であることは既に論じた）に拝假《はいか》しており（「假」は「嘉」に通じ、「嘉《よみ》して拝する」という意味がある（簡野道明『字源』））、さらに正始八（二四七）年に来訪したと思われる塞曹掾史張政《ちょうせい》は、これ以降のある時期に檄を以って壱与に告喩したと見えます。

つまり、第一回目の来倭（梯儁）は魏皇帝が「倭女王」に授与した詔書・金印紫綬を伝達するという重大な使命を第一の目的としたものであるが故に、これらを直接倭王（女王卑弥呼）に伝授したと考えられますし、第二回目の来倭（張政）では老境にあった卑弥呼には面会できていない可能性はあるものの（詔書及び黄幢は大夫難《な》升米《しめ》に拝假している）、卑弥呼の後を受けて倭王となった壱与には直接「告喩」しています。

結局、魏使は都合二回にわたって倭国を訪問しており、いずれの場合も女王が君臨する倭国（邪馬台国連合）の首都・邪馬台国に至っていたと考えられます。

さて、倭国訪問に係る魏使一行の詳細で具体的な描写から見えるものは、倭国を訪問した第一回目の魏使（建中校尉梯儁等）は、帯方郡から邪馬台国までの行程途上にあって、「里程」で示した国々を実際に通過し訪問したということです。逆に「里程」が示されていないその他の国々への訪問はなかったと考えられます。

なお、帯方郡から邪馬台国までの行程途上で、一国として登載されながら実際には魏使の訪問を受けていない国として唯一「投馬国」が挙げられますが、これについては既に論じたところです（第Ⅴ章2節）。

また、第二回目の魏使（塞曹掾史張政等）は、倭国（邪馬台国連合）と狗奴国（狗奴連邦）との紛争解決に尽力しますが、その際に倭国及び狗奴連邦を構成する国々を訪問したと考えられます。

ここでは、まず「その余の旁国」について検討します。これらの国々の所在を明らかにする手懸かりは国名と記載順序のみです。資料不足から不完全な成果しか得られないことは素より承知していますが、倭国（邪馬台国連合）の大枠を見定めるためには一度は試みなければならない考察であろうと考えます。

幸いにして『魏志倭人伝』における「その余の旁国」二十一か国の記載方法は、『魏志韓伝』の構成国紹介が単純な国名列挙であるのとは異なり、一国一国を「次に○○国あり、次に○○国あり、……」として順を追って掲げている点に特徴があります。ある法則性を持たせていると見られ、地域的な連続性を〝芋づる式〟に列挙していると考えられます。

なお、以下に掲げる各国名の発音はこれまでと同様に「中古音」を基本としており、それに最も近いと思われる「五十音」で振り仮名を付しています。ただし、漢字音は魏晋朝時代に上古音から中古音に変化したとされており、中古音に拘泥するのもいささか問題であると考えられます。このため、上古音も考慮されてしかるべき点については、個々の場所で検討することとします。漢字音の詳細については序章3節「『魏志倭人伝』の漢字音を紐解く」で詳述したとおりです。

おって、各国名後尾の数字は『魏志倭人伝』登載の順番（01～21）を示しています。

1 魏使の来訪経路から外れた国々

冒頭に掲げられる斯馬《しま》国・已百支《しはくち》国・伊邪《いや》国の三か国について検討します。

先にも触れましたが、太宰府天満宮に所蔵され「天下の孤本」とも言うべき書籍に、唐の張楚金《ちょうそきん》が撰した『翰《かん》苑《えん》』（国宝）があります。書翰文の参考に供するために諸書から記事を抜粋して簡略表記したものですが、原本は南宋以降に悉く散逸してしまい、現在では太宰府天満宮に伝世された巻第三十蕃夷部のみ残存しているに過ぎません。

> 邪《や》は伊都に届《いた》り、傍《かたわら》、斯馬《しま》に連《つら》なる。
>
> 廣志に曰く、倭國、東南に陸行すること五百里にして、伊都國に到る。又南して邪馬臺（嘉）國に至る。女王國より以北は、其の戸數道里、略《ほぼ》載《の》することを得べし。次に斯馬《しま》國。次に巴百支《ははくち》國。次に伊邪《いや》國。案ずるに、倭の西南に海行すること一日に、伊邪分《いやぶ》國有り。布帛《ふはく》無く、革を以て衣と為す。盖《けだ》し伊耶《いや》國なり。
>
> （『翰苑』蕃夷部倭国段）

まず正文の「邪《や》は伊都に届《いた》り、傍《かたわら》、斯馬《しま》に連《つら》なる」です。『翰苑』では倭国段の冒頭において、「邪馬台国」を指して「馬臺」「邪臺」と簡略して使っていますから、「邪」も「邪馬台国」の簡略形であると推定できます。「邪馬台国へ行くにはまず要衝の地である伊都国に到るが、その伊都国に隣接して斯馬国がある」という意味でしょう。「邪」を「邪《ななめ》に」と読む釈文を見かけますが、意味不明であり賛成できません。また、正文に記されるこの「斯馬《しま》」は、『魏志倭人伝』に「その余の旁国」の冒頭に挙げられる「斯馬国」であると考えて間違いないでしょう。

次に『広志』による引用文ですが、「斯馬《しま》国」「巳百支《しはくち》国」（『広志』の「巴」は、『魏志倭人伝』では「巳」とする）」「伊邪《いや》国」と見えます。『魏志倭人伝』では、これら三か国を戸数道里が略載できない「その余の旁国」の二十一か国に含めています。『翰苑』の文章は『魏志倭人伝』の単なる例示型として「その余の旁国」二十一か国の冒頭の三か国を掲げているに過ぎないとも見えますが、よく見るとそうではないことが分かります。

正文の「邪は伊都に届り、傍、斯馬に連なる」から、「斯馬国」が伊都国の隣国であり「女王国より以北の国＝伊都連邦」であることを確認できますし、続く『広志』の引用文も「案ずるに」以降で『魏志倭人伝』に記載されない事項を記しています。つまり、『翰苑』ではこれらの三か国について、単なる『魏志倭人伝』二十一か国の冒頭例示ではなく、『魏志倭人伝』にない情報を伝えようとしているものと見受けられます。

当然ながら『翰苑』は書翰用の参考書であり、史書の注釈校定本ではありません。しかし、『魏志倭人伝』がこれらの三か国を「その余の旁国」二十一か国の中に一括することに違和感を懐き、読者が陥るであろう誤解・齟齬を正そうとしているように見えますし、この点こそ『翰苑』当該条の主題であるとも思われます。

つまり、「斯馬国」「巳（巴）百支国」「伊邪国」は「邪馬台連邦」に属する国ではなく、「伊都連邦」に属する国である——と。

それでは、伊都国に近接する三か国とはどこに比定されるべきでしょうか。

㋐斯馬《しま》国（01）　糸島半島西部地域の糸島市志摩《しま》地区に比定されよう。地域には久米遺跡や一の町遺跡などがあり、糸島市「志摩」が遺称であろう。

㋑巳百支《しはくち》国（02）　元岡《もとおか》・桑原《くわばる》遺跡群などを擁する福岡市西区の糸島半島東部一帯に比定されよう。巳百支の「百」は /pʌk/、「支」は中古音で /tʃiĕ/ であるが上古音では /kieg/ であるので全体として「シハッキ」、つまり「シラキ」と読める。「シラキ」は「新羅」であり、新羅系の五十猛命《いたけるのみこと》を祭神とする草場白木神社との関連が想起される。

㋒伊邪《いや》国（03）福岡市西区今宿に比定されよう。今宿五郎江《いまじゅくごろうえ》遺跡などがあり、筑紫神話の原点とも言える淤《お》能碁呂《のごろ》島（能古島）の対岸にあって、今宿青木や長垂海岸は伊耶那岐《いざなぎ》（凪）・伊耶那美《いざなみ》（波）二神発祥の故郷ではないかと考えられる。

2 邪馬台国の衛星都市としての国々

邪馬台国（女王国）は、不弥《ふみ》国の直ぐ南にあって七万戸を擁しています。『魏志韓伝』によれば、馬韓・辰韓・弁韓（弁辰）の総戸数が十四〜十五万戸ですから七万戸はその半分の戸数を有する大国です。もちろん『魏志倭人伝』に見える国々の中で最大です。

『魏志倭人伝』に記される倭国（投馬国を除く）の戸数は、具体的に数字が挙げられる十万九千戸（各国の戸数は表V−6を参照のこと。なお、投馬国五万戸を除外し、伊都国は『翰苑』所引の『魏略』により一万戸とする）に、その余の旁国を各国千戸（千戸×二十一か国）と見做して、総数は十三万戸となります。人口は当時の竪穴式住居の規模（五人／戸）から六十五万人と推計されます[1]。

倭国（邪馬台国連合）が存在した北部九州にあって、格段に豊富な弥生遺跡を擁する地域は春日市から福岡市博多区南部一帯です。もちろん、これほどに弥生遺跡が集積する地域は全国的にも類を見ません。

すでに第V章2節で論じましたが、須玖《すぐ》遺跡群（春日市）や比恵《ひえ》・那珂《なか》遺跡群（福岡市博多区）では、夥しい数の弥生遺跡が連続しています。しかも青銅器工房や玉作り工房などの産業施設群が広く分布しています。

ちなみに、春日市須玖一帯には須玖岡本王墓（紀元前後）を始めとして、須玖岡本・大谷・須玖磐石《ばんじゃく》・平若《へいじゃく》・須玖永田・須玖黒田・須玖五反田・紅葉ヶ丘・原町・大南の各遺跡など枚挙に遑《いとま》がありませんし、また、福岡市博多区の比恵・那珂遺跡では大型居館や倉庫群が立ち並び、港湾や幹線道路を整備した進歩的な計画都市が展開されています。

この一帯は「奴国」が存在した地域として定説になっています。しかし、七万戸を擁し三十五万人もの人々が集住できたであろう空間は、日本列島全域に目を向けたとしても、この地域を措いて他にはありません。それにしても、七万戸とは当時の一国としては大き過ぎるようでもあります。あるいは邪馬台国を取り巻く衛星国群を含めた戸数であるとも考えられますし、邪馬台連邦十九か国（邪馬台国にその余の旁国〔斯馬国・巳百支国・伊邪国を除く〕を加えたもの）の全戸数であるとも考えられます。

邪馬台国を取り巻く衛星国には、都支《とち》国➡彌《み》（弥）奴《の》国➡好古都《はこと》国➡不呼《ふほ》国➡姐《さ》奴《の》国の五か国が考えられ、邪馬台国を含む六か国で都市圏を形成していたと推定されます。邪馬台国をぐるりと取り囲み、連続した地域空間で産業を分担しながら相互に密接に関連していたと見られるからです。『魏志倭人伝』に見える「租賦を収むる邸閣あり。国国に市あり、有無を交易し、大倭をして之を監せしむ」とする情景や市場を監督したであろう「大倭」の存在は、邪馬台国を中心とする都市圏の活発な経済活動を彷彿とさせます。

㋓都支《とち》国（04）邪馬台国の東に接する国で、御笠《みかさ》川中流域右岸（東岸）の雀居《ささい》遺跡などを擁する月隈《つきくま》丘陵地域に比定されよう。都支の「支」は上古音では/kieg/と発音されるので博多区月隈が遺称かと推定される。

㋔弥奴《みの》国（05）邪馬台国の西北に隣接し（比恵地区と殆んど一体化）、那珂川下流域右岸（東岸）に比定されよう。博多区美野島（蓑島）が遺称か。

㋕好古都《はこと》国（06）好古都の中古音/hau/ko/to/は上古音では/hog/kag/tag/である。邪馬台国の西北にあって弥奴国の北、那珂川沿いに海が大きく湾入する博多の古社「住吉宮」が鎮座する博多区住吉から博多遺跡を擁する同区博多駅西北辺りに比定されよう。福岡市博多《はかた》の語源の一つは「泊潟」であり「船が碇泊する潟地」とされるが、好古都/hau/kag/tag/が遺称したとも考えられる。

㋖不呼《ふほ》国（07）㋓～㋕、及び㋗の位置関係から〝芋づる式〟に推測すれば、邪馬台国の西南に接する那珂川

■図Ⅷ－１　その余の旁国配置図（推定）　（→は「芋づる式」の順序）

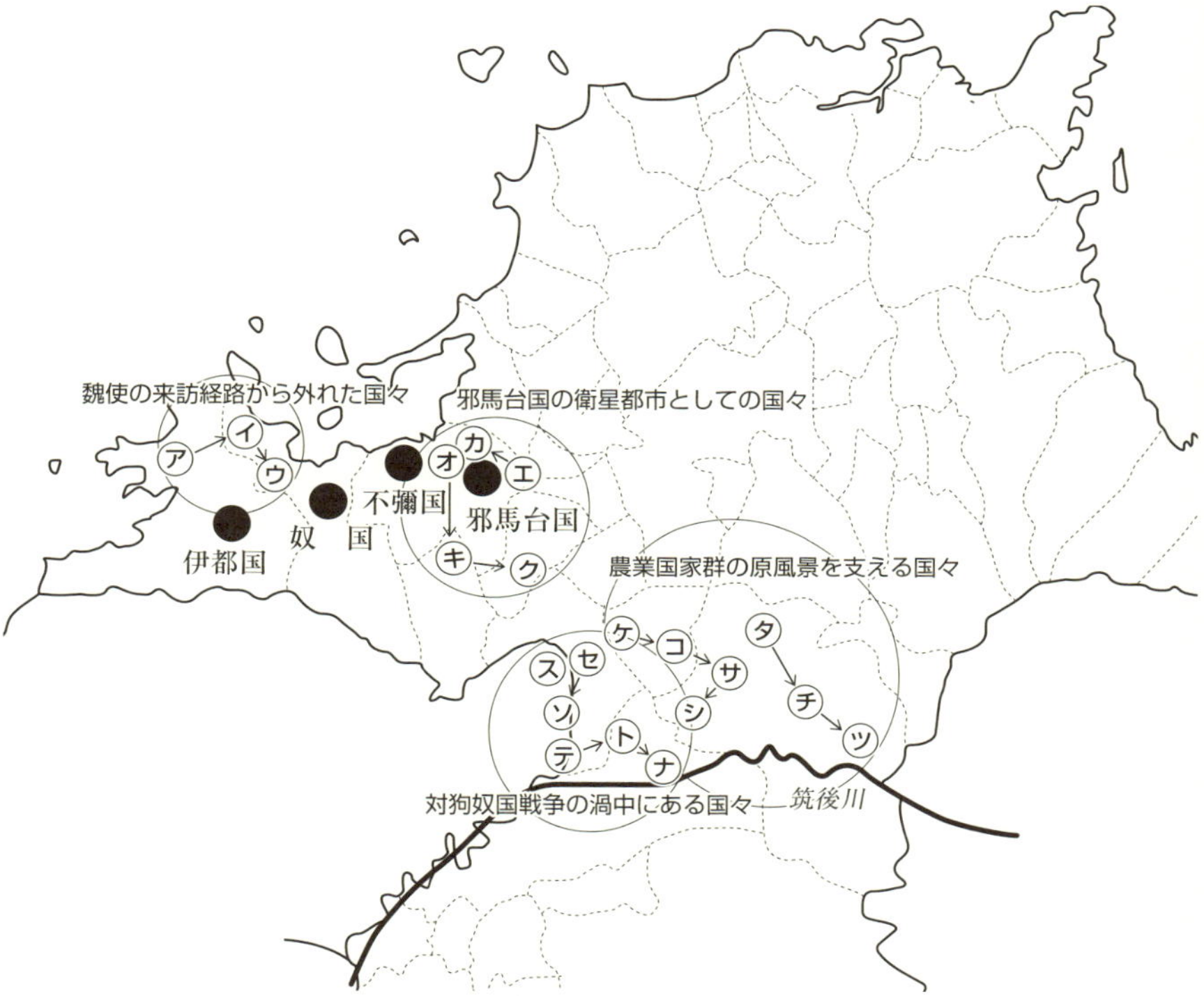

上流域に比定されよう。安徳台《あんとくだい》遺跡などを擁する筑紫郡那珂川町北部一帯が想定される。

㋗姐奴《さの》国（08）　邪馬台国の南に接する国で、御笠川上流域に比定されよう。四王寺山（北、標高四一〇m）と天拝山（南、標高二五八m）を結ぶ地峡の西部域までが邪馬台国の衛星国域と想定される。太宰府市向佐野、大佐野などが遺称か。

3 農業国家群の原風景を支える国々

邪馬台国の女王卑弥呼が死亡したであろう二四七～二四八年からちょうど一世紀を経過した三四六年（『日本書紀』では二〇〇年）のことです。神功《じんぐう》皇后は熊《くま》襲《そ》（実は北部九州の筑紫王権）を討伐するために筑紫（北部九州）を巡幸しますが、その折に野鳥《のとり》（福岡県朝倉市秋月野鳥、『日本書紀』では「荷持《のとり》」と記す）に住む羽白熊鷲《はしろくまわし》を、自ら出陣して徹底的に撃滅しています。神功皇后は戦勝の暁に「熊鷲《くまわし》を取り得《とえ》つ。我《わ》が心則《すなは》ち安《やす》し」(『日本書紀』)と左右の者たちに語っていますが、この一件は神功皇后にとって余程印象深い出来事であったに違いありません。(2)

この羽白熊鷲《はしろくまわし》こそ、「邪馬台国」の系譜を引く「邪馬《やま》国」の主帥であり、背後に聳える古処山《こしよさん》に拠《よ》る「山国《やまこく》」の首魁であり巫覡《ふげき》であったと思われます。「邪馬台国」は「邪馬大国＝山大国《やまだい》」を意味する可能性があり、二世紀後半頃に「邪馬国(山国)」の巫女卑弥呼《ひみこ》が「邪馬台国(邪馬台連邦の盟主国)」の女王として福岡平野中央部に迎えられ(ここで「邪馬台〔大〕国」と呼ばれるようになったか)、二次にわたる倭国大乱を経て「新生倭国＝邪馬台国連合」の女王として擁立されたものと考えられます。(3) その後「邪馬台国連合」が解体して久しい四世紀中頃にあって、「邪馬国」は引き続き古処山の麓でひっそりと社稷を護っていたものと思われます。

邪馬台国の原風景は朝倉郡や朝倉市(旧夜須・下座・上座郡)付近を中心に、宝満川左岸(東岸)平野部に対《たい》蘇《そ》国⬇蘇奴《その》国⬇呼邑《ほゆう》国⬇華奴蘇奴《ふあのその》国、東部山麓沿いに邪馬《やま》国⬇躬臣《くじん》国⬇巴利《はり》国が立地していたと考えられます。

㋘対蘇《たいそ》国(09) 筑紫地峡の東南、宝満川の左岸(東岸)にあって、東小田《ひがしおだ》・峯《みね》遺跡などを擁する朝倉郡筑前町(旧夜須町)東小田・四三嶋《しそしま》・安野《やすの》辺りか。

㋙蘇奴《その》国(10) 朝倉郡筑前町東南部(旧三輪町)、栗田《くりた》祭祀遺跡などを擁する野町《のまち》・栗田辺りか。

㋚呼邑《ほゆう》国(11) 小石原川と佐田川の中流域、朝倉市(旧甘木市)中心地域から佐田川左岸(東岸)の桑原(旧鍬饗《くわえ》郷)にかけての辺りか。

㋛華奴蘇奴《ふあのその》国(12) 小石原川と佐田川の下流域で、平塚川添《ひらつかかわぞえ》遺跡を擁する朝倉市(旧甘木市)平塚《ひらつか》から大刀洗町菅野《すがの》辺りか。

……………………

㋟邪馬《やま》国(16) 古処山麓《こしよさん》の朝倉市秋月野鳥《のとり》を本拠にしていたと考えられる。

㋠躬臣《くじん》国(17) ㋟邪馬国と㋡巴利国の中間に位置すると考えられ(芋づる式)、道路の交わる朝倉市烏集院《うすのいん》辺りに充てられるのではないか。

㋡巴利国《はり》（18）　福岡平野の最奥部の朝倉市杷木《はき》辺りと考えられ、杷木が遺称か。

4 対狗奴国戦争の渦中にある国々

福岡平野と佐賀平野を隔てる筑紫地峡は、東北から三郡山《さんぐん》・大根《おおね》地《ち》山・宮地岳が、西南から九千部山《くせんぶ》・基《き》山が迫っています。地峡の中央には筑紫（チクシ）の語源となった筑紫《ちくし》神社が鎮座し、かつて荒ぶる神として「往来《ゆきき》の人半《なかば》は生き半《なかば》は死《う》せにき」と多くの人々を恐怖させたことを忘れたかのように、地域を鎮護する神として祀られています。

弥生時代には総じて農用地争いや水争いなどの地域間紛争が絶えなかったようですが、時代の経過に伴って戦傷墓など戦争犠牲者の痕跡は玄界灘沿岸部から内陸部へと移り、紀元前後の頃になると、筑前・筑後・肥前の三国が国境を接する筑紫地峡周辺に集中するようになります。

この地域は自然地形からの必然ですが、弥生時代の後半に至っては絶えず紛争の最前線となっており、隈《くま》・西《にし》小田《おだ》遺跡群などのように戦闘を髣髴とさせる遺跡が数多く発見されています（本章2節・注3を参照のこと）。

㋜鬼《き》　国（13）　古社筑紫神社を擁する筑紫野市原田地域から千塔山《せんとうざん》遺跡を擁する佐賀県基山《きやま》町辺りで、町名・山岳名の基山が遺称であろう。

㋝為吾国《ゐご》（14）　隈《くま》・西小田《にしおだ》遺跡群、三沢《みつさわ》遺跡、横隈山《よこぐまやま》遺跡などを擁する筑紫野市南部から小郡市北部辺りか。

㋞鬼奴国《きの》（15）　鬼国が基山の山麓丘陵部であれば、その南部に広がる丘陵及び平野部であろう。安永田《やすながた》遺跡や柚比本村《ゆずほんそん》遺跡などを擁する鳥栖市柚比《ゆび》、長野辺りか。

……………………

㋢支惟国《ちゆい》（19）　大木川・山下川・秋光川が並流する鳥栖市田代・基里辺りか。「支」の上古音では /kieg/ なので基肄《きい》として郡名・山城名に遺称したか。

㋣烏奴《をの》国（20） 大刀洗川流域の平野部で、大刀洗町鵜木《うのき》辺りか。

㋤奴《の》　国（21） 筑後川右岸（北岸）に沿った平野部で、久留米市北野町辺りか。

◆

（1）居住用の竪穴式住居は直系五～六m位で二〇～三〇㎡程度のものが多く、間仕切りがない（『魏志倭人伝』は「屋室あり」として間仕切りの存在を想起させる）ことから一家族一住居が基本と考えられ、五人／戸程度が平均的であろうと推定される。ただし、人口推計を専門とする鬼頭宏は三～五世紀の住居跡の規模を参考にして十人／戸とし、西日本一帯に広がる邪馬台国（邪馬台国畿内説）の人口を一八〇万人（投馬国を含め十八万戸）、全国を三百万人と推計する。また、集落跡の分布をもとに導かれた弥生時代の日本列島（北海道と沖縄を除く）の人口は六十万人であり、九州の人口は十万六千人で全人口の十七・七％であるとする見解もあり（小山修三）、奈良時代の人口は全国で六百万人と推計されている（澤田吾一）。

（2）三四六年（榊原修正紀年、『日本書紀』では二〇〇年）、仲哀天皇と神功皇后は服従しない熊襲（北部九州の政治勢力＝筑紫王権）を討伐するため筑紫（北部九州）を巡幸する。しかし、北部九州の勢力（伊覩県主の祖五十《い》迹手《とで》）が臣従の姿勢を見せる中で、新たに新羅の不服従が露見した（仲哀天皇は新羅に花嫁〔人質〕を求めるが、景行天皇には応じた花嫁を仲哀天皇には拒否する）ことから、神功皇后は「新羅親征」に軸足を移す（この過程で仲哀天皇は没する）。ただし、神功皇后は当初の目的である「熊襲討伐」、つまり「列島における統一政権の確立」には強く拘泥しており、「邪馬台国連合」の女王卑弥呼の系譜を受け継ぐ羽白熊鷲を徹底的に撃滅することで、偉大な女王卑弥呼の痕跡を完全に払拭しようとしたものと思われる。

なお、榊原修正紀年については三五頁を参照のこと。ちなみに、神功皇后の熊襲（羽白熊鷲）討伐は、新羅親征の直前となる同年三月に行われている（『日本書紀』）。また、神功皇后の新羅親征は諸文献の比較検討結果として、三四六年の倭軍による新羅金城（王都）攻撃が相応すると考えられる（『三国史記』新羅本紀及び『日本書紀』）。よって、熊襲討伐は三四六年三月であったと推定される。

（3）『三国史記』新羅本紀の阿達羅《あだら》尼《に》師今《しきん》の二十（一七三）年夏五月条に、「倭女王卑弥乎、使を遣わして来聘す」との一文が見える。これが史実であれば、一七三年は新羅に外国使節を受け入れるべき特段の慶事は見えないので、「邪馬台連邦」の自立と女王卑弥呼の就任を知らせる遣使であった可能性がある。「倭国」（盟主は伊都国王）の成立から七十～八十年を経て、農業国家群（盟主は邪馬台国）は海洋漁労国家群（盟主は伊都国）が主導する「倭国」の中にあって「邪馬台国」を中心にまとまり、「倭国大乱（第一次）」を経て伊都国の支配から脱したのである。「倭国」は一七三年頃から「伊都連邦＝海洋漁労国家群」と「邪馬台連邦＝農業国家群」の分離並立国家になったと考えられる。なお、一旦は「伊都連邦」の束縛から脱した「邪馬台連邦」であったが、その後「邪馬台連邦〔対〕狗奴連邦」の戦争が勃発し、狗奴連邦との戦争に対処することを大義として「伊都連邦」に救援を求め、再び連合して「邪馬台国連合」が発足したと考えられる。

2　倭国女王と狗奴国王は素より和せず

帯方太守弓遵《きゅうじゅん》は、魏少帝曹芳の正始八（二四七）年に韓諸国との抗争で戦死しますが、その後任として王頎《おうき》が着任すると、倭女王卑弥呼は載斯《たいし》（大使）烏越《をえつ》を帯方郡に派遣し、狗奴《この》国の攻撃を愬訴しています[1]。帯方郡としては正始六（二四五）年に嶺東の濊《わい》が高句麗に誼《よしみ》を通じたことを咎めて攻伐し、これが正始八（二四七）年になってようやく落ち着いた（濊の不耐候が魏に朝貢し、不耐濊王に任じられる）かと思うや、続いて韓諸国の攻撃を受けて（諸韓国から帯方郡の崎離営〔不詳〕が攻められる）太守弓遵を戦死させています。いずれの戦いも幸いにして郡側（帯方郡と楽浪郡の連合軍）の勝利に帰してはいますが、薄氷を踏む思いであったに違いありません（『魏志濊伝』及び『魏志韓伝』）。そして、諸韓国との戦いが終わったばかりの同じ正始八（二四七）年、今度は倭国（邪馬台国連合）の女王卑弥呼が狗奴国の攻撃に対して帯方郡に善処を求めたのです。

1 倭国と狗奴国の抗争

正始八（二四七）年といえば、「倭国大乱」の終息から既に半世紀が経過しています。『魏志倭人伝』に「倭女王卑弥呼、狗奴国男王卑弥弓呼[2]と素より和せず」とありますので、「倭国大乱（第二次）」が収束した後も、倭国

（邪馬台国連合）と狗奴国（狗奴連邦）とは諍いを続けていたことが窺えます。一進一退を繰り返す抗争の舞台は、やはり倭国と狗奴国の領土争奪戦争（第二次倭国大乱）の舞台となった筑紫地峡周辺であったと思われます。「邪馬台連邦」に属する鬼《き》国・為吾《ゐご》国・鬼奴《きの》国・支惟《ちゆい》国・烏奴《をの》国・奴《の》国の六か国は、「狗奴連邦」との戦争において常に危機に晒される地域にあり、特に鬼国・為吾国・鬼奴国はその都度戦場となり、犠牲を強いられていたであろうと推測されます。戦争の結果によってはいくつかの国々は「狗奴連邦」に組み込まれることもあったかもしれません。

　時代の差違はありますが、隈・西小田遺跡群（福岡県筑紫野市）や吉野ヶ里遺跡群（佐賀県吉野ヶ里町）などに見られる戦争犠牲者の墓から、「倭国大乱」当時の戦闘の様子を垣間見ることができます。[3]

　それでは、西暦二四七年頃に勃発した倭国（邪馬台国連合）と狗奴国（狗奴連邦）の抗争はどのような状況の中で生じたのでしょうか。

　中国の魏朝にあっては斉王曹芳《そうほう》の時代です。魏では、幼少の皇帝曹芳を支えて司馬懿《しばい》と曹芳の一族である曹爽《そうそう》が補佐役となり、曹操の女婿何晏《かあん》と共に三者で政務を担当しており、少なくとも表面上は比較的平和な「正始《しょうし》の音《ね》」と呼ばれる治世が続いています。司馬懿が曹爽・何晏を殺害して政権を掌握するのは二年後の嘉平元（二四九）年のことです。

　朝鮮半島においても、楽浪・帯方両郡と韓諸国との攻伐はありましたが、倭国や狗奴国の動向に深刻な影響を与える程度のものではありません。

　考えられることは一点に絞られます。倭国の女王卑弥呼が高齢となって巫女としての人心収攬能力が低下したのです。高齢化に伴い、巫女としての責任が果たせなくなったのかもしれません。そのため巫女王としての権威が失墜し、倭国内の政治的均衡が崩れたものと思われます。倭国に生じた統制の乱れは、隣国の狗奴国（狗奴連邦）にとって支配圏域拡大の絶好の機会です。狗奴国は倭国の政治的混乱に乗じて侵略を開始したものと思われます。

2 建中校尉梯儁と塞曹掾史張政

『魏志倭人伝』によれば、帯方郡からの使者は二度にわたって倭国に派遣されています。正始元（二四〇）年の建中校尉《けんちゅうこうい》梯儁《ていしゅん》と正始八（二四七）年の塞曹掾史《さいそうえんし》張政《ちょうせい》の二人です。

建中校尉梯儁　「建中校尉《けんちゅうこうい》」は中国の職官志などには見えません。ただし、清の洪飴孫《こういそん》が作成した『三国職官表』（表Ⅷ－1）に見える魏の官職から推測すると、「校尉」は品階四～六位程度、俸禄比二千石の高官であり、職務の内容から「武官」であると考えられます。

正始元（二四〇）年に倭国へ派遣された建中校尉梯儁《ていしゅん》の主たる目的は、魏帝が封じた「親魏倭王」の詔書及び金印紫綬、並びに様々な賜物を倭国王卑弥呼《ひみこ》に伝達することでした[4]。倭国への遣使は、皇帝の代理を務める重大な任務です。このため、「校尉」という高い官職にある人物が使節として選ばれたものと思われます。建中校尉梯儁は、郡の太守（品階五位、俸禄二千石）や都尉（品階五位、俸禄比二千石）に匹敵する官職にある人物であることが分かります。

また、正始元（二四〇）年の派遣は魏が倭国に送り出す初めての使節であり、様々な軍事情報を入手するためにも、経験豊かな「武官」を派遣する必要があったと推測されます。

塞曹掾史張政　「塞曹掾史《さいそうえんし》」という官名も中国官制には見えません。ただし、『後漢書』百官志に「郡国は皆諸曹掾史を置く」とありますし、『三国職官表』（表Ⅷ－2）から推測して「掾史」は書記の仕事をする属官であり、「塞曹掾史」とは辺境の郡国に置かれた「文官」であると考えられます。ちなみに「史」は「ふびと、事を記録することを掌る官。天子の言行を記する官」（簡野道明『字源』）とされます。

正始八（二四七）年に倭国に至った塞曹掾史張政《ちょうせい》は、正始元（二四〇）年の遣使となった建中校尉梯儁《ていしゅん》に比

■表Ⅷ－1　『三国職官表』による校尉一覧

<table>
<tr><th>所　属</th><th>校尉名</th><th>品階</th><th>俸禄高</th><th>職務等</th></tr>
<tr><td rowspan="2">大司農府</td><td>典農校尉</td><td rowspan="3">6品</td><td rowspan="9">比2,000</td><td>小さな郡で、屯田がある場合設置する。</td></tr>
<tr><td>度支校尉</td><td>諸軍の屯田を司る。</td></tr>
<tr><td>少府府</td><td>材官校尉</td><td>天下の材木を司る。</td></tr>
<tr><td rowspan="5">近衛軍</td><td>屯騎校尉</td><td rowspan="6">4品</td><td>宿衛の兵を司る。「漢官」では700人を指揮する。</td></tr>
<tr><td>歩兵校尉</td><td>同上</td></tr>
<tr><td>越騎校尉</td><td>同上</td></tr>
<tr><td>射声校尉</td><td>同上</td></tr>
<tr><td>長水校尉</td><td>同上。「漢官」では烏垣胡騎736人を指揮する。</td></tr>
<tr><td>城門守備</td><td>城門校尉</td><td>洛陽の城門12か所を司る。</td></tr>
<tr><td>殿内侍衛</td><td>殿中校尉</td><td>7品</td><td>—</td><td>殿内の侍衛に当たる。</td></tr>
<tr><td rowspan="8">武　官</td><td>戊己校尉</td><td rowspan="5">4品</td><td rowspan="5">比2,000</td><td>西域が帰服した時、高昌（新疆ウイグル自治区）に駐屯する。</td></tr>
<tr><td>護羌校尉</td><td></td></tr>
<tr><td>護東羌校尉</td><td></td></tr>
<tr><td>護烏垣校尉</td><td>広寧（河北省張家口地区）に駐屯する。</td></tr>
<tr><td>護鮮卑校尉</td><td>昌平（北京市西北部）に駐屯する。</td></tr>
<tr><td>西域校尉</td><td rowspan="2">5品</td><td>—</td><td></td></tr>
<tr><td>西戎校尉</td><td>—</td><td></td></tr>
<tr><td>千人督校尉</td><td>6品</td><td>—</td><td></td></tr>
<tr><td>州郡県</td><td>司隷校尉</td><td>3品</td><td>比2,000</td><td>首都及び近郊の治安・不法を司り、刺史の役割を担う。</td></tr>
</table>

＊品階（品秩）は第1品から第9品の9階級に分かれる。

＊俸禄は石高で示すが実数ではない。後漢時代の実録で比2,000石は月当100石（約2,000リットル）である。

＊都市牛利が拝受した「率善校尉」は『三国職官表』にない。大夫難升米が「率善中郎将」（品階4位、比2,000石、降伏した蛮夷を管理する）を拝受しているので、同様の職責を帯びた「率善中郎将」より若干下位の官職であろう。

■表Ⅷ－２　『三国職官表』による曹掾一覧

<table>
<tr><th>曹掾名</th><th>所　属</th><th>品階</th><th>俸禄高</th><th colspan="2">職務等</th></tr>
<tr><td rowspan="2">東曹掾</td><td>相国府、司空府</td><td rowspan="14">7品</td><td rowspan="3">比400</td><td>官吏登用に当たる。</td><td rowspan="3">驃騎、車騎、四征（東南西北）、四鎮（東南西北）の各将軍にも付置される。</td></tr>
<tr><td>大将軍府</td><td>太守・県令の任用昇進を司る。</td></tr>
<tr><td>西曹掾</td><td>司徒府、司空府
大将軍府</td><td>府吏の官吏登用に当たる。</td></tr>
<tr><td>金曹掾</td><td>相国府、大将軍府</td><td rowspan="10">比300</td><td>貨幣・塩鉄のことを司る。</td><td></td></tr>
<tr><td>兵曹掾</td><td>相国府、大将軍府</td><td>兵のことを司る。</td><td></td></tr>
<tr><td>鎧曹掾</td><td>相国府、大将軍府</td><td>武器を司る。</td><td></td></tr>
<tr><td>水曹掾</td><td>相国府、大将軍府</td><td>職務不明</td><td></td></tr>
<tr><td>集曹掾</td><td>相国府</td><td>同上</td><td></td></tr>
<tr><td>法曹掾</td><td>相国府</td><td>駅逓のことを司る。</td><td></td></tr>
<tr><td>奏曹掾</td><td>相国府</td><td>奏議のことを司る。</td><td></td></tr>
<tr><td>車曹掾</td><td>相国府</td><td>職務不明</td><td></td></tr>
<tr><td>倉曹掾</td><td>大将軍府、司空府</td><td>倉穀のことを司る。</td><td></td></tr>
<tr><td rowspan="2">賊曹掾</td><td>大将軍府</td><td>盗賊のことを司る。</td><td></td></tr>
<tr><td>相国府</td><td>比200</td><td>同上</td><td></td></tr>
<tr><td>諸曹掾</td><td colspan="5">大司馬（軍事の最高職）、太尉（軍事の責任者）、司徒（相国に同じ）、司空（官吏の不正取締りに当たる）の各府に広く存在したが、詳細を詳らかにしていない。</td></tr>
</table>

＊相国《しょうこく》は天子をたすけて万機を治める。建安18（213）年に丞相《じょうしょう》、建安21（216）年に相国《しょうこく》、黄初元（220）年に司徒《しと》、甘露５（260）年に相国と改称される。大将軍は反逆者討伐の任に当たる。

＊品階と俸禄については、表Ⅷ－１の注に同じ。

較すれば相当下位の役職にある人物です。「曹掾」は品階七位、俸禄比二百~四百石の官とされており、県令（中位の県令は品階七位俸禄六百石、下位の県令は品階八位俸禄三百石）に相当します。

正始八（二四七）年の派遣では、帯方太守王頎《おうき》の就任を祝して帯方郡に至った倭国の載斯《たいし》（大使）烏越《をえつ》等が、同時に倭国と狗奴《この》国が戦争状態にあることを報告し、帯方郡の善処を要請したものと考えられます。

いわゆる「倭国大乱」から半世紀以上経過した二四〇年代後半に至り、狗奴国（狗奴連邦）が倭国（邪馬台国連合）に大攻勢をかけてきたことから両国が戦争状態に突入し、倭国は帯方太守王頎に調停を依頼したのです。そして、この戦争を終結させるために帯方郡から派遣された調停団こそ、倭国への二回目の遣使となる塞曹掾史張政を責任者とする一行でした。

この正始八（二四七）年は、帯方太守王頎が玄菟《げんと》太守から栄転したばかりの年です。しかも前任の帯方太守弓遵《きゅうじゅん》は韓諸国との抗争で戦死しているのです。

この際、帯方太守王頎は何としても倭国（邪馬台国連合）と狗奴国（狗奴連邦）との戦争状態を平和的に収束させなければなりません。帯方太守王頎が直面する最初の難題です。帯方太守の代理として倭国に派遣された塞曹掾史張政の役割は重大でした。

3 塞曹掾史張政の役割

塞曹掾史張政は帯方郡に所属し、辺境地域の経営に当たる中堅官吏であったと推測されます。異民族との折衝に豊かな経験を積んでいたに違いありません。

倭国が狗奴国との紛争に手を焼いて帯方郡に調停を依頼してきた時、恰好なことに、正始六（二四五）年に魏から倭の大夫難升米《なしめ》（魏の官職は「率善中郎将」）に賜与された詔書と黄幢《こうとう》（黄色の軍旗）が未だ伝達されずに帯方郡に保管されていました。この時（正始六年）に発せられた詔書に何が記されていたのか、黄幢がなぜ難升米に与えられたのかは必ずしも分明ではありません。

しかし、正始六（二四五）年に楽浪太守劉茂《りゅうも》と帯方太守弓遵《きゅうじゅん》が、高句麗を討伐する幽州刺史毌丘倹《かんきゅうけん》に呼応して高句麗に誼《よしみ》を通じた嶺東の「濊《わい》」を討伐していますので、これに関連することが推測されます。万が一の高句麗の反転攻勢を視野に入れ、倭国の大夫であり同時に魏の率善中郎将（倭国で最も早く任じられた「率善中郎将」であり、魏の官職を受ける者として倭国における最高位者である）でもある難升米に援軍出兵を予め要請する内容であったと思われます。ただし、高句麗の反転攻勢はなく、倭国への具体的な出兵要請も行われていません。

なお、栗原朋信はこの経緯につき、「魏が難升米に詔書と黄幢の仮授を決定し、これを帯方郡に付して倭地に齎らさしめようとした最初の目的は、南北からする半島の韓族制圧を企図したものであったにちがいない」としています（『史学雑誌』七十三編十二号、一九六四）。

さて、塞曹掾史張政が倭国の大夫難升米に詔書と黄幢を伝達し、檄を以って告喩したとしても、それを以って狗奴国が攻撃を中止したとは考えられません。魏軍が派遣され倭国軍を支援したのであれば話は別ですが、『魏志倭人伝』にそのような記述は全くありません。塞曹掾史張政は「文官」です。軍人であったにしても武官ではありません。当然ながら、軍事指導を実施した様子も窺えません。

塞曹掾史張政は「外交」によって事態を打開しなければならなかったのです。「外交」が効果を発揮するためには、外交当事者の後ろ盾となる大きな力（権威または軍事力）の存在が必要です。塞曹掾史張政の後ろ盾は帯方郡であり、中国魏王朝であることに議論の余地はありません。ただし、これらが効果を発揮するためには極めて重要な条件があります。中国魏王朝の権威が調停を受けるべき倭国と狗奴国の両国に及んでいたということです。

倭国は魏王朝から冊封されており、その権威に服しています。これに異論の余地はないでしょう。しかし、塞曹掾史張政による外交調停が真に成果をもたらすためには、狗奴国もまた帯方郡及び魏王朝の権威に服していることが前提となります。そして『魏志倭人伝』から察するところ、張政の調停は予定通り上手く成功したもののように見受けられます。

これらから、狗奴国もまた魏王朝から冊封を受けていたと考えて間違いないでしょう。倭地の国々で「今、(魏に) 使訳通ずる所三十国」とは、対海国 (対馬) から邪馬台国までの八か国に「その余の旁国」二十一か国を加えた倭国二十九か国、及びこれに狗奴国を加えた三十か国であると考えられます(5)。

塞曹掾史張政は帯方郡及び中国魏王朝の権威を背景にしながら、冊封国である倭国 (邪馬台国連合) と狗奴国 (狗奴連邦) との紛争に介入し、両国の戦争状態を外交努力によって調停し終息させたものと考えます。

4 周旋五千余里可り

塞曹掾史張政の外交努力の痕跡が『魏志倭人伝』に見える「周旋五千余里可り」であると考えます。この「周旋五千余里可り」の解釈には様々な見解があり、帯方郡から邪馬台国までの路程距離と関連させる意見が多いようです。

特に山田孝男が「周旋の義を周囲の意に解す」とする従来説に対して、『佩文韻府《はいぶんいんぷ》』(中国清代の韻書。文献中に使用される語句を列挙する) の用例を索捜して「周旋は自ら旋転して行動する義であり、物の大きさをいう語ではない」ことを発見しています (山田孝男「狗奴国考」〔『考古学雑誌』十二巻、一九二二〕)。また、山田は帯方郡より狗邪韓国までの七千余里に「参問倭地」の周旋五千余里を加えて、郡より女王国に至る距離を一万二千余里であるとしています。山田はこれらを根拠に「邪馬台国畿内説」を展開しており、三品彰英をして「山田の周旋に対する新解釈は、宣長以来、これを九州の周囲を表す語として理解してきた諸学説に、根本的な修正を迫るものである」と言わしめ、「邪馬台国九州説を採る学者に対して大打撃を与えたことは否むことができない」と断定させています (三品『総覧』注解)。

山田孝男の「周旋は自ら旋転して行動する義」とする説は『佩文韻府』の十数例を点検する中から導き出されたものであり、十分傾聴に値する意見であると思います。

しかし、『魏志倭人伝』の「参問倭地絶在海中洲島之上、或絶或連周旋可五千餘里」（倭地を参問するに、海中洲島の上に絶在し、或いは絶え或いは連なり、周旋五千余里可りなり）を山田の意見を踏まえて検証すれば、「邪馬台国九州説に大打撃を与えたことは否めない」との三品の見解は全く為にする空論であることが判然とします。逆に山田の意見は「倭地」が北部九州に存在したことを証明する重要な手懸かりとなるのです。

文官であり調整役でもある塞曹掾史張政は巧みな外交折衝によって戦争を終結させなければなりませんが、そのためには当事者双方の詳細な状況把握が不可欠です。倭国（邪馬台国連合）と狗奴国（狗奴連邦）の意見を聴取することによって戦争勃発の原因を探り、現状を分析し、双方にとって納得できる調停案を提示しなければなりません。

そのためには、張政自ら数度にわたって倭国内を視察調査し、狗奴国へも幾度となく足を運び、狗奴連邦に属する各国の現状把握にも努めたことでしょう。正《まさ》しく張政は倭国（邪馬台国連合）と狗奴国（狗奴連邦）内を「自ら旋転」しているのです。そのような情報の集積があって初めて円満な終戦調停が可能になるのです。

さて、『魏志倭人伝』の記述を通覧すれば、概ね五段落に区切ることができます。

	段落の始めと終わり	摘要
①	冒頭……郡より女王国に至る万二千余里。	倭の国々と郡からの路程
②	男子は大小となく、皆黥面文身す。……大倭をしてこれを監せしむ。	倭の風俗・産物など
③	女王国より以北、特に一大率を置き、……差錯するを得ず。	伊都国の特異性
④	下戸、大人と道路に相逢えば、……周旋五千余里可りなり。	倭と倭国の各種状況
⑤	景初二年六月、……最後	郡（魏）と倭国との交流

■表Ⅷ－3　「周旋五千余里」の行動範囲

対海国➡邪馬台国（女王国） ＊は『魏志倭人伝』による距離	邪馬台国➡狗奴国➡末盧国 ＊は経由国
①対海国横断（対馬市）　約30 km ＊方400余里 ×80m／里≒32 km ②対海国➡一大国（壱岐市）　約60 km ＊1,000余里 ×80m／里≒80 km ③一大国横断　約16 km ＊方300里可 ×80m／里≒24 km ④一大国➡末盧国（唐津市）　約40 km ＊1,000余里 ×80m／里≒80 km ⑤末盧国➡伊都国（糸島市）　約40 km ＊500里 ×80m／里≒40 km ⑥伊都国➡奴国（福岡市西区）　8 km ＊100里 ×80m／里≒ 8 km ⑦奴国➡不弥国（福岡市中央区）　8 km ＊100里 ×80m／里≒ 8 km ⑧不弥国 ➡邪馬台国（福岡市博多区）　0 km ＊100里未満で捨象＝0 km	⑨邪馬台国（福岡市博多区） ➡巴利国（朝倉市杷木）　約60 km ＊都支国・弥奴国・好古都国・不呼国・姐奴国・対蘇国・蘇奴国・呼邑国・華奴蘇奴国・邪馬国・躬臣国を順次経由 ⑩巴利国➡鬼国（佐賀県基山町）　約40 km ＊奴国・烏奴国・支惟国・鬼奴国・為吾国を順次経由 ⑪鬼国➡狗奴国（吉野ヶ里遺跡）　約20 km ⑫狗奴国➡惣座遺跡（佐賀市）　約15 km ⑬惣座遺跡➡土生遺跡（小城市）　約10 km ⑭土生遺跡 ➡みやこ遺跡（武雄市）　約20 km ⑮みやこ遺跡➡末廬国（唐津市）　約35 km
①～⑧の実距離計約200 km	⑨～⑮計約200 km
塞曹掾史張政が倭地を周旋した総距離400 km（400 km÷80m／里＝5,000余里）	

伊都国の特殊な立場を記した③を境にして、前・後に倭地の風俗などが記されています。④はあたかも①及び②を補足している印象です。①～③は建中校尉梯儁の報告が主体となっており、④は塞曹掾史張政の報告が中心になっているのではないかと推測できます。⑤は当然ながら両者の報告などを基に詳細な公文書が作成されていたと思われます。

先に検討したように、対海国（対馬国）上陸から邪馬台国（女王国）までの距離は実測で約二〇〇km（『魏志倭人伝』に記される距離は三四〇〇里）ですが、これに「その余の旁国（伊都連邦に含まれる三か国を除く）」と狗奴国連邦の国々を訪問するために要する距離約二〇〇kmを加えれば総距離が約四〇〇kmとなります。『魏志倭人伝』の距離単位は「八〇m／里」ですから、換算するとまさに約「五千里」です（表Ⅷ－3）。

結局、「倭地（倭国ではない）」を参問

■表Ⅷ－4　魏志倭人伝に見える31か国（国名の「ふりがな」は「中古音」を基本とする）

倭人伝の分類			国　名	概ねの比定地	主な参考遺跡	摘要
倭に含まない国			狗《こ》邪《や》韓《はん》国	大韓民国金海市	良洞里遺跡	
倭	倭国	女王国より以北の国	対海《たいはい》国	對馬市峰、豊玉	ガヤノキ、シゲノダン遺跡	伊都連邦（伊都国が盟主の海洋漁労国家群）
			一大《いちだい》国	壱岐市芦辺	原の辻遺跡	
			末盧《まつろ》国	唐津市松浦川下流域	千々賀、中原遺跡	
			伊《い》都《と》国	糸島市三雲、井原	三雲井原遺跡	
			奴《の》　国	福岡市西区吉武、野方	吉武、野方遺跡	
			不《ふ》弥《み》国	福岡市早良区西新	西新町遺跡	
			投《とう》馬《ま》国	日向市、のち西都市妻	西都原遺跡	
			邪《や》馬《ま》台《たい》国	春日市須玖、福岡市博多区	須玖、比恵那珂遺跡	邪馬台連邦（邪馬台国が盟主の農業国家群）
		その余の旁国	斯《し》馬《ま》国	糸島市志摩	一の町遺跡	＊伊都連邦に含めるべき国
			巳《し》百《はく》支《ち》国	福岡市西区元岡、草場	元岡桑原遺跡	
			伊《い》邪《や》国	福岡市西区今宿	今宿五郎江遺跡	
			都《と》支《ち》国	福岡市博多区月隈	雀居、金隈遺跡	
			弥《み》奴《の》国	福岡市博多区美野島		
			好《は》古《こ》都《と》国	福岡市博多区博多駅前	博多遺跡	
			不《ふ》呼《ほ》国	筑紫郡那珂川町北部	安徳台遺跡	
			姐《さ》奴《の》国	太宰府市向佐野、大佐野		
			対《たい》蘇《そ》国	朝倉郡筑前町四三島、安野	東小田峯遺跡	
			蘇《そ》奴《の》国	朝倉郡筑前町野町、栗田	栗田祭祀遺跡	
			呼《ほ》邑《ゆう》国	朝倉市甘木、桑原（鍬聾郷）		
			華《ふあ》奴《の》蘇《そ》奴《の》国	朝倉市平塚、太刀洗町菅野	平塚川添遺跡	
			鬼《き》　国	三養基郡基山町	千塔山遺跡	
			為《ゐ》吾《ご》国	筑紫野市隈、小郡市津古	隈、西小田遺跡	
			鬼《き》奴《の》国	鳥栖市柚比、長野	安永田遺跡	
			邪《や》馬《ま》国	朝倉市秋月野鳥		
			躬《く》臣《じん》国	朝倉市烏集院		
			巴《は》利《り》国	朝倉市杷木		
			支《ち》惟《ゆい》国	鳥栖市田代、基里		
			烏《を》奴《の》国	太刀洗町鵜木		
			奴《の》　国	久留米市北野		
	倭国の南に接する国		狗《こ》奴《の》国（狗奴連邦の盟主国）	神埼郡吉野ヶ里町（狗奴連邦は佐賀平野の国々で構成される）	吉野ヶ里遺跡（惣座、土生遺跡など）	狗奴連邦（農産漁業国家群）

■図Ⅷ－２　北西部九州の主な弥生遺跡（出現期古墳〔墳〕を含む、○は拠点遺跡）

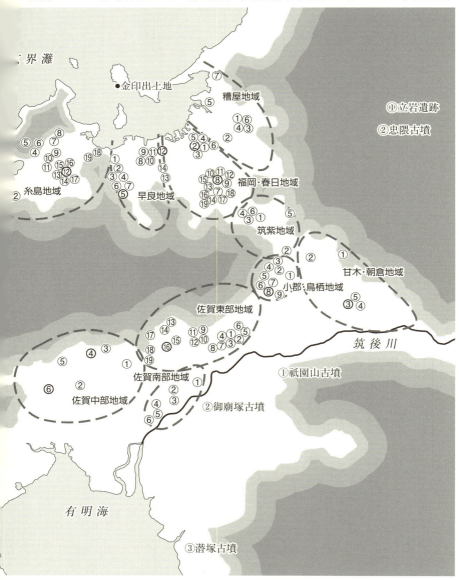

（福岡市立歴史資料館特設展図録『早良王墓とその時代』〔1986〕、佐賀県教育委員会編『環濠集落「吉野ヶ里遺跡」概報』〔1990〕、井上裕弘『北部九州弥生・古墳社会の展開』などを参考に作成）

海洋漁労国家群

■対馬及び壱岐地域

（図面省略。180、181頁参照）

■唐津地域

①大友　②桜馬場　③菜畑　④中原　⑤西ノ畑　⑥柏崎　⑦田島　⑧宇木汲田　⑨九里大牟田　⑩中尾　⑪手樋ノ元　⑫徳須恵　⑬千々賀　⑭双水柴山２号〔墳〕

■糸島地域

①深江井牟田　②石崎曲り田　③御床松原　④稲葉〔墳〕　⑤一の町　⑥権現〔墳〕　⑦御道具山〔墳〕　⑧元岡桑原　⑨志登　⑩潤地頭給　⑪上鑵子　⑫三雲井原　⑬三雲南小路　⑭井原鑓溝　⑮平原　⑯端山〔墳〕　⑰井原１号〔墳〕　⑱今宿五郎江　⑲山ノ鼻１号〔墳〕

■早良地域

①宮の前　②野方中原　③野方塚原　④野方久保　⑤吉武高木　⑥吉武大石　⑦吉武樋渡　⑧有田　⑨藤崎　⑩藤崎６号〔墳〕　⑪藤崎７号〔墳〕　⑫西新町　⑬丸尾台　⑭宝台

■糟屋地域

①江辻　②亀山　③上大隈平塚　④戸原王塚〔墳〕　⑤名島１号〔墳〕　⑥天神ノ森〔墳〕　⑦香住ヶ丘〔墳〕

農業国家群

■福岡・春日地域

①板付　②比恵那珂　③那珂八幡〔墳〕　④宝満尾　⑤博多　⑥金隈　⑦大谷　⑧須玖岡本　⑨須玖磐石　⑩須玖五反田　⑪須玖永田　⑫須玖黒田　⑬平若　⑭大南　⑮赤井手　⑯西方　⑰紅葉ヶ丘　⑱原町　⑲安徳台

■筑紫地域

①永岡　②隈・西小田　③道場山　④原口〔墳〕　⑤阿志岐〔墳〕　⑥二日市峯

■甘木・朝倉地域

①栗田　②東小田峯　③平塚川添　④神蔵〔墳〕　⑤大願寺〔墳〕

■小郡・鳥栖地域

①大板井　②横隈狐塚　③津古生掛〔墳〕　④津古１号〔墳〕　⑤津古２号〔墳〕　⑥千塔山　⑦柚比本村　⑧安永田　⑨赤坂〔墳〕

農産漁業国家群

■佐賀東部地域

①姫方　②姫方原　③町南　④原古賀三本谷　⑤北尾　⑥検見谷　⑦東尾　⑧西尾　⑨船石　⑩船石南　⑪二塚山　⑫切通　⑬西石動　⑭三津永田　⑮横田　⑯吉野ヶ里　⑰切畑　⑱川寄　⑲利田柳

■佐賀南部地域

①本分　②荒堅目　③詫田西分　④姉　⑤村中角　⑥太田本村

■佐賀中部地域

①櫟木　②鍋島本村南　③金立開拓　④惣座　⑤龍王　⑥土生

■佐賀西部地域

①椛島山〔墳〕　②東宮裾　③北上龍　④釈迦寺　⑤みやこ　⑥玉江

その他

■筑後川南部地域

①祇園山〔墳〕　②御廟塚　③潜塚〔墳〕

■飯塚地域

①立岩　②忠隈〔墳〕

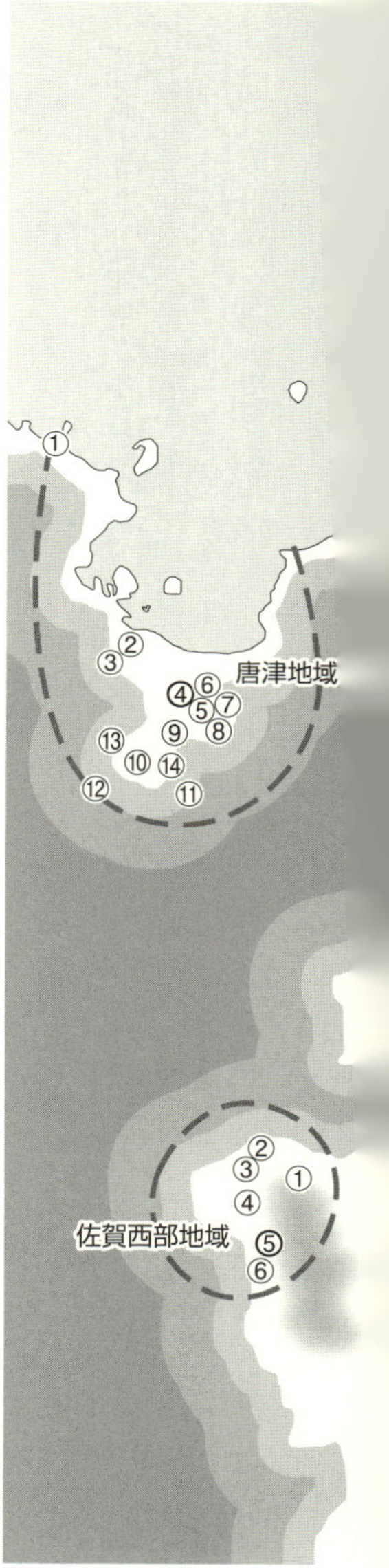

するに……周旋五千余里可り《ばか》」とは、塞曹掾史張政が自ら訪問した倭国（邪馬台国連合）と狗奴国（狗奴連邦）に属する小国群を結んだ距離（倭地の圏域ではなく、倭地の主たる国邑を結んだ距離）であり、またその風景であったことが理解できます。

◆

（1）『魏志倭人伝』では、初めて外国に派遣される一団はその代表者が記されており、全ての例において①官職、②人名、③等で構成されている。これらの例から「載斯烏越等」も、①官職＝大使、②人名＝烏越、③等で構成されると理解できる。③等は一団を組んでの往来を意味する。

- ●大夫／難升米／等（景初三年、倭国➡帯方郡・魏都洛陽）
- ●建中校尉／梯儁／等（正始元年、帯方郡➡倭国）
- ●大夫／伊声耆・掖邪狗／等（正始四年、倭国➡帯方郡・魏都洛陽）
- ●塞曹掾史／張政／等（正始八年、帯方郡➡倭国）
- ●大夫率善中郎将／掖邪狗／等（不詳〔嘉平元年か〕、倭国➡帯方郡・魏都洛陽）

（2）卑弥弓呼については、種々の読み方が示されている。主な見解は次のとおり。なお、『魏志倭人伝』の当該部分は「倭女王卑彌呼與狗奴國男王卑弥弓呼素不和」である。

論者	読み	理由
内藤湖南	卑弥弓呼素《こそ》	呼素は比売語曾神社等のコソ。卑弥は女王で卑弥弓は男王か。
橋本増吉	卑弓弥呼	ヒメ命に対する彦命の音訳。

（3）橋口達也（元福岡県立九州歴史資料館副館長）は弥生前期後半から中期中頃（紀元前三〇〇～紀元一〇〇頃）における埋葬態様を研究し、戦死者をとおして弥生時代の戦争実態を明らかにした。
弥生時代の墓からは、二三〇〇年前の新町遺跡（福岡県糸島市志摩）を最古例として、紀元前後までのおよそ四百年間に二六〇例を超える戦死者が報告されており、戦争を切り口にして地域の動向が理解できる（鉄器が普及する弥生時代中期に

なると、突き刺したあと引き抜いても折れることは殆んどなく殺傷の証拠が残り難いこと、及び人骨を良好な状態で遺存することができた甕棺墓葬が衰退するため、これ以降の埋葬者に係る死因は詳らかにできないとされる)。橋口達也『弥生時代の戦い　戦いの実態と権力機構の生成』に掲載される「弥生時代の犠牲者、棺内出土の(剣・矛・戈)切先、鏃地名表」から次の①~③が推論でき、地域の政治的成熟過程は戦争の有無と密接不可分であったことを示唆する。

①弥生時代が始まって二百年程経つと最初の戦死者が現れ、紀元前三世紀~紀元前二世紀初頭頃の戦死者は玄界灘沿岸地域に集中する(特に、吉武遺跡に顕著である)。北部九州の玄界灘沿岸は日本で最初に本格的な水田稲作が始まった地域である(菜畑・曲り田・有田・板付の各遺跡など)ことから、逸早く社会的階層分化が始まり、紀元前二世紀前半頃には地域統合が進み「国」が発生したと考えられる。

②紀元前二世紀中葉頃以降の戦死者は、国づくりが進んだ玄界灘沿岸部では少なくなり、内陸部や他地域に目立つようになる。有明海を控えた佐賀平野、筑豊地域や周防灘地域にまで戦死者の痕跡が拡大する。玄界灘沿岸地域から若干遅れ、周辺地域にまで社会階層分化が進み、地域統合の動きが進んだものと考えられる(隈・西小田、吉野ヶ里、津留などの各遺跡に代表される)。

③紀元前一世紀になると玄界灘沿岸地域では殆んど戦争の痕跡がなくなり、戦死者は内陸部の筑紫地峡付近に集中する(隈・西小田遺跡と吉野ヶ里遺跡に顕著である)。玄界灘沿岸地域の状況は極めて強力な指導者(国王)による一元的な統治が進んだ結果であり、一方、この頃には各地の小国形成過程の戦争が一段落し、代わって広域レベルの戦争が筑紫地峡付近を舞台に行われるようになったことを意味する。なお、近畿地方では紀元前一世紀~紀元一世紀頃になって戦争の痕跡を多く見るようになる。

(4) 魏皇帝の詔書に、詔書・金印・賜物を「難升米・牛利に付す」とあることから、魏使建中校尉梯儁の来倭目的が詔書・金印・賜物の伝達であったならば、両者は矛盾であるとして疑義を呈する意見がある。しかし、同じ詔書に「今汝を以って親魏倭王となし、金印紫綬を仮し、装封して帯方の太守に付し仮授す」ともあり、難升米等は梯儁等を伴って帰国したものと考えられる。

(5) 三十か国については、狗邪韓国以下邪馬台国までの九か国にその余の旁国二十一か国を加えたものとする見解がある(石原道博編訳『魏志倭人伝・後漢書倭伝・宋書倭国伝・隋書倭国伝』岩波文庫ほか)。ただし、『魏志倭人伝』における狗邪韓国は「韓」の中の一国であり、「倭」に含まれないことは既に論じている(第Ⅳ章)。

第IX章

汝が献ずる所の貢直に答う

魏志倭人伝⑦⑨⑯⑲　貢・賜関係と倭国

1　魏と倭国の交流

海洋漁労国家群の「伊都連邦」と農業国家群の「邪馬台連邦」が連合して「新生倭国＝邪馬台国連合」が発足すると、「邪馬台国連合」の女王として共立された「卑弥呼」は機会を見て、中国王朝（この時代、黄初元〔二二〇〕年に後漢から魏へと王朝が交替する）に新国家の成立を報告することになります。新王朝の成立や新皇帝の即位など、中国で慶祝すべき事象が発生すれば倭国から遅滞なく遣使貢献することを例としており、通常であれば、そのような機会に倭国からも必要な報告を行っていたものと思われます。

しかし、「邪馬台国連合」が発足しておよそ半世紀、魏王朝が創始されて二十年にもなろうとするこの時期まで、倭国から魏王朝に遣使貢献する機会がありませんでした。中国東北部及び朝鮮半島北部に公孫氏が独立王国とも思しき国を築いていたからです。

そして、ようやく倭国から魏王朝に遣使貢献できる機会が巡ってきます。魏が公孫氏との戦いに勝利し、公孫氏を滅亡させるという、魏にとって慶祝すべき事象が発生したのです。

1 倭国から魏への最初の遣使

永初元（一〇七）年には、安帝（在位一〇六～一二五年）の即位を奉祝して倭国王帥升《すいしょう》が後漢に遣使奉献していますし、中平六（一八九）年にも、少帝（在位一八九年四～九月）または献帝（在位一八九年九月～二二〇年）の即位を奉祝して遣使奉献していると思われます。中平六年の奉献は、発足間もない邪馬台国連合が後漢王朝に派遣した使節であると考えられ、邪馬台国連合の女王「卑弥呼」による中国王朝への最初の遣使であった可能性があります(1)。

ところで、『魏志』には「卑弥呼」による魏朝（帯方郡を含む）への遣使奉献が都合三回分登載されています。①景初二（二三八）年、②正始四（二四三）年、③正始八（二四七）年の三回です（その直後にも壱与〔台与〕による遣使が記されており、遣使年は嘉平元〔二四九〕年であったと推定される）。

景初二（二三八）年六月、倭女王（卑弥呼）、大夫難升米《なしめ》等を遣わして〔帯方〕郡に詣《いた》らしめ、天子〔の許〕に詣《まい》りて朝献せんことを求む。〔帯方〕太守劉夏《りゅうか》、吏《り》を遣わし、将《まさ》に送りて京都《けいと》（魏都洛陽）に詣《いた》らしむ。（『魏志倭人伝』）

（正始）四（二四三）年冬十二月、倭國女王俾彌呼、遣使奉獻す。（『魏志』三少帝斉王紀）

（正始）四（二四三）年、倭王、復《ま》た大夫伊聲者《いせき》・掖邪狗《えきやこ》等八人を遣使し、……上献す。（『魏志倭人伝』）

（正始）八（二四七）年、〔帯方〕太守王頎《おうき》官に到る。……倭の載斯《たいし》（大使）烏越《をえつ》等を遣わして〔帯方〕郡に詣《いた》り、相攻撃する状を説く。（『魏志倭人伝』）

この中で倭国女王卑弥呼による魏への最初の遣使となる「景初二（二三八）年」は誤りであり、「景初三（二三九）年」と訂正されるべきだとして長く論議されてきました。

新井白石（一六五七～一七二五年）は『古史通或問《こしつうわくもん》』で「遼東の公孫淵滅びしは景初二年八月の事也。其道未だ開《あ》けざらむに我が国の使人帯方に至るべきにもあらず」として、女王卑弥呼が「景初二（二三八）年」に魏へ遣使した可能性を退けています。

明治時代になって、「景初三年」説は内藤虎次郎（湖南）に受け継がれ、内藤の論敵であった橋本増吉もこれに賛同することによって、この問題は「景初三年」説を以って確定したようです。三品彰英も『総覧』解説で「景初二年は景初三年の誤り。魏が公孫氏の手から楽浪・帯方両郡を接収したのは景初二（二三八）年八月のことであり、したがって、ここにいう景初二（二三八）年六月は景初三（二三九）年六月に訂正すべきである」としています。

しかし、戦後も三十年を経過した昭和五十年代になると、古田武彦が『「邪馬台国」はなかった』ほかの著述において「紹熙本『三国志』は最も信頼できる版本であり、これを安易に改定すべきではない」として厳しい問題提起を行い、おって水野祐は「景初三年朝貢改定説の誤謬」（『評釈魏志倭人伝』）として、景初二年を景初三年に改訂する誤りを指摘しました。よってこの問題も避けて通れない命題の一つとなりました。

古田武彦は前掲書において、『三国志』紹熙本が記す「景初二年」は「景初三年」に改定されるべきではないとし、「景初二年」とした場合の五つの疑問点を挙げています。次の㋐～㋔はその概略ですが、「景初三年」ではこれらの疑問に答えることができないとしています（各項の➡は「景初二年」を堅持する古田説の説明）。

㋐帯方郡太守劉夏《りゅうか》が、官吏を付き添わせて倭使を洛陽まで送っているのは？

➡戦中遣使であったので先導護送した。

㋑遣使の人数が少なく、奉献物が貧弱であるのは？

➡戦中遣使であり当然である（途中で減少した可能性がある）。

㋒貧弱な奉献物に対して、魏の喜び方が異常であるのは？

➡公孫淵に対する東西からの挟撃、海上治安の確保、東夷諸国の服従――これらを大きく前進させる手懸かりとなる。

㋓奉献年十二月に詔勅を出し、下賜の実行が翌年の正始元年であるのは？

➡景初二年十二月に明帝が急病となり、諸行事が中断・停止された。

㋔詔書では下賜品を「皆装封して」難升米・牛利に付すが、実行されていないのは？

➡明帝の死後一年間の服喪があり、景初三年末になって斉王の諸行事が再開され、翌年正始元年に明帝の意思を実行した。


古田は精緻な考証を施していますが、必ずしも十分な説明とは言えず、いくつかの疑義が残ります。「景初三年」説を採っても㋐～㋔は常識的な説明が十分可能であり、㋓㋔に至っては「景初二年」説こそ苦しい説明であると言わざるを得ません[2]。

また、次の二つの疑義もあり、倭国（邪馬台国連合）の女王卑弥呼が初めて魏へ遣使した年は、『梁書倭伝』の「魏の景初三年に至り、公孫淵誅されて後、卑弥呼始めて遣使朝貢す」に従い、通説のとおり景初三（二三九）年であったと考えるべきでしょう。

その①は、卑弥呼がなぜ危険極まりない「戦中遣使」を実行しなければならなかったかということです。古田は「従来、公孫淵の勢力下におかれていた倭国は、戦い未だ終らぬこの時点で、すばやく魏に使を送った。明日の東アジアの動向を見きわめた、機敏な外交である」（前掲書）としています。

しかし、景初二（二三八）年六月と言えば魏の司馬宣王《しばせんおう》（懿）軍が遼東に到達したばかりの頃（『魏志』公孫度伝に附される公孫淵伝には、「六月、〔司馬宣王〕軍は遼東に到達」とある）であり、公孫淵伝の割注に引く『漢晋春秋』によれば、この頃、呉の孫権が公孫淵支援のために大軍を出動させています。つまり、景初二年六月の段階では魏の司馬懿軍と公孫淵軍との命運は未だ判然としていないのです。「機敏な外交」を実行するには余りにも大きなリスクを背負うことになります。倭国女王卑弥呼にとって、このような危険を冒してまで確保しなければならない遣使の必然性とは何だったのでしょうか。

その②は、卑弥呼の使節を洛陽に送り届けさせた帯方太守劉夏《りゅうか》が、景初二（二三八）年六月の時点で帯方太守の職にあったかということです。『魏志倭人伝』は「景初二年六月、（略）太守劉夏、吏を遣わし、将《まさ》に送りて京都《けいと》に詣《いた》らしむ」と記していますから、当然のことながら、古田説ではこの時点における帯方太守は劉夏でなければなりません。

さて、『魏志韓伝』に「景初中（二三七〜三九年）、明帝は密かに帯方太守劉昕《りゅうきん》・楽浪太守鮮于嗣《せんうし》を遣わし、海を越えて二郡を定め、諸韓国の臣智《しんち》に邑君《ゆうくん》の印綬を加賜し、其の次には邑長《ゆうちょう》を与う」とあります。ここには「景初中」とあるのみですが、劉昕と鮮于嗣を「密かに」しかも「海から」派遣して二郡（帯方・楽浪）を定めて（掌握して）いますので、二郡が公孫氏の施政下にあった時期であることは疑えません。

公孫淵は景初元（二三七）年七月に発せられた魏都洛陽への招聘を拒否し（魏明帝は幽州刺史毌丘倹《かんきゅうけん》らに玉璽を押印した文書を携えさせて公孫淵を魏都に召したが、公孫淵は却って軍隊を出動させて遼隧《りょうずい》で毌丘倹らを迎撃し交戦した）、その直後に燕王を名乗っていますから、公孫淵が魏と決定的に敵対したのは景初元（二三七）年七月以降となります。続いて、景初二（二三八）年春正月になると司馬宣王（懿）が公孫淵征伐に差し向けられます。司馬宣王は六月に遼東に到達し、二か月間の攻防の結果、八月に公孫淵父子を殺して遼東・帯方・楽浪の各郡を魏の施政下に戻します。

常識的には、帯方太守劉昕と楽浪太守鮮于嗣による「密かな」行動は、公孫淵を北（司馬宣王軍）と南（劉昕・鮮于嗣軍）から挟撃する戦略であったと考えられます。つまり、劉昕と鮮于嗣が潜行して活動した時期は、司馬宣王が公孫淵征伐を命ぜられた景初二（二三八）年春から公孫淵討伐が完了する同年八月までであった蓋然性が高いのです。[3]

景初二（二三八）年六月における遼東郡・楽浪郡・帯方郡の地域は、極めて緊迫した軍事作戦下にあります。このような時期に作戦上重要な役割を帯びる帯方太守の更迭が実施されるとも思われません。また、そのような記録も見当たりません。

結局、景初二（二三八）年六月時点での帯方太守は、余程の特殊事情がない限り、「劉夏《りゅうか》」ではなく「劉昕《りゅうきん》」であったと考えられます（両者が同一人物との説もある）。

2 魏と倭国との相互往来

倭の国々と中国王朝とは早くから交流が行われています。『漢書』地理志巻二十八下・燕地の条には「楽浪海中に倭人あり、分れて百余国となる、歳時を以って来り献見すという」と見えます(4)。

また、後漢時代から晋時代までにあって、倭または倭国から中国の各王朝へ遣使し朝貢した記録は表Ⅸ－1のとおりです。これに加えて、『魏志韓伝』に「建安中（一九六～二一九年）公孫康、屯有県以南の荒地を分けて帯方郡となし、公孫模《こうそんも》・張敞《ちょうしょう》等を遣わして遺民を収集し、兵を興して韓・濊《わい》を伐つ。旧民稍《ようや》く出で、この後、倭・韓は遂に帯方に属す」とありますから、具体的な派遣記録は遺されていないものの、中国東北部や朝鮮半島が公孫氏の施政下にあった時期においても、倭国から公孫氏の帯方郡に遣使朝貢していたと推測できます。

一方、表Ⅸ－1に掲げる時代における中国王朝から倭国への遣使は表Ⅸ－2のとおりです。相互往来という観点から見れば、『魏志倭人伝』の時代は特殊な時代であったことが分かります。それまでの交流は、倭国（倭）から中国へ朝貢する一方通交的なものであり、中国の使節が倭国（倭）に来訪することはなかったからです。

魏の時代になると船舶などの交通手段の発達もあってか、倭国に中国の使節を迎えるようになります。もちろん、魏王朝の倭国に対する並々ならぬ関心がその根底にあったことは、これまでに縷々論じたところです。

それにしても、正始八（二四七）年に行われた倭国から帯方郡へ、帯方郡から倭国への相互派遣は、わが国の歴史に例を見ない極めて注目すべき事象であると思われます。倭国（邪馬台国連合）と狗奴国（狗奴連邦）が戦

■表Ⅸ－1　倭国（倭）から中国王朝への派遣（後漢～西晋）

派遣年	派遣者	派遣先	主な使者	遣使目的（推定）
建武中元2（57）年	倭奴国王	後漢	—	光武帝の封禅（56年）を祝す。
永初1（107）年	倭国王帥升		倭国王帥升	安帝の即位（106年）を祝す。
中平6（189）年	（卑弥呼か）		—	少帝または献帝の即位（189年）を祝す。
景初3（239）年	倭国女王卑弥呼	魏	大夫難升米	明帝の公孫淵討伐（238年）併せて少帝（曹芳）の即位（239年）を祝す。
正始4（243）年			大夫伊声者掖邪狗	少帝（曹芳）の元服（243年）を祝す。
正始8（247）年		帯方郡	大使（載斯）烏越	帯方太守王頎の就任を祝し、併せて狗奴国の攻撃を愁訴する。
（嘉平1〔249〕年）	倭国女王壱与	帯方郡 魏	大夫掖邪狗	塞曹掾史張政を帯方郡に送還し、併せて洛陽に詣り帯方郡の措置に答謝する。
泰始初（266）年		晋	—	晋建国と武帝の即位（265年）を祝す。

＊建武中元2（57）年の遣使は、倭奴国王が派遣したものである。倭奴国は倭国の原初となる国であるが、倭国ではない。倭国は1世紀終盤（88年以降）から107年までに成立したと考えられる。

＊中平6年の遣使は、東大寺山古墳出土の鉄刀銘（年次は解読できないが諸般から推定）から推測する。

＊嘉平元（249）年の倭王壱与による大夫掖邪狗等の派遣は、泰始初（266）年の派遣であるとする見解がある。しかし、20年弱もの期間が経過することから現実的には理解しがたい。塞曹掾史張政は嘉平元（249）年に帯方郡に送還されたものと考えられ、倭国からの使節は同年正月に発生した司馬懿のクーデターの成功を祝して魏都洛陽まで赴いたのであろう。泰始初（266）年の貢献は晋建国と武帝の即位を寿ぐために改めて派遣されたと考えるべきである。

■表Ⅸ－2　魏から倭国への派遣

派遣年	派遣者	主な使者	遣使目的	備考
正始1（240）年	帯方太守弓遵	建中校尉梯儁	詔書・印綬・賜遺物品を伝達する。	倭王答謝す
正始8（247）年	帯方太守王頎	塞曹掾史張政	詔書･黄幢を齎し、告喩する。	

＊中国から倭国への遣使は、隋の大業4（608）年に文林郎裴清（裴世清）が来訪するまで記録にない。

争を続ける中で、倭国女王卑弥呼が海を隔ててはるかな帯方郡に支援――戦争を終結させるための調停――を求めたのであり、また、これに応じて帯方郡からは具体的な調整役として塞曹掾史張政が倭国に派遣されたのです。

結果的に倭国と狗奴国との調停は上手くまとまり、当面の戦争は終息したと見受けられます。この事実から、倭国と狗奴国の両国は共に魏の冊封を受けていたであろうことが推定できます。

(1) 中国東北部に公孫氏が独自政権を確立する直前において、共立間もない邪馬台国連合の女王卑弥呼が後漢に遣使貢献した可能性がある。奈良県東大寺山古墳から出土した中平紀年銘金象嵌大刀の欠字年号は少帝または献帝が即位した「中平六（一八九）年」である蓋然性が高い。ただし、同大刀が後漢王朝から卑弥呼への賜物であるためには、東大寺山古墳に納められた経緯が明らかにならねばならない。

(2) 倭国から魏朝への最初の遣使につき、古田武彦の「景初二（二三八）年」とする意見に対して、「景初三（二三九）年」とする立場からは次のように反論することができる。

㋐について⬇魏の建国以来初めて受け入れる倭国の遣使であり、また、公孫氏討伐がもたらした象徴的な出来事である。帯方太守劉夏としても特別な案件であり、安全確実に洛陽まで先導する必要性を感じたであろう。

㋑㋒について⬇魏にとって倭国からの奉献物の質や量は特段問題ではない。魏にとって重要なことは、公孫氏討伐の勝利を慶祝する使節が最遠の倭国からはるばる到来したことである。

㋓㋔について⬇倭国の使節は景初三（二三九）年六月に帯方郡に詣り、その後洛陽に詣って天子に朝献している。詔書の発出は同年十二月であり、下賜の実行が直近の正始元（二四〇）年になったとしても何ら疑義は生じることなく、むしろ時間の経過から見て順当である。また、詔書の記述（難升米・牛利に付す）と下賜の実態（建中校尉梯儁による伝達）の相違についても、建中校尉梯儁を伴って難升米・牛利が帰国したものと理解でき、何ら矛盾はない。なお、詔書には一方で「装封して帯方の太守に付し仮授せしむ」と明記されている。

(3) 水野祐は、劉昕と鮮于嗣がそれぞれ帯方と楽浪の太守として赴いたのは、おそらく景初元（二三七）年八月の頃であったとし、その理由を渡海用船舶の造船と付近を襲った大水害の時期に求めている。景初元年七月に公孫淵が自立して燕王と称したことから魏の明帝は遼東の動静に不安を覚え、同年七月中に渤海湾に近い四州（青州・兗州・幽州・冀州）に命じて大いに海船を作らせたが、同年九月には冀州・兗州・徐州・豫州が大水害に遭遇しているので、その前の八月頃に出発したとする。

しかし、公孫淵が燕王を称したのは景初元年七月下旬であったと考えられ（直前の記事が七月二十六日）、それに触発されての渡海作戦であり造船命令であるなら、七月下旬〜八月頃に「大いに海船を作る」詔勅が下されたものとしなければならない（直後の記事が九月の大水害）。それであれば、八月中という短期間に「大いに」海船を作り、海を渡って朝鮮半島に大軍を送り込めたであろうか。また、『魏志東夷伝』序には「景初中、大いに師旅を興して淵を誅す。又、軍を潜ませて海に浮かび、楽浪・帯方の郡を収む。而して後、海表謐然として東夷屈服す」とあり、前半の司馬懿の軍事行動（陸路）と後半の劉昕・鮮于嗣の軍事行動（海路）は同時進行で行われたと思わせる筆致である（後半の行動が先行したのであれば、『魏志東夷伝』の記述も前後逆に記されるのではないか）。大規模な造船計画による渡海準備が完了した景初二（二三八）年正月を以って、公孫淵討伐命令が下されたものと理解すべきであろう。

（4）この他にも、倭人が中国に貢献していた状況が見える。

- 蓋國は鉅燕の南、倭の北にあり、倭は燕に屬す。　（『山海経』海内北経）
- 周の時、天下太平、越裳白雉を献じ、倭人鬯艸を貢す。　（『論衡』儒増篇）
- 暢草倭より献ず。　（『論衡』超奇篇）
- 成王の時、越裳雉を献じ、倭人は暢を貢す。　（『論衡』恢国篇）

2　『魏志倭人伝』に見る「貢」と「賜」

倭国と魏との交流は景初三（二三九）年に始まり、その後、正始元（二四〇）年、同四（二四三）年、同八（二四七）年、嘉平元（二四九）年（推定）と続きます。[1] その際の貢物と賜物ですが、倭国から魏への朝貢品は貧弱なものに過ぎず、魏から倭国への下賜品は比較にならないほどの優品であり、また数量も多いことが分かります。しかし、このような貢・賜関係の成立は双方に利点が存在するからに他なりません。

朝貢する倭国としては、

①大国から冊封を受けることで、自国内及び周辺諸国に政治的影響力を行使できる。

②交易と考えれば、膨大な下賜品が得られる朝貢は頗る旨味がある。

朝貢を受ける魏としては、

①国内向けの対応である。漢の高祖は儒教を国教として「徳治政治」を標榜したが、以降の歴代王朝もこれに倣った。帝王は道徳的に優れた聖人でなければならず、「徳」が行われない王朝は滅びるとされる。周辺国は帝王の「徳」を慕って集まると考えられ、遠くから多くの国々が冊封を求めることは、その王朝と皇帝に「徳」が備わっている証明になる。周辺国朝貢団の入都行列は、国民民衆に向けて効果的なプロパガンダとなる。

②国境線の長い中国では、辺境地域からの侵攻が後を絶たない。冊封という形で体制に取り込めば、幾分なりとも安心である。侵攻勢力を軍事力で防ぐことに比べれば、下賜品など安いものである。

1 倭国から魏への朝貢品

景初三（二三九）年　男生口《せいこう》四人、女生口六人、班布《はんぷ》二匹二丈

正始四（二四三）年　生口、倭錦《わきん》、絳青縑緜衣《こうせいけんめんい》（赤青色の絹衣）、帛布《はくふ》（絹布）、丹《たん・に》、木弣《ゆづか》、短弓矢

嘉平元（二四九）年　男女生口三十人、白珠《はくじゅ》（水晶玉）五千孔、青大勾珠《せいだいこうじゅ》（青色勾玉）二枚、異文雑錦《いもんざつきん》二十匹

倭国から魏への朝貢品は、種類が限られており量も多くありません。毎回の朝貢品に生身の人間である「生口」といくつかの「織物」が含まれていることが特徴です。また、「白珠」と「勾珠」が含まれていることも留意されるべきでしょう。

①生口▼奴婢的な奴隷とされる。戦争の敗者か、犯罪者か、あるいは経済的な弱者であったかは別にして、倭国には「生口」が存在し、しかも朝貢品の第一に挙げられている。「生口」を特殊技能の集団（漁業）とす

る見解もあるが、恐らく「生口」を除けば、倭国には特段の朝貢品がなかったのであろう。なお、後代に大和王権は遣唐使に「熟蝦夷《にぎえみし》」を同行させているが、これと同様の理由（大和王権は「徳治」の国であり、周辺蛮夷から朝貢を受けていることを示したい）であったとは考えられない。

其の法を犯すや、軽き者は其の妻子を没し、重き者は其の門戸及び宗族を没す。（『魏志倭人伝』）

（斉明五（六五九）年七月三日）小錦下坂合部連石布《いはしき》・大仙下津守連吉祥《きさ》を遣して、唐國《もろこし》に使せしむ。仍りて道奥《みちのく》の蝦夷《えみし》男女二人を以て、唐の天子《みかど》に示《み》せたてまつる。伊吉連博徳《いきのむらじはかとこ》書に曰《い》はく、（略）天子問ひて曰《い》はく、「此等の蝦夷の國は、何《いづれ》の方《かた》に有るぞや」とのたまふ。使人謹みて答えまうさく、「國は東北《うしとらのかた》に有り」とまうす。天子問ひて曰はく「蝦夷は幾種《いくくさ》ぞや」とのたまふ。（略）「今此は熟蝦夷《にぎえみし》なり。歳毎に、本國《やまとのくに》の朝《みかど》に入《まい》り貢《たてまつ》る」とまうす。（『日本書紀』斉明五年条）

②布・倭錦・縑緜衣・帛布・雑錦▼『魏志倭人伝』に「男子は（略）木緜を以って招頭《しょうとう》（鉢巻き）す。其の衣は横幅（幅の広い布）にして、ただ結束して相連ね、ほぼ縫うことなし。婦人は（略）衣を作ること単被の如く、その中央を穿ち、頭を貫きて之を衣《き》る」とあり、また、「禾稲《かとう》（いね）・紵麻《ちょま》（からむし）を種《う》え、蚕《さん》桑緝績《そうしゅうせき》し、細紵（良質の麻布）・縑緜（硬織の絹）を出だす」とある。倭国で作られる織物は、大麻・紵麻などから作られた麻布や粗雑な絹布であり、倭錦や雑錦にしても錦に類似した粗雑な織物と考えられる。

なお、今日でいう木綿（cotton）の伝来は延暦十八（七九九）年とされ（菅原道真『類聚国史』）、十四～十五世紀頃から徐々に栽培が始まり、一般に流布するのは十七世紀になってからとされる。

③丹・木弣・短弓矢▼丹《に・たん》は赤色顔料で、硫化水銀系（HgS）、酸化第二鉄系（Fe_2O_3）及び四酸化鉛系

（Pb_3O_4）がある。一般に硫化水銀系を「朱・朱丹・水銀朱」、酸化第二鉄系を「丹・ベンガラ」、四酸化鉛系を「鉛丹・黄丹」と呼んでいる。

硫化水銀系の原料である朱砂は辰砂鉱から水銀を製錬する過程で産出するが、古くから防腐剤・殺菌剤として知られていた。また、『魏志倭人伝』に「その山には丹あり」「朱丹を以ってその身体に塗る、中国の粉を用うるが如きなり」と見えるが、わが国では広く丹の産出地に沿って「丹生神社」やその関連神社が祀られている。九州にも関連神社は広く分布しており、特に肥前嬉野地域に集中している。[(2)]

しかし、弥生時代の墳墓に見られる「朱丹・水銀朱」は、三雲南小路・井原鑓溝・平原の各遺跡（福岡県糸島市）、吉武樋渡遺跡（福岡市西区）、立石遺跡（福岡県春日市）、二塚山・吉野ヶ里の各遺跡（佐賀県吉野ヶ里町）、西谷三号墳（島根県出雲市）など九州北部や山陰地方で限定的に発見されており、これらの「朱丹・水銀朱」は中国産のものが多いとされる。[(3)]

次に、「木弣《もくふ》・短弓矢」であるが、『魏志倭人伝』によると倭国の弓矢は「兵《つわもの》には矛・楯・木弓を用う。木弓は下を短く上を長く」した弓であるとする。

④白珠・青大勾珠▼「白珠」は水晶珠であり、「青大勾珠」は翡翠《ひすい》（硬玉）または碧玉《へきぎょく》（青瑪瑙《めのう》）製勾玉《まがたま》であろう。伊都国の潤地頭給《うるうじとうきゅう》遺跡（福岡県糸島市）の玉作り工房で製作された可能性がある。水晶は日本列島の各地に産し、翡翠は新潟県糸魚川、碧玉は島根県松江市玉造の花仙山産のものが著名である。[(4)]

2 魏から倭国への下賜品

景初三（二三九）年

絳地交龍錦《こうちこうりゅうきん》（蛟龍模様の赤色錦）五匹、絳地縐粟罽《こうちすうぞくけい》（赤地毛織縮）十張、蒨絳《せんこう》（茜染布）五十匹、紺青《こんじょう》（紺染布）五十匹【以上国信物】

紺地句文錦《こんちくもんきん》（曲線模様の紺色錦）三匹、細班華罽《さいはんかけい》（細斑模様毛織）五張、白絹五十匹、

金八両、五尺刀二口、銅鏡百枚、真珠五十斤、鉛丹五十斤【以上別貢物】
爵位「親魏倭王」及び金印紫綬➡倭国王　（以上、正始元〔二四〇〕年に伝達）
官職「率善中郎将」及び銀印青綬➡大夫難升米、「率善校尉」及び銀印青綬➡都市牛利

正始四（二四三）年　官職「率善中郎将」及び銀印青綬➡大夫掖邪狗等八人
正始六（二四五）年　黄幢《こうどう》➡大夫難升米　（正始八（二四七）年に伝達）

①国信物▼「汝が献ずる所の貢直に答」える公式な下賜品で、倭王の貢物に対する返礼である。全て布（絹織物及び毛織物）であるが、新疆《しんきょう》・楼蘭《ろうらん》出土の龍文錦や罽《けい》（毛織物）などが知られており、倭国にとって渇望するものであったに違いない。

なお、弥生時代の遺跡から出土する絹織物は、福岡・佐賀・長崎の三県に集中している。これにより、弥生時代における日本列島での絹織物の生産は北部九州に限られるようであり、併せて、中国から倭国に大量に入ってきた絹織物も、主として北部九州で使用されていたと考えられる（表Ⅸ－3）。

②別貢物▼倭国の要望に応じて「特に汝に……賜」わったものである。国信物と同様に布（絹織物及び毛織物）が中心となるが、金八両のほか次のⓐ～ⓒを賜っている。

ⓐ五尺刀二口▽魏晋朝時代の一尺は二三～二四㎝であり、五尺刀は一一五～一二〇㎝の長大刀である。当時の中国では素環頭大刀が一般的であったとされ、この五尺刀も素環頭大刀であったと推定される。わが国で現在までに発見されている弥生時代～古墳時代前期の素環頭大刀は三十八例（表Ⅸ－4）であるが、北部九州（福岡・佐賀・長崎）の出土例が圧倒的に多いことに留意すべきである。[5]

■表Ⅸ－３　絹製品の出土地と時代

	弥生前期	弥生中期	弥生後期	古墳前期	計
福岡県	①	①②③⑤⑥⑦⑧⑩	①②③	②⑥⑬	15
佐賀県		④⑪			2
長崎県		⑨			1
熊本県				⑮	1
島根県				⑧⑨⑩⑪	4
奈良県				④⑫	2
京都府				③⑦⑭	3
石川県				⑤	1
富山県				①	1

弥生前期：①有田遺跡（福岡市早良区）

弥生中期：①吉武高木遺跡（福岡市西区）、②比恵遺跡（福岡市博多区）、③栗山遺跡（朝倉市）、④朝日北遺跡（神埼市）、⑤立岩遺跡（飯塚市）、⑥門田遺跡（春日市）、⑦須玖岡本遺跡（春日市）、⑧吉ヶ浦遺跡（太宰府市）、⑨三会村遺跡（島原市）、⑩吉武樋渡遺跡（福岡市西区）、⑪吉野ヶ里遺跡（吉野ヶ里町～複数点の出土あり、弥生期区分未詳）

弥生後期：①栗山遺跡（朝倉市）、②宮の前遺跡（福岡市西区）、③唐の原遺跡（福岡市東区）

古墳前期：①杉谷Ａ遺跡（富山市）、②那珂八幡古墳（福岡市博多区）、③カジヤ遺跡（峰山町）、④大和天神山古墳（天理市）、⑤国分尼塚１号墳（七尾市）、⑥一貴山銚子塚古墳（糸島市）、⑦広峰15号墳（福知山市）、⑧椿谷古墳（安来市）、⑨小谷土壙墳（安来市）、⑩造山３号墳（安来市）、⑪松本１号墳（三刀屋町）、⑫桜井茶臼山古墳（桜井市）、⑬菖蒲ヶ浦古墳（大宰府市）、⑭園部垣内古墳（園部市）、⑮向野田古墳（宇土市）

（布目順朗『絹と布の考古学』〔雄山閣、1988〕を参考に作成）

ⓑ銅鏡百枚▽魏から下賜された銅鏡は百枚という驚くべき数である。そのため、各地で発見される銅鏡を以って倭国（邪馬台国連合）の所在を確認しようと考えたとして不思議はなく、殊にわが国で多量に発見される三角縁神獣鏡に注目したとして当然であろう。

三角縁神獣鏡とは、鏡の外縁の断面が三角形をしていることから名付けられたもので、直径一七～二六㎝程度の鏡の裏面には神獣が鋳出されているものが多い。この鏡は「卑弥呼の鏡」とも呼ばれており、邪馬台国問題を検討するに当たり、畿内大和説と九州説が対峙する中にあって避けて通ることはできない。

■表Ⅸ－4　素環頭大刀（弥生時代～古墳時代前期）出土数

県	出土数	出土遺跡（長さcm）
福岡	21	前原上町（119.8）、平原（75.0）、藤崎（箱石69.0）、藤崎（方形周溝56.6）、丸尾台（44.5）、郷屋（39.7）、須川山田（37.5）、汐井掛109号（34.8）、前田山５号（31.9）、亀の甲（30.0）、汐井掛167号（29.7）、下稗田（26.2）、汐井掛37号（25.0）、立岩36号（25.0）、長行小校庭（25.0）、松本（23.8）、汐井掛189号（21.8）、上り立（21.0）、宝満尾（19.1）、汐井掛（18.9）、立岩28号（17.9）
佐賀	6	横田（61.8）、二塚山36号（54.6）、三津永田（51.3）、二塚山52号（44.0）、妻山（43.2）、椛島山（16.7）
長崎	1	トウトゴ山（78.7）
山口	4	朝田４号（25.4）、朝田13号（20.5）、朝田13号（17.8）、朝田１号（14.1）
愛媛	1	唐子台14丘（66.0）
鳥取	1	宮内１号（94.5）
兵庫	1	丹波内場山（93.5）
福井	1	乃木山（112.0）
富山	2	杉谷２号（45.0）、杉谷３号（45.0）
計	38	（各県の大刀記載順序は長さの順である）

（今尾文昭「素環頭鉄刀考」〔『橿原考古学研究所紀要考古学論攷』第８冊、1982〕を参考に作成）

【邪馬台国畿内説】

三角縁神獣鏡は魏朝から倭国女王卑弥呼に賜与されたものであり、畿内にあった邪馬台国に長く保管された後、大和王権に継承され、順次服属した全国の首長に服属の代償・地位の保証として配布されたものである。この配布に主導的な役割を果たしたのが京都府椿井大塚山古墳の被葬者である（主として梅原末治・小林行雄）。

［理由］

㋐島根県神原《かんばら》神社古墳から、景初三年銘の三角縁神獣鏡が出土した（平縁では大阪府和泉《いずみ》黄金塚《こがねづか》古墳から同年銘鏡が出土している）。また、群馬県柴崎《しばさき》蟹沢《かにざわ》古墳と兵庫県森尾古墳からは正始元年銘鏡が見つかり、山口県竹島古墳の古鏡も同笵鏡と判明した（表Ⅸ－5参照のこと）。

㋑大坂府国分茶臼山古墳出土の鏡には「銅出徐州、師出洛陽（銅は徐州に出で、師は洛陽に出ず）」の銘が鋳出されているものがある。また、三角縁神獣鏡には魏

■図Ⅸ－1　三角縁神獣鏡と断面図

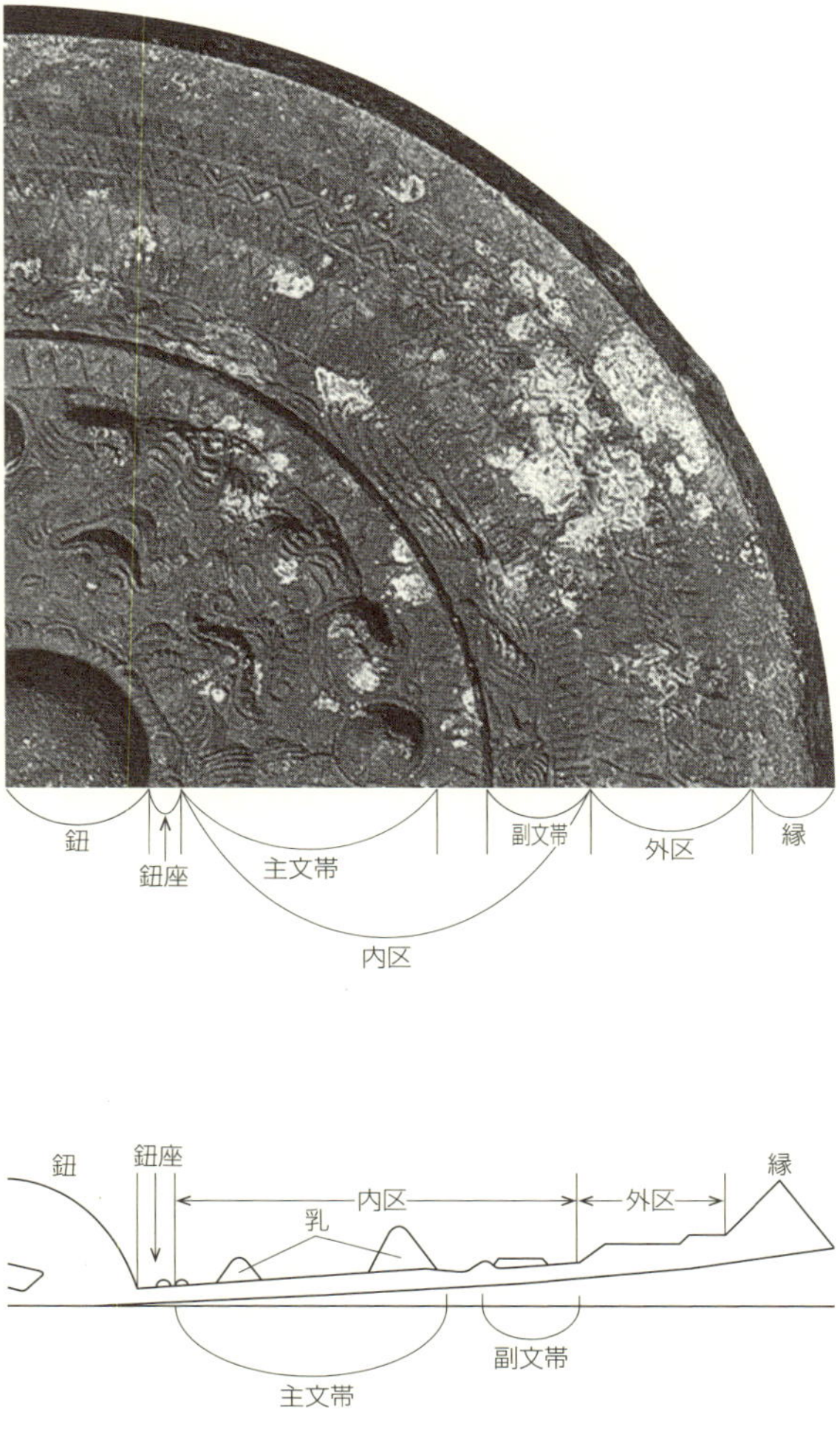

（樋口隆康『三角縁神獣鏡綜鑑』〔新潮社、1992〕を参考に作成。鏡は那珂八幡古墳出土品〔福岡市埋蔵文化財センター蔵〕）

代にしか使えない（同一王朝にあっては、崩じた皇帝の諱〔生前の本名〕を避けることとされていた）文字の使用がある。

ⓦ景初三（二三九）年、倭国女王卑弥呼の貢献に対して魏は銅鏡百枚を与えているが、その鏡が同一鏡式であれば数の多さからして三角縁神獣鏡以外に考えられない。

以上から、三角縁神獣鏡は三国時代の魏で製作されたものであるとしている。

【邪馬台国九州説】

その一　三角縁神獣鏡の大部分は仿製鏡であり、わが国内での鏡製作に当たって、当初は帰化系工人が製作を担当した（主として森浩一・古田武彦・奥野正男）。

その二　三角縁神獣鏡は呉の工人が日本に渡来し、各種の神獣鏡や画像鏡を参照しながら製作した（王仲殊）。

［理由］

㋐三角縁神獣鏡は、中国のどこからも未だかつて一枚も出土していない。

㋑魏の元号が記されていても魏の国内で製作されたとは限らない。呉で製作された鏡に魏の年号を記す例がある。

㋒昭和六十一（一九八六）年に京都府福知山の広峯十五号墳から景初四年銘を持つ三角縁神獣鏡が見つかった（伝宮崎県持田古墳出土の同年銘鏡もある）が、景初は三年で終わり景初四年は存在しない(6)。魏の製作であれば、このような間違いは起こり得ない。

㋓「銅出徐州……」について、徐州は銅山のない魏領域の徐州ではなく、銅鉱山のある呉領域の徐州である。

㋔卑弥呼の鏡が三角縁神獣鏡であると判断する根拠とされる「数」については、卑弥呼の鏡が同一鏡式である場合との仮定であり、卑弥呼の銅鏡百枚は三角縁神獣鏡に限らず、各種鏡式の鏡が含まれていたと考えられる。なお、三角縁神獣鏡の出土数は既に五百枚を超えている。

㋕一部の三角縁神獣鏡に見られる銘文「用青同至海東（青銅を溶して海東に至る）」の〝海東〟は日本を指し、工人が海を渡ってやってきた証拠である。また、景初三年鏡の銘は「本是京師、絶地亡出（京城〔呉都・江蘇省鎮江市〕の鏡師が絶遠の地に亡命した）」、正始元年鏡の銘は「本自州師、杜地命出（揚州の鏡師が隔絶した境域にだされた）」と読め、自分の経歴を述べたものである。

以上から、三角縁神獣鏡は中国から工人が来たか、わが国の工人が製作したかは別として、わが国で

■表Ⅸ－5　魏晋朝時代の紀年銘鏡

紀年	銘文干支（年号）	発見場所	摘　要
235年	（魏）青龍三年……	太田南5号墳（京都府） 安満宮山古墳（大阪府）、不明	方格規矩四神鏡（3面）
238年	（呉）赤烏元年……	鳥居原狐塚古墳（山梨県）	平縁神獣鏡
239年	（魏）景初三年……	神原神社古墳（島根県）	三角縁神獣鏡
	（魏）景初三年……	和泉黄金塚古墳（大阪府）	画文帯神獣鏡
240年	（魏）景初四年……	広峯15号墳（京都府） 伝・持田古墳（宮崎県）	斜縁盤龍鏡（2面）
	（魏）正始元年……	柴崎蟹沢古墳（群馬県） 森尾古墳（兵庫県） 竹島御家老屋敷古墳（山口県）	三角縁神獣鏡（3面）
245年	（呉）赤烏七年……	安倉高塚古墳（兵庫県）	平縁神獣鏡
290年代	（晋）元康□年……	伝・上狛古墳（京都府）	平縁神獣鏡

製作されたものであるとしている。

結局、三角縁神獣鏡は「邪馬台国論争」を解決に導く決定打にはなり得ない。

ところが、土器様式と対比できる漢式鏡及び三角縁神獣鏡の分布を見ると、三世紀中葉まで北部九州において盛んであった墳墓への鏡の副葬が、四世紀以降になると近畿地方に移り、それに応じて近畿地方に三角縁神獣鏡の副葬が増えている。

表Ⅸ－6が示唆するところは、弥生時代の鏡は漢式鏡であり、その多くは北部九州の墓に埋納されたとするものである。

これらから理解できることは、三角縁神獣鏡は四世紀以降に出現した鏡であり、わが国の弥生時代、殊に「銅鏡百枚」が倭国にもたらされた三世紀中頃（正始元（二四〇）年頃）にあっては、漢式鏡が重んじられていたということである。よって、いわゆる「卑弥呼の鏡」は三角縁神獣鏡ではなく、その多くが北部九州から発見される漢式鏡であると見なければならない。

ⓒ真珠五十斤・鉛丹五十斤▽「真珠」は『魏志倭人伝』に

■表Ⅸ－６　土器と対比できる副葬鏡の地域分布

地　域		北部九州地方		近畿地方	
土器の種類	（西暦年代）	漢式鏡	三角縁神獣鏡	漢式鏡	三角縁神獣鏡
庄内式	（200～250）	45	0	0	0
庄内～布留式	（250～300）	4	0	2	0
布留０式	（280～320）	3	0	3	0
布留０～１式	（310～350）	5	0	1	5
布留１～２式	（330～380）	1	7	19	55

＊小山田宏一作成資料（季刊『邪馬台国』100号）の集計（本表は、その中から北部九州地方と近畿地方のものを取り出した）であり、西暦年代は同資料の中で安本美典が「仮に与えたおよその年代」である。元の資料は『倭人と鏡（その２）　３・４世紀の鏡と墳墓』（埋蔵文化財研究会関西世話人会編集・発行、1994）所載。

「（倭地には）真珠・青玉を出だす」とある。このような倭地の産物である真珠を「別貢物」として倭国が殊更に要望するのは不可解である。しかも重さ五十斤（漢代では二二三ｇ／斤）という。これは道教の書『抱朴子《ほうぼくし》』（四世紀）に記される仙薬「真珠」ではないかと考えられる。真珠を牛乳などで加工した丸薬で、飲めば長生が得られるという。同様に「鉛丹」についても『抱朴子』にいう「丹砂」、『神農本草経』にいう「丹沙」ではないかと推測される。丹砂・酒・漆で作るこの丸薬は最も高級な仙薬で万病に効くという。

③倭王に対する爵位▼倭国を魏の冊封体制に組み込む場合、魏が行うべき最も重要な対応が倭国王の「親魏倭王」への叙爵である。このため、皇帝から詔書・金印紫綬・賜遺の品々を倭国へ届けるよう命ぜられた帯方太守弓遵《きゅうじゅん》は、正始元（二四〇）年、直ちに建中校尉梯儁《ていしゅん》等を遣わし、遅滞なく倭王卑弥呼に伝達したのである。倭国から魏に遣わされた大夫難升米《なしめ》と都市牛利《ぎゅうり》は、建中校尉梯儁等を伴って帰国したものと思われる。

④倭王の使者に対する官職▼魏皇帝が倭国王の臣下に官職を与えることは、形式的ではあるにしても、魏皇帝が直接倭国王の臣下を支配することを意味する。

景初三（二三九）年、大夫難升米（率善中郎将）と都市牛利（率善校尉）が「遠きを渉《わた》り、道路勤労」したことを理由に授けられた官職は、最初でもあり、いわば褒賞としての意味が含まれており、皇帝が「引見労賜」している。

これに対して正始四（二四三）年の場合は、掖邪狗等八人という多数の倭人がまとまって「率善中郎将」の官職を拝授している。「率善中郎将」や「率善校尉」は後漢末から魏にかけて広く発令された中郎将・校尉（いずれも武官）の一つで、周辺異民族に与えられた官職である。

しかし、魏の官職の任命を受けたということは、掖邪狗等八人が魏の組織下に組み込まれたことを意味し、景初三（二三九）年に魏の官職を受けた難升米等二人も含めて、魏の命令に従うべき義務が生じていたことになろう。

正始六（二四五）年、魏が倭の難升米に黄幢を与える。
正始八（二四七）年、魏の張政が難升米に詔書・黄幢をもたらし、檄を為《つく》って告喩する。

正始六（二四五）年の難升米に与えられた黄幢は、「率善中郎将」という魏の官職（武官）を帯びる難升米（倭国内で率善中郎将に任じられている者の筆頭）に対する魏の軍事命令であり（この時には帯方郡に付されるものの難升米には伝達されていない。詳細は第Ⅷ章2節3項「塞曹掾史張政の役割」参照のこと）、正始八（二四七）年の黄幢などの伝達は、使われずに帯方郡に保管されていた詔書・黄幢を目的変更して改めて難升米に伝達したものと考えられる。

以上のように、「貢・賜」から倭国と魏の関係を見てきましたが、『魏志倭人伝』に記される倭国から魏への朝貢品の数々、また、魏から倭国への下賜品の数々につき、考古学的な成果によって得られた知見と併せて総括することによって、三世紀当時の倭国（邪馬台国連合）の状況を知ることができます。「貢・賜」関係から見える倭国（邪馬台国連合）は、次の三点が示すように、紛れもなく北部九州に存在した国であることが確認できます。

その① 倭地域では絹織物が作られていました。『魏志倭人伝』に「蚕桑緝績《さんそうしゅうせき》（養蚕を行い、絹糸を紡《つむ》ぎ、絹織物を作っている）」とあり、倭地域の植生として「烏號《うごう》（やまぐわ）」が挙げられています。また、魏からの下賜品として大量の絹織物がもたらされています。漢の時代から素環頭大刀が北部九州に大量にもたらされていたことから見ても、中国からもたらされる絹織物は、少なくとも漢から魏の時代に至るまで幾度にもわたったに違いありません。まさに倭国は「絹の国」と言っても過言ではないと思われます。

ところが、これら弥生時代の絹織物は、現状では北部九州の遺跡からの発見に限られており（一〇〇％）、近畿地方に及ぶのは古墳時代に入ってからのことです（表Ⅸ－３）。

その② 中国における大刀は、魏晋朝の頃まで素環頭が主流であったとされます。環頭に紐を通し手首に結んで使用する実用的なものです。この素環頭大刀の発見はこれまでに北部九州から富山県までの西日本一帯で三十八例を数えますが、このうち北部九州で発見されたものは二十八例に及び、実に全素環頭大刀の七〇％を超えています（表Ⅸ－４）。

その③ 土器を伴う弥生時代終末から古墳時代初頭までの墳墓への副葬鏡を土器編年に対比させると、弥生時代終末までに中国からもたらされ、埋納された青銅鏡の中には「三角縁神獣鏡」は皆無であり、全てが「漢式鏡」であることが分かります。

鏡は伝世します。しかしながら、三世紀の遺跡から三角縁神獣鏡が一枚も発見されないことは事実であり、『魏志倭人伝』の「銅鏡百枚」は漢式鏡であった蓋然性が高まります。そして、三世紀段階での漢式鏡の副葬状況は北部九州が圧倒的に多いのです（表Ⅸ－６）。

また、『魏志倭人伝』の「貢・賜」関係からは外れますが、「鉄」は倭国にとって極めて重要な輸入品です。

■表Ⅸ－7　府県別に見た鉄器の出土数

府県	鉄器（鉄鏃内数）	府県	鉄器（鉄鏃内数）	府県	鉄器（鉄鏃内数）	府県	鉄器（鉄鏃内数）
福岡	500（398）	岡山	115（104）	三重	3（3）	千葉	78（63）
佐賀	92（58）	愛媛	27（25）	福井	42（32）	茨城	5（3）
長崎	62（29）	香川	41（36）	石川	65（55）	埼玉	8（1）
熊本	352（339）	高知	53（53）	新潟	3（1）	群馬	37（21）
大分	252（241）	徳島	4（4）	愛知	12（11）	栃木	1（0）
宮崎	108（100）	兵庫	108（92）	静岡	8（3）	福島	0（0）
鹿児島	3（3）	大阪	44（40）	岐阜	1（0）	宮城	1（1）
山口	106（97）	滋賀	13（13）	長野	40（27）		
島根	33（30）	京都	160（112）	山梨	2（2）		
鳥取	72（46）	奈良	5（4）	神奈川	12（7）		
広島	85（79）	和歌山	5（5）	東京	41（37）	合計	2,599（2,175）

（ふくおか文化芸術フォーラム実行委員会等主催「邪馬台国フェスタ」資料〔2009〕より作成）

『魏志倭人伝』に倭国は「鉄鏃」を使うとあり、『魏志韓伝』には「国（辰韓）は鉄を出だし、韓・濊・倭皆従いて之を取る」とあります。倭国は鉄を重用する「鉄の国」でもあります。これら鉄器（鉄鏃・鉄刀・鉄矛・鉄戈）の出土数は弥生時代を通じて北部九州が圧倒しています（表Ⅸ－7）。

以上四つの厳然たる事実は、北部九州こそ倭国（邪馬台国連合）の存在した地域であることを如実に物語っています。

本章の最後に、『魏志倭人伝』が記す倭地の生活環境について、『魏志東夷伝』に見える東夷の国々や地域と比較しておきます（表Ⅸ－8）。

倭地は温暖な気候に恵まれ、米を作り海産物や野菜を食し、絹や麻で衣服を作り、屋室に居住するなど、衣食住は比較的安定していたようですし、装飾品で身を飾るなど精神的なゆとりさえ感じます。また、多くの植物が繁茂し、豊かな自然環境に恵まれていました。

倭人の生活は、『魏志東夷伝（倭人伝を除く）』の人々に比較して、より豊かに安定しており、地域社会も成熟し、平穏な生活を享受していたと思われます。

■表Ⅸ－8　東夷諸国・地域の衣食住及び産物

	倭	夫余	高句麗	東沃沮	挹婁	濊	韓
気候	温暖				土気寒		土地肥美
衣	男／横幅結束 女／貫頭衣《かんとうい》 徒跣《とせん》	袂《へい》・袍《ほう》・袴《こ》、狐・狖《ゆう》・貂《ちょう》の裘《かわごろも》、革踏《かくとう》	錦繍《きんしゅう》 幘《さく》・折風《せつぷう》		冬／豬皮《ちょひ》 夏／裸袒《らたん》		袍《ほう》 革蹻蹋《きょうとう》
食	海物魚鰒・冬夏食生菜・酒	五穀	節食 酒（蔵醸）	五穀・魚塩・海産物	五穀 豬肉	酒	五穀・酒
住	屋室		宮室		穴居		草屋土室
植物	禾稲《かとう》・紵麻《ちょま》・蚕桑、枏《だん》・杼《ちょ》・予樟《よしょう》・楺《ぼう》・櫪《れき》・投《とう》・橿《きょう》・烏号《うごう》・楓香《ふうか》、篠《じょう》・簳《かん》・桃支《とうし》、薑《きょう》・橘《きつ》・椒《しょう》・蘘荷《じょうか》		松柏				稲・大栗
動物	獮猴《みこう》・黒雉《こくち》	牛・馬・貂《ちょう》・狖《ゆう》	馬	牛・馬	牛・馬 豬・貂	文豹・牛・果下馬《かかば》	牛・馬 細尾鶏
鉱物	朱丹・丹						鉄
織物	細紵《さいちょ》・縑緜《けんめん》・班布・倭錦・絳青縑《こうせいけん》・緜衣・帛布・異文雑錦	繒《そう》・繍《しゅう》・錦《きん》・罽《けい》	帛衣	貊布《ばくふ》	麻布	麻布・緜	綿布・縑《けん》布《ぶ》・細布
装飾	真珠・青玉・白珠・青大勾珠	金銀・赤玉・美珠	金銀		赤玉	曲領《きょくれい》・銀	瓔珠《えいしゅ》
武器	矛・楯・木弓・竹箭・鉄鏃・骨鏃・木弣・短弓矢	弓・矢・刀・矛・鎧《がい》・仗《じょう》	貊弓《ばくきゅう》	矛	弓・楛矢《こし》	檀弓《だんきゅう》・矛	

糸島市上町向原遺跡出土の素環頭大刀（伊都国歴史博物館蔵）
伊都国の重宝として300年以上にわたって伝世され、
5世紀頃に至り、有力者の墳墓に副葬される

◆

（1）倭王壱与によって遣使されたとする嘉平元（二四九）年は推定年次である。この時の遣使は帯方郡使塞曹掾史張政の帯方郡への送還が目的であったが、『魏志倭人伝』は「因って臺（台）に詣り」と魏郡洛陽にまで赴いたとする。これは同年正月に魏朝廷において司馬宣王（懿）のクーデターが成功していたため、急遽魏都洛陽に詣り、帯方郡の措置を謝したものと考えられる（帯方大守王頎の勧めもあったであろう）。よって塞曹掾史張政送還の年を嘉平元（二四九）年と推定する。

（2）九州における「丹」関係神社は次のとおりである（昭文社五万分の一地図に掲載される「丹生神社」のみ。他にも丹生神社や関連神社が十数社知られている）。

佐賀県嬉野市嬉野　川上丹生神社《がわかみたんじょう》（丹生川）・丹生神社《たんじょう》（下野）
　　　嬉野市塩田　丹生神社《たんじょう》（大草野）・丹生神社《たんじょう》（馬場下）
大分県大分市佐野　丹生神社《にゅう》

（3）水銀朱に含まれるイオウ同位体比から、弥生時代の水銀朱は中国貴州省銅仁地区産のものが多いとされる（ただし、吉野ヶ里出土のものは三重県丹生産か）が、古墳時代になると国産（三重県丹生・奈良県大和水銀・徳島県水井など）のものとなる（日本文化財科学会『第二十回大会研究発表要旨集』二〇〇三）。

（4）『魏志倭人伝』の記述に「（倭地では）真珠・青玉を出だす」とあることから、この「白珠」も真珠である可能性がある。しかし、『魏志倭人伝』が魏への貢献品目を「真珠」ではなくあえて「白珠」としていること、及び潤地頭給遺跡（玉作り工房群、福岡県糸島市）の発見により当時の倭国では多くの水晶珠が組織的に作られていたことが判明し、「白珠」は水晶珠である可能性が浮上した。

（5）これまでに発見された弥生時代最大の素環頭大刀は福岡県糸島市前原上町向原《かんまちむかいばる》遺跡から出土したもの（上の写真）であり、長さはおよそ一二〇cmに及び、正《まさ》しく『魏志倭人伝』に記される「五尺刀」であるかに見える。しかし、当該大刀の製作年代（紀元一〜二世紀初頭）と倭国（邪馬台国連合）女王卑弥呼の遣使年（景初三〔二三九〕年）に百年以上の時間差があり、当該大刀を以って倭国女王卑弥呼が魏帝から下賜された「五尺刀」であるとする蓋然性は低い。却って、永初元（一〇七）年に後漢に貢献した倭国王帥升が安帝から下賜されたものである可能性が浮上する。

ちなみに、当該大刀は古墳時代中頃（五世紀頃）の古墳主体部にあった大型箱式石棺の蓋石上に置かれた状態で出土したことから、弥生時代のものか古墳時代のものかで見解が分かれていた。これに決着をもたらしたのは理化学的分析である。当該大刀につき、鉄分析と^{14}C年代測定を行うことによって得られた暦年代は、紀元一～二世紀初頭の範囲を示しており（日本文化財科学会『第二十回大会研究発表要旨集』二〇〇三）、これによって、当該大刀は弥生時代のものであることが確認された。

ところで、『古事記』の神生み神話によれば、伊耶那岐《いざなぎ》命は伊耶那美《いざなみ》命が最後に出産した火迦具土《ほのかぐつち》神（伊耶那美命は火迦具土神の出産が原因で死亡する）を斬るが、その伊耶那岐命の佩刀である「十拳《とつか》の劔」は「天《あめ》の尾《を》羽張《はばり》」と呼ばれ、亦名は「伊都の尾羽張」とも呼ばれることから、片刃ではあるにしてもこの「五尺刀」との関連が想起される。

（6）景初三年正月一日に明帝が崩じ、その十二月に少帝が元号と暦を改める詔を発し、景初四年正月及び二月となるべき月をそれぞれ景初三年の後十二月及び正始元年正月とした。

なお、当時は夏暦（建寅の月〔冬至の二か月後の月〕を正月とする）・殷暦（建丑の月〔冬至の一か月後の月〕を正月とする）・周暦（建子の月〔冬至の月〕を正月とする）を、王朝が交代するごとに循環して用いるべきだと考えられ、周を受けた漢は夏暦を用い、漢を受けた魏は殷暦を用いなければならないとするところ、少帝曹芳は再び夏暦に復したのである。夏暦は立春を正月とし、季節の運行とよく合致するとされる。

第X章

盗竊せず、諍訟少なし

魏志倭人伝⑥⑧⑩⑫　海東の理想国家

1　倭地の風俗

倭地は温暖な気候に恵まれ、稲作や生菜を産するのに適しており、麻布を作り、蚕桑緝績《さんそうしゅうせき》（桑を植え、蚕を飼い、糸を紡ぐこと）して絹織物を生産しています。海辺の人々は豊富な海産物を採り、遠く海を渡って中国や朝鮮半島との交易にも従事していました。

これらの倭人は市場を通じて有無を交換し、より広くから生活必需品を手に入れていたようです。また、人々は屋室に居住しているとされます。夏に涼しく冬に暖かな竪穴式住居が、家族単位の一般的な住居として普及していたものと考えられます。

概して、倭地の人々の衣食住は豊かで事足りていたように思われます。

1 倭の原義は「輪」「環」か

第Ⅶ章2節1項で、「倭」の原義は「輪」「環」ではないかと提起しました。「倭」に「素直」や「従順」とい

■表X－1　東夷諸国・地域の人々の性格など

国・地域	身体的特徴	性　格	具体的行動
夫《ふ》　余《よ》	麤大《そだい》＝身体がごつい	彊勇《きようゆう》謹厚＝勇猛だが温厚である	寇鈔《こうしよう》せず＝略奪強盗をしない
高句麗		凶急＝短気で荒っぽい	寇鈔を喜ぶ＝略奪強盗を好む
東沃沮《とうよくそ》		質直彊勇＝質実剛健である	
挹《ゆう》　婁《ろう》	夫余に似る（麤大）	勇力多し＝勇気がある	寇鈔を喜ぶ＝略奪強盗を好む
濊《わい》		愿慤《げんかく》・嗜欲《しよく》少し＝まじめで禁欲的 廉恥有り＝恥を知っている	請匄《せいかい》せず＝物乞いをしない
韓		彊勇＝勇猛である	

う意味があり、『魏志倭人伝』や『後漢書倭伝』などに「盗竊《とうせつ》（窃）せず、諍訟少なし」と見え、下って『隋書倭国伝』にも「争訟罕《まれ》に、盗賊少なし」と見える以外には特段の理由がある訳ではありません。しかし、あえて根拠を求めるならば、『魏志倭人伝』に「倭人」の性格がいささかも記されていないことだと思います。

『魏志東夷伝』が描く東夷の国々・地域の人々（倭人を除く）の性格は、一部（濊）を除き「彊勇《きようゆう》（勇猛）」であるとされ、高句麗と挹婁《ゆうろう》の人々は「寇鈔《こうしよう》（略奪・強盗）を喜ぶ」とまで記されています。特に挹婁の人々は夏場になると船を使って隣国にまで出向いて寇盗を行うので、北沃沮《よくそ》の人々はこれを恐れて、夏には村落を離れて山巌深谷の中に引っ込み、守備をしながらの生活を余儀なくしています。

これに対して、『魏志倭人伝』は倭人の性格について具体的に触れることはなく、間接的な表現として前述のとおりわずかに「盗窃《とうせつ》せず、諍訟《そうしよう》少なし」と見える程度です。中国正史を通覧すれば、時代が下って『隋書倭国伝』が「人頗《すこぶ》る恬静《てんせい》（安らかで静か）にして、争訟罕《まれ》に、盗賊少なし」と評しています。

これまで論じてきたように、「夫余」から「韓」までの『魏志東夷伝』は『魏志倭人伝』を引き立てるための役割を担っていると考えられますが、東夷の国々・地域の人々について、

『魏志』の撰者・陳寿は「倭人と比較すれば、これらの人々は概して彊勇《きょうゆう》（勇猛）であり、中には荒っぽく寇鈔《こうしょう》（略奪・強盗）に及ぶものもある」と語っているようです。倭人については何も記さないことで、相対比較的に「頗《すこぶ》る恬静《てんせい》（安らかで静か）」であることを強調しているのであろうと考えられます。

弥生の人物線刻板（伊都国歴史博物館蔵）
上鑵子遺跡（糸島市）から発見された弥生時代の人物線刻板。葉書サイズの薄板に人物の上半身を刻む。顔に入れ墨をし、頭に羽飾りを付け、右手には戈のようなものを持っている

2 皆黥面文身す

倭人の風俗で、魏使の注意を喚起した最初のものが「黥《げい》面文身《めんぶんしん》」です。『魏志倭人伝』には、男性の顔や身体に、その国や尊卑の違いによって、場所や大小の異なる入れ墨を施しており、当初は大魚・水禽《すいきん》（水鳥）を威嚇するものでしたが、後に装飾の色彩を帯びるようになったと記されています。

男子は大小と無く、皆黥面文身す。（『魏志倭人伝』）

わが国における入れ墨の記録としては、『日本書紀』に、

㋐阿曇連浜子《はまこ》➡住吉仲皇子《すみのえのなかつみこ》の謀反に加担した罪を得て履中《りちゅう》天皇から墨《ひたひきざむつみ》を科され黥《めさききざ》まれる。（履中紀）

㋑河内飼部《かわちのうまかいべ》➡伊奘諾《いざなぎ》神の神託により飼部の黥《めさき》を廃止する。（履中紀）

㋒菟田鳥養部《うたのとりかいべ》➡鳥官《とりのつかさ》の禽《とり》を狗《いぬ》が嚙《か》んだ罪を得て面《おもて》を黥《きざ》まれ鳥飼部とされる。（雄略紀）

などの例があり、また、『古事記』に、

㋓山代猪甘《やましろのいかい》➡面黥《おもさ》ける老人《おきな》（山代猪甘）が後の顕宗《けんぞう》・仁賢《じんけん》両天皇の糧を奪った罪を得て処刑される。（安康記）

の例があります。

　これらから、本居宣長は黥面が罪の標章として恥辱に思われていたとし（『鉗狂人《けんきょうじん》』）、上古からの風俗であったとする新井白石の説（『古史通或問《こしつうわくもん》』）を否定しています。また、中山太郎は黥面の土俗につき、罪人・賎奴に限られるのが普通としながらも『魏志倭人伝』の記事は履中紀以前のものであり、これを履中紀以後の記事で否定することはできないとし、陸奥亀ヶ岡出土の土偶などに黥面の跡があることに着目して、上代に黥面の土俗があったとしています（中山太郎「魏志倭人伝の土俗的考察」〔『考古学雑誌』十二、一九二二年〕）。

　他にも入れ墨を描いた人面土器などが出土しており、平成六（一九九四）年に上鑵子《じょうかんす》遺跡（福岡県糸島市）の弥生遺構から発見された人物線刻板には、はっきりと黥面された人物が描かれています。

　また、『魏志倭人伝』の「黥面文身」の記事について、『漢書』地理志粤《えつ》地の条の「その君、禹《う》の後帝少康の庶子、会稽に封ぜられ、文身断髪し、以って蛟龍の害を避くと云う」に類似していることから、倭地を南方はるか会稽東冶の東にまで連なっていたと思考した『魏略』『魏志』の撰者が、『漢書』の一句をそのまま挿入したものであり、倭人の習俗資料として利用すべきではないとする見解があります（菅政友・那珂通世・内藤湖南など）。

　しかし、入れ墨の習俗は広く世界的に存在しており、東アジアの一部では今に至るまでその習俗が存続し、沖縄やアイヌには近代まで一般的風習として残存していた事実を踏まえながら、三品彰英は「『魏志』のこの一句が『前漢書』をもとにして構文されたものであることは、その文辞の比較からして、おのずから明らかなところであるが、そのゆえをもって倭人から入れ墨習俗を全面的に取り去ろうとする見解はやや慎重を欠く憾みが存するであろう」（三品『総覧』注解）と論じています。

　ところが、三品は「黥面文身」に続く『魏志倭人伝』の「夏后少康の子、……その道里を計るに、当に会稽・

東冶の東にあるべし」について、前段を「夏后と会稽の縁故を説いたものであり、断髪文身についての起源説話にすぎない」とし、後段を「古代中国人が倭地に対していだいていた基本的地理像を示すものであり、倭人伝読解の上に重要なところである」（三品、前掲書）と論じています。

［前段］夏后少康の子、会稽に封ぜられ、断髪文身し、以って蛟龍の害を避く。今倭の水人、好んで沈没して魚蛤を捕う。文身し亦た以って大魚・水禽を厭《はら》う。

［後段］その道里を計るに、当に会稽《かいけい》・東冶《とうや》の東にあるべし。

この段落全体が「倭人伝読解の上に重要なところである」ことは言うまでもありません。しかし、前段を単なる「起源説話」として切り捨て、後段を「中国人の基本的地理像」として断定する見解にはいささか違和感を覚えます。

この前段と後段について、陳寿はどちらに重点を置いて記述したのでしょうか。

①三品の言うように、「後段」を説明する手段が「前段」であり、倭地が会稽・東冶の東方にまで大きく南に伸びていることを説明するために、断髪文身したという夏后少康の説話を引き出し、黥面文身する倭人の住む倭地と会稽・東冶の緯度が同じだと述べたのでしょうか。

②それとも、「前段」が主体であり、倭地に住む人々が黥面文身していることから断髪文身したという夏后少康の説話を想起し、この説話が語る道徳観に倭人のそれを関連付けようとしたもので、「後段」は「前段」から単純に連想派生したにすぎないと理解すべきものなのでしょうか。

答えは既に与えられています。『魏志東夷伝』序に「異面の人、日の出《いづ》る所の近くにあり」と記され、同じく

『魏志東沃沮伝』には「一人有りて項中《こうちゅう》（うなじ）に復《ま》た面《おも》（顔）あり」と記されています。この『魏志東夷伝』に記された二か所の興味津々たる表現は、これから述べるであろう『魏志倭人伝』に読者を惹きつけるための重要な「仕掛け（装置）」でした。そしてこの『魏志東夷伝』の二か所の記述が『魏志倭人伝』の「男子は大小となく、皆黥面文身す。……その道里を計るに、当に会稽・東冶の東にあるべし」の段落に直結しているのです。

陳寿が読者を『魏志倭人伝』に惹きつける目玉として「黥面文身」を取り上げたのは、中国の内陸中原地域には入れ墨の風習がなく、『三国志』の読者である魏の皇帝や王侯貴顕も「黥面文身」という珍しい風俗には等しく興味を示すであろうと考えたからに他なりません。

ところが、中国の中原地域の一部には入れ墨が刑罰として取り扱われているという状況があり（『説文解字』に「墨刑在面也」とある）、倭地に住む人々が罪刑に絡む極悪で卑賤な人々として理解されれば、却って陳寿本人の意図とは逆方向に読者を導くことになります。

そこで、陳寿は馬韓・辰韓の「韓地」でも文身（入墨）の風習が存在することを挙げつつ、中国の始祖王朝として評価の高い夏《か》王朝（始祖は禹《う》、王朝創始後に「夏后」を氏とした）の中興の英主第⑥代少康《しょうこう》が、自分の庶子を会稽に封じて禹《う》（会稽にて諸侯と会し功を計り、この地に崩じて葬られたとされる。浙江省紹興市の会稽山に大禹陵がある）を祀らせ、その会稽候（少康の庶子）は民に蛟龍の害を避ける方法として断髪文身を教えたとする説話を引いて、「黥面文身」が卑賤や罪刑の標章ではなく、先祖を敬い民を慈しむ仁賢の標章であることを強調したものと考えられます。

つまり、この段落は②の立場から記述されたものであり、前段の記述が主であり後段の記述は従たるもので、後段の意味するところは「会稽に封ぜられた夏后少康の子のことを述べたが、そう言えば倭地はちょうどその会稽・東冶の東方に当たるのであろうか」という程度の感想を述べたものと思われます。下文に禾稲《かとう》・紵麻《ちょま》・牛・馬などの倭国の産物及び工作物を挙げ、「有無する所、儋耳《たんじ》・朱崖《しゅがい》（郡名。共に海南島にある）と同じ」と記していますが、これらも同様に、遠方にある中国国内の周知の地名を挙げつつ、読者の関心を「倭地」に繋ぎとめる効果を狙ったものであろうと思われます。

ちなみに『後漢書倭伝』が「その地（倭）、大較《おおむね》会稽・東治の東にあり、朱崖・儋耳と相近し。故にその法俗多く同じ」として、あたかも倭地と会稽・東治並びに朱崖・儋耳とが地理的に近接しているかの如き筆法を以って両者の法俗が近似していると記したことは、しばしば『後漢書』が陥っている恣意的誤読であると思われます。

もちろん、先の後段の一句をして、「古代中国人が倭地に対して懐いていた基本的地理像を示すもの」とする見解を一概に否定するものではありません。しかし、陳寿の意に副って『魏志倭人伝』を解読するためには前段の一句がより重要であると考えます。

3 風俗は淫ならず

倭人の風俗の中で、「黥面文身」に続いて陳寿の関心を惹いたのが「風俗不淫（風俗は淫ならず）」です。「黥面文身」に続く風俗・習慣の記述は次の二か所に分かれて記され、多岐にわたって極めて詳細に描写されていますが、冒頭の「その風俗は淫ならず」がこれらの風俗・習慣の全てに懸かっていると考えられます。

①その風俗は淫ならず。……大倭をして之を監せしむ。

②下戸、大人と道路に相逢えば、……比するに然諾の如し。

ところで、この「風俗は淫《いん》ならず」を下文の「婦人は淫せず」などと類似の意味合いだと理解すれば、ややもすれば大きな誤解を招く惧《おそ》れがあります。『魏志東夷伝』に見える前者の例は「その俗、淫《いん》なり（度が過ぎる。奇異だ）」（『魏志高句麗伝』）とありますし、後者の例は「男女の淫《いん》、婦人の妒《と》（嫉妬）、皆之を殺す」（『魏志夫余伝』）、「伊夷模《いいも》、子無し、灌奴部《かんぬぶ》に淫して子を生み、位宮《いきゅう》と名づく」（『魏志高句麗伝』）などがあります。

この「風俗は淫ならず」は「倭人の風俗には節度がある。（中国人から見て）常識的である」という意味であり、「東夷の国々や地域には、中国の常識からして理解し難い風習が多いが、倭地の風俗・習慣は常識的で分かりやすい」と解すべきだと考えます。

そういう意味であれば、これより前に記した「黥面文身」は別として、これより以後に記す倭人の風俗・習慣は、須《すべか》らく中国の風俗や価値観に照らして殊更に理解できない程度のものではないということになります。陳寿は、倭人と倭人の社会について、「文明の中心国である中国から見て、相当高いレベルの道徳的文明社会である」と述べているのです。

『魏志倭人伝』は倭人の風俗・習慣などを次のように描いており（他の項目で説明するものを除く）、これに対応する東夷の国々・地域の風俗は表X－2のとおりです。

衣服　男子は露紒《ろけい》（冠を付けず）、招頭《しょうとう》（木綿で鉢巻）をする。衣服は横幅の布を身体に巻き、紐で結ぶ簡単なもの。
　　　女子は被髪屈紒《ひはつくつけい》（おさげにしたり髷《まげ》に結う）する。衣服は単被で中央に穴をあけ、頭を入れて着る。
　　　➡貫頭衣
　　　男女共に徒跣《とせん》（裸足）である。赤い顔料（朱丹）を身体に塗る。

食飲　禾稲《かとう》（米）、肉、魚貝類（鰒、蛤）、木の実、酒がある[1]。
　　　冬夏生菜（生野菜）を食す。➡原の辻遺跡（壱岐市）で寄生虫卵を検出する。
　　　飲食に籩豆《へんとう》（高坏《たかつき》）を用い、手食（手づかみ）する。

住居　家屋には屋室（部屋）があり、父母兄弟は起居を別にする。

寿考　寿考《じゅこう》（長生）で、百歳あるいは八十～九十歳である[2]。➡二倍年暦であるとの意見もあるが、記述のとおり長寿であると理解すべきであろう。

■表X－2　東夷諸国・地域の習俗

	夫余	高句麗	東沃沮	挹婁	濊	馬韓	辰韓	弁辰
法俗		淫		無綱紀	多忌諱《きき》	少綱紀		厳峻
衣服	大《たい》袂《へい》・袍《ほう》・袴《こ》・革《かく》鞜《とう》・裘、装飾金銀	幘《さく》（大加） 折風《せつぷう》（小加）	（高句麗に類似）	豬皮 裸（夏）	曲領《きよくれい》 装飾銀花	衣幘《いさく》・布袍《ふほう》・蹻蹋《きようとう》 装飾瓔珠《えいしゆ》		長髪
食飲	俎豆《そとう》 五穀	俎豆 節食・蔵醸	五穀 （高句麗に類似）	無俎豆 五穀 豬肉	俎豆		五穀	
住居		宮室 小倉［桴京《ふけい》］	（高句麗に類似）	穴居		草屋土室		
寿考	（特段の記載なし）							
婚姻	兄死妻嫂	婚約女家に小屋［壻屋《せいおく》］			同姓不婚		嫁娶礼俗 男女有別	
葬送	厚葬・有槨無棺・徇葬	厚葬・石塚・植松柏	大木槨 刻生形			有槨無棺	以大鳥羽送死	
祭祀	天神 ［迎鼓《げいこ》］ 飲食歌舞	天神［東盟《とうめい》］ 隧神 喜歌舞			天神 ［舞天《ぶてん》］ 飲酒歌舞	鬼神［蘇塗《そと》］ 天神［天君《てんくん》］ 歌舞飲酒	歌舞飲酒	
卜占	牛蹄				星宿			
礼節	揖譲《ゆうじよう》升降 伝辞蹲踞《そんきよ》	跪拝	（高句麗に類似）			無跪拝礼 無長幼男女別	行者相逢譲道	

婚姻　大人は四～五婦、下戸もあるいは二～三婦を娶る。

葬送　棺を作るが墓に槨《かく》（墓室＝遺骸を納めた棺を覆う施設で、木・塼《せん》・石・粘土・礫《れき》などで作る）はない。

冢《ちょう》（土を大きく盛った塚）を作る。

停喪《ていそう》（服喪）は十日余り。その間、肉食せず、喪主は哭泣し、他は歌舞飲食する。

葬儀が終われば水中で澡浴《そうよく》（禊《みそぎ》）する。殉葬あり。

祭祀　特段の記載なし。

卜占　行来・渡海には、持衰《じさい》（災害・遭難を避けるために祈る人）を伴う。

骨卜で吉凶を占う。

礼節　会同・坐起には父子男女の別はない。

大人の敬する所を見れば、搏手《はくしゅ》（拍手）する。

下戸が大人と道で遭遇すれば、逡巡して草に入る。

下戸が大人に辞を伝えあるいは事を説く場合には、蹲踞《そんきょ》し両手を地に拠す。

◆

（1）米▽夫余・東沃沮・挹婁・韓では「五穀（稲・黍・稷・麦・菽――五穀には諸説がある）」を産するが、倭地には「禾稲」とあるのみで他の穀物について記さない。しかし、「禾」は稲のことであるが広く穀物の総称を表す語でもあることから、数種類の穀物を栽培していた可能性がある。
肉▽停喪時に「肉を食わず」とし、持衰が「肉を食わず」としているので、逆に一般的には肉を食していたことになる。主として豬・鹿・犬・鳥であろう。豬は豚のことで家畜として飼育されていた可能性がある。鹿は野生のもので骨は骨卜にも使われた。犬は縄文時代から飼育されていた。縄文時代には狩猟犬として活躍したためか丁寧に葬られているが、弥生時代になると埋葬されなくなり骨がバラバラになっている例が多く、食用にされたと考えられる。

木の実▽弥生時代になっても食用に供されたと考えられる。倭地の植生には杼《ちょ》（とち）や橿《きょう》（かし）が見え、橡《とち》の実やどんぐりが食されたであろう。薑《きょう》（生姜）・橘《きつ》（みかん）・椒（山椒）・蘘荷（茗荷）を産するが利用されていないとされる。

（2）二倍年暦▽裴松之（三七二〜四五一）は元嘉六（四二九）年に宋の文帝に命ぜられて『三国志』注釈を作成する。この裴松之の注釈に「魏略曰く、其（倭地）の俗正歳四節を知らず。但《た》だ春耕秋収を計《はか》りて年紀と為《な》すのみ」と見え、この一句を「人性酒を嗜《たしな》む」と「大人の敬する所を見れば、但《た》だ手を搏《う》ち以って跪拝《きはい》に当つ」の間に挿入し、続いて「其の人寿考、或いは百年、或いは八、九十年」と記す。これを理由に倭人は一年を二年として計算する、いわゆる「二倍年暦」で年齢を数えていたとする意見がある。それに従えば「百歳或いは八十〜九十歳」は「四十〜五十歳」となる。仮に「あるいは今日われわれが経験するように、未開社会の老齢者は文明社会人よりもはるかに老齢者に見える概観を示していたのかもしれない」（三品彰英『総覧』注解）としても、百歳の人々を悉く五十歳に見誤ることもないと思われる。

ここはやはり素直に解して長寿者の存在を肯定すべきであり（平均寿命のことではない）、それを見聞した魏使の報告に基づき、陳寿が東方に不老不死の薬を産するとされる神仙思想に想いを馳せながら、倭地を読者貴顕にとっても憧れの地域であって欲しいと願ったものと考えられる。

なお、後の史書にあっては次のとおり記述を変化させており、この裴松之注釈の一句は「二倍年暦」を説明したとするより、倭国においては中国で使われているような「暦」が未だ使われていないことを述べたものと理解される。

■平原遺跡の天体観測と農暦

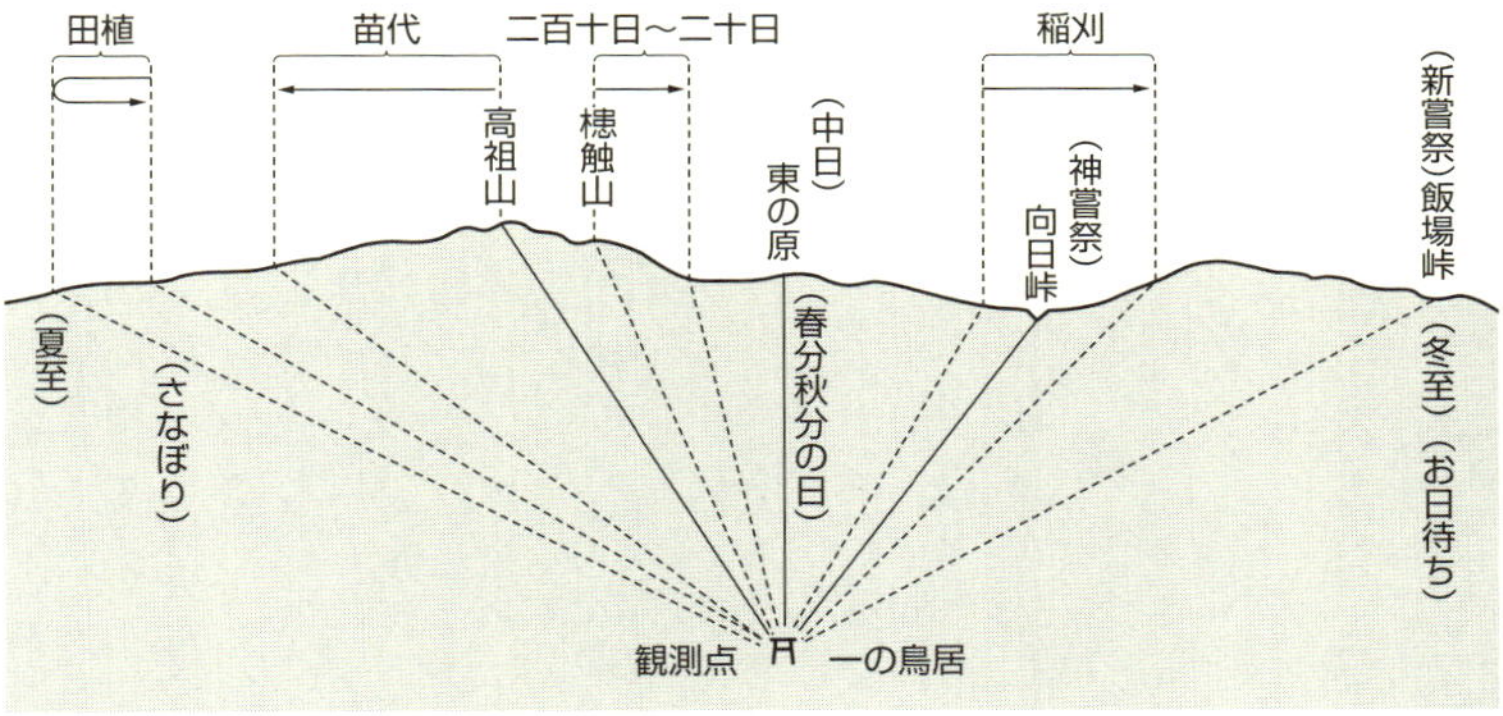

（原田大六『実在した神話　発掘された「平原弥生古墳」』をもとに作成）

出典	記事	比較
『魏志倭人伝』裴松之注「魏略曰」	其の俗、正歳四節を知らず。但だ春耕秋収を計りて年紀と為すのみ。	
『晋書』四夷伝倭人の条	正歳四節を知らず。但だ秋収之時を計り、以って年紀と為すのみ。	「春耕秋収」が「秋収」となる。
『梁書』諸夷伝倭の条	俗は正歳を知らず。	「秋収」が削除される。

ちなみに、平原遺跡（福岡県糸島市）に見られる太陽運行に関連付けられる祭祀遺構から推測すれば、伊都国では少なくとも『魏志倭人伝』の時代をはるかに遡る時代から、自然の地形（高祖山）を活用した「太陽暦」が活用されていたことが確実である。一年を二年として計算するなど、農耕民からすれば全くナンセンスである。

前頁の図は、平原遺跡の天体観測と農暦である。このような農暦は、観測点を一定するとどこにでもできた「自然暦」であり、全日本の農民が持っていたものであろう。現代の農業者の間にもこの習慣は遺っており、古代と現代とでそんなに大きな開きは見られない。

2　盗窃せず、諍訟少なし

『三国志』の撰者・陳寿が思い描く倭国または倭人の住む地域は、「徳」によって治められている理想的な社会です。「黥面文身」のような特殊な風習もありますが、概して倭人は礼儀正しく、慎ましやかで、死者を厚く葬ります。そのような中で人々は長寿を全うしているのです。

倭国には尊卑の身分関係が存在しています。しかし、そこには人々が納得できる整然とした秩序があり、諍《いさか》いや犯罪はありません。『魏志倭人伝』には「盗窃《とうせつ》せず、諍訟《そうしょう》少なし」とあります。

1 尊卑各差序あり

倭国における尊卑について、『魏志倭人伝』は「各《おのおの》差序あり」とし「相臣服《あいしんぷく》するに足る」と記しています。上下関係がはっきりしており、目上の者には目下の者を服従させるに足る充分な威厳が備わっているというのです。このように、倭国の人々の身分関係は上下に区別されており、少なくとも三段階に分かれていたと見られます。大人階層と下戸階層、それに生口となる奴婢階層です。また、下戸階層の中では経済的であろうと見られる理由から階層分化が進んでいたと思われます。

大人階層と下戸階層の生活実態などについて『魏志倭人伝』は何も語りませんが、『魏志高句麗伝』の記述が参考になると思います。

■表X－3　倭人の身分階層

身分・階層		婦妻	態　様	摘要
大人		4～5人	①指導者層で、それに相応しい威厳が備わっている。 ②大人の敬すべき所を見れば拍手する（跪拝《きはい》に代える）。	文身の左右大小で尊卑を表す。
下戸	上層	2～3人	①下戸が大人と道路に相逢えば、逡巡して草に入る。 ②大人に辞を伝え事を説くには蹲踞《そんきょ》し両手は地に拠る。	
	一般			
奴婢				

敵有れば、諸加自ら戦い、下戸は倶《とも》に糧《かて》を擔《にな》いて之に飲食せしむ。

（夫余の戦争では、敵と戦うのは諸加〔馬加・牛加・豬加・狗加などの貴族・高官〕であり、下戸〔庶民〕は糧食を担ってこれら諸加に随伴し飲食させる）

（『魏志夫余伝』）

其の國中の大家は佃作せず、坐食する者萬餘口。下戸は遠く米糧・魚鹽を擔いて之に供給す。

（高句麗の大家〔豪族・貴族〕は農耕をしない。労働をせずに生活する者は一万人以上を数える。下戸〔庶民〕は遠くから米糧・魚塩を運んで大家に供給している）

（『魏志高句麗伝』）

2 犯罪と刑罰

倭国における犯罪及び刑罰について、『魏志倭人伝』には「その法を犯すや、軽き者はその妻子を没し、重き者はその門戸及び宗族を没す」とあります。殺人罪及び死刑についての記述はありません。しかし、罪を犯した場合は、その当事者のみでなく、その犯罪の程度に応じて親族にまで広く刑罰が及ぶことになります。このような「縁坐制度」は血縁共同体の性格が強い東洋社会に広く見られる刑罰法で、『魏志東夷伝』

の国々や地域の社会においても一般的に存在した制度です。

牢獄有り。（略）刑を用うること嚴急にして、人を殺したる者は死せしめ、其の家人を没して奴婢と為す。一を竊盗せるは責むること十二。（『魏志夫余伝』）

牢獄無し。罪あるは諸加評議して便《すなわ》ち（直ちに）之を殺し、妻子を没入して奴婢と為す。（『魏志高句麗伝』）

ところが、『魏志倭人伝』は殺人のように重たい刑罰に処すべき犯罪について、個別具体的には何も語りません。倭国では、犯罪に対する刑罰は厳峻を極めて重たいのですが、刑に服さしめるべき犯罪が殆んど発生していないのではないかと思われます。

婦人は淫せず、妬忌《とき》せず。盗竊《とうせつ》せず、諍訟《そうしょう》少なし。（『魏志倭人伝』）

この前半の「婦人は淫せず、妬忌（嫉妬）せず」は、直前の文節「その俗、国の大人は皆四、五婦、下戸も或いは二、三婦」に関連するものです。

三品彰英は、「労働力が経済面に大きな役割を果たした早期社会、特に農耕社会においてはそれが一般化していた」とし、「若き第二夫人を迎えることによって、第一夫人は労働からそれだけ開放される利点を得るので、彼女自ら第二夫人を尋《もと》める例すら早期社会には存在する」と論じて、橋本増吉の「五行思想から引き出された『東方に君子国あり』の思想に基づく舞文《ぶぶん》（巧に論理を展開して自分に都合のよい文を作ること）に過ぎない」とする意見を退けています（三品『総覧』注解）。

■表X－4　中国正史に見える倭国の犯罪と刑罰

出典	一般社会状況	犯罪と刑罰
後漢書倭伝	女人淫せず妒せず。盗窃せず。争訟少なし。	犯せば妻子を没し、重き者は門族を滅す。
晋書倭人伝	国に婦女多く、淫せず妬せず。争訟なし。	軽罪を犯す者は妻拏を没し、重き者は家を族滅す。
梁書倭伝	婦人に婬妬なし。盗窃なし。諍訟少なし。	若し法を犯すに軽い者は妻子を没し、重きは宗族を滅す。
隋書倭国伝	人性頗る恬静なり。 婦人淫妬せず。争訟まれなり。 盗賊少なし。 拷問、盟神探湯あり。	殺人・強盗・姦淫➡死刑。
		窃盗➡贓を計りて物で償わせる。財なき者は身を没して奴婢とする。
		その他➡罪の重いものは流し、罪の軽いものは杖す。

■表X－5　魏志東夷伝の国々・地域の犯罪と刑罰

国・地域	犯罪	刑罰	備考
夫　余	殺人	死刑。家人を没して奴婢とする。	刑を用うに厳急なり。 牢獄あり。
	婦人の嫉妬	死刑。山上に曝し屍は牛馬で贖う。	
	男女の姦淫	死刑。	
	窃盗	12倍償わせる。	
高句麗	犯罪一般	死刑。妻子を没して奴婢とする。	諸加が評議即決する。 牢獄なし。
挹　婁	—	—	法俗最も綱紀なし。
濊	殺人	死刑。	寇盗少なし。
韓　馬韓	—	—	俗綱紀少なし。
韓　弁辰	—	—	法俗特に厳峻なり。

確かに、『魏志倭人伝』の時代が三品の論ずるような社会環境にあったとしても、「婦人は淫せず、妬忌せず」という状況がその時代における倭地の習俗実態であれば、倭国を道徳的な国として美化しようと腐心する『三国志』の撰者・陳寿が、これを用いて自分の思いに副《そ》った文章を作ったとしても、事実を曲げて書かれていない限り「舞文曲筆《ぶぶんきょくひつ》（文辞を弄び、事実を曲げて書くこと）」には当たらないと思います。

この段落は前段と後段を区切るのではなく、前後を一括して理解すべきだと考えます。

①婦人は淫せず、妬忌せず。

②盗窃せず、諍訟少なし。

『魏志倭人伝』が描く倭国には殺人という犯罪が見えません。死刑という刑罰も見えません。陳寿はこれらの①②の項目を以って、倭人が優れて道徳的な人々であることを強く印象付けようとしているようです。

しかし、倭国では殺人などの重犯罪が極めて少ないとしても、皆無であるとは考えられません。時代は下りますが同じ倭国ということで『隋書倭国伝』に見える犯罪と刑罰から、『魏志倭人伝』の頃の倭国の犯罪と刑罰の大枠を類推することができると思います（表X－4）。

そして、この①②に続く「その法を犯すや、軽き者はその妻子を没し、重き者はその門戸及び宗族を没す」によって、これらが法的に担保されていることを、「徳治主義」の対極にある「法治主義」を標榜する人々にも強く訴え掛けているのです。(1)

◆

（1）徳治主義▽中国先秦時代の諸氏百家のうち、孔子・孟子・荀子など儒家の人々が主張した考え方で、聖人の徳を自己の徳にすることによって天下を治めようとする。

法治主義▽中国先秦時代の諸氏百家のうち、李悝・商鞅・韓非子など法家の人々が主張した考え方で、刑罰を重く科すなど厳格な法の励行が天下を治める根本であるとする。

■図X－1　日本に伝わる徐福伝説（一部）

（1）主な伝承地	
❶	山梨県富士吉田市（徐福祠）
❷	三重県熊野市（徐福宮）
❸	和歌山県新宮市（徐福公園）
❹	佐賀県佐賀市（金立神社）
❺	鹿児島県いちき串木野市（冠岳）

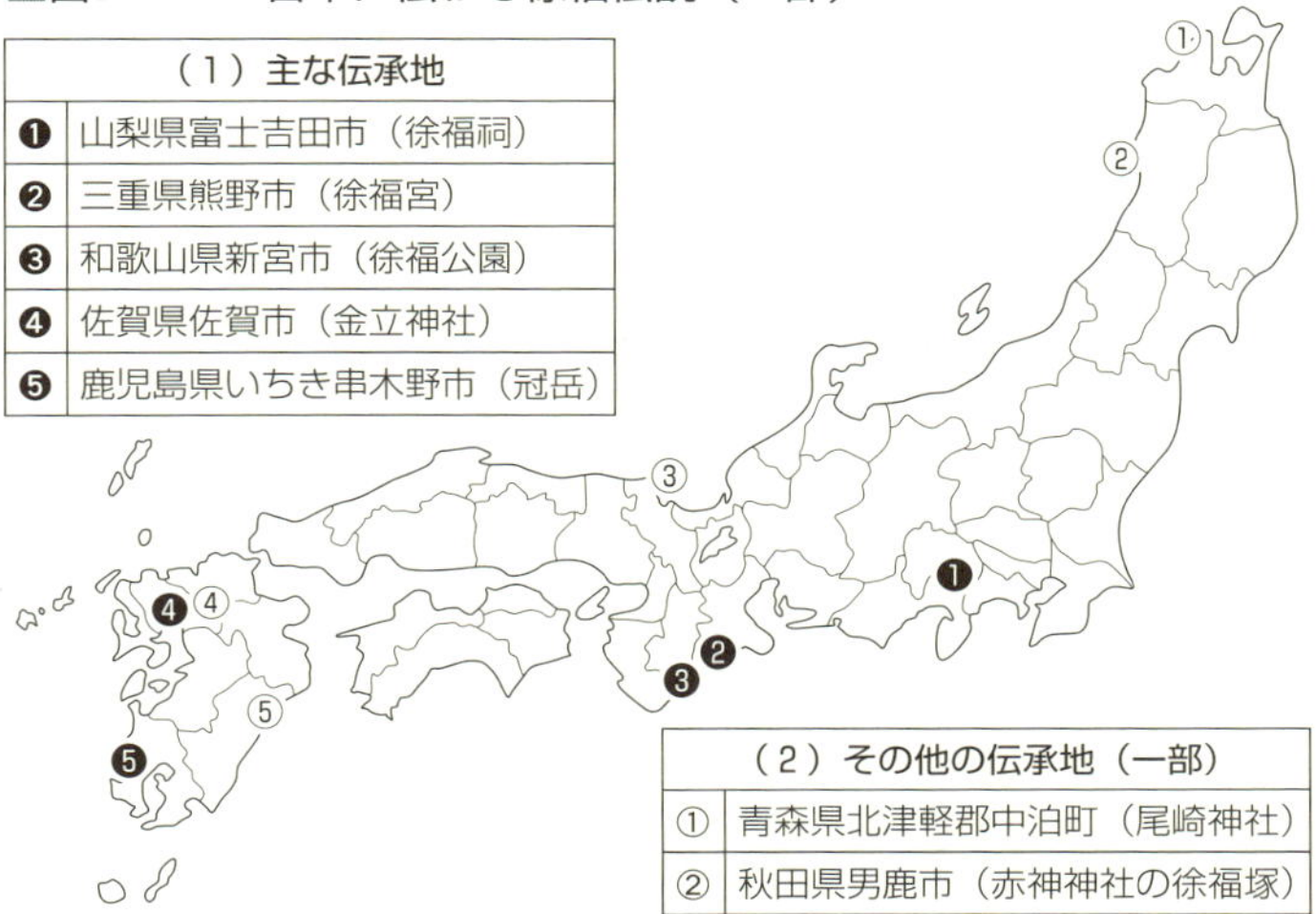

（2）その他の伝承地（一部）	
①	青森県北津軽郡中泊町（尾崎神社）
②	秋田県男鹿市（赤神神社の徐福塚）
③	京都府与謝郡伊根町（新井崎神社）
④	福岡県八女市（童男山古墳）
⑤	宮崎県延岡市（蓬莱山）

3　海東の理想国家

第Ⅱ章「異面の人、日の出る所の近くに有り」において、「中国にあっては、古くから東の海の彼方に理想の国があると信じられてきた」と述べました。

先秦春秋の時代、中国の政治に絶望した孔子（紀元前五五二～紀元前四七九年）は東の海の彼方にあると云われる国、「徳」によって政治が行われているとされる理想の国に住みたいと渇望していました。

また、秦の始皇帝（在位紀元前二四七～紀元前二一〇年、天下統一は紀元前二二一年）の時代には方士《ほうし》徐《じょ》福《ふく》が三千人の若い男女と各分野の多くの技術者（百工）を従え、五穀の種を携えて東方の大海に漕ぎ出したという『史記』淮南衡山列伝の記事があります。さらに徐福が童男女数千人を将《ひき》いて夷州《いしゅう》（台湾か）及び澶州《せんしゅう》（耽羅《たんら》島＝済州島か）に留まったとする入海求仙の記事を『後漢書倭伝』に見ることができますし、その他にも『十八史略』など多くの史書や詩歌に徐福のことが記されています[1]。

これらに加えて、徐福が日本に来着したという記事は『義楚六帖』や『海東諸国記』に記されています[2]。

徐福の船出は始皇帝の圧政から逃れ、希望の光である「倭地」を求めての旅立であったと考えられ、日本列島の各地に残る「徐福伝承」から推測しても歴史的な事実であった可能性は高いと思われます。

ましてや『三国志』の撰者・陳寿は譙周《しょうしゅう》（蜀の儒者。後、晋に仕えて散騎常侍に昇進する）に師事した熱烈な儒教信奉者であったとされます。

陳寿は『三国志』を撰述するに当たって、倭国を「魏に対する東夷最遠の朝貢国」であり「夷蛮の中で最も徳治の進んだ理想の国」として強調しなければならない使命を帯びていましたが、同時に倭国は孔子が求めて已まなかった理想の国そのものであり、陳寿にとっても青春時代から心を躍らせ続けた憧れの国でもあったのです。

◆

（1）十八史略▽宋末元初に生きた曾先之が『史記』から『資治通鑑』までの十八中国史を原典にして抄略したもので、元《げん》の席捲によって漢民族の歴史が滅びることを危惧して要点を具体的に著した。

（2）義楚六帖▽後周時代の釈義楚が撰述した。当該部分は「日本国は亦の名を倭国。東海中。秦の時、徐福は五百の童男五百の童女を将いて此国に止まる。（略）徐福此（富士）に止まり蓬莱と謂う」とある。

海東諸国記▽朝鮮王朝時代に申淑舟が撰述した。当該部分は「孝霊天皇／秦の始皇徐福を遣わし、海に入り仙福を求めしむ。遂に紀伊州に至りて居す。（略）崇神天皇／徐福死して神と為り、国人今に至るまで之を祭る」とある。

第XI章

卑彌呼以って死す。大いに冢を作る

魏志倭人伝⑱　女王卑弥呼の生涯

1　纒向遺跡と箸墓古墳

纒向《まきむく》地域とは、奈良県の西北部を占める大和盆地の東南部にあって、三輪山《みわ》（四六七m）や巻向山《まきむく》（五六七m）の西麓地域にあり、櫻井市のJR桜井線巻向駅を中心にする一帯です。付近には行燈山《あんどんやま》古墳（崇神天皇陵）・渋谷向山《しぶたにむこうやま》古墳（景行天皇陵）・箸墓《はしはか》（箸中《はしなか》）古墳・大神《おおみわ》（大三輪）神社などが連なっています。

JR巻向駅の周辺東西二・五km、南北一・五kmの範囲に広がる二世紀末～四世紀初め頃の遺跡群が「纒向遺跡」と呼ばれ、その南端に箸墓古墳があります。平成二十一（二〇〇九）年、この遺跡内で発見された三世紀前半～三世紀中頃とされる大型建造物の遺構が、邪馬台国の女王卑弥呼の宮処ではないかと新聞を賑わしました。

❶纒向遺跡は「邪馬台国」の宮処か

纒向地域に宮殿の址と見られる大型建造物が中心軸を東西に揃えて発見されたと報じられた時、多くの人々が新聞やテレビから伝わる「邪馬台国の女王卑弥呼の宮殿が発見される」との報道に胸をときめかしたに違いありません。

しかし、それらの報道内容には確固たる具体的根拠が示されている訳ではなく、多くの視聴者を納得させ得たとは思われません。

纒向地域から古代の宮殿の址が見つかり、しかもその遺構が三世紀頃のものらしいとなれば、いささかでも日本古代史に知見を有する人々は、『古事記』『日本書紀』に記される崇神《すじん》天皇・垂仁《すいにん》天皇・景行《けいこう》天皇の宮址を第一の歴史的事象として念頭に思い描くであろうからです。

これらの天皇の宮址は奈良県桜井市周辺の纒向地域を中心に存在するとされていますが、その遺構は現状にあって必ずしも確定されているとは言えません。

これらの宮址が崇神・垂仁・景行いずれの天皇の宮処でもないことが確認できれば、続いて邪馬台国の女王卑弥呼の宮殿の可能性を含めてどのような宮殿遺構であるかを検討するのが順序であると思います。また、これらの天皇の宮処であることも含めて、同時進行的に幅広い可能性を念頭に検討すべきであり、短絡的に「邪馬台国

■図Ⅺ－1　大大和古墳群の分布

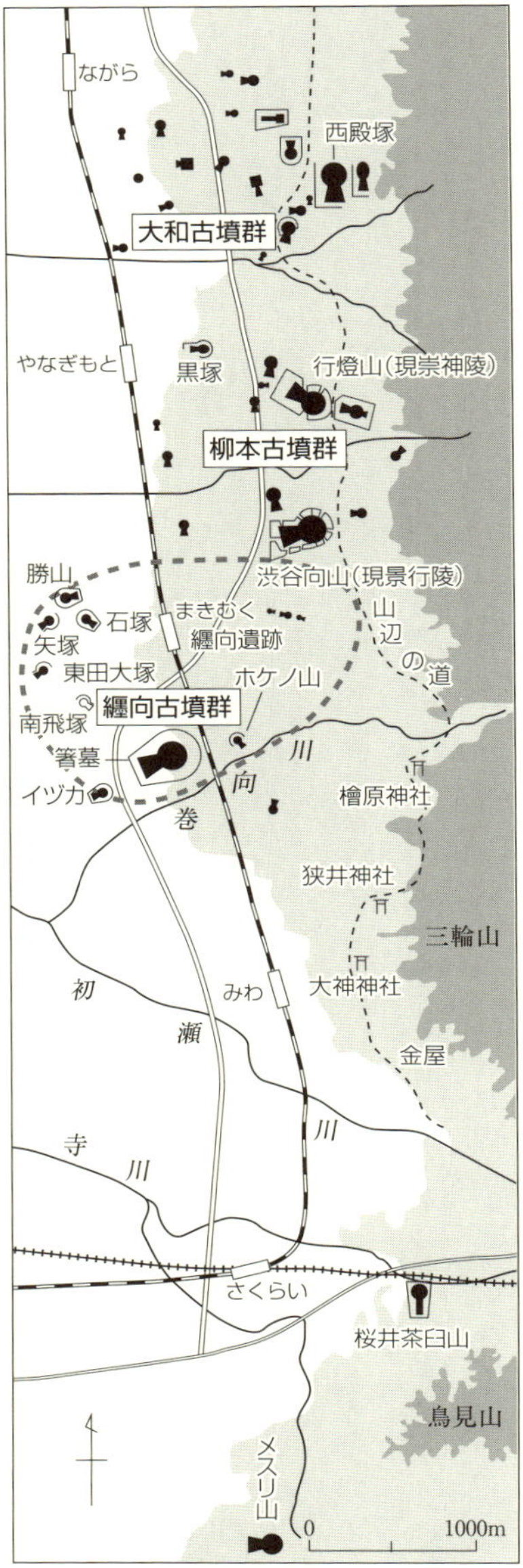

（寺沢薫『王権誕生』を参考に作成）

■図XI－2　纒向遺跡で発見された大型建造物

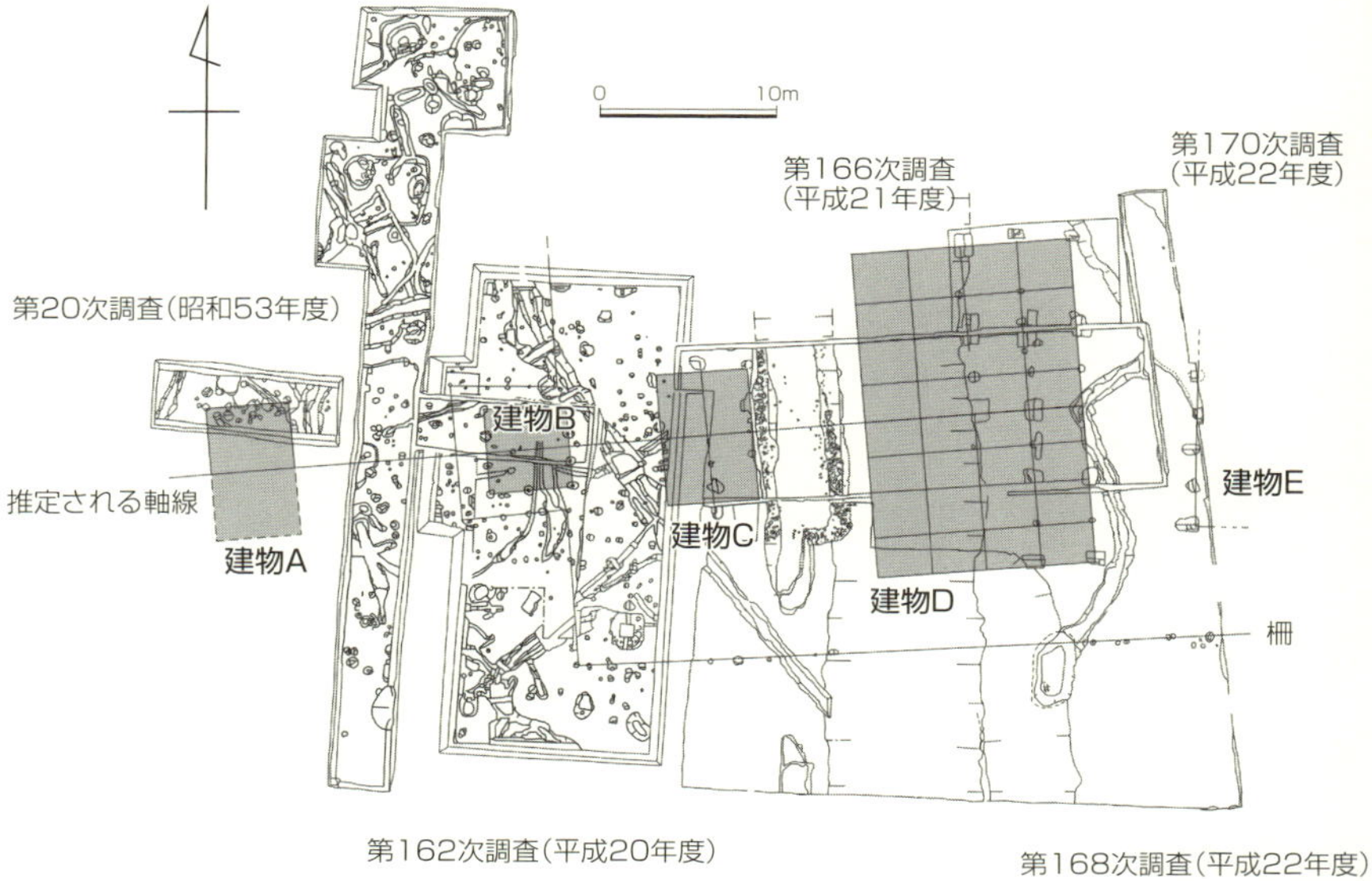

＊建物A（4.8m ×1.3m以上）・建物B（5.2m ×4.8m）・建物C（5.3m ×8.0m）・建物D（12.4m ×19.2m）・建物E（不詳）—（いずれも東西 × 南北）— が東西に中心軸を揃えて配置されており、建物B・C・Dを柱列（柵）が囲んでいる。

（橋本輝彦「邪馬台国　近畿説の一例」〔西谷正編『邪馬台国をめぐる国々』〕を参考に作成）

女王卑弥呼の宮殿」とする報道は行き過ぎであるように思われます(1)。

纒向地域で発見された大型建物遺構は東西六・二m以上（推定一二・四m）、南北一九・二m、広さは二三八㎡と計測され、三世紀中頃までの建物遺構としては国内最大です。佐賀県吉野ヶ里遺跡の最大建築物である主祭殿（一辺一二・七m、広さ一五六㎡）と比較しても相当大規模であることは間違いありません。しかも、過去の発掘調査で確認されている建物群と組み合わせると、南北対称の建物群が東西方向の同一軸上に計画的に配置されているのです。

ところで、第⑩代崇神天皇の磯城瑞籬宮《しきのみずがきのみや》は、志岐御県坐《しきのみあがたにいます》神社の西にあったとされており（『大和志』＝享保年間に編纂された『五畿内志』の一）、纒向遺跡の南南東三km程の距離にあります。また、第⑫代景行天皇の纒向日代宮《まきむくのひしろのみや》は纒

■表Ⅺ－1　纒向付近に宮を置いた大和王権草創期の天皇

天皇 （推定在位）	古事記	日本書紀	比定地
第⑩代 崇神天皇 （277〜300）	師木水垣宮《しきのみずがきのみや》	磯城瑞籬宮《しきのみずがきのみや》	三輪村東南、志紀御県坐神社西（『大和志』） 現状➡奈良県桜井市金屋の志貴御県坐神社
第⑪代 垂仁天皇 （301〜310）	師木玉垣宮《しきのたまがきのみや》	纒向珠城宮《まきむくのたまきのみや》	大和国城上郡纒向河北里西田中（『帝王編年記』） 城上郡穴師村の西（『大和志』） 現状➡奈良県桜井市纒向穴師（巻向坐若御魂神社とされるが、現状では穴師坐兵主神社に合祀されており、当初の鎮座地は不明である）
第⑫代 景行天皇 （311〜340）	纒向日代宮《まきむくのひしろのみや》	纒向日代宮《まきむくのひしろのみや》	大和国城上郡巻向檜林（『帝王編年記』） 城上郡穴師村の北（『大和志』） 現状➡奈良県桜井市纒向穴師

向遺跡からわずか東の穴師《あなし》にあったとされています（同）。

この二つの宮処と対比すれば、平成二十一（二〇〇九）年に纒向遺跡内で発見された当該宮址は第⑪代垂仁天皇の纒向珠城宮《まきむくのたまきのみや》に対応するのではないかと考えられます。

①垂仁天皇の宮の所在地につき、『帝王編年記』（南北朝時代の僧永祐編）は「大和国城上郡、今纒向河北里西田中」とし、『大和志』は「穴師村の西に在り」とする。

②JR巻向駅の東三〇〇mにある珠城山《たまきやま》古墳群は、古墳時代後期（六世紀後半）のものとされるが、「珠城」という呼称はこの地域に古くから存在する地名であるという。

③現在、「垂仁天皇纒向珠城宮跡伝承地」として石碑が建つ場所は、宮址発見場所からわずか五〇〇m東である。石碑建立の際に行った調査研究においても、概ねその場所が纒向珠城宮址として比定するに最も相応しいと判断されたものであろう。

また、第⑪代垂仁天皇となる活目入彦五十狭茅命《いくめいりびこいさち》について、『日本書紀』は第⑩代崇神天皇の第三皇子（第一皇子は彦五十狭《ひこいさ》茅命《ち》＝伊邪能真若命《いざのまわか》〔『古事記』〕、第二皇子は豊城入彦命《とよきいりびこ》と推定される）としますが、崇神天皇と垂仁天皇に親子関係はなく、垂仁天皇は崇神天皇に協力して共に大和王権を創業した人物ではないかと考えられます。『日本書紀』は崇神天皇から垂仁天皇へと皇位を継承させますが、『古事記』及び『日本書紀』の記述を詳細に検討すれば、両者は同一時期に重複して活躍した人物であり、崇神政権は崇神・垂仁両天皇の双頭体制（二七七～三〇〇年）で運営され、崇神天皇の崩御後に垂仁天皇の単独体制（三〇一～一〇年）になったと見ることができます。

なお、崇神天皇は大和王権創始の十五年程前から但馬を中心に王権樹立に向けた努力を積み重ねており、最終的には二世紀終盤ないし三世紀初頭頃から三輪山麓で勢力を培っていた磯城県主《しきのあがたぬし》を中心とする勢力に迎えられ、遅くとも二七〇年代には大和盆地の三輪山麓に入部し、そこを本拠地として大和王権を樹立したものと考えられます[2]。

よって、第⑪代垂仁天皇は三世紀中葉から四世紀初頭にかけて活躍した人物であることになります。纒向遺跡内の宮址は三世紀前半～三世紀中頃のものとされますから、若干時代の整合に欠けるところは否めません。しかし、垂仁天皇が磯城一族の統帥であった可能性も考え合わせ、磯城一族の統帥から垂仁天皇に至る時代の宮処であったとすれば、現状では最も合理的に説明できるのではないかと思います。

2 箸墓古墳は「卑弥呼」の墓か

纒向地域で発見された大型建築遺構を「邪馬台国女王卑弥呼の宮処」とする報道が多いように、同じ纒向地域に所在する箸墓古墳を「卑弥呼の墓」とする論調は愈々活発です。

しかし、『日本書紀』崇神十年条は大物主神の妻であった倭迹迹日百襲姫《やまとととびももそひめ》の墓であるとし、場所も大市《おほち》（『和名抄』は大和国城上郡大市＝於保以智《おほいち》）に葬ったと明記しています。

倭迹迹日百襲姫は、第⑦代孝霊《こうれい》天皇（葛城系）と倭国香媛《やまとのくにかひめ》（三輪系）の間に生まれた女《むすめ》であるとされます。大和盆地に勢力を張る二大勢力、葛城系と三輪系の合体の象徴です。また、地域外の最有力勢力である大物主神（出雲系）とは結婚という深い絆で結ばれています。

■図Ⅺ－3　箸墓古墳の想定復元図

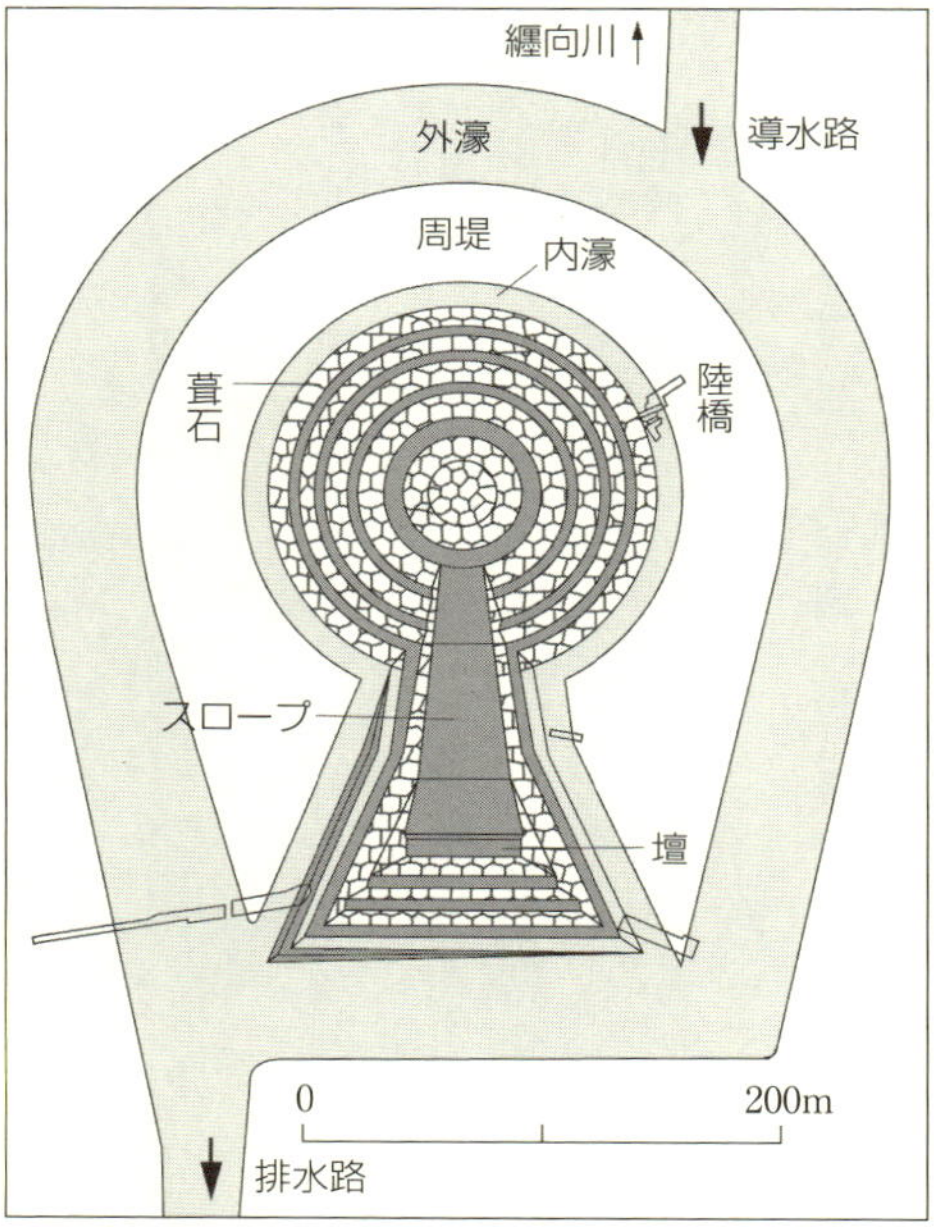

（寺沢薫『王権誕生』をもとに作成。この図は寺沢薫と橋本輝彦の苦心作とされる）

大和王権の創始者である崇神天皇は、大和盆地に根を張るに当たって、地域内外の勢力との協力関係を重視しています。

その①は、大三輪《おおみわ》神社と大倭《おおやまと》神社（倭《やまと》大国魂《のおおくにたま》神社）に係る特別な祭祀を行っていることです。大三輪神社は地域外勢力の代表としての大物主神を祭神としていますし、大倭神社は在地勢力の代表である倭大国魂神が祭神です。これらの神を祭祀してきた在来勢力による協力がなければ、崇神天皇による「大和王権」の創始は望むべくもなかったに違いありません。

その②は、箸墓の造営です。崇神天皇は倭迹迹日百襲姫《やまとととびももそひめ》の薨去（崇神十〔二八六〕年）に際し、それまでに見ることもなかった巨大墳墓の造営を思い立ちます。箸墓築造の目的は、一つに人心収攬を図り、今一つに新権力を高らかに誇示するためであると考えられます。まさに一石二鳥の巨大事業であり、崇神天皇はこの二つの目的を同時に達成したのです。

ちなみに、倭迹迹日百襲姫は傑出した大巫女であり、崇神天皇の窮地をその呪力や予知によって幾度となく救っていますし、[3] 地域外勢力（出雲系）と在地勢力（大和系）、その在地勢力にあっては域内二勢力（葛城系と三輪系）という三つ巴の勢力が協力し融合するための象徴的人物でした。箸墓は「日《ひる》は人作り、夜は神作る。故《かれ》、大坂山《おほさかのやま》（奈良県北葛城郡二上山北側の山）の石を運びて造る。則《すなは》ち山より墓《みはか》に至るまでに、人民相踵《つ》ぎて、手《た》逓伝《ごし》にして運ぶ」（『日本書紀』崇神紀）という人民（葛城系と三輪系）総奉仕の環境で完成しています。この大事業は、倭迹迹日百襲姫の墓だからこそ完成したと言えるのです。
箸墓の築造年代は、三世紀中葉とする白石太一郎の説や、二四〇～六〇年とする国立歴史民俗博物館の発表もありますが、桜井市纒向学研究センター所長の寺沢薫は「一九九八年に墳丘から採集された多くの特殊器台・壺や二重口縁壺と、一九九五年以来の古墳周辺三か所での周溝の渡り堤や周堤、周濠の発掘によって、その築造から埋葬までが布留〇式前半に行われたことがほぼ確実となった」とし、「暦年代は中国鏡や土器の編年からみて、三世紀の後葉から末にかけて」であるとしています（寺沢薫『王権誕生』）。

先述のように、「箸墓古墳は卑弥呼の墓である」とする意見を数多く見かけます。しかし、想定される崇神天皇即位（二七七年）や倭迹迹日百襲姫薨去（崇神十（二八六）年）の時期などを勘案すれば、箸墓古墳は『日本書紀』の記述のとおり、倭迹迹日百襲姫の墳墓である可能性が高いと考えられます。

なお、「邪馬台国畿内説」によって箸墓を「卑弥呼の墓」と考える論者にあっては、『日本書紀』に登場する人物を以って卑弥呼に充てようとする意見を多く見かけます。そもそも『日本書紀』神功皇后摂政紀自体がその「割注」において卑弥呼を神功皇后に擬えていますし、内藤虎次郎（湖南）は卑弥呼を垂仁天皇の皇女倭姫命《やまとひめのみこと》に充て（「卑弥呼考」〔『芸文』一―二・三・四〕）、また、笠井新也（「卑弥呼即ち倭迹迹日百襲姫」〔『考古学雑誌』十四―七〕）、和歌森太郎（「私観邪馬台国」〔『社会経済史学』十八―三〕）、肥後和男（『邪馬台国は大和である』）などは卑弥呼を倭迹迹日百襲姫に充てています。[4]

◆

（1）寺沢薫によれば、纒向遺跡の出現は三世紀の初めとされる。この遺跡の範囲は当初一・〇km四方、三世紀後半の最盛期には一・五km四方に拡大しており、ここでは三世紀前葉から後葉にかけて日本列島最初の全長一〇〇m前後の前方後円墳が矢継ぎ早に築造されている（纒向石塚古墳・勝山古墳・矢塚古墳・ホケノ山古墳など）。中でも全長二八〇mを計り、列島最古・最大の「定型化前方後円墳」である箸墓古墳の築造時期は、纒向遺跡の最盛期に符合するとされる（寺沢薫『王権誕生』)。

(2)新羅では二六二年に王権が昔《せき》氏から金《きむ》氏へと移行し、第⑬代味鄒王《みすうおう》(在位二六二～八四)が即位する(『三国史記』新羅本紀)が、この年、新羅の王子である天日槍《あめのひぼこ》が来日したと推定できる(『日本書紀』垂仁紀三年条本文及び一云)。天日槍は味鄒王夫人となった光明《こうみょう》夫人の同母兄乞淑《こつしゅく》(昔氏)と考えられ、新羅の王権抗争に関連して日本へ亡命したものであろう。『古事記』及び『日本書紀』の記述を総合すれば、天日槍は但馬を中心に播磨・淡路・近江・若狭・出雲などの勢力を糾合しながら十五年の歳月をかけて畿内大和に新王権(三輪王朝・イリ王朝)を樹立した崇神天皇に比定することができる。

一方、三輪山麓を本拠とする磯城(師木)一族は、葛城山麓を本拠とする「葛城王権」に后妃を出すことで急激に台頭する(第⑦代孝霊天皇の時代が最盛期か)が、磯城一族はやがて(第⑧代孝元天皇以降)その立場を喪失し、新勢力との結合を模索したものと思われる。そこで、崇神天皇の新勢力(崇神天皇は大和外勢力であるが、垂仁天皇は磯城一族の可能性がある)と結び、大和盆地に「葛城王権」に代わる「三輪王権」を樹立したものと考えられる(『古事記』及び『日本書紀』)。

なお、崇神天皇の在位(垂仁天皇との双頭体制)を二七七～三〇〇年、垂仁天皇の在位(垂仁天皇の単独体制)を三〇一～一〇年と推定するが、その根拠は次のとおりである。

①『日本書紀』崇神十一年条に「是歳、異俗《あたしくにのひと》多く帰《まうき》て、国内安寧《くにのうちやすらか》なり」とあり、『三国史記』新羅本紀儒礼王四(二八七)年条に「倭人が新羅の一礼部を襲い、千人を連れ去る」とあることから、これらの記事は同一事象を彼此双方から記録したものと推定できる。よって、崇神十一年は新羅儒礼王四(二八七)年に充てることができ、これから遡って崇神元年は西暦二七七年となる。

②次に垂仁二十五年に出された垂仁天皇の詔勅は、垂仁天皇が即位に際して五大夫(安倍臣《あへのおみ》・和珥臣《わにのおみ》・中臣連《なかとみのむらじ》・物部連《もののべのむらじ》・大友連《おほとものむらじ》の遠祖)に心構えを約束したものの如くである。『日本書紀』は崇神・垂仁双頭体制の事象を双方に振り分けて混載したものと考えられることから、崇神・垂仁双頭体制の二十四年に崇神天皇が崩御し、同体制の二十五(三〇一)年から垂仁天皇の単独体制になったと考えられる。

二十五年の春二月の丁巳《ひのとのみ》の朔《ついたち》甲子《きのえねのひ》に、安倍臣の遠祖武渟川別《たけぬなかはわけ》・和珥臣の遠祖彦国葺《ひこくにぶく》・中臣連の遠祖大鹿島《おほかしま》・物部連の遠祖十千根《とをちね》・大友連の遠祖武日《たけひ》、五の大夫《いつとりまへつきみたち》に詔《のたま》して曰はく、「(略)今朕《わ》が世に當《あた》りて、神祇《あまつかみくにつかみ》を祭祀《いはひまつ》ること、豈《あに》怠ること有ること得むや」とのたまふ。

(『日本書紀』垂仁二十五年条)

③『三国史記』新羅本紀訖解王三（三一二）年三月条によれば、訖解王は倭国（大和王権と推定できる）の求めに応じて阿《あ》飡急利《さんきゅうり》の娘を花嫁（人質）として送り出しているが、これは第⑫代景行天皇の即位に対応するものであると考えられる。よって、景行天皇の即位は書紀紀年（七一年）を四運（二四〇年）繰り下げた三一一年であったとするのが至当である。
　これによって、垂仁天皇の崩御は前年の三一〇年となる。

（3）崇神天皇の即位当初にあって、数々の難題（疫病・背叛）続出で苦境にあった時、倭迹迹日百襲姫《やまとととびももそひめ》が大物主神（出雲神）を祭るよう託宣する。この時、天照大神（皇祖神）と倭大国魂神（在地神）は既に篤く祭られていたが、大物主神は未だ十分には祭られていなかったらしい。崇神天皇が大田田根子《おおたたねこ》を大物主神の祭主に、長尾市《ながをち》を倭大国魂神の祭主にして改めて八十万《やそよろず》の群神を祭ると、疫病は止み、国内は平穏となり、五穀豊穣で百姓《おほみたから》は賑わったという（『日本書紀』崇神七年）。
　また、倭迹迹日百襲姫は大彦《おおびこ》命が崇神天皇に伝えた不穏な歌から武埴安彦《たけはにやすひこ》とその妻吾田媛《あたひめ》の謀反を予兆し、その謀反の成就を阻んでいる（『日本書紀』崇神十年）。

（4）邪馬台国畿内説の場合、大和王権の天皇家の系譜に卑弥呼の存在を求め、『古事記』や『日本書紀』に登場する人物にこれを求める傾向にある。この際の比定条件としては⑴時期が合致すること、⑵『魏志倭人伝』の卑弥呼像に適合する女性であること、の二点が挙げられるが、⑵の中では殊に①巫女的性格を有すること、②「男弟」に相応する人物が存在することが求められる。

卑弥呼に擬えられる人物	上の系譜など	男弟に擬えられる人物
神功皇后	仲哀皇后、神託を得て新羅を征討する。	武内宿禰
倭迹迹日百襲姫	孝霊皇女、武埴安彦の謀反を予知する。	崇神天皇
倭姫命	垂仁皇女、初代伊勢斎宮とされる。	日本武尊（倭建命）

2　卑弥呼の墓

箸墓古墳は『日本書紀』が記すように「倭迹迹日百襲姫《やまとととびももそひめ》」の墳墓である可能性が高く、従って「卑弥呼の墓」である可能性は低いと考えます。前節最後の「なお」書きのように、卑弥呼と倭迹迹日百襲姫が同一人物であるとする意見もありますが、これまで論じてきたように「倭国＝邪馬台国連合」は北部九州に存在し、同連合の象徴として共立された女王が「卑弥呼」です。当然ながら「卑弥呼の墓」は北部九州に存在することになります。ともかく、『魏志倭人伝』には「卑弥呼以って死す。大いに冢を作る」とありますから、「卑弥呼の墓」はどこかに必ず存在するに違いありません。「卑弥呼の墓」の発見は「親魏倭王」と刻された金印を伴う可能性も十分考えられ、そうなれば混迷を続ける「邪馬台国論争」に間違いなく終止符を打つことになるでしょう。

1 卑弥呼の年齢

魏使の建中校尉梯儁《ていしゅん》が倭国を訪れ、初めて女王卑弥呼に拝謁したのは正始元（二四〇）年のことです。景初三（二三九）年六月に女王卑弥呼の使節として大夫難升米《なしめ》等が魏都洛陽を訪問し少帝曹芳に貢献していますので、それに対する答礼使節としての来倭です。[1]

魏帝（曹芳）は倭女王卑弥呼を「親魏倭王」に制詔し、卑弥呼に金印紫綬を与えるとともに、国信物（公式な下賜品）として多くの絹織物や毛織物を賜い、別貢物（倭国側の要望に基づく下賜品）として五尺刀二口や銅鏡百枚など種々の品々を賜与していますので、魏帝の名代である建中校尉梯儁はそれらの下賜品を携え、倭国からの使者難升米等に伴われて来倭したものと思われます。

正始元（二四〇）年に初めて倭女王卑弥呼を拝した魏使梯儁は、卑弥呼について「年已《すで》に長大」と報告しています。この「年已に長大」についてはいくつかの見解があります。

①蜀の後主（劉禅《りゅうぜん》、二〇七～七一年）が蜀の建興元（二二三）年に即位した後にあって、「後主漸《ようや》く長大」（『三国志』蜀志九、董允伝）とあるので、「年巳に長大」とは十歳代後半～二十歳代を指す。
②魏の文帝（曹丕《そうひ》、一八七～二二六年）が漢の延康元（二二〇）年に後漢の献帝から帝位を禅譲されるとき、「丕の業を継ぐに逮《およ》ぶや、年巳に長大」（『三国志』呉志七、諸葛瑾伝）とあるので、三十歳代半ばを指す。
③単に「年齢を重ねている」の意で、年齢を特定するものではない。簡野道明『字源』は魏文帝曹丕の「年巳に長大に行《およ》び、懐《おも》う所萬端たり。時に慮《おも》う所あり、通夜瞑《めい》（眠）せざるに至る」を例示して「たけたかくおほいなり」とする。

さて、『後漢書』『三国志』『梁書』『北史』など諸々の中国正史は、挙って、「倭国」つまり「新生倭国＝邪馬台国連合」の王として邪馬台国の女王卑弥呼が共立された直接の理由を「倭国大乱」としており、「倭国大乱」は桓・霊の間（一四六～八九年）あるいは霊帝光和中（一七八～八三年）に発生し終息したと記しています。

もう一度、関連文献を確認してみましょう（表XI－2）。

また、補足的な記述として『三国史記』新羅本紀阿達羅尼師今《あだつらにしきん》の段に、

（阿達羅尼師今）二十（一七三）年夏五月、倭女王卑彌乎、使を遣《つかわ》して来聘《らいへい》す。


という一文があります。

『三国史記』は高麗の宰相金富軾《きむふしき》が仁宗の命を受け、新羅・高句麗・百済の歴史を紀伝体で編纂した現存最古の朝鮮史です。一一四五年の成立ですから比較的新しい史書ですが、中国正史から朝鮮関係記事を抜粋したものに加えて固有の情報も多く、高麗が国を挙げて編纂した「正史」であることに間違いありません。

この『三国史記』の記述が史実であれば、一七三年は新羅にあって外国使節を招き入れるべき特段の慶事は記

■表XI－2　倭国大乱に係る各中国正史の記事

中国正史	倭国大乱に係る記事
後漢書倭伝	桓・霊の間（桓帝在位146～67、霊帝在位168～89）、倭国大いに乱れ、更《こも》々《ごも》相攻伐し、歴年主なし。一女子あり、名を卑弥呼と曰《い》う。（略）是《ここ》において、共に立てて王となす。
魏志倭人伝	その国、本また男子を以って王となし、住《とど》まること七、八十年。倭国乱れ、相攻伐すること歴年、乃《すなわ》ち共に一女子を立てて王となす。名づけて卑弥呼と曰《い》う。
梁書倭伝	漢の霊帝光和中（178～83）、倭国乱れ、相攻伐すること歴年、乃《すなわ》ち共に一女子卑弥呼を立てて王となす。
北史倭国伝	霊帝光和中（178～83）、その国乱れ、遞《たが》いに相攻伐し、歴年主なし。女子名は卑弥呼あり、（略）国人共に立てて王となす。
太平御覧所引魏志	又（魏志）曰《い》はく、倭国は本《もと》男子を以って王となす。漢の霊帝光和中（178～83）、倭国乱れ、相攻伐して定めなし。乃《すなわ》ち一女子を立てて王となす。名は卑弥呼。

録されていませんから、「邪馬台連邦」成立と「邪馬台連邦の女王卑弥呼」の就任を通知する使節が新羅（辰韓諸国の中で後に新羅に発展する斯盧国か）に派遣されたものと思われます。「倭国」の成立（八八～一〇七年の間と考えられる）から七十～八十年を経て、力を蓄えた農業国家群は「倭国」の中にあって新しく「邪馬台連邦」としてまとまり、従前から「倭国」を主導してきた海洋漁労国家群つまり「伊都連邦」の支配から脱しようとしたのです。この「邪馬台連邦」が自立した時点（一七三年）を以って、七十～八十年続いた統一国家としての「倭国」は事実上分裂し、「伊都連邦」と「邪馬台連邦」の分離並立国家になったものと考えられます。

　これらを整理すれば、表XI－3のとおりになります。

　このように、「倭国大乱」は二世紀後半に二度にわたって争われた「倭」地域内の紛争であり、前半の数年間が「倭国」内の海洋漁労国家群（伊都連邦）と農業国家群（邪馬台連邦）が争った主導権争い（生活基盤を異にする地域間紛争とも考えられる）であり、後半の数年間は農業国家群（邪馬台連邦）と農産漁業国家群（狗奴連邦）との間で諍いとなった領土紛争（侵略戦争）であったと考えられます。

■表Ⅺ－3　倭国大乱に係る推移表

年（西暦）	歴史事項	説　明
88～107年	この間に「倭国」が成立する。	この後70～80年間、つまり158ないし187年までは男王（伊都国王）が「倭国」を支配する。
107年	倭国王帥升が後漢（安帝）に貢献する。	倭国王帥升が自ら後漢の洛陽に赴いた。
146～167年	この間（桓帝の在位中）に倭国大乱（一次）が発生する。	一次大乱の期間は精々数年程度と考えられ、一次大乱が173年に終息したとすれば、その発生は桓帝在位の最終盤であったと推測される。
168～189年	この間（霊帝の在位中）に倭国大乱（一次）が終息する。	一次大乱は倭国内の伊都連邦と邪馬台連邦の主導権争いであり、邪馬台連邦が自立を求め、これに伊都連邦が反発したものである。
173年	女王卑弥呼を盟主とする邪馬台連邦が自立し、新羅に遣使する。	一次大乱は173年を以って一応終息したと考えられる。
178～183年	この間（霊帝の光和中）に倭国大乱（二次）が発生し、終息する。	二次大乱は狗奴連邦が一次大乱で疲弊した邪馬台連邦を攻撃した侵略戦争であり、狗奴連邦の攻撃に対処するため、伊都連邦と邪馬台連邦が再び「倭国」の枠組みに戻って連合したものと考えられる。よって、183年までに「新生倭国＝邪馬台国連合」が成立し、狗奴連邦が撤収することで二次大乱は自然終息したと考えられる。

この「倭国大乱」について、前半（一次）は一七三年の「邪馬台連邦」の自立で一段落を迎え、後半（二次）は「狗奴連邦」に対峙するため「伊都連邦」と「邪馬台連邦」が再び「倭国＝邪馬台国連合」として結束することによって、一八三年（霊帝光和中〔一七八～八三年〕の最終年）までに自然終息したものと推測できます。

さて、これらの資料から女王「卑弥呼」の年齢及び生涯を推測するのですが、そのためには以上の資料に加えて二つの〝仮定〟を設定しなければなりません。その①は、卑弥呼が「邪馬台連邦」の女王として擁立された年齢を、後に卑弥呼の宗女壱（台）与が倭国王として擁立された十三歳と見做すことです。その②は、『梁書倭伝』及び『北史倭国伝』の

■表Ⅺ－4　卑弥呼の生涯年表（推定）

西暦	年齢	記　事	備考
161年	1歳	卑弥呼が生まれる。	
167年	7歳	この頃、倭国大乱（一次）が勃発し、卑弥呼が予知能力を発揮する。	後漢書
173年	13歳	この頃、倭国大乱（一次）が終息し、邪馬台連邦が自立する。 卑弥呼、邪馬台連邦の女王となり、新羅に遣使する。	三国史記／後漢書など
178年	18歳	この頃、倭国大乱（二次）が勃発する。	梁書など
183年	23歳	この頃、新生倭国（＝邪馬台国連合）が発足し、卑弥呼が新生倭国の女王となる。また、倭国大乱（二次）が終息する。	後漢書／梁書など
189年	29歳	倭国女王卑弥呼、後漢に遣使する。	中平銘鉄刀
この間		遼東・楽浪・帯方郡域に公孫氏政権があり、倭国は公孫氏と通交する。 なお、倭国は比恵・那珂地域を中心に隆盛を極めており、政治的には安定していた。	魏志韓伝／考古所見
239年	79歳	倭国女王卑弥呼、魏に難升米等を派遣する。	魏志倭人伝
240年	80歳	魏使建中校尉梯儁が来倭する。	
243年	83歳	倭国女王卑弥呼、魏に伊声耆・掖邪狗等を派遣する。	
247年	87歳	倭国女王卑弥呼、帯方郡に載斯（大使）烏越等を派遣する。 魏使塞曹掾史張政が来倭する。	
248年	88歳	卑弥呼死す（あるいは247年）。	梁書／北史

「正始中（二四〇～四八年）、卑弥（呼）死す」を根拠に、正始年号の最後の年となる正始九（二四八）年に死亡したと見做すことです。[2] このような仮説を施すことで卑弥呼の生涯は表Ⅺ－4のように想定され、魏使建中校尉梯儁《ていしゅん》が謁見した時点での倭国の女王卑弥呼の「年已《すで》に長大」とは、八十歳であったことになります。

先に示した「年已に長大」につき、『魏志倭人伝』や『後漢書倭伝』など諸書の記述を整合的に勘案すれば、少なくとも『魏志倭人伝』における「年已に長大」の意味するところは①または②が主張する「十～三十歳代」ではあり得ず、③が唱える「年齢を重ねている」という意味であることが確認できます。

当然のことですが、これらの年齢計算は中国や朝鮮半島の史書を根拠にしていますので、倭国が春と秋に年齢を重ねるという、いわゆる「二倍年暦」の考え方が入り込む余地は全くありません。

2 卑弥呼以って死す

倭国女王卑弥呼は、正始八（二四七）年あるいは同九（二四八）年に没しています。正始八年に卑弥呼の派遣した使節載斯（大使）烏越が帯方郡を訪ねていますが、この遣使は帯方太守王頎《おうき》が着任した直後であり（遣使直前の『魏志倭人伝』の記述に「その八（二四七）年、太守王頎官（太守）に到る」とある）、太守の就任祝賀を第一目的（形式的な目的）としての派遣であったと考えられます。このことから、卑弥呼が正始七（二四六）年以前に死亡していた可能性は全くありません。一方で、『梁書倭伝』や『北史倭国伝』に「正始中（二四〇～四八年）、卑弥（呼）死す」とあり、しかも正始の年号は九（二四八）年までとされるからです（「嘉平」への改元は正始十（二四九）年四月に行われている）。

そこで問題になるのが「卑弥呼以死」の釈文と女王卑弥呼の死に至る態様です。

> 其（正始）の八（二四七）年、太守王頎《おうき》官に到る。倭女王卑彌呼、狗奴國男王卑彌弓呼《ひみくこ》と素より和せず。倭の載斯《たいし》（大使）烏越《をえつ》等を遣わして郡に詣《いた》り、相攻撃する状を説く。塞曹掾史張政《ちょうせい》等を遣わし、因《よ》って詔書・黄幢《こうとう》を齎《もたら》し、難升米《なしめ》に拝假し、檄《げき》を為して之を告喩す。卑彌呼以《も》って死す。大いに冢を作る。
>
> （『魏志倭人伝』）

①「卑弥呼以《も》って死す」（その一）

本居宣長などの説で、「以死」を単に「死んだ」とするもので、それ以外に深い意味を与えているものではない。

②「卑弥呼死するを以《も》って」
伊勢仙太郎・東一夫などの説で、死んだので墓を作ったと「大いに冢を作る」の原因を挙げているとする。
③「卑弥呼以《すで》に死せり」
内藤虎次郎（湖南）などの説で、塞曹掾史張政が遣わされるまでの間に既に死んでいたとする。
④「卑弥呼以《も》って死す」（その二）
阿部秀雄が「檄を告喩された結果、卑弥呼は死亡した（死に至らしめられた）」（『卑弥呼と倭王』）と提起した解釈で、松本清張や奥野正男も賛同している。これを岡本健一が補強し、中国史書「二十五史」の膨大な「以死」の用例を確認した結果、それは「自然死」ではなく、「刑死・賜死・諫死・戦死・自死・遭難・奔命（過労死）・事故死など非業の死ばかりである」とし、女王卑弥呼の死は「非業の死」であったとする（『蓬莱山と扶桑樹』）。

①及び②の解釈は大きく異なるものではありません。諸氏の釈文を散見する限りでは、これに拠るものが比較的多いようです。「卑弥呼以《も》って死す」は前段の「塞曹掾史等を遣わし……之に告喩す」と直接的に関わるものではなく、段落もこの間で区切って読んで差し支えないもののようです。

③及び④は「卑弥呼以《も》って死す」と前段の「塞曹掾史張政等を遣わし……之に告喩す」に何らかの関連性を認めようとするものです。③は塞曹掾史張政が詔書・黄幢を難升米に拝仮したのは、既に卑弥呼が死んでいたからだとし、一方④は塞曹掾史が卑弥呼に「告喩」したことを原因として卑弥呼は死亡した（死に至らしめられた）としています。

ところが③について、塞曹掾史張政がもたらした詔書と黄幢は、正始六（二四五）年に魏から倭の大夫難升米（魏の率善中郎将）に賜与されたものが帯方郡に留め置かれて未だ伝達されていなかったものであり、今回その目的を一部変更して、改めて大夫難升米に拝仮したのであって、元々女王卑弥呼に賜与すべきものではありません（第Ⅷ章2節3項「塞曹掾史張政の役割」参照のこと）。女王卑弥呼にもたらされるべき詔書や黄幢を、卑弥呼が「以《すで》に死んでいた」から大夫難升米が代わって受け取ったということではないのです。

また④について、塞曹掾史張政が詔書と黄幢をもたらした相手は難升米です。そして、檄を為《つく》って告喩した相手も難升米であると理解すべきです。「之を（に）告喩す」の「之」を檄（又は難升米）ではなく卑弥呼とし、「卑弥呼に教えさとした」とする現代語訳を見受けます（平野邦雄『倭國亂る』朝日新聞社、一九九六）が、「之」を二文節前の「卑弥呼」に求めるのはいささか無理があるようです。『魏志倭人伝』を散見する限りでは、前に掲げたものを再示する「之」は直前のものに限られています。『魏志倭人伝』中の「之」は次のとおりです（助詞の「之《の》」は省く）。

①皆沈没取之、（魚鰒）②貫頭衣之、（衣）③名之、（喪人）為持衰 ④便欲殺之、（持衰）
⑤使大倭監之（市）⑥諸国畏憚之（一大率）⑦為之（或蹲或跪両手拠地）恭敬
⑧告喩之、（檄、又は難升米）

正始九（二四八）年にあって、倭国の女王卑弥呼は「已に八十八歳」です。高齢とは言え突然の死であったことから「更に男王を立てしも、国中服せず。更《こもごも》相誅殺し、当時千余人を殺す」という状況を惹起したのです。仮に塞曹掾史張政の指導下において卑弥呼に死を賜ったのであれば、予《あらかじ》め次の体制が整えられていて然るべきだと思います。岡本健一が考察した「以死」が非業の死に限られるとする用例検索は極めて貴重な報告ですが、奔命《ほんめい》（君命のままに奔走する。つまり過労死のこと）なども含まれているようです。

卑弥呼は八十八歳という高齢です。体力の衰えは巫女としての能力にも翳りを見せていたと思われます。加えて、狗奴連邦との戦争は終結の目処さえ立たず、北部九州で連続して発生した皆既日食（正始八〔二四七〕年三月二十四日及び正始九〔二四八〕年九月五日）に民衆の動揺は拡がります。これらの諸事象が卑弥呼の心労・過労となって死を早めたとして、むしろ当然のことかもしれません。

結局、「卑弥呼以《も》って死す」は従前から最も一般的な解釈である「単純な死」とするのが妥当であり、「以死」に特別な意味を付与するにしても、奔命《ほんめい》（過労死・突然死）であったと考えれば特段の疑義は生じません。

3 大いに冢を作る

卑弥呼の墳墓について、『魏志倭人伝』は「大いに冢《ちょう》を作る。径百余歩」としています。一歩は六尺であり、魏晋代の一尺は曲尺《かねじゃく》の〇・七九尺に当たりますから、一歩は四・七四尺となります。さらに、一尺は三〇・三cmですから、百余歩の冢とは一五〇m程の大墳丘となります。

この墳丘の規模について、「百余歩という数的表現は編者の誇張であり、事実はその十分の一くらいと見てよい」（橋本増吉）とする極端な意見も含めて、一般的には「百余歩という数的表現には誇張もあろうが、卑弥呼の墳墓がきわめて大きなものとして、魏の使者の耳目に伝わったことだけは間違いあるまい」（三品彰英）とされます。

また、この墳丘の「径」について、喜田貞吉は「円墳」とし、橋本増吉も「径なる文字は常に円形の大きさを示す場合に於いてのみ使用せらるゝ」として「前方後円といふが如き特殊の形式を表示するものではない」としています。これに対し笠井新也は、河村秀根（一七二三～九二年、尾張藩の国学者）の『書紀集解』に箸墓《はしはか》を「円形之丘有り、相伝えて箸墓と曰う」と記されていることを引用しながら、「考古学者ならぬ一般的学者の編纂に係る史籍等によって、古墳の形式を論定するが如きことは、非常な冒険であることを覚悟しなければならない」と論じ、「この径百歩は、主体たる円丘部の大きさを示したものであろう」と推論しています（この項に係る以上の各論攷は、三品彰英『総覧』注解（一二〇）による）。

なお、第Ⅴ章「郡より女王國に至る、萬二千餘里」で論じたとおり、『魏志倭人伝』の距離観は標準的な「四三四m／里」に対して「八〇m／里」ですから、卑弥呼の冢の百歩（一五〇m）はおよそ五分の一の三〇m程度ではないかという考え方が生起します。しかし、陳寿は帯方郡から倭国の首都・邪馬台国までの路程距離をおよそ「八〇m／里」と標準的な距離観の五分の一で記述していますが、距離以外の単位（長さの単位であっても）まで殊更に操作したとは考えられません。ましてや、卑弥呼の冢は「歩」で表されています。「歩」は元々人の歩幅から生じた長さの単位です。晋朝の読者たちは周りに存在する幾多の墳丘墓と直ちに比較することでしょう。陳寿は、「帯方郡から邪馬台国までの距離観」のみは例外中の例外として操作していますが、『魏志東夷伝』を総体として見れば極力正確な情報を伝えることに腐心しています。陳寿にとって、若干の誇張はあったにしても、卑弥呼の冢をあえて五倍の大きさに見せかける必然性は全く考えられません。

卑弥呼の墳墓であるための条件　卑弥呼の墳墓として特定できるためにはいくつかの条件に合致することが必要です。考古学的な知見が増えることによって、近い将来その核心に迫り得ると確信しますが、現状にあっても時代・場所・墳墓の態様などからある程度の範囲内で絞り込むことは可能だと思います。

時　代　倭国の女王卑弥呼は、正始八（二四七）年または正始九（二四八）年に死亡している。

場　所　女王卑弥呼の墳墓は、福岡市博多区南部地域に築造されたと考えられる。卑弥呼は倭国女王であり、当然倭国の都（邪馬台国）に近い場所に葬られたであろう。これまでの検討結果として、三世紀における邪馬台国（女王国）は福岡市博多区南部（比恵・那珂遺跡）に存在したと考えられる。

墳　丘　女王卑弥呼の墓は、相当大規模な墳丘墓であると考えられる。卑弥呼の墳墓について『魏志倭人伝』は「冢《ちょう》」としていることから墳丘墓であると推定でき、「径百余歩」から円墳または円墳に近似する形状（帆立貝式または纒向型の古式古墳）であって、その規模は「径」が一五〇m程度のものとなる。

副葬品　魏帝から賜った物品のうち幾許かの品物は副葬されたであろう。ただし、今日まで残存する可能性のあるものは金印・五尺刀・銅鏡・各種の玉類（一部には絹などの繊維片）などに限られるであろう。また、副葬品の態様は卑弥呼が倭国の大巫女であったことから、伊都国大巫女の墳墓である平原一号

■図XI－4　那珂八幡古墳平面模式図

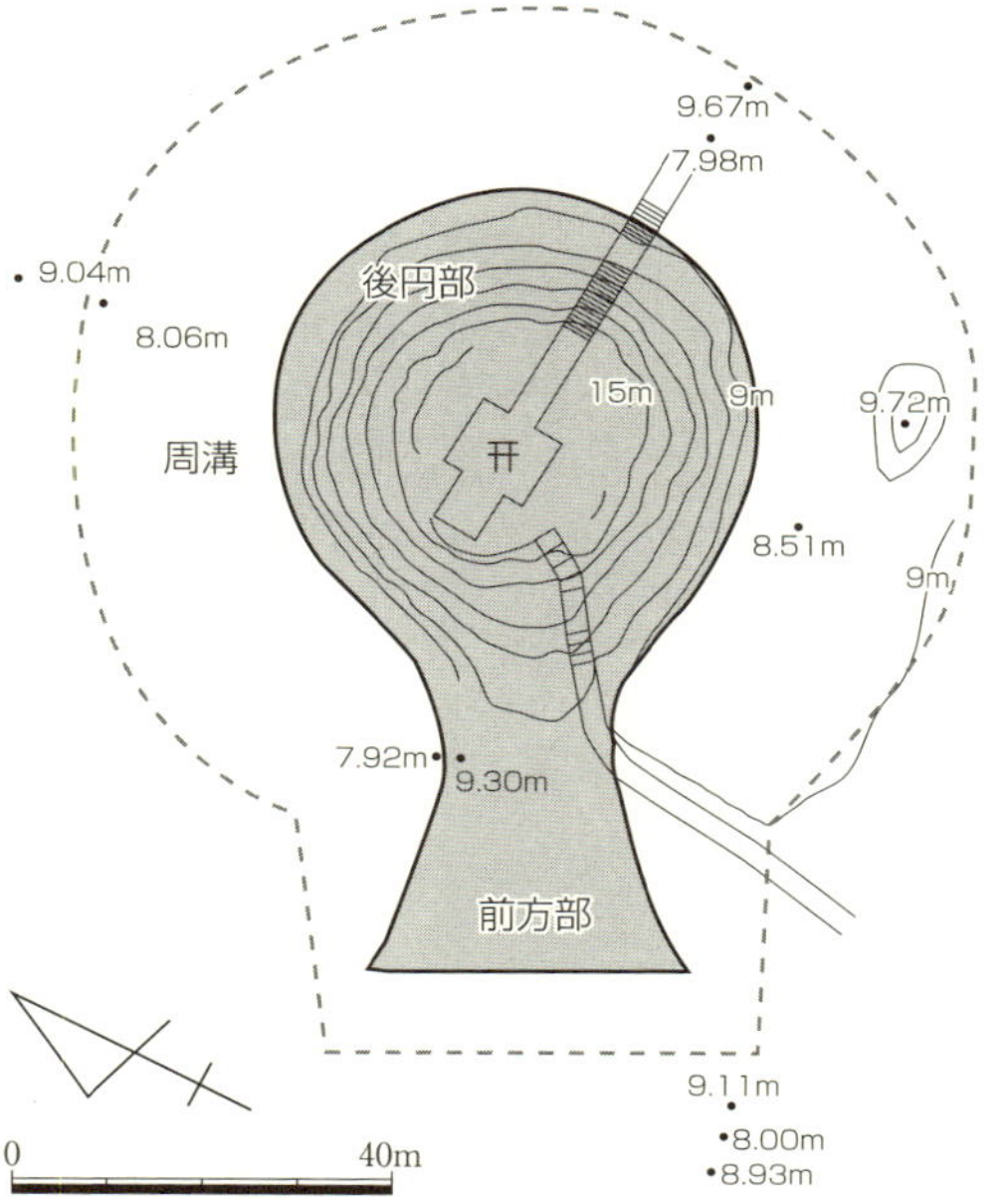

（福岡市埋蔵文化財調査報告書『那珂八幡古墳』〔1986〕を参考に作成）

墳丘墓（福岡県糸島市曽根丘陵）が参考になるであろう。

㋐「親魏倭王」金印➡副葬されていれば、卑弥呼の墳墓と確定されよう。

㋑五尺刀➡平原一号墓から「守り刀」と思しき刀が一本出土している。卑弥呼の墳墓でも「守り刀」として副葬されている可能性はあろう。

㋒銅鏡➡百枚のうちの相当枚数は副葬されているであろう。平原一号墓と同様に「破砕鏡」であれば、卑弥呼の「非業の死」（過労死・突然死では「破砕鏡」を促す「非業の死」とは言えない）が証明されよう。

㋓装飾品➡魏からの下賜品ではないが、勾玉・管玉・丸玉などの装飾品は多数副葬されていよう。

卑弥呼の墳墓　卑弥呼の墳墓であるための条件のうち、時代・場所・墳丘から推測すると、福岡市博多区の比恵・那珂遺跡南部に位置する「那珂八幡古墳」が浮上します。

時　代　墳頂部や周溝下層から出土した土器や周溝掘削時の埋没井戸から弥生終末期～古墳時代早期に築かれた可能性があり、九州最古の古墳と見做される。

場　所　福岡市博多区那珂大字宮の脇に所在し、後円部の頂上には那珂八幡神社が祀られている。

■表Ⅺ－５　那珂八幡古墳の概要

区分	那珂八幡古墳の概況	左の説明
築造年代	３世紀中頃（弥生時代終末期～古墳時代早期）	出土土器などから「庄内式」の時代に築かれた可能性があり、そうなれば九州最古の古墳（九州における古墳時代の始まり）となる。
築造場所	福岡市博多区那珂大字宮の脇１－44	那珂川と御笠川に挟まれた那珂遺跡
古墳形状	形状　前方後円墳 前方部は細長くわずかに撥形を呈する。 規模　全長（含周溝推定）　120m 墳丘長　85m 後円部径　52m 高　さ　5m	纒向石塚古墳（墳長93m、後円部最大径64m）など最古式古墳の様相と相似形である。 九州各地の古墳時代前期前半の初期前方後円墳の墳形につながる。 ①後円部径と前方部長の比率が８：５である。 ②後円部径から前方部への移行部で明確なくびれを形成しない。 ③後円部の段築が未確立である。
埋葬主体	後円部中央に第一主体（未発掘）	古墳築造期初葬のもの。墓壙は隅丸長方形を呈す。
	後円部西北に第二主体（調査済） 副葬　三角縁五神四獣鏡１面 直径　約21.8 cm 玉類　４個	第一主体の北西側に接する。木棺（全長2.3m、幅60 cm、深さ37 cm）は割竹形を呈す（古墳時代初期）。 同笵鏡は、椿井大塚山古墳（京都府）、湯迫車塚古墳（岡山市）、伝富尾丸山古墳（奈良市）、フリーア美術館（米）の４点を数える。紐孔内に紐が残存し、鏡面鏡縁に平絹の布目が残る（布で包み箱に納めた可能性がある）。 硬玉勾玉１、碧玉管玉２、ガラス小玉１
周　溝	周囲には周溝が廻る。ただし、前方部の背後に周溝が存在しないことも考えられる（調査報告書）。周溝堤は不明	
その他	弥生時代終末期に比恵・那珂遺跡に敷設された長大（約1.5 km）な道路脇に築造される。 道路は王権の祭祀儀礼の場としても利用されたのであろう（久住猛雄）。 那珂八幡古墳の築造以降、大小の周溝墓（方形・円形・前方後方形）が道路に沿って、古墳の南側に次々と築造されている。	
調　査	昭和60年３月12日～７月９日、福岡市教育委員会	

墳　丘　墳丘長は八五ｍ、後円部径は五二ｍで、それぞれ径百余歩（一五〇ｍ）の五七％、三五％である。なお、径百余歩は周溝を含めた全長であり、あるいは周溝堤まで含めた全長であるとも考えられる。前者の場合はおよそ一二〇ｍで径百余歩の八〇％に迫り、若干の誇張を想定すれば理解できる範疇であろう（周溝堤の存在は不明）。

福岡市埋蔵文化財調査報告書（一四一集）の『那珂八幡古墳』（昭和五十九・六十年度重要遺跡確認調査及び緊急調査既報）及びアクロス福岡文化誌編纂委員会編『古代の福岡』で久住猛雄が担当する「福岡県最古の古墳・那珂八幡古墳」を参考にすれば、「那珂八幡古墳」の概要は表XI－5のとおりです。

◆

（1）倭国女王卑弥呼は、魏の明帝による遼東公孫《こうそん》氏鎮圧（景初二〔二三八〕年八月）を祝賀するために表敬使節を発遣したものであろうが、明帝は景初三（二三九）年一月に崩じていた。恐らく卑弥呼が使節を発遣する時点では明帝の崩御が倭国に伝わっておらず、景初三（二三九）年六月に魏都洛陽に到着した使節団はそこで（あるいは途中の帯方郡の段階で）明帝の崩御を知り、公孫氏鎮圧に加えて少帝曹芳の即位を祝して貢献したものであろう。

（2）卑弥呼の死は正始八（二四七）年の可能性も考えられる。また正始十（二四九）年四月に嘉平元（二四九）年と改元していることから、同年三月までに死亡した可能性も否定できない。ただし、嘉平元年には張政を送還した可能性が高く、卑弥呼の死亡による倭国内の混乱「更に男王を立てしも、国中服せず。更々相誅殺し、当時千余人を殺す」を収める暇はなかったであろう。

終章

もう一度振り返ろう！「邪馬臺國」への迷い道

わが国のことを記す中国正史の中で、わが国の古代、とりわけ『古事記』や『日本書紀』が成立する以前のことを知るためには、『漢書』『後漢書』『三国志』『宋書』『隋書』『旧唐書』などが重要です。しかし、このうち『旧唐書』は他書と比較して、わが国では必ずしも広く周知されているとは思われません。五代晋朝（九三六〜四六年）終末の混乱から編纂責任者が途中交代し、資料不足などから編集に斑《むら》があるとされていることなどに原因があろうと思われますが、わが国を「倭国」と「日本国」に区別する記述が「ありえない」として敬遠されてきたのかもしれません。「倭国」と「日本国」の区別記載は、編纂過程の混乱で重複混在した「不体裁」であると考える向きもあり、また、わが国に関係する記事が貧弱であることも「不人気」に影響していると考えられます。

しかし、『旧唐書』について、唐末の資料不足はともかくとして、唐初の記述は資料に忠実であるとの高い評価が与えられていることも考慮されてよいのではないでしょうか。

1　中国正史に見る「倭国」と「日本国」

1「倭国」と「日本国」

わが国のことを登載する中国正史は第Ⅰ章1節に掲げる表Ⅰ－1（五一頁）のとおりです。『後漢書』から『隋書』及び『南史』『北史』に至る史書が、わが国の「伝」を「倭伝」「倭人伝」「倭国伝」としているのに対して、『旧唐書』（九四五年成立）は「倭国伝」と「日本国伝」を併置しており、『新唐書』以降にあっては全て「日本伝」「日本国伝」としています。この点は極めて大きな示唆を与える事項であると考えます。

『旧唐書倭国伝』の最後の紀年記事は貞観二十二（六四八・孝徳天皇の大化四）年であり、『旧唐書日本国伝』の最初の紀年記事は長安三（七〇三・文武天皇の大宝三）年です。

『旧唐書倭国伝』最後の紀年記事
　〔貞観〕二十二（六四八）年に至り、又新羅に附し表を奉じ、以って起居を通ず。
『旧唐書日本国伝』最初の紀年記事
　長安三（七〇三）年、其の大臣〔粟田〕朝臣真人、來りて方物を貢す。

『旧唐書』は編纂対象時期である「唐（六一八～九〇七年）」の時代にわが国が「倭」から「日本」に変じたと認識していますし、詳細に見れば唐初の六四八年から七〇三年というおよそ半世紀の間に、「倭国」に代わって「日本国」が誕生したと理解しています。

また、「倭国」「日本国」の区別は『旧唐書日本国伝』が「日本国は倭国の別種なり」として明確に記していますが、同様の区別は『通典《つてん》』や『唐会要《とうかいよう》』などにも見えます。

ただし、『旧唐書』以外の各史書は「倭国から日本国へ国名の変更があった」とのみ捉えているようです。これは大宝二（七〇二）年に入唐した遣唐執節使《しっせつし》（大使の上位）粟田朝臣真人《あわたのあそんまひと》が則天武后《そくてんぶこう》（在位六九〇～七〇五年）に奏上した説明に起因していると考えられ、『通典』『唐会要』『新唐書』に見える「自ら云（言）う……」は粟田真人の説明であると思われます。

㋐『通典』辺防門東夷上倭伝（八〇一年成立）

倭の一名は日本なり。自ら云うに、國は日辺に在り、故に以って稱と為すと。武太后の長安二（七〇二）年、其の大臣朝臣真人を遣して方物を貢ず。

㋑『旧唐書』日本国伝（九四五年成立）

日本國は倭國の別種なり。其の國は日辺に在るを以って、故に日本を以って名と為す。或は曰う、倭國は自ら其の名の雅《みやび》ならざるを悪《にく》み、改めて日本と為すと。或は云う、日本は舊《もと》小國、倭國の地を併せたりと。（略）長安三（七〇三）年、其の大臣朝臣真人、來りて方物を貢す。

㋒『唐会要』倭国・日本国伝（九八一年成立）

咸亨元（六七〇）年三月、使を遣して高麗を平らぐを賀す。爾後、繼《つぎ》來りて朝貢す。則天時、自ら言うに、其の國は日の出《いづ》る所に近し、故に日本國と號すと。蓋し其の名の雅《みやび》ならざるを悪《にく》みて之を改むるか。

㋓『新唐書』日本伝（一〇六〇年成立）

咸亨元（六七〇）年、使を遣して高麗を平らぐを賀す。後稍《ようや》く夏音（中国語）を習い、倭の名を悪《にく》みて更に日本と號す。使者自ら言うに、國は日の出る所に近し、以って名と為すと。或は云う、日本は乃《すなわ》ち小國、倭の幷《あわ》せる所と為し、故に其の號を冒すと。（略）長安元（七〇一）年、其の王文武《もんむ》立ち、改元して大寶と曰う。朝臣真人粟田を遣して方物を貢ず。

㋔『宋史』日本国伝（一三四五年成立）

自ら其の國日出る所に近きを以って、故に日本を以って名と為す。或は云う、其の旧名を悪《にく》み之を改むるなりと。

さらに、『三国史記』新羅本紀の文武《ぶんぶ》王十（六七〇）年十二月条に、

倭國は更《あらた》めて日本と號す。自ら言うに日の出る所に近し、以って名と為すと。

と記されています。(1)『唐会要』倭国・日本国伝と『新唐書』日本伝の咸亨元（六七〇）年の記事及び『三国史記』文武王十（六七〇）年の記事を『日本書紀』の当該時点の記事に照らし合わせると、天智四（六七一・称制十）年正月を以って新生「日本国」が発足したものと考えられます。(2)

是の日（天智十（六七一）年正月五日）に、大友皇子を以て太政大臣《おほきまつりごとのおほまへつきみ》に拝《め》す。蘇我赤兄臣《そがのあかえのおみ》を以て左大臣《ひだりのおほまへつきみ》とす。中臣金連《なかとみのかねのむらじ》を以て右大臣《みぎのおほまへつきみ》とす。蘇我果安臣《そがのはたやすのおみ》・巨勢人臣《こせのひとのおみ》・紀大人臣《きのうしのおみ》を以て御史大夫《ぎよしたいふ》とす。甲辰《きのえたつのひ》（翌六日）に、東宮太皇弟《ひつぎのみこ》（大海人皇子）奉宣して、或本《あるふみ》に云はく、大友皇子宣命《みことのり》す。冠位《かうぶりくらゐ》・法度《のり》の事を施行《のたまひおこな》ひたまふ。天下《あめのした》に大赦《おほきにつみゆる》す。

（『日本書紀』天智十年）

2「倭国」は北部九州にあった

中国の正史が記す「倭」「倭国」と「日本国」の地理的描写は表終—1のとおりです。「倭国」とはどのような国なのでしょうか。

まず第①に、「倭国」は朝鮮半島の東南、大海の中に浮かぶ「島」であるとしています。『後漢書倭伝』以降の記述は基本的には『魏志倭人伝』の記述によったものでしょうが、それぞれの撰者がそ

■表終－1　倭国及び日本国の所在を示す記述

	書　名	記　　事
1	漢書地理志	楽浪海中に倭人あり。
2	後漢書倭伝	倭は韓の東南大海の中にあり、山島に依りて居をなす。
3	魏志倭人伝	倭人は帯方の東南大海の中にあり、山島に依りて国邑をなす。
4	晋書倭人伝	倭人は帯方の東南大海の中にあり、山島に依りて国をなす。
5	宋書倭国伝	倭国は高驪《こうらい》の東南大海の中にあり。
6	南斉書倭国伝	倭国は帯方の東南大海の島中にあり。
7	隋書倭国伝	倭国は百済･新羅の東南にあり。水陸三千里、大海の中において、山島に依りて居る。（略）その国境は東西五月行、南北三月行にして、各々海に至る。その地勢は東高くして西下り、邪靡堆に都す、則ち魏志の所謂邪馬臺なる者なり。（略）阿蘇山有り、その石、故なくして火起り天に接する者、俗以って異となし、因って禱祭を行う。
8	旧唐書 倭国・日本国伝	［倭　国］　倭国は古の倭奴国なり。京師《みやこ》を去ること一万四千里、新羅の東南大海の中にあり、山島に依りて居る。東西は五月行、南北は三月行。 ［日本国］　日本国は倭国の別種なり。其の国日辺に在るを以て、故に日本を以って名となす。（略）其の国の堺、東西南北各々数千里、西界南界は咸《み》な大海に至り、東界北界は大山ありて限りをなし、山外は即ち毛人《もうじん》の国なり。

＊『旧唐書日本国伝』の「西界南界は咸な大海に至り、東界北界は大山ありて限りをなし」の部分は『新唐書日本伝』では「南西は海に尽き、東北は大山を限る」と、『宋史日本国伝』では「西南は海に至り、東北隅は隔つるに大山を以ってす」と修正されており、より実態に近い表現に改められている。

の時代の知見に基づいて、それなりに検証した結果（異論がなかった）であるに違いありません。当然ながら、それぞれの撰者は、現に筆録の対象とする「倭」が、それまでの史書に示された「倭」と同じ国であると認識していたはずです。

㋐倭地や倭国は、朝鮮半島から東南に海を隔てた場所にある。

⬇『漢書地理志』（方位が欠ける）から『旧唐書倭国伝』までの全史書の記述が一致している。

㋑倭地や倭国は、海に囲まれた山島で成り立っている。

➡『漢書地理志』『宋書倭国伝』に欠けるも『旧唐書倭国伝』までの他の史書の記述は一致している。

ところが、『旧唐書日本国伝』では「日本国」は「倭国」よりも「日辺」にあることから名付けられたもので「倭国」の東に存在するとしながら、「日本国」と見做される地域の東と北の高山の向こうは「毛人の国」とのみ記し、具体的な地理状況を説明していません。

毛人とは『宋書倭国伝』に「東は毛人を征すること五十五国」と見える蝦夷《えみし》であると考えられますが、これらの曖昧な記述がなされた理由は『旧唐書』が撰進された「五代晋」時代の十世紀前半にあっては、日本列島本州島の東部及び北部の地理的知見が不十分であったからに他ならず、本州島が島であるとの認識がなかったのです。当然のことですが、これより以前の『魏志倭人伝』の時代に、本州島が「島」であるとの認識が存在したとは考えられません。

これに関連して、「邪馬台国畿内説」の論者に「『後漢書倭伝』では、すでに諸学者の見解に見られるように、邪馬台国を畿内大和と考えた節がある。それを最も顕著に表しているのは『自女王国東、度海千余里、至拘奴国、雖皆倭種、而不属女王（女王国より東、海を渡ること千余里、拘（狗）奴国に至る。皆倭種と雖も、女王に属せず）』の一句であろう」とし、それは「明らかに倭地が東西に長く連なっていたとの認識の上に記されており、『魏志』の方位記事と対立して、邪馬台国を東方に求めていたことを物語るものである」とする見解があります（三品彰英『総覧』注解）。

この『後漢書』の句は『魏志倭人伝』の「女王国の東、海を渡る千余里、復た国あり、皆倭種なり」と「その（倭国＝邪馬台国連合）南に狗奴国あり」の両句を結合したものですが、狗奴国が女王国より海を隔てた東に存在するとの認識を示してはいるものの（この認識そのものが『後漢書』の撰者・范曄の誤読から生じた間違いなのですが……）、「邪馬台国を東方に求めた」ことにはならないと考えます（第Ⅴ章2節5項「『魏志倭人伝』の方位」参照のこと）。

そもそも『魏志倭人伝』は「女王国＝邪馬台国」として記述しています。「邪馬台国を構成する一国として女王国が存在する」とは『魏志』にも『後漢書』にも記されていません。これを言うなれば「倭国＝邪馬台国連合を構成する一国として女王国＝邪馬台国が存在する」とされなければなりません。多くの場合、「女王国＝邪馬台国連合」という予断に基づいて理解されているのではないでしょうか。『魏志倭人伝』が記す「女王国」とは「邪馬台国」のことであり、「女王」と記されることのある「倭国＝邪馬台国連合」のことではなく、この両者は明確に区別して読まなければなりません。


続いて第②に、「倭国」の範囲を指し示しています。

『隋書倭国伝』では、「その国境は東西五月行、南北三月行にして、各々海に至る」と倭国の範囲を示しています。旅程を『延喜主計式』に見ると、九州の西端から関東の東端までがおよそ二か月の行程です。『延喜式』は平安時代のものですから交通事情は改善されているとは考えられますが、「東西五月行」は余りにも現実から乖離しており、日本列島内にそのような地域は存在しません。軽々に採用すべきではありませんが、この場合、幾度となく書写する過程で「日」から「月」への誤記が生じたと考えざるを得ません。

これについては、『隋書倭国伝』の当該部分が「夷人は里数を知らず、但《た》だ計るに日を以ってす」に続いて記されていることによって「誤記」であることが判明します。つまり、前段の「但《た》だ計るに日を以ってす」は後段の文節が〝日〟を単位として記述される前提となっているのです。

『延喜主計式』に示される大宰府～平安京の運京日数（荷のある上《のぼ》り）は二十七日ですから、両都間の直線距離五三〇㎞で割り戻すと一日当たり二〇㎞の歩行距離となります。

倭国の圏域が「東西五日行、南北三日行」であれば、東西約一〇〇㎞、南北約六〇㎞の距離となります。これは玄界灘（唐津市）から周防灘（行橋市）まで、及び玄界灘（福岡市）から有明海（柳川市）までの直線距離に

■図終－1　各国からの運京日数

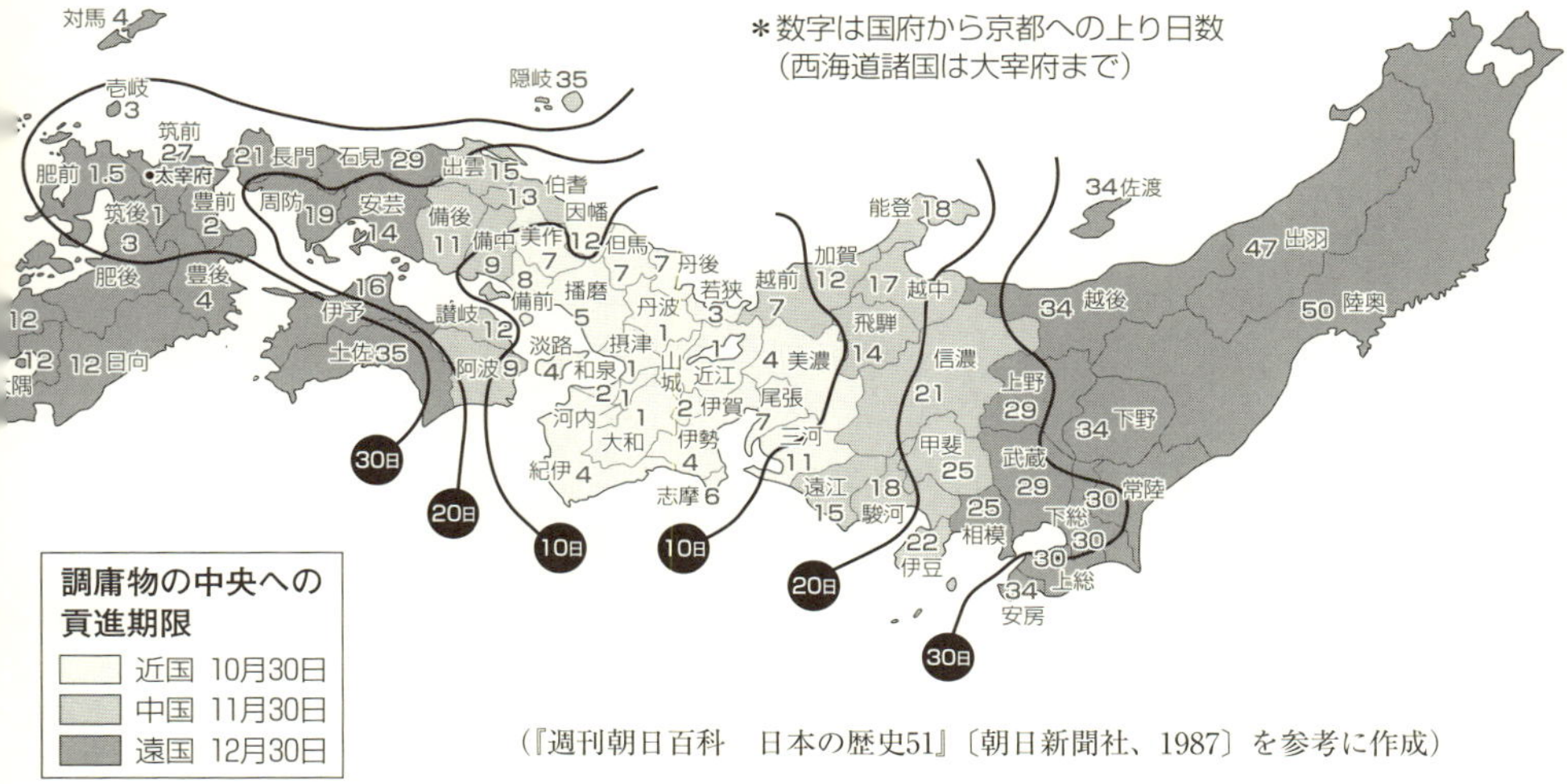

（『週刊朝日百科　日本の歴史51』〔朝日新聞社、1987〕を参考に作成）

相応します。

加えて、倭国の範囲を特定させる記述が『隋書倭国伝』に見えます。

明（六〇八）年、上（煬帝《ようだい》）、文林郎裴清《はいせい》を遣わして倭國に使せしむ。百濟を度《わた》り、行きて竹島《チツド》に至り、南に躭羅國《たんら》を望み、都斯麻國《つしま》を經、迥《はる》かに大海の中に在り。又東して一支國《いき》に至り、又竹斯國《ちくし》に至り、又東して秦王國《しん》に至る。（略）又十餘國を經て海岸に達す。竹斯國より以東は、皆な倭に附庸す。

（『隋書倭国伝』）

（明くる大業四〔六〇八〕年、皇帝煬帝《ようだい》は文林郎裴清《はいせい》を使者として倭国に派遣した。百済から竹島《チツド》〔智島《チド》または珍島《チンド》〕を経由し、耽羅国《たんら》〔済州島《チェジュド》〕を南に見ながら都《つ》斯麻《しま》国〔対馬国〕に至り、また東に向かい一支国《いき》〔壱岐国〕を経て竹斯国《ちくし》〔筑紫国〕に至る。そこから東に向かって秦王国《しん》〔飯塚または田川地域〕を経由し、（略）さらに十余国を経て海岸に達する。竹斯国より以東は皆倭国に属している）

大業四（六〇八・推古十六）年、前年の倭王多利思比孤《たりしひこ》の遣隋使派遣に対する答礼として隋使文林郎裴清《はいせい》が倭国に派遣

■図終－2　隋使裴清による倭国への経路

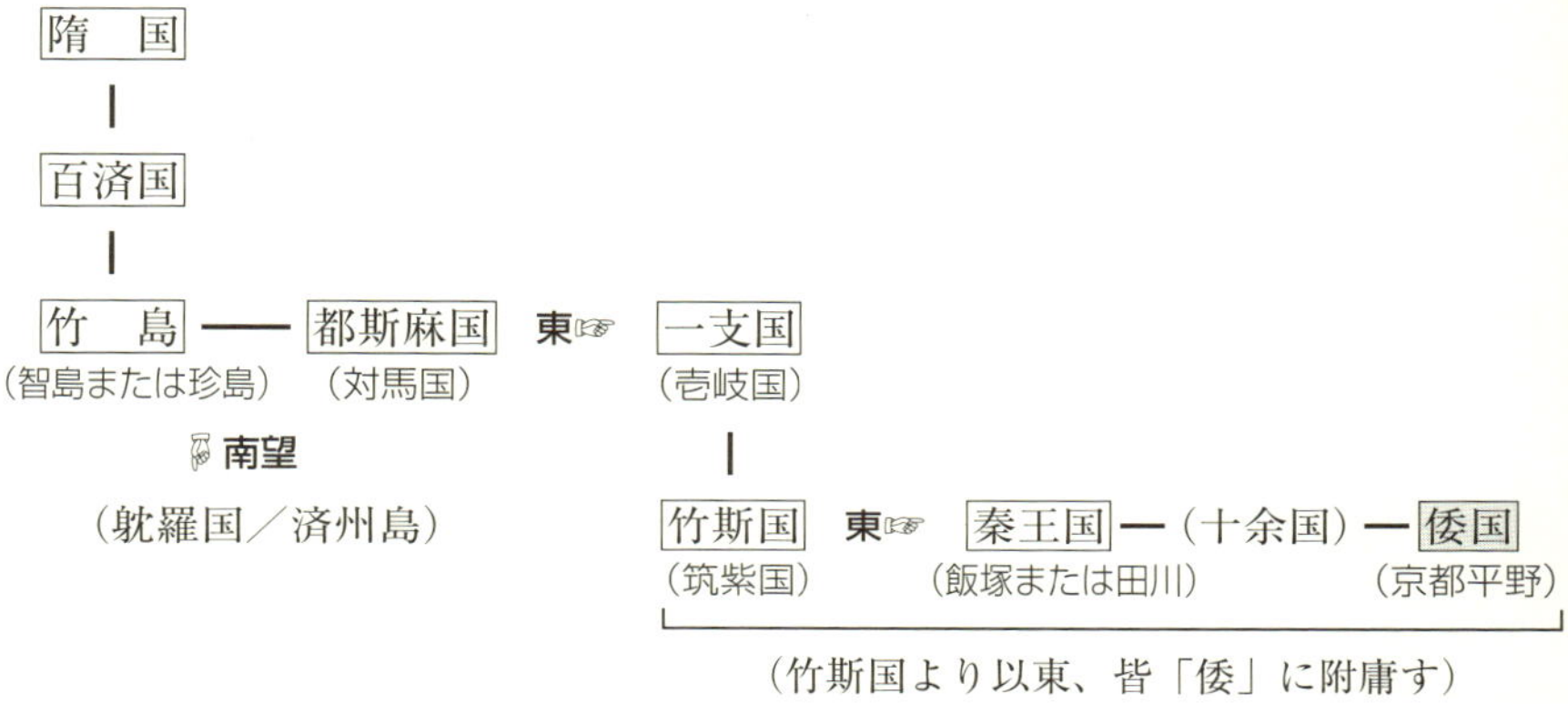

されたのですが、右の記事はこの時の往来経路です。隋使が到達した倭国の都は、『隋書倭国伝』の記述に従えば周防灘に面する京都《みやこ》平野ということになります。現在の福岡県行橋市またはみやこ町付近と考えられます。

　周防灘に注ぐ長峡《ながお》川・今《いま》川・祓《はらい》川という三本の川が織り成す豊前国京都《みやこ》平野は、かつて景行《けいこう》天皇が行宮《あんぐう》を営み「京《みやこ》」と呼ばれた地域で、『豊後国風土記』に見える豊国直《とよくにのあたい》等の祖菟名手《うなて》の説話からもその豊かさを知ることができます。『隋書倭国伝』は、筑紫より以東は全て「倭国」の支配領域であるとしています。南北は示されていませんが、東西は正《まさ》しく「五日行」の距離です。

　なお、この場合にも「邪馬台国畿内説」の論者に『隋書倭国伝』の「その（倭国）地勢は東高くして西下り、邪靡堆《やまたい》に都す、則ち魏志の所謂邪馬臺（台）なる者なり」の一句を以って『隋書倭国伝』は「明瞭に邪馬台国を大和と断定している」とする見解があります。確かに京都《みやこ》平野を以って「東高西下」とは言えませんが、大和盆地であっても必ずしも「東高西下」とは言えません。大和川が大阪湾に西流している状況から「東高西下」とするにはやや強引に過ぎましょう。『隋書倭国伝』では「その（倭国）国境は東西五月行南北三月行にして、各々海に至る」に続いて「その地勢は東高くして西下り……」と記しています。海に囲まれた倭国全体の地勢が「東高西下」と言っているのであって、倭国の都である「邪靡堆《やまたい》」すなわち京都平野の地勢を述べているのではありません。玄界灘から筑紫国（筑前国）に上陸し、ここから東に陸路を採って、八木山峠《やきやま》（または米山峠《こめのやま》など）・烏尾峠《からすお》・仲哀峠《ちゅうあい》（または味見峠《あじみ》）を越えて京都平野《みやこ》に入ったであろう隋使裴清の一行は、倭国の印象を「東高西下」であると感じたに違いありません。

おって『旧唐書倭国伝』などにも「東西は五月行、南北は三月行」と見えますが、『隋書倭国伝』に引かれた記事であろうと考えられます(3)。

さらに第③として、『隋書倭国伝』に「阿蘇山有り」の記述があります。これは「倭国」に南隣する友好国「火国（肥国）」の描写であることは明らかです。

以上の①～③から、「倭」「倭国」は「九州」にあり、しかも「北部九州」に存在したことが明白です。また、『旧唐書倭国・日本国伝』が記す「倭国」と「日本国」とは異なる国であり、『旧唐書日本国伝』が記す「日本国」が「畿内大和」に存在したことも記述内容から十分理解できます。

ところで、『新唐書』『宋史』『元史』など『旧唐書』に続く中国正史の日本（国）伝には「日本は古《いにしえ》の倭奴なり」などの記述が見えます。これらは動《やや》もすれば「倭国が日本国と同一の国である」とする記述ですから、若干の説明を加えておかなければなりません。

●日本は古《いにしえ》の倭奴なり。（略）自ら言う、初めの主は天御中主《あめのみなかぬし》と號し、彦瀲《ひこなぎさ》に至るに凡そ三十二世、皆尊《みこと》を以て號と為し、筑紫城に居す。彦瀲の子神武立ち、更に天皇を以て號と為し、大和州《やまとのくに》に徙治《しち》す。次に綏靖《すいぜい》と曰く、次に安寧《あんねい》……（以下、58代光孝天皇（在位八八四～八八六年）まで列挙する）（『新唐書日本伝』）

●日本國は本《もと》の倭奴國なり。（略）後漢より始めて朝貢し、魏・晋・宋・隋を歴て皆來貢す。（略）雍熙元（九八四）年、日本國の僧奝然《ちょうねん》、其の徒五、六人と海に浮かんで至り、銅器十餘事幷びに本國の職員令・王の年代紀各一巻を獻ず。（略）其の年代紀に記す所に云う、初めの主は天御中主《あめのみなかぬし》と號す。次は天村雲尊《あめのむらくものみこと》と曰い、その後は皆尊《みこと》を以て號と為す。（略）凡そ二十三世、竝《なら》びに筑紫の日向宮に都す。（以下、初代神武天皇から(64)代円融天皇〔在位九六九～八三年〕まで列挙する）

（『宋史日本国伝』）

●日本國は東海の東に在り、古は倭奴國と稱す。（略）後漢より魏・晋・宋・隋を歴て皆來貢す。

（『元史日本伝』）

『宋史日本国伝』には、平安時代の永観二（九八四）年（＝北宋の雍熙元年）に渡宋した僧奝然《ちょうねん》が「本国の職員令・王の年代紀」各一巻を宋の朝廷に献じたと見えます。そして、その「年代紀」に記すとして、わが国の神代から第(64)代円融《えんゆう》天皇に至る比較的正確な記録を転載しています。『新唐書』（一〇六〇年成立）や『宋史』（一三四五年成立）が上梓される頃には、『日本書紀』を始めとする『六国史』などのわが国の史書は悉く中国史官の眼に触れる状況にあったと考えて間違いないでしょう。

遣唐使の廃止後も日宋貿易は盛んに行われており、宋船の来着時や、日本から商人や僧侶が渡航する際に、わが国の史書が中国にもたらされたと考えられます。日本の正史が「現在の日本国は古の倭国である」と記すことから、より正確に言えば「倭国と日本国とは異なる国であるとは一切記さず、あたかも古の倭国が連続的に継承されて今日の日本国となった」と記すことから、その内容を受けた中国では『隋書』や『旧唐書』の内容を無視または曲解し、「倭国＝日本国」と理解したに相違ありません。(4)

つまり、『新唐書』以降の中国正史の各撰者たちは、既に「日本国」となっていた大和王権が作成したわが国の勅撰歴史書を十分参考にしていたのであり、『古事記』『日本書紀』などに記すとおり、「日本国」は「倭国」の時代から連綿と継続しており、名称は変更されたものの神武天皇以来の万世一系を保つ単一国家であるとする主張に従って、『漢書』『後漢書』『三国志』『晋書』……などに記された「倭国」は「日本国」の前身であると理解したものと考えられます。

(1) 東洋文庫『三国史記』（平凡社）の訳注を担当した井上秀雄は、新羅本紀文武王十（六七〇）年十二月の記事を「年次は新旧『唐書』の東夷日本伝を誤り伝えた記事である。この記事は咸亨元（六七〇）年の倭国使節来朝記事と長安三（七〇三）年の記事とを混同してこの年のこととしたのである」とするが、いかがなものであろうか。

六六〇年　唐・新羅連合軍により百済が滅亡する。

六六三年　百済復興軍を支援した倭国軍は、百済の白村江で唐・新羅連合軍と戦い大敗する。

六六四年　百済の鎮将劉仁願、郭務悰を倭国に派遣する（五～十二月、三十人）。

六六五年　唐から劉徳高が倭国に派遣される（九～十二月、二五四人）。

六六八年　唐・新羅連合軍により高句麗が滅亡する。

六七一年　唐から郭務悰ら二千人が倭国に派遣され、筑紫に駐留する（十一月～翌年五月、四十七隻二千人）。

などの国際情勢が重要なベクトルになっていると考える。白村江の戦いで大敗した中大兄皇子（後の天智天皇）は、自らが主導する「日本国」から「倭国」を早急に切り離し、唐・新羅連合軍と戦った国は「倭国」であり、「倭国」は既に白村江の戦いの惨敗を以って消滅したと唐及び新羅に理解させたいとの深慮があったものと考える。

(2)『日本書紀』天智四（六七一・称制十）年正月五、六日の記事は、新令（近江令）・新冠位・新法度を施行し、大赦を行うことで、大和王権が「新生日本」の発足を内外に宣言したものであろう。

　なお、中大兄皇子は斉明天皇が崩御した斉明七（六六一）年七月から称制（即位の式を挙げずに政務を執ること）し、天智称制七（六六八）年正月に至って天智天皇として即位する。

(3)『隋書倭国伝』に記される七世紀初頭の「倭国」は、いわゆる「邪馬台国」の時代の「倭国」とはいささか異なる政治権力であると考えられる。神功皇后の九州征伐で弱小化した筑前地域の政治権力に代わって五世紀前半頃に筑後地域に新たな政治権力が誕生し（これを「筑紫王朝」と呼んでいる）、従前の「倭国」「大倭国」の政治的財産を引き継いだと考えられる。しかし、筑紫王朝も継体二十二（五二八）年に激突した「筑紫君磐井の乱」の敗北によって衰退し、大和王権及び大和王権の地方機関「大宰」に圧迫されて王都を筑後御井《みい》（久留米）から豊前京都《みやこ》（行橋）に遷すことを余儀なくされたと考える。

（4）このような説明は、六七〇年渡唐の遣唐大使河内直鯨《かわちのあたいくじら》が行い（この場合は「日本国は倭国の別種」が強調されたと推測する）、また七〇二年渡唐の遣唐執節使粟田朝臣真人が則天武后に説明したと考えられるが、これらの時点では献上できるようなわが国の史書は未だ成立していなかった。

2 「倭国」から「日本国」へ

第Ⅴ章〜Ⅷ章に続いて、本章前節においても『魏志倭人伝』が描写するいくつかのことが重ねて明らかにされました。

①「倭」地域及び「倭国」は北部九州に存在したこと。
②「倭」地域とは「倭国（邪馬台国連合）」に「狗奴国《この》（狗奴連邦）」を加えた地域であること。
③「邪馬台国」は三世紀における「倭国（邪馬台国連合）」の首都であるが、倭国二十九か国の中の一か国に過ぎないこと。

さらには、
④『隋書倭国伝』『旧唐書倭国・日本国伝』などの記述から、わが国には「倭国（筑紫王権）」と「日本国（大和王権）」が併存した時代があり、「倭国」は後に「日本国」に吸収・統合されたであろうこと。

それでは、「倭国（邪馬台国連合）」から後の「筑紫王権」は、どのような経緯を辿って「大和王権」に吸収・統合されたのでしょうか。このことにつき、残された紙数で詳細を論ずることは到底できません。そこで、その辿ったであろう道筋のあらましを略記して、これに代えたいと思います。

三世紀終盤ないし四世紀以降の「倭国（筑紫王権）」については、およそ次の①〜⑧の経緯を辿りながら徐々に衰退し、天智四（六七一・称制十）年正月に至って大和王権、つまり新生「日本国」に吸収されて消滅したものと考えられます。ここに至って統一国家としての「日本国」が誕生したのです。

しかし、この時期は未だに百済救援の日本軍が唐・新羅連合軍を相手に大敗北を喫した「白村江《はくすきのえ》の戦い」（天智称制二（六六三）年）の悪夢（恐怖）を引き摺っている時期でもあり、天智四（六七一・称制十）年の「日本国」誕生は、天智天皇による表面的・対外的なパフォーマンスという意味が強かったと思われます。実質的で完全な「日本国」の誕生は、天武元（六七二）年の「壬申《じんしん》の乱」を経て中央集権国家として確固たる権力基盤を確保し、㋐都城の整備（藤原京及び平城京）、㋑国史の編纂（『古事記』及び『日本書紀』）、㋒律令政治の実施（大宝律令及び養老律令の制定・施行）などが揃う八世紀を待たねばならなかったと考えます。

なお、①～⑧に付する簡易年表は、各項目に関連する主要事項を挙げたものであり、◇は「この頃」を示します。

①畿内大和に創建された新王権（第⑩代崇神天皇の創始による大和王権）の拡大主義に対抗するため、筑紫王権としては倭国（邪馬台国連合）と狗奴国（狗奴連邦）が大同団結し、北部九州連合政権たる「大倭国」を成立させる。【三世紀終盤頃】

二七七　⑩崇神天皇が即位する。【大和王権の創始】　＊第Ⅺ章1節の注2を参照のこと　（書紀紀元前九七）
二八六　崇神天皇が武埴安彦《たけはにやすひこ》と妻吾田媛《あたひめ》の謀反を討伐する。　（書紀紀元前八八）
　　崇神天皇が四道将軍を北陸・東海・西道・丹波に派遣する。　（〃）
　　倭迹迹日百襲姫《やまとととびももそひめ》が薨去する。【箸墓古墳の築造】　（〃）
◇　任那国から将軍派遣の要請を受け、鹽乗津彦《しほのりつひこ》を派遣する。　（新撰姓氏録）
二八七　倭人が新羅の一礼部を襲い、千余人を連れ去る。　（三国史記新羅本紀）
　　異俗（海外）の人が多く帰化し、国内は安定する。　（書紀紀元前八七）
◇　倭国と狗奴国が大同団結し、筑紫王権は大和王権に対抗して結束する。【大倭国の創始】

②大倭国は第⑫代景行天皇の筑紫（九州）巡幸にあって、中枢たる旧倭国地域には踏み込ませていないが、第⑭代仲哀天皇及び神功皇后の筑紫（北部九州）巡幸に際しては大倭国の盟主たる伊都国王（伊覩県主の祖五十迹手《いとで》）が臣従を余儀なくされる。これにより大倭国は大和王権の傘下に組み込まれて属国化する。ただし、大倭国による地域統治権や対外交渉権などは温存・維持される。【四世紀前半頃】

三一一　⑫景行天皇が即位する。（書紀七一）
三一二　新羅は景行天皇の求めに応じ、阿飡急利《あさんきゅうり》の娘を送る。（三国史記新羅本紀）
三二二　景行天皇が熊襲親征のため筑紫（九州）を巡幸する（三二二〜二九）。（書紀八二）
三二六　景行天皇が日本武尊《やまとたけるのみこと》に熊襲を撃たせる。（書紀九七）
三四二　⑭仲哀天皇が即位する。（書紀一九二）
三四三　仲哀天皇・神功皇后は熊襲（北部九州）討伐のため穴門宮《ながとのみや》に行幸する。（書紀一九三）
三四四　新羅が仲哀天皇の花嫁要求を拒否する。（三国史記新羅本紀）
三四五　仲哀天皇は国書を送って新羅との国交を断絶する。（〃）
　仲哀天皇・神功皇后が筑紫橿日宮《かしひのみや》に行幸する。（書紀一九九）
　筑紫王権（大倭国）の盟主の一人である伊都国王が大和王権（仲哀天皇）に恭順する。（〃）
三四六　神功皇后が筑紫の荷持田村《のとりたのふれ》に住する羽白熊鷲《はしろくまわし》を撃滅する。【邪馬台国の完全消滅】（書紀二〇〇）
　神功皇后が新羅を親征する。（三国史記新羅本紀、書紀二〇〇）

③大倭国の主体（伊覩県主を中心とする旧倭国の勢力）は、神功皇后の東進（神功皇后の大和帰還）に随伴してその多くが畿内大和に移ったと考えられ（いわゆる「神武天皇東征神話」の原型）、玄界灘沿岸域及び福岡平野で勢力を誇った旧倭国（＝邪馬台国連合）の勢力は急激に減退する。【四世紀中葉〜四世紀終末頃】

三四七　神功皇后が東進（大和帰還）し、麛坂王《かごさか》・忍熊王《おしくま》を誅して摂政即位する。（書紀二〇一）
三六五　⑮応神天皇が即位する〔書紀は神功皇后崩御後の二七〇〔榊原修正紀年三九〇〕とするが、誉田別皇子〔応神〕による新羅遠征〔推定〕が行われた翌年の三六五〔書紀二四五〕に神功皇后から応神天皇への実質的な譲位があった

と考える）。　（三国史記新羅本紀）

三六七　百済が初めて大和王権に遣使朝貢する。　（書紀二四七）

以降、大和王権による朝鮮半島への直接介入・派兵などが激増し、派兵の拠点となる筑紫（大倭国）は疲弊し、筑紫王権の対外交渉権も相対的に減退する。

三八九　神功皇后が稚桜宮《わかざくらのみや》にて崩御する。　（書紀二六九）

三九二　高句麗広開土王《こうかいどおう》が即位し、対高句麗戦争が激化する。　（三国史記高麗本紀、広開土王碑文）

処々の海人の騒ぎを阿曇連《あずみのむらじ》の祖大浜宿禰が平定し「海人《あま》の宰《みこともち》」となる。　（書紀二七二）

三九八　武内宿禰を筑紫に派遣し百姓を監察させる。　（書紀二七八）

④玄界灘沿岸域及び福岡平野の旧倭国に代わって、大倭国の一翼を担い、佐賀平野で力を蓄えた旧狗奴国地域の米多君《めたのきみ》や嶺県主《みねのあがたぬし》が筑後平野の水沼君《みぬまのきみ》及び筑前東部の宗像君と協調し（宗像神が台頭する）、大倭国を発展的に解消して北部九州に「筑紫王朝（王都は筑後御井と推定）」を創始する。【五世紀初頭～中葉頃】

四一三　阿知使主《あちのおみ》・都加使主《つかのおみ》が東晋から連れ来った（仁徳天皇に献じた）縫工女《きぬぬいめ》四人のうち一人を、胸形大神の要望により奉る。　（書紀三〇六）

◇　筑紫米多《めた》国造の祖・都紀女加王《つきめかおう》（応神天皇の曾孫）が筑紫に下向する。　（先代旧事本紀）

四三〇　⑰履中天皇の即位に際し、阿曇連浜子が住吉仲皇子《すみのえのなかつのみこ》の謀反に連座する。　（書紀四〇〇）

四三四　宗像神（三《みはしら》の神）が宮中で抗議する。履中天皇が宗像神を奉祭する。　（書紀四〇四）

◇　宗像神が強盛となり、筑紫の新興政治権力が顕在化する。【筑紫王朝の創始】

四六五　㉑雄略天皇が胸方神を祀らせる。　（書紀）

雄略天皇の新羅親征を胸方神が戒める。　（〃）

四六六　宋が雄略天皇に献じた鵞鳥を水間君（または嶺県主）の犬が嚙殺すが、罪を贖い許される。　（〃）

⑤大倭国を引き継いだ筑紫王朝は大和王権と協調関係を保ち、大和王権から引き続いて地域統治権と対外交渉

権を受任する。筑紫王朝は大和王権の天皇（倭の五王）を百済王より上位に位置付けようと宋王朝に画策するが失敗する。以後、中国王朝とわが国との外交交流は閉ざされる。【五世紀頃】

四一三　⑯仁徳天皇が即位する。（書紀三一三）
　　　　仁徳天皇（倭王讃）が東晋へ遣使する。（晋書安帝紀）
四二一　阿知使主・都加使主を東晋に遣わして縫工女を求める。（書紀三〇六）
四二一　仁徳天皇（倭王讃）が宋へ遣使し除授を賜う。（宋書倭国伝）
四二五　仁徳天皇（倭王讃）が司馬曹達を宋へ遣使し方物を献ずる。（〃）
四三〇　⑰履中天皇（即位前）が宋へ遣使し方物を献ずる。（宋書文帝紀）
四三八　⑱反正天皇（倭王珍）が宋へ遣使し「安東将軍」に除正される。（宋書文帝紀、同倭国伝）
四四三　⑲允恭天皇（倭王済）が宋へ遣使し「安東将軍・倭国王」に除正される。（〃）
四五一　允恭天皇（倭王済）が宋へ遣使し「使持節都督倭・新羅・任那・加羅・秦韓・慕韓六国諸軍事・安東将軍」に除正される。（宋書文帝紀、同倭国伝）
四五三　木梨軽皇子（倭王世子興と推定）が宋へ遣使する。（宋書倭国伝、書紀）
四五七　㉑雄略天皇が即位する。（書紀）
四六〇　雄略天皇（倭王武）が宋へ遣使し方物を献ずる。（宋書孝武帝紀）
四六二　宋④孝武帝、倭国王世子興を「安東将軍・倭国王」に除正する。（宋書孝武帝紀、同倭国伝、書紀）
四七七　雄略天皇（倭王武）が宋へ遣使し方物を献ずる。（宋書順帝紀）
四七八　雄略天皇（倭王武）が宋へ遣使し「使持節都督倭・新羅・任那・加羅・辰韓・慕韓六国諸軍事・安東大将軍・倭王」に除正される。（宋書順帝紀、同倭国伝）
　右のように倭王が宋朝に遣使して除授を願うが、結果的には倭王が求めた「百済を含む諸軍事」の除正は実現していない。

　これら倭王による晋朝や宋朝への遣使貢献は、朝鮮半島での大和王権（軍事行動には筑紫王朝も加担する）の立場を優位に保つため、あるいは筑紫王朝の外交能力を大和王権に誇示するため、筑紫王朝によって画策され、遣使されたものと考えられる。

⑥大和において第㉖代継体天皇が即位すると「筑紫王朝」と「大和王権」の協調関係は瓦解する。筑紫王朝は大和王権と対峙できるほどの勢力を誇ったが、五二七～二八年の「筑紫君磐井《いわい》の乱（戦争）」で大和王権に敗北し、次第に強まる大和王権（大宰府を含む）の圧迫から逃れるため、宮処を筑後御井《みい》から豊前京都《みやこ》へ遷す。【六世紀頃】

五〇七　㉖継体天皇が即位する。（書紀）

◇　大和王権と筑紫王朝とは、朝鮮半島政策で意見の相違が顕著となる。（〃）

五二八　大和王権の物部大連麁鹿火《あらかひ》と筑紫王朝の筑紫君磐井《いわい》が筑後御井で激突し（五二七～二八）、筑紫・火・豊の連合軍が敗北する。【筑紫君磐井の乱】（書紀）

五三五　地方統治機関としての後期屯倉《みやけ》が、筑紫や豊前を中心として各地に設置される。（〃）

五三六　筑紫に那津官家《なのつのみやけ》が設置される。（〃）

五三七　大伴連磐《いわ》（大伴大連金村の子）が筑紫の那津官家に留まって政務を執る。（〃）

五九一　二万余の大和王権軍が筑紫に駐留し（五九一～九五）、筑紫王朝を圧迫する。（〃）

◇　筑紫王朝は筑後御井から豊前京都へ遷都する。

⑦豊前京都に宮処を定めた筑紫王朝は再び大和王権の近代化に協力する。中国王朝との外交交流を再開し、遣隋使や遣唐使の派遣に協力し、朝鮮半島での百済救援戦争にも積極的に加担する。【七世紀初頭～中葉】

六〇〇　筑紫王朝が第一次遣隋使を派遣する（長安着）。（隋書倭国伝）

六〇七　㉝推古天皇が筑紫王朝と共同で第二次遣隋使を派遣する。（隋書倭国伝、書紀）

六〇八　第二次遣隋使の帰還に併せて隋使文林郎《ぶんりんろう》裴清《はいせい》等が来倭し、畿内大和にも赴く。（隋書煬帝紀、同倭国伝、書紀）

第三次遣隋使（隋使裴清等の帰国に伴う送使）を派遣する。（書紀）

六一〇　筑紫王朝が第四次遣隋使を派遣する（長安着）。（隋書煬帝紀）

六一四　第五次遣隋使を派遣する。（書紀）

六三〇　㉞舒明天皇が第一次遣唐使を派遣する。（旧唐書倭国日本国伝、新唐書日本伝、書紀）
六四八　倭国（筑紫王朝）が新羅の使者に附し、唐に表を奉じて起居を通ず。（旧唐書倭国日本国伝、新唐書日本伝）
六六一　筑紫王朝が大和王権の主導する百済救援戦争に加担する（筑後国上陽咩《かみつやめ》の人・大伴部博麻《はかま》が唐軍の捕虜となる）。（書紀）

⑧滅亡した百済の再興を図った白村江の戦いで大和王権の方針に協力した筑紫王朝（中軍の主力）は戦力を著しく消耗させられ、筑紫王朝の王である筑紫君薩野馬《さちやま》も唐軍の捕虜となる。その結果として筑紫王朝は遂に瓦解し、天智四（六七一・称制十）年正月に至って大和王権に吸収され消滅する。【七世紀後半】

六六〇　唐・新羅連合軍が百済を滅ぼす。（三国史記百済本紀、書紀）
六六三　百済の再興を支援し、唐・新羅連合軍に大敗北を喫す。【白村江の戦い】（〃）
六六四　対馬・壱岐・筑紫などに防人《さきもり》と烽《すすみ》を置き、水城を設ける。（書紀）
六六五　長門と筑紫に城を築かせる。（〃）
六六七　大和王権は近江大津京へ遷都する。（〃）
六六八　㊳天智天皇が即位（称制六六二～六七）する。（〃）
　　　　唐・新羅連合軍が高句麗を滅ぼす。（三国史記高句麗本紀、書紀）
六七〇　大和王権が国号を日本と改める（十二月）。【筑紫王権の消滅】（三国史記新羅本紀）
六七一　大和王権（天智天皇）が冠位・法度を施行し大赦する（一月）。【統一日本国の誕生】（書紀）
　　　　百済救援の役で捕虜となった筑紫君薩野馬《さちやま》等四人が大宰府に帰還する（十一月）。（〃）

■付表１　『魏志倭人伝』の固有名詞

『学研漢和大字典』をもとに松中祐二が作成したものを転載（『越境としての古代』〔７〕より）。なお、韓国語は『古今各国「漢字音」対照辞典』、［　］は中華書局『漢字古今音表』による。（　）のうちｎ→nd、ｍ→mb、ni→ri の変化は唐代長安音。

	上古音	中古音	呉音	漢音	韓国語
倭人	*ɪuar(*uar) nien	*ɪuĕ(*ua) niĕn(rɪĕn)	ヰ(ワ).ニン	ワ(ヰ).ジン	ui(wɛ) in
狗邪韓國	kug ŋiăg ɦan kuək	kəu yiă(ziă) ɦan kuək	ク.ヤ(ジャ).ガンコク	コウ.ヤ(シャ).カンコク	gu ia(sa) han guk
對海國	tuəd məg[hə]	tuəi həi	タイカイ	タイカイ	dæ hæ
卑狗	pieg kug	piĕ kəu	ヒク	ヒコウ	bi gu
卑奴母離	pieg nag muəg lɪar	piĕ no(ndo) məu(mbəu) lɪĕ	ヒヌ.モ(ム).リ	ヒドボウリ	bi no mo li
瀚海	ɦan məg[hə]	ɦan həi	ガンカイ	カンカイ	han hæ
一大國	*iet dad(dar)	*iĕt dai(da)	イチ.ダイ(ダ)	イツ.タイ(タ)	il da(dæ)
末盧國	muat hlag	muat(mbuat) lo	マツル	バツロ	mal lo
伊都國	*ɪər tag	*ɪi to	イツ	イト	ɪ do
爾支	nier kieg[tʃie]	niĕ(riĕ) tʃiĕ	ニシ	ジシ	ɪ ji
泄謨觚	siat(diad) mag kuag	siɛt(yiɛi) mo ko	セチ(エ).モク	セツ(エイ).ボコ	səl(ie) mo go
柄渠觚	pɪăŋ gɪag kuag	pɪʌŋ gɪo ko	ヒョウゴク	ヘイキョコ	biəŋ gə go
奴國	nag	no(ndo)	ヌ	ド	no
兕馬觚	? măg kuag	zii mă(mbă) ko	ジメク	シバコ	sa ma go
不彌國	pɪuəg miĕr	pɪəu miĕ(mbiĕ)	フミ	フウビ	bu mi
多模	tar mag	ta mo(mbo)	タモ	タボ	da mo
投馬國	dug măg	dəu mă(mbă)	ズメ	トウバ	tu ma
彌彌	miĕr miĕr	miĕ(mbiĕ) miĕ(mbiĕ)	ミミ	ビビ	mi mi
彌彌那利	miĕr miĕr nar lɪed	miĕ(mbiĕ) miĕ(mbiĕ) na(nda) lɪi	ミミナリ	ビビダリ	mi mi na li
邪馬壹國	ŋiăg măg *iet	yiă(ziă) mă(mbă) *iĕt	ヤ(ジャ).メイチ	ヤ(シャ).バイツ	ia(sa) ma il
伊支馬	*ɪər kieg[tʃie] măg	*ɪi tʃiĕ mă(mbă)	イシメ	イシバ	ɪ ji ma
彌馬升	miĕr măg thiəŋ	miĕ(mbiĕ) mă(mbă) ʃɪəŋ	ミメショウ	ビバショウ	mi ma sɯŋ
彌馬獲支	miĕr măg ɦuăk kieg[tʃie]	miĕ(mbiĕ) mă(mbă) ɦuɛk tʃiĕ	ミメワクシ	ビバカクシ	mi ma hɸk ji
奴佳鞮	nag kĕg ter	no(ndo) kăi tei	ヌケタイ	ドカイテイ	mo ga jə
斯馬國	sieg măg	siĕ mă(mbă)	シメ	シバ	sa ma
巳百支國	dɪəg păk kieg[tʃie]	ziei pʌk tʃiĕ	ジヒャクシ	シハクシ	sa bæk(mæk) ji
伊邪國	*ɪər niăg	*ɪi yiă(ziă)	イ.ヤ(ジャ)	イ.ヤ(シャ)	ɪ ia(sa)
[illegible]			[illegible]	トシ	do ji

			[illegible]	ヒド	mi no
好古都國	hog kag tag	hau ko to	カウクツ	コウコト	ho go do
不呼國	pɪuəg hag	pɪəu ho	フク	フウコ	bu ho
姐奴國	tsiăg nag	tsiă no(ndo)	シャヌ	シャド	jə no
對蘇國	tuəd sag	tuəi so	タイス	タイソ	dæ so
蘇奴國	sag nag	so no(ndo)	スヌ	ソド	so no
呼邑國	hag *ɪəp	ho *ɪəp	クオウ	ココウ	ho wp
華奴蘇奴國	huăg nag sag nag	huă no(ndo) so no(ndo)	ゲ(ケ). ヌスヌ	カドソド	hwa no so no
鬼國	kɪuər	kɪuəi	キ	キ	gui
爲吾國	ɦɪuar ŋag	ɦɪuĕ ŋo	ヰグ	ヰゴ	ui o
鬼奴國	kɪuər nag	kɪuəi no(ndo)	キヌ	キド	gui no
邪馬國	ŋiăg măg	yiă(ziă) mă(mbă)	ヤ(ジャ). メ	ヤ(シャ). バ	ia(sa) ma
躬臣國	kɪoŋ ghien	kɪuŋ ʒien	クジン	キュウシン	guŋ sin
巴利國	păg lɪed	pă lɪi	ヘリ	ハリ	pa li
支惟國	kieg[tʃie] diuər	tʃɪĕ yiui	シユイ	シイ	ji iu
烏奴國	*ag nag	*o no(ndo)	ウヌ	オド	o no
狗奴國	kug nag	kəu no(ndo)	クヌ	コウド	gu no
狗古智卑狗	kug kag tɪeg pieg kug	kəu ko tɪĕ piĕ kəu	ククチヒク	コウコチヒコウ	gu go ji bi gu
大倭	dad(dar) *ɪuar(*uar)	dai(da) *ɪuĕ(*ua)	ダイ(ダ). ヰ(ワ)	タイ(タ). ワ(ヰ)	da(dæ) ui(wɛ)
一大率	*iet dad(dar) lɪuət(siuət. siuəd)	*iĕt dai(da) lɪuĕt(siuĕt.siui)	イチダイ(ダ)リチ(ソチ. シュチ. スイ)	イツ. タイ(タ). リツ(ソツ. スイ)	il da(dæ) liul(sol.su)
卑彌呼	pieg miĕr hag	piĕ miĕ(mbiĕ) ho	ヒミク	ヒビコ	bi mi ho
侏儒國	tiug niug	tʃɪu niu	スニュウ	シュジュ	su iu
裸國	luar	lua	ラ	ラ	la
黒歯國	mək tiəg	hək tʃɪei	コクシ	コクシ	hwk tʃi
難升米	nan(nar) thiəŋ mer	nan(na,ndan,nda) ʃɪeŋ mei(mbei)	ナン(ナ). ショウマイ	ダン(ダ). ショウベイ	nan(na) swŋ mi
都市牛利	tag dhiəg ŋɪog lɪed	to ʒɪei ŋɪəu lɪi	ツジグリ	トシギュウリ	do si u li
伊聲耆	*ɪər thieŋ gier(dhier)	*ɪi ʃɪɛŋ gii(ʒɪi)	イショウ. ギ(ジ)	イセイ. キ(シ)	ɪ səŋ gi(ji)
掖邪狗	diak ŋiăg kug	yiɛk yiă(ziă) kəu	ヤク. ヤ(ジャ). ク	エキ. ヤ(シャ). コウ	æk ia(sa) gu
卑彌弓呼	pieg miĕr kɪuəŋ hag	piĕ miĕ(mbiĕ) kɪuŋ ho	ヒミ. ク(クウ). ク	ヒビキュウコ	bi mi guŋ ho
倭載斯烏越	*ɪuar(*uar) tsəg sieg *ag ɦɪuăt	*ɪuĕ(*ua) tsəi siĕ *o ɦɪuʌt	ヰ(ワ)サイ(ザイ)シウオチ(エチ)	ワ(ヰ). サイシウエツ	ui(wɛ) jæ sa o wəl (hwal)
壹與	*iet ɦiag	*iĕt yio	イチヨ	イツヨ	il iə

■付表2 邪馬台国関連年表

世紀	中国	東アジアの主なできごと（◇この頃） [中] 中国、[遼] 遼東、[鮮] 朝鮮	列島の主なできごと（◇この頃、◆考古所見） 無印倭地域、[ ] その他の地域
BC201 BC300	秦 / 前漢	21 [中] 秦（始皇帝）天下を統一する。 20 [中] 方士徐福が東方海上に不死の仙薬を求める。 06 [中] 漢の劉邦が秦を滅ぼす。 02 [中] 前漢（劉邦／高祖）成立する。	◆ 玄界灘沿岸部で戦争が頻発し、北部九州に倭人による小国が形成されはじめる。 ◆ 北部九州に支石墓・甕棺墓が普及する。
BC101 BC200	前漢	94 [鮮] 箕子朝鮮滅び、衛氏朝鮮成立する。 41 [中] 武帝即位する。 39 [中] 張騫、西域に派遣される。 08 [鮮] 前漢の武帝、衛氏朝鮮を降し、楽浪・真番・臨屯・玄菟の四郡を設置する。	◇ 倭人は百余国を形成する。 ◆ 倭奴国が台頭し、吉武高木王墓（福岡市西区／倭奴国）が作られる。 ◆ 北部九州の戦争が玄界灘沿岸部から内陸部へと広域化する。
BC 1 BC100	前漢	82 [鮮] 臨屯・真番二郡を廃止する。 57 [鮮] 原新羅（赫居世／始祖）始まる。 ＊統一新羅は四世紀中頃成立 37 [鮮] 高句麗（東明王／始祖）成立する。 18 [鮮] 原百済（温祚王／始祖）始まる。 ＊統一百済は四世紀中頃成立 ◇ [中] 仏教、中国へ伝来する。	◇ 倭地域では三十か国に淘汰される。 ◆ 伊都国と邪馬台国が台頭し、三雲南小路王墓（糸島市）及び須玖岡本王墓（春日市）が作られる。 ◆ 玄界灘沿岸での戦争は収束し、筑紫地峡付近での戦争が激化する（狗奴国の台頭）。 ◆ 方形周溝墓が作られる。 ◆ [瀬戸内海沿岸] 高地性集落が作られる。
AD 1	新	08 [中] 新（王莽）成立する。 ◇ [中] 各地の異民族が反乱する。	05 東夷王、大海を渡って国珍を奉ず。 14 倭人が新羅の海岸地方に侵入する。

150　　　101	100　　　51	50
後漢		
06 ［中］安帝即位する。 ◇ ［遼］高句麗、遼東郡及び夫余が、遼東平原の覇権を巡ってしばしば三つ巴の争奪戦を繰り返す。 46 ［中］桓帝即位する。 46 ［遼］高句麗、漢の西安平を侵し、帯方県令を殺し、楽浪太守妻子を捕らえる。 ◇ ［中］安世高・支婁迦識・康孟詳等の布教・訳経により、急速に仏教が拡大する。	56 ［中］光武帝、泰山にて封禅する。 56 ［鮮］高句麗が東沃沮を接収する。 74 ［中］班超、西域を征服する。 88 ［中］和帝即位する。	25 ［中］後漢（劉秀／光武帝）成立する。 30 ［鮮］王調叛乱し、楽浪郡を占拠する。 30 ［鮮］楽浪太守王遵、王調を誅す。 30 ［鮮］後漢、楽浪郡嶺東七県を放棄する。 41 ［遼］祭肜、遼東太守となる。 42 ［鮮］加羅金官国始まる。 44 ［鮮］韓の蘇馬諟が漢廉斯邑君に封じらる。
07 倭国王帥升、後漢（安帝）に貢献する。 ◆ 井原鑓溝王墓（糸島市）が作られる。 21 倭人が新羅東部辺境に侵入する。 23 倭国と新羅が講和する。	57 倭奴国王、後漢光武帝から漢倭奴国王に封じられ、金印を賜る。 59 倭奴国と新羅が使者を交換する。 ◆ ［近畿］高地性集落が作られる。 73 倭人が新羅の木出島に侵入する。 ◇ 倭奴国が弱体化し、倭国（伊都国が盟主）が成立する。	◆ ［出雲］荒神谷・加茂岩倉遺跡で青銅器（銅剣・銅矛・銅鐸）が大量埋納される。

201	200	151

後漢

151–200

66 〔中〕大秦国王安敦（ローマ皇帝マルクス・アウレリウス・アントニウス）の使節が中国安南に至る。
66 〔中〕党錮の獄が起る。
68 〔中〕霊帝即位する。
69 〔鮮〕高句麗、遼東郡に属す。
84 〔中〕黄巾の乱が起る。
◇ 〔鮮〕韓・濊が強盛となり、楽浪郡民多く韓国へ流出する。
89 〔中〕献帝即位する。
89 〔遼〕公孫度が遼東太守に任じられる。
92 〔遼〕遼東太守公孫度が独立する。
00 〔中〕曹操、袁紹を官渡に破る。

◇ 第一次倭国大乱（１５８～１７３、伊都国と邪馬台国の覇権戦争と考えられ、以降、倭国は海洋漁労国家群〔伊都連邦〕と農業国家群〔邪馬台連邦〕に分裂する）。
73 邪馬台連邦（卑弥呼）が新羅に遣使する。
◇ 第二次倭国大乱（１７８～１８４、邪馬台連邦と農産漁業国家群〔狗奴連邦〕の領土争奪戦争と考えられる）。
◇ 女王卑弥呼を共立し、邪馬台国連合（伊都連邦と邪馬台連邦の連合政権）が成立する。
◆ 平原王墓（糸島市）が作られる。
89 倭国（女王卑弥呼か／東大寺山古墳出土の中平紀年銘大刀から推定）が後漢に遣使する。
93 倭人が飢饉に見舞われ、千余人が食料を求めて新羅に渡る。
◆ 〔出雲〕四隅突出方形墳丘墓が作られる。
◆ 〔吉備〕楯築円形墳丘墓が作られる。

201–

04 〔鮮〕公孫康、帯方郡を設置する。
08 〔中〕劉備・孫権、曹操を赤壁に破る。
20 〔中〕魏（曹丕／文帝）成立する。
21 〔中〕蜀の劉備が皇帝を称す。
26 〔中〕魏の文帝崩じ、明帝（叡）即位する。
29 〔中〕波調を親魏大月氏王（但し、王朝〔クシャーナ朝〕は225頃滅亡）に叙す。

◇ 倭・韓は帯方に属す。
＊公孫康が帯方郡を設置（２０４）以降、公孫淵滅亡（２３８）まで、倭国は公孫氏の帯方郡に遣使貢献する（推定）。
08 倭人が新羅の国境を侵す。
◆ 〔大和〕纒向遺跡が建設され始める。

←250

魏
蜀
呉

29 [中] 呉の孫権が皇帝を称す。
32 [遼] 呉と公孫淵が使者を相互交換する。
33 [遼] 呉が公孫淵を燕王に封じ、呉軍一万を遼東に派遣する。公孫淵、呉使の首を魏に送り、魏の大司馬楽浪公となる。
33 [鮮] 呉と高句麗が同盟を結ぶ。
34 [中] 司馬懿、諸葛亮と五丈原で対峙する。諸葛亮陣中に病没する。
34 [鮮] 魏が高句麗に遣使し国交を求める。
36 [鮮] 高句麗王宮、呉使の首を魏に送る。
37 [遼] 魏の毌丘倹、公孫淵を攻めるが撤退を余儀なくされる。7月、公孫淵自立して燕王と号す。
38 [遼] 1月、司馬懿が公孫淵の討伐に向かう。6月、司馬懿が遼東に至り、公孫淵を襄平に包囲する。8月、襄平は陥落し、司馬懿は公孫淵を誅殺する。
◇ [鮮] 帯方太守劉昕・楽浪太守鮮于嗣が海を渡り、両郡を平定する。
38 [中] 12月、魏の明帝が重態となる。
39 [中] 1月、魏の明帝が崩御する。曹爽と司馬懿が後見し、少帝曹芳即位する。
40 [中] 曹爽、魏の実権を掌握する。

32 倭人が新羅の金城を包囲する。
33 倭軍が新羅東部の国境を侵し、新羅の于老が沙道で倭軍と戦う。
39 6月、女王卑弥呼が魏(少帝曹芳)に貢献する。12月、女王卑弥呼は親魏倭王に制詔され金印紫綬を賜る。
40 魏使建中校尉梯儁が来倭し、詔書・印綬を倭王卑弥呼に伝達する。

201→ 250 | 251

魏
蜀
呉

43 [中] 1月、魏帝曹芳が元服礼を行う。
44 [鮮] 魏の毌丘倹、高句麗を攻略する。
45 [鮮] 楽浪太守劉茂・帯方太守弓遵が濊を討伐する。
46 [鮮] 魏の毌丘倹が高句麗王位宮を討伐し、丸都城を陥落させる。
◇ [鮮] 韓諸国と帯方・楽浪両郡が交戦し、帯方太守弓遵が戦死する。
47 [鮮] 帯方太守王頎が着任する。
47 [鮮] 濊人が不耐濊王に任じられる。
49 [中] 1月、司馬懿がクーデターを起し、曹爽及び何晏らを誅殺し、魏の実権を掌握する。
51 [中] 司馬懿が薨去する。
55 [中] 毌丘倹ら司馬師討伐を企て敗れる。
62 [鮮] 新羅で沾解王（昔氏）に代わり味鄒王（金氏）が即位する。
63 [中] 蜀が滅亡する。

43 倭王、伊声耆・掖邪狗らを魏に遣使する。
45 倭国の難升米、魏から黄幢を賜う（未伝達）。
◆ [大和] 纒向型前方後円墳が築造され始める。
◇ 倭国と狗奴国との抗争が始まる。
47 倭女王卑弥呼、帯方郡に遣使し、狗奴国による攻撃の状を愁訴する。魏使塞曹掾史張政が来倭し、難升米に詔書・黄幢を伝達し檄を与える。
48 倭女王卑弥呼死す（247の可能性あり）。
◇ 倭国、再び乱れ、壱与を王に擁立して収まる。
◆ 纒向型前方後円墳である那珂八幡古墳（福岡市博多区）が造られる。
49 倭国と狗奴国との抗争が終息する。倭女王壱与は掖邪狗らに張政を帯方郡に送らせ、併せて洛陽に至り帯方郡の支援に答謝する。
49 倭人が新羅の于老を殺す。
62 [大和] 新羅の王子（昔氏から金氏への政権交代で亡命した乞淑か）・天日槍が来日する。

300	301–350
西晋	五胡十六国／東晋

300（続き）

65 [中] 魏帝が禅譲し、西晋（司馬炎／武帝）成立する。
80 [中] 呉が滅亡し、晋が天下を統一する。
80 [中] 東夷二十国が朝貢する。
84 [鮮] 新羅で味鄒王に代わり儒礼王（昔氏）が即位する。
90 [中] 晋の武帝崩じ、恵帝（哀）即位する。
◇ [中] 八王の乱が起る。
◇ [中] 陳寿、三国志を撰述する。
98 [鮮] 新羅で基臨王（昔氏）が即位する。

66 倭女王壱与、晋に遣使朝貢する。
77 [大和] 崇神天皇（天日槍か）即位する。
86 [大和] 武埴安彦の謀反を討伐する。
86 [大和] 四道将軍を派遣する。
86 [大和] 倭迹迹日百襲姫薨去する。
◇ [大和] 鹽乗津彦を任那に派遣する。
◆ [大和] 箸墓古墳（桜井市）が造られる。
88 [大和] 崇神天皇を「御肇国天皇」と奉る。
◇ 倭国と狗奴国が大和王権の拡大主義に備えて団結し大倭国が成立する。

301–350

04 [中] 五胡十六国時代が始まる。
10 [鮮] 新羅で訖解王（昔氏）が即位する。
12 [鮮] 新羅が倭国（大和）の求めに応じ、阿飡急利の娘を送る。
13 [鮮] 高句麗が楽浪郡を滅ぼす。
14 [鮮] 高句麗などが帯方郡を滅ぼす。
16 [中] 西晋が滅亡する。
18 [中] 東晋（司馬睿／元帝）成立する。
◇ [鮮] 百済（346近肖古王即位）及び新羅（356奈勿王［金氏］即位）が各々統一される。

01 [大和] 垂仁天皇即位する。
11 [大和] 景行天皇即位する。
22 景行天皇が筑紫（九州）を巡幸する（～229）。
◆ [列島] 定型化した前方後円墳が築造され始める。

参考文献

■基本史料

『倭国伝　中国正史に描かれた日本』藤堂明保・竹田晃・影山輝国訳注　講談社、二〇一〇年
『魏志倭人伝・後漢書倭伝・宋書倭国伝・隋書倭国伝』石原道博編訳　岩波書店、一九五一年
『正史三国志』（一）～（八）、今鷹真・井波律子・小南一郎訳　筑摩書房、一九九二～九三年
『旧唐書倭国日本伝・宋史日本伝・元史日本伝』石原道博編訳　岩波書店、一九五六年
『三国史記』（一）～（四）、井上秀雄訳注　平凡社、一九八〇～八八年
『翰苑』竹内理三校訂解説　吉川弘文館、一九七七年
『論語（増補版）』加地伸行訳注　講談社、二〇〇九年
『十八史略』（一）～（五）、丸山松幸ほか編訳　徳間書店、一九七五年
『古事記・上代歌謡』荻原浅男・鴻巣隼雄校注訳　小学館、一九七三年
『日本書紀（新装版）』上・下、坂本太郎・家永三郎ほか校注　岩波書店、一九九四～九五年
『風土記』植垣節也校注訳　小学館、一九九七年

■参考文献（著者名などによる五十音順）

アクロス福岡文化誌編纂委員会編『古代の福岡』　海鳥社、二〇〇九年
朝日新聞学芸部編『邪馬台国』　朝日新聞社、一九七六年
阿部秀雄『卑弥呼と倭王』　講談社、一九七一年
安藤輝国『消された邪馬台国』　香匠庵、一九八五年
石野博信『邪馬台国の候補地・纒向遺跡』　新泉社、二〇〇八年
石野博信『邪馬台国とは何か　吉野ヶ里遺跡と纒向遺跡』　新泉社、二〇一二年
井上秀雄『古代朝鮮』　講談社、二〇〇四年
井上裕弘『北部九州弥生・古墳社会の展開』梓書院、二〇〇八年
上田正昭・田辺昭三編『埋もれた邪馬台国の謎』　旺文社、一九八一年
上野　武『女王卑弥呼の「都する所」』NHK出版、二〇〇四年
越境の会編『越境としての古代』（七）　同時代社、二〇〇九年
榎　一雄『邪馬台国』　至文堂、一九七八年
王仲殊・樋口隆康・西谷正『三角縁神獣鏡と邪馬台国』　梓書院、一九九七年
大津　透『天皇の歴史（一）　神話から歴史へ』　講談社、二〇一〇年
大庭　脩『図説中国の歴史（二）　秦漢帝国の威容』　講談社、一九七七年
岡崎　敬『図説中国の歴史（三）　魏晋南北朝の世界』　講談社、一九七七年
岡田英弘『倭国　東アジア世界の中で』中央公論社、一九七七年

岡本健一『蓬莱山と扶桑樹』思文閣出版、二〇〇八年
奥野正男『邪馬台国発掘』PHP研究所、一九八三年
奥野正男『邪馬台国はここだ　吉野ヶ里はヒミコの居城』梓書院、二〇一〇年
長田夏樹『邪馬台国の言語』学生社、一九七九年
小田富士雄『九州の古代文化十二講』文栄出版、一九八七年
小田富士雄編『風土記の考古学』(四)(五)　同成社、一九九五年
小田富士雄編『倭人伝の国々』学生社、二〇〇〇年
小田富士雄編著『九州考古学散歩』学生社、二〇〇〇年
柏原精一『邪馬台国物産帳』河出書房新社、一九九三年
角川書店編『日本史探訪（二）　古代王国の謎』角川書店、一九八三年
河村哲夫『西日本古代紀行』西日本新聞社、二〇〇一年
韓国教員大学歴史教育科編『韓国歴史地図』平凡社、二〇〇六年
鬼頭　宏『日本二千年の人口史』PHP研究所、一九八三年
金　達寿『日本の中の朝鮮文化』(十)　講談社、一九八八年
熊谷公男『大王から天皇へ』講談社、二〇〇八年
小林行雄『古墳の話』岩波書店、一九五九年
佐伯有清『研究史戦後の邪馬台国』吉川弘文館、一九七二年
佐伯有清編『邪馬台国基本論文集』(一)〜(三)　創元社、一九八一〜八二年
榊原英夫『景行天皇と巡る西海道歴史紀行』海鳥社、二〇〇六年
桜井邦朋『天文考古学入門』講談社、一九八二年
重松明久『邪馬台国の研究』白陵社、一九六九年
柴田勝彦『九州考古学散歩』学生社、一九七〇年
関　裕二『古代史の「謎」入門』学習研究社、二〇〇九年
高橋修三『紀年を解読する』ミネルヴァ書房、二〇〇〇年
武光　誠『邪馬台国辞典』同成社、一九八六年
武光　誠『中国と日本の歴史地図』ベストセラーズ、二〇〇三年
田村圓澄『東アジアのなかの日本古代史』吉川弘文館、二〇〇一年
常松幹雄『最古の王墓　吉武高木遺跡』新泉社、二〇〇六年
坪井清足監修『邪馬台国が見える』日本放送出版会、一九八九年
寺沢　薫『王権誕生』講談社、二〇〇八年
藤間生大『埋もれた金印　日本国家の成立』岩波書店、一九七〇年
鳥越憲三郎『神々と天皇の間』朝日新聞社、一九七〇年
直木孝次郎『日本の歴史（二）　古代国家の成立』中央公論社、一九六五年
長嶺正秀『筑紫政権からヤマト政権へ　豊前石塚山古墳』新泉社、二〇〇五年
那珂通世『外交繹史』(三)　岩波書店、一九五八年
西谷　正『魏志倭人伝の考古学』学生社、二〇〇九年
西谷　正『古代東北アジアの中の日本』梓書院、二〇一〇年
西谷　正編『邪馬台国をめぐる国々』雄山閣、二〇一二年
西谷　正編『伊都国の研究』学生社、二〇一二年
橋口達也『弥生時代の戦い　戦いの実態と権力機構の生成』雄山閣、二〇〇七年
橋本増吉『邪馬臺国論考』(一)〜(三)　平凡社、一九九七年
羽田　明『世界の歴史（十）　西域』河出書房新社、一九六九年

原田大六『邪馬台国論争』　三一書房、一九六九年
原田大六『実在した神話（新装版）』　学生社、一九九八年
肥後和男『邪馬台国は大和である』　秋田書店、一九七一年
平野邦雄編『古代を考える　邪馬台国』吉川弘文館、一九九八年
福本　明『吉備の弥生大首長墓・楯築弥生墳丘墓』　新泉社、二〇〇七年
古田武彦『「邪馬台国」はなかった』　角川書店、一九七七年
古田武彦『盗まれた神話』　角川書店、一九七九年
古田武彦『失われた九州王朝』　角川書店、一九七九年
古田武彦『ここに古代王朝ありき』　朝日新聞社、一九七九年
古田武彦『邪馬一国の証明』　角川書店、一九八〇年
古田武彦『邪馬一国の挑戦』　徳間書店、一九八三年
古田武彦『古代は輝いていた』（一）（二）　朝日新聞社、一九八四～八五年
古田武彦『吉野ヶ里の秘密』　光文社、一九八九年
古田武彦『九州王朝の歴史学』　駸々堂、一九九一年
文芸春秋編集部編『エッセイで楽しむ日本の歴史』（上）　文芸春秋社、一九九三年
松井和幸『日本古代の鉄文化』　雄山閣、二〇〇一年
松井和幸編『シンポジウム東アジアの古代鉄文化』　雄山閣、二〇一〇年
松本清張『古代史疑』　中央公論社、一九六八年
松本清張『清張通史（一）　邪馬台国』　講談社、一九七六年
丸山雍成『邪馬台国・魏使が歩いた道』　吉川弘文館、二〇〇九年
三品彰英編著『邪馬台国研究総覧』　創元社、一九七〇年
水野　祐『評釈魏志倭人伝（新装版）』　雄山閣、二〇〇四年
村上恭通『倭人と鉄の考古学』　青木書店、一九九九年
森　浩一編『日本の古代（一）倭人の登場』　中央公論社、一九八五年
森　浩一『倭人伝を読みなおす』　筑摩書房、二〇一〇年
森貞次郎『東アジア的考古世界・九州』　森貞次郎先生著書刊行会、一九九九年
安田喜憲『古代日本のルーツ　長江文明の謎』　青春出版社、二〇〇三年
安本美典『邪馬台国ハンドブック』　講談社、一九八七年
安本美典編『季刊邪馬台国』（一〇〇）～（一〇三）　梓書院、二〇〇八～〇九年
柳田康雄『伊都国を掘る』　大和書房、二〇〇〇年
歴史読本編集部『古事記・日本書紀総覧』　人物往来社、一九八九年
歴史読本編集部『日本神社総覧』　人物往来社、一九九一年
歴史読本編集部『天皇陵総覧』　人物往来社、一九九三年
若林邦彦『「倭国乱」と高地性集落論』　新泉社、二〇一三年

あとがき

私は平成十八（二〇〇六）年十二月に『景行天皇と巡る西海道歴史紀行――わが国の起源を求めて九州を歩こう』という一冊の本を上梓しました。当該書は二部構成となっており、第一部は書名と同じ「景行天皇と巡る西海道歴史紀行」であり、第二部は「大和王権に先行する筑紫王権」というものでした。

第一部は、私が時間を見つけては九州各地に足を運んで収集した地域情報を『日本書紀』と『風土記』の記述に照らし合わせながら検証したものであり、それなりにある程度まとまりのあるものになったと思います。

しかし、第二部は第一部を執筆する過程において生起した問題意識を、一気呵成に大急ぎで取り纏めたために必ずしも十分満足できる内容とは言い難く、「筑紫王権」という極めて大きな課題を扱いながらも紙数を限ったことから、行き届いた説明とは言えない状況でもありました。

このような反省から、私はいつの日にか改めて「筑紫王権」の歴史に取り組み、その全貌を明らかにしたいと考えてきました。

そのような折の平成二十一（二〇〇九）年四月、糸島市立伊都国歴史博物館において古代史を講ずる機会をいただきました。以来、浅学菲才の身に鞭打ち、聴講いただく皆さんの応援を全身に受けながら「筑紫王権」について考えて参りました。

そしてこのたび、平成二十五（二〇一三）年度に講じた講義録を基にして本書を上梓することができました（月一回の講義であるため、前後で説明の重複する場合もありますが、どの章からでも読んで頂けるように、あえてその体裁を残しました。読みづらい部分もあるかと思いますがご容赦ください）。本書は『邪馬台国への径』という書名のとおり『魏志倭人伝』に記されている「倭国」、つまり本文中で説明しておりますように「邪馬台国連合」に至る道筋を論述しています。その一つが、帯方郡から倭国（邪馬台国連合）の首都である「邪馬台国」へ至る、魏使の通った道筋を確認することであり、今一つが、北部九州における弥生社会の発展に係る道筋、つまり「筑紫王権」の発生と変遷を辿ることでした。いずれにしても、私が今回『邪馬台国への径』で検証し得たことは、「筑紫王権」の歴史の始まりの一部にしか過ぎません。

しかし、この『邪馬台国への径』が、混沌とした迷路を彷徨う「邪馬台国問題」の解決に幾許かでもお役に立てるのであれば幸いであり、また、何時の日にか成し遂げられるであろう「筑紫王権」の全面的な解明に若干なりとも寄与できるのであれば、それに勝る喜びはありません。

さて、私は本書を書き進める中で『三国志』の撰者・陳寿の執筆態度について、幾度となく感心させられ、かつ驚かされもしました。

その一つは、語彙の使い方が極めて厳密であることや、最も重要な帯方郡から倭国の首都・邪馬台国までの路程に関して三重に説明を施すなど、読者（晋朝皇帝及び司馬氏を始めとする晋朝の貴顕諸士）に事実（東北アジア及び倭国の実態）が正確に伝わるようにとの細心の配慮がなされていることです。これに関連して、『魏志倭人伝』の固有名詞に使用される字句が、一般に言われるような中華思想に基づいて用いられた「卑字」ではなく、読者に正確な発音を届けるための配慮であったことなども忘れることはできません。

六朝宋の文帝の命を受けて元嘉六（四二九）年に『三国志注』を完成させた裴松之《はいしょうし》は、陳寿が撰した『三国志』について、「叙述は観るべきものがあり、記事はおおむね明瞭正確である」と評しています。裴松之が評したとおり、陳寿の『三国志』とりわけ『魏志倭人伝』を含む『魏志東夷伝』の記述は「明瞭正確」を旨としていると思います。

その二つは、『魏志東夷伝』の『韓伝』『倭人伝』における距離観を通常の五倍程度にまで拡大することによって、かつては孔子が憧れ、現状（『三国志』撰述当時）にあっては晋朝（司馬氏）の正当性を担保すべき倭地域について、はるか遠方の理想郷として描くという前代未聞の驚くべき手法を採用していることです。

この対応は陳寿の独断であろうと思われますが（この点のみ、陳寿が旨とする「正確」から大きく外れるが、陳寿には「必ずや後の時代に正確な情報によって修正してもらえるであろう」との確かな期待があるようにも見受けられる）、晋朝にあっては咎めを受けることはないとの深い確信を背景にしたものであったとしても、一歩間違えば死罪を免れないであろう危険な行動です。このような陳寿の対応は、生命を賭しても恩義ある晋朝（晋の武帝司馬炎《しばえん》の求めに応じ、かつて蜀の同僚であった羅憲《らけん》が陳寿を晋朝に推薦し、陳寿は晋朝で重く用いられた）と張華《ちょうか》（晋朝の高官であり、陳寿を高く評価し、積極的に登用した）に報いることこそ自らが採るべき第一義であると考えたものと推測します。そして、それは若い時から傾倒してきた儒教に精神的な源泉を求めることができるのではないかと思います。

最後に、熾烈な権力闘争が繰り返され、日和見と面従腹背が常態であったに違いない晋の朝廷内にあって、一途に「信義」を貫き通す陳寿の生き様に接し得たことは、私にとって望外の喜びであったことを付記させていただきます。

末尾になりましたが、発刊の機会を与えていただいた海鳥社の西俊明社長及び出版までの全般にわたりご指導いただいた田島卓同社編集担当に厚くお礼申し上げます。

平成二十六（二〇一四）年十二月二十日

福岡県糸島市立伊都国歴史博物館にて　榊原英夫

榊原英夫（さかきばら・ひでお）

1943年　福岡県北九州市で生まれ、大分県に転ずる
1967年　九州大学文学部史学科（国史学専攻）卒業
1967年　福岡県職員となり、地域政策課長、国際交流課長、企画振興部次長、理事・秘書室長、教育委員会教育次長を経て福岡県を退職する
2001年　（公財）福岡県国際交流センター専務理事
2007年　（公財）九州盲導犬協会理事・総合訓練センター長
2009年　福岡県前原市立伊都国歴史博物館長
2010年　福岡県糸島市立伊都国歴史博物館長
［著書］『景行天皇と巡る西海道歴史紀行　わが国の起源を求めて九州を歩こう』海鳥社、2006年

邪馬台国《やまたいこく》への径《みち》
『魏志東夷伝《ぎしとういでん》』から「邪馬台国《やまたいこく》」を読《よ》み解《と》こう

■

2015年２月19日　第１刷発行

■

著　者　榊原英夫
発行者　西　俊明
発行所　有限会社海鳥社
〒812-0023　福岡市博多区奈良屋町13番４号
電話092(272)0120　FAX092(272)0121
印刷・製本　大村印刷株式会社
ISBN978-4-87415-932-3
http://www.kaichosha-f.co.jp
［定価は表紙カバーに表示］